KB152770

International Trade

무역학개론

　무역학개론 개정2판을 출판한지 3년만에 개정3판을 출판하게 되었다. 그동안 이 책으로 공부한 여러 대학의 상경계열 학생들, 그리고 교재로 선택해 주신 교수님들께 깊은 감사를 드린다.

　이번 개정은 2020년부터 국제무역에 적용되고 있는 Incoterms® 2020을 본서에 상세히 반영하는데 중점을 두었다. 이 하나의 국제무역규칙 개정이 무역의 전 범위를 다루고 있는 본서로서는 큰 범위의 변화는 아니지만, 작은 부분에서도 소홀함이 없도록 하기 위한 마음에서 개정판을 출판하게 되었다.

　지구상에는 200개가 넘는 나라들의 국가간 거래가 일어나고 있으며, 또한 각 거래 국가들의 역사와 문화 그리고 상관습 등이 상이하기 때문에 거래에 관한 규칙을 통일화해야 할 필요성이 있었다. 이와 관련하여 국제상업회의소에서는 1936년에 Incoterms를 제정하여 국가간의 거래 중 물품을 주고 받는 과정에서 생길 수 있는 위험과 비용의 한계를 정하였다. 즉, Incoterms는 국제무역에 있어서 운송계약의 주체, 위험이전의 명확화와 보험계약의 주체 그리고 비용이전의 명확화와 물품가격산출 등의 기초를 제공해 준다. 이 규칙은 국제무역환경의 변화를 반영하여 1953년, 1967년, 1976년, 1980년, 1990년 및 2000년의 개정에 이어 2010년에 9월에 7차 개정이 이루어졌다.

그 이후 9년이 지난 2019년 9월에 국제상업회의소는 Incoterms® 2020을 개정하여 발표하였으며 이 개정규칙은 2020년 1월 1일부터 시행되고 있다.

무역학을 공부하는 학생들 입장에서는 Incoterms를 무역현장에서 직접 활용할 수 있도록 체계적이고 상세한 학습이 필요하며, 무역실무자 및 무역관련 당사자는 Incoterms® 2020의 주요 개정내용을 정확히 파악하고 이해하여 수출입 거래가 원활히 이루어지도록 하여야 할 것이다.

개정3판을 준비하면서 보다 완성도 높은 책을 출판하겠다는 계획과는 다르게 저자의 부족한 능력으로 말미암아 아직도 미흡한 점이 많을 것으로 생각한다. 부족한 부분에 대해서는 앞으로도 계속 수정 보완해 나갈 것을 약속드린다. 아무쪼록 대학에서 무역학을 공부하는 학생들뿐만 아니라 일선의 무역실무자에게 조금이라도 도움이 되길 희망한다.

이 책을 출판하기까지 저자는 주위의 많은 지인들로부터 은혜를 입어왔다. 특히 중부대학교 홍선의 교수님과 백석대학교 최준호 교수님께서는 물심양면으로 많은 지원과 격려를 해 주셨다. 두 분의 교수님께 지면으로나마 감사의 뜻을 전한다. 그리고 본서를 출판해 주신 주식회사 한올출판사 임순재 사장님과 편집부 관계자들께도 감사를 표한다.

2021년 1월
저자 씀

　　무역학에 대해 조금이라도 쉽고 평이하게 소개함으로써 학생들의 이해를 돕고자 하는 목적으로 이 책을 출간한지 벌써 6년이 지났다. 이 자리를 빌려 그동안 부족한 점이 많았음에도 대학교재로 채택하여 활용해 주신 교수님들을 비롯하여, 애독해 주신 독자들에게 감사를 드린다.

　　초판이 출간될 당시에 비하여 국제무역환경은 많은 변화를 맞이하였다. 거시적인 측면에서는 세계경제의 경쟁 및 통합 가속화, 다자무역자유화/지역경제통합/일방주의의 동시 심화, 세계경제의 구조적 불균형, 보호무역주의 확산 등을 보여 왔다. 미시적인 측면에서는 디지털 경제의 확산, 지식기반경제의 도래, 글로벌 분업체제의 재편, 국가간 제도경쟁 심화, 지속가능발전 논의 심화 등이 대두 되었다. 이처럼 국제무역환경이 빠르게 변화하고 있는 상황에서 교과목의 특성상 실제 변화된 무역의 새로운 동향 등을 반영해야 할 필요성을 느껴 무역학개론의 개정판을 출간하게 되었다.

　　이번 개정의 주안점은 그 동안 저자가 강의하면서 느꼈던 점과 여러 교수님들의 의견을 참조하여 다음과 같이 개정하였다.

　　첫째, 무역이론 분야에서는 경제학 기본이론을 잘 모르는 학생들도 이 책을 읽으면 이해할 수 있도록 쉽게 서술하려고 노력하였다. 기존의 무역이론 교재들에서 다루고 있는 것이라고

하더라도 내용이 어려운 부분을 제외시키고 기본원리에 더욱 집중하고자 하였다.

둘째, 국제경영 분야에서는 계속 변화되고 있는 국제경영환경을 반영하기 위해 최근 이슈가 되고 있는 주제들을 부각시켰다. 그리고 사례로서 활용된 데이터들은 최신 데이터로 수정하였다.

셋째, 무역실무 분야에서는 현행의 무역관련 제도 중에서 변경된 내용을 수정 및 보완하였으며 무역관련 서식도 새로 추가시켰다. 그리고 다양한 현실의 무역현상들을 조금 더 쉽게 분석할 수 있는 틀을 제공할 수 있기 위하여 현실에서의 예들을 더 보완하였다.

필자는 나름대로 많은 자료와 신념을 가지고 지난 1년 동안 개정작업을 진행하였다. 개정작업을 진행하는 과정에서 당초의 목표였던 무역에 관련하여 누구든지 쉽게 이해하고 접근할 수 있는 무역학의 지침서를 제공하자는 의도와는 다르게 부족한 점이 많다는 것을 새삼 느끼게 되었다. 아무쪼록 대학에서 무역학을 공부하는 학생들뿐만 아니라 일선의 무역실무자에게 조금이라도 도움이 되길 희망한다.

끝으로 이 책을 출판해 주신 한올출판사 임순재 사장님 그리고 필자의 까다로운 편집 요구로 고생을 많이 한 편집부 관계자 여러분께 감사를 표한다. 또한 가족들과 하나님께도 다시 한 번 감사를 드린다.

2017년 1월

이서영

　개방경제체제를 채택한 대부분의 국가는 대외무역에 국가 경제의 초점을 맞추고 있다. 물론 상대적으로 해외의존도가 낮은 국가들은 그렇지 않겠지만 우리나라처럼 무역의존도가 높은 국가는 국가경제의 명운이 무역에 걸려있다고 해도 결코 지나친 말이 아닐 것이다.

　이러한 국제무역은 1990년대 중반이후 급격한 변화가 진행되고 있다. WTO의 출범과 세계무역자유화를 위한 새로운 협상(도하개발아젠다)이 추진되는 등 다자차원의 무역규범이 자리를 잡아가는 다른 한편에서 FTA로 대표되는 지역주의가 여전히 기승을 부리며 확산추세에 있다. 또한 국제무역환경도 급변하여 국제무역의 대상과 범위가 급속히 확대되어 전통적 무역인 상품교역에서 최근에는 서비스, 기술, 지적재산권 등의 교역과 노동 및 자본 등 생산요소의 이동이 활발해지고 있다.

　세계화 체제의 진전과 국제통상환경의 변화에 효율적으로 대처하고 적응하기 위해서는 국제무역현상에 관한 올바른 지식과 새로운 정보의 이해가 절실히 요구되고 있다. 그리고 수출주도형 경제발전을 통해 선진국의 문턱에 도달한 우리나라로서는 앞으로 개방과 글로벌화가 주는 충격을 어떻게 흡수하여 경제발전과 국내의 제반시스템 개선의 동력으로 활용하느냐가 선진국 진입의 관건이 될 것이다.

　이 책은 국제무역학의 원론서로서 국제무역과 관련되는 전 분야를 기초 원리와 지식 그리고 최근 정보를 총 정리하여 집필

하였다. 저자는 그간의 강의노트와 연구논문 그리고 새로 출간된 서적 및 학술논문 등을 바탕으로 일반인이나 무역학도들이 무역현상을 이해하는 데 꼭 필요한 지식들을 알기 쉽게 정리하여 무역학의 입문서로 내놓은 것이다.

본서는 3부로 구성되어 있으며, 제1부는 국제무역이론 분야로서 국제무역의 기초, 무역의 성립이론, 무역정책, 외환이론, 국제수지 등에 관하여 기초적인 내용들을 설명하였다.

제2부는 국제무역질서의 변화에 관한 분야로서 국제무역환경의 급변과 관련하여 지역주의로 대표되는 경제통합과 다자주의로 대표되는 WTO를 중심으로 서술하였다.

제3부는 국제무역실무 분야로서 무역관리제도, 무역계약, 무역대금결제, 국제운송, 무역보험, 무역클레임과 중재 등 수출입과정에 관한 내용 등을 설명하였다.

저자는 그 동안 전공분야에서의 연구와 강의를 토대로 국제무역을 쉽게 이해할 수 있도록 집필하도록 노력하였지만, 오늘날의 무역현상을 한 권의 책으로 일목요연하게 소개하는 것은 정말 어려운 일이다. 여러 가지 부족한 점이 많을 줄로 생각한다. 아무쪼록 아낌없는 비판을 바라며 저자 또한 끊임없이 매진할 것을 약속한다.

끝으로 이 책을 내놓으며 그동안 귀한 가르침을 주신 단국대학교 김세영 교수님께 깊이 감사드린다. 그리고 본서가 완성되기까지 많은 조언을 해준 홍선의 박사님께도 고마움의 뜻을 전하고 싶다. 아울러 이 책의 출판을 기꺼이 허락해 주신 한올출판사 임순재 사장님 그리고 편집부 관계자 여러분께도 감사드리는 바이다.

2011년 2월
저자 씀

차 례

PART 01 무역이론

PART 02 국제경영

INTERNATIONAL TRADE

무역이론

Chapter

01

국제무역의 기초

이 장의 주요용어

외국무역 · 국제통상 · 국영무역 · 중개무역 · 중계무역 · 스위치무역 · 위탁가공무역 · 수탁가
공무역 · 보세가공무역 · 위탁판매무역 · 수탁판매무역 · 보세창고도거래 · 구상무역 · 대응구
매 · 플랜트수출 · OEM방식수출 · 녹다운방식수출 · 무역승수 · 무역의존도 · 외화가득률

무역의 의의

1. 무역의 정의

무역(貿易)의 貿와 易은 바꾼다는 뜻으로 매매와 교환을 의미한다. 무역은 쉽게 상거래라고 할 수 있는데, 이 상거래는 재화 및 용역의 교환을 목적으로 하는 상업 활동이며 또한 상행위이다. 다만, 그 거래의 대상을 외국시장에 두고 있다는 점이 국내상업과 다른 점이다. 따라서 무역은 한 나라의 거래주체(개인, 기업 및 국가)와 외국의 거래주체(개인, 기업 및 국가) 사이에서 이루어지는 재화와 서비스 등의 매매거래를 의미한다.

무역의 정의는 포함하는 범위에 따라 광의의 무역과 협의의 무역으로 나누어진다. 전자는 국제간에 이루어지는 모든 경제거래로서 물품거래는 물론이고, 국제간의 기술 및 서비스 거래, 해외투자와 같은 자본의 이동까지 포함한다. 후자는 물품의 수출입만을 의미한다. 오늘날 무역의 대상이 되는 재화는 그 범위가 대폭 확대되어 눈에 보이는 일반물품 뿐만 아니라, 눈으로 보고 만질 수 없는 무형재화의 거래 비중이 점점 증가하고 있는 추세이다. 특히 현대무역에서는 은행대출, 외환거래, 혹은 주식 및 채권 등의 금융자산거래가 급격히 증가하고 있는 실정이다.

무역은 외국무역, 국제무역, 세계무역 등으로 표현되고 있는데, 이는 보는 관점에 따라 약간의 차이는 있지만 근본적인 개념은 서로 다를 바가 없다. 우선 외국무역(foreign trade)은 주관적 입장에서 자국과 타국과의 무역이 이루어질 때 자국의 입장을 기준으로 한 무역을 의미한다. 예컨대 한국의 외국무역, 미국의 외국무역 등과 같은 의미를 지니고 있다. 다음으로 국제무역(international trade)은 국제간의 물품 및 용역의 이동을 객관적인 관점에서 본 것으로서, 한 나라를 중심으로 보지 않고 일정지역 내에 있는 다양한 국가 간의 무역을 총칭하여 사용하는 용어이다. 이를테면 아시아, 유럽에 있는 나라들 간의 무역을 한 묶음으로 하여 아시아의 국제무역 또는 유럽의 국제무역이라고 칭한다. 끝으로 세계무역(world trade)은 전 세계의 무역거래 현상을 총칭할 때 사용되는 표현이다.

최근 들어 대외거래에 있어서 국제통상이라는 용어가 많이 사용되어지고 있다. 국제무역과 국제통상은 모두 international trade로 영문표현은 같지만, 1990년대 중반 이후부터 국제무역이라는 용어와 더불어 국제통상이라는 용어가 더 많이 사용되고 있다.

물품(goods)이라 하면 일반적으로 눈으로 보고 만질 수 있는 유형의 재화를 의미하는 것으로 받아들여지고 있으나, 넓은 의미의 물품이라 함은 서비스, 지적재산권, 해외자본투자와 같은 무형재까지도 포함된다. 국제통상은 유형의 재화는 물론이고 무형의 재화까지도 포함하는 국제거래를 의미한다. 즉, 현대무역에서는 앞서 설명한바와 같이 유형재화에 비하여 상대적으로 무형재화의 국가간 거래가 증가하는 추세에 있는데, 국제무역이라는 용어로서는 유형의 재화부분이 강조되는 느낌이 있어 국제통상이라는 용어를 사용하여 좀 더 넓은 범주로 사용하고 있다.

1995년 출범한 세계무역기구(WTO)에서는 무역이라는 용어를 유형재와 무형재의 거래까지도 포함시킨 광의의 무역으로 사용하고 있다. 앞으로 경제가 선진화 할수록 상품무역보다는 서비스무역이나 기술무역 등의 무형의 무역에 더욱 큰 비중을 두어야 할 것이다.

2. 무역학의 범위

무역학은 복잡한 국제관계 속에서 국민경제의 존립방향과 행동기준을 밝혀주고 있다. 무역학의 연구 분야는 크게 국제경제학적, 국제경영학적, 국제상학적 연구의 범주로 형성되고 있다.

국제경제학(international economics)적 연구 분야는 일반적으로 세계 각국의 상거래와 관련된 이론적 배경과 조직 환경을 다룬다. 국제경제학에 포함되는 주요 분야로는 국제무역이론과 국제금융론, 무역정책론, 국제수지론, 국제경제기구 등이 있다.

국제경영학(international business)적 연구 분야는 국경이 없는 경제환경 하의 세계 각 지역의 기업 활동을 다룬다. 즉, 무역기업의 경영을 포함한 국제기업 또는 다국적기업의 경영활동 및 관리, 국제경영전략 등을 주된 연구대상으로 하고 있는 분야이다. 국제경영학에 포함되는 주요 분야로는 국제마케팅, 해외시장조사론, 국제경영전략론, 해외투자론 등이 있다.

국제상학(international commerce)적 연구 분야로는 무역실무 및 법규와 관련된 제반사항과, 국제매매 자체의 관습과 법리를 연구하는 동시에 무역학 연구에 필수적인 외국어와 관련된 분야를 다루게 된다. 즉, 국제물품매매라는 상거래상의 각종 상관습과 법리를 연구하는 분야로서 무역계약의 체결과 이행 그리고 종료에 이르는 전반적인 실무수행에 상학적·법리적으로 연구하는 학문의 성격을 지닌다. 국제상학에 포함되는 주요 분야로 무역실무, 무역계약론, 무역운송론, 무역결제론, 무역보험론 등이 있다.

그림 1-1
무역학의
범위

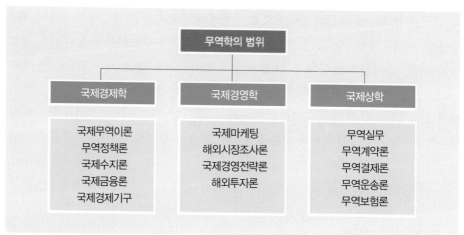

3. 무역의 특성

무역은 국가의 영역을 넘어서 이루어지는 서로 다른 국가간의 거래이기 때문에 다음과 같은 특성을 지니고 있다.

1) 무역의 해상의존성

어느 나라를 막론하고 무역은 해상을 중심으로 발달되어 왔으므로 해상운송과 무역은 불가분의 관계를 맺고 있다. 따라서 해상운송의 뒷받침 없이는 무역거래를 생각할 수 없을 정도로 대부분의 수출입화물은 해상운송에 의존하고 있다. 이와 같은 현상은 우리나라와 같이 3면이 바다에 접해 있는 반도국에만 국한되어 있는 것은 아니다. 독일과 프랑스 같은 대륙국가에서도 무역거래의 상당부분이 해상무역에 의하여 이루어지고 있는 현실이다.

최근에는 항공업의 발달로 항공운송이 고도로 발달하고 있지만 그것은 신속성을 요하는 물품 및 고가품 등의 특수한 경우에만 한정되어 있고, 운송비 면에 있어서 타 운송수단보다 고가이므로 항공운송의 비율은 아직까지는 해상운송에 비하여 미미한 실정이어서 무역의 해상의존성을 여전히 중요시하고 있다.

2) 무역의 기업위험성

무역은 제도·조직·관습 등이 상이한 외국의 상대방과의 사적매매이기 때문에 무역의 객체에 대한 계약·인도·결제 등을 하는데 있어서, 국내거래에서 볼 수 없는 기업경영상의 많은 위험을 내포하고 있다. 이러한 위험은 세 가지로 살펴 볼 수 있는데 그 내용은 상품에 관한 위험, 물품대금의 결제에 관한 위험, 상품가격 및 환율변동에 관한 위험 등이다.

(1) 상품에 관한 위험

상품에 관한 위험은 상품의 운송 및 보관 중에 외부에서 발생되는 것으로 상품 자체에 생기는 물리적 위험을 의미한다. 이런 위험은 해상보험과 이에 부수되는 각종의 손해보험에 의하여 보험업자에게 전가할 수 있다. 특히 운송위험에 관하여 국내 상거래에서는 보험제도의 이용이 반드시 절대조건으로 되어 있지 않으나, 국제 상거래에서 해상보험을 부보하는 것은 거래성립의 절대조건으로 되어 있다.

(2) 물품대금의 결제에 관한 위험

물품대금의 결제에 관한 위험은 물품의 인도 후 대금회수에 따른 위험 및 금융상의 불안에서 발생하는 지급불능이나 지급거절에서 생기는 위험이다. 이 위험에 대해서는 신용장제도나 수출보험제도에 의해서 어느 정도까지는 보호될 수 있다.

(3) 상품가격 및 환율변동에 관한 위험

무역거래는 계약시점부터 결제까지 상당한 시차가 발생하게 되는데, 이 기간 중에 국제시장에서 상품가격의 변동이나 환율의 변동에 따라 어느 한 당사자에게 손해가 발생하는데 이를 상품가격 및 환율변동에 관한 위험이라 한다. 상품가격의 변동은 특정품의 인도불이행 또는 인수거절 등의 투기적 위험이 따르는데, 이런 경우 헷징(hedging)방식을 통하여 위험을 전가시킨다. 헷징이란 일명 연계매매라고 불리며, 실물거래에서의 손실 또는 이익이 청산거래에 있어서 그에 상당하는 이익 또는 손실로 상계되도록 하기 위한 반대의 성질을 가진 상대적 거래이다. 즉, 선물을 대량으로 실물시장에서 매수한 경우 미래 상품수령시의 가격변동에 대비하여 같은 조건으로 거래소에 매도해 둔다. 따라서 같은 사람이 동시에 두 개의 시장에서 반대의 매매를 실행함으로써 파생되는 한편의 손실(이익)은 다른 편의 이익(손실)으로 보상받을 수 있다.

그리고 환율변동에 따르는 위험은 수출업자의 경우 한국무역보험공사의 보험종목 중에서 환변동보험에 부보하게 되면 위험을 제거할 수 있다.

3) 무역의 산업연관성

(1) 무역과 국제분업

무역은 국제분업(international division of labor)의 발달을 촉진시켜 생산요소의 국제적 이동을 원활하게 한다. 즉, 무역은 비교생산비의 원리에 따라 국가 간에 특화와 국제분업을 발달시켜 값싸고 좋은 물품의 국제적 공급을 한다. 또한 국제적 공급 및 수요를 충족시킬 뿐만 아니라 당사국의 국내산업을 육성·발전시켜 국민경제의 수준을 향상시킨다.

(2) 무역과 국내산업

무역은 국내산업의 발전과 밀접한 관련을 가지고 있다. 특히 개발도상국의 경우 국제무역은 경제발전을 촉진시키는 기본전략이 되고 있다. 수입의 경우 그 자체는 국제수지를 악화시키는 요인이 되지만, 선진자본재와 국산불능원자재의 공급원으로 국내투자를 증대시켜 경제발전을 촉진시키는 요인이 된다. 국내재화와 대체관계에 있는 경쟁수입의 경우도 산업보호라는 관점에서 수입이 억제되기도 하지만, 국내산업

그림 1-2
무역의
산업연관성

과의 건전한 경쟁을 조성하여 국내산업의 육성에 도움이 되기도 한다.

그리고 국내에서 생산된 상품을 수출하는 경우 시장의 확대에 따른 생산규모의 확대와 기술혁신으로 고용증대, 소득증대 등의 효과가 발생한다. 그리고 수출산업의 육성이 다른 산업의 생산과정을 유발하는 파급효과는 산업정책 면에서도 중요한 것이다.

4) 무역의 국제관습성

무역은 법률상의 권리·의무를 발생시키는 법률행위이지만, 국가 간에 공통적으로 사용하는 국제매매에 대한 공통된 법규가 존재하지 않고 있다. 따라서 국제매매에 관한 통일된 국제법규가 없기 때문에 무역은 일반적으로 역사·문화·종교·습관 및 법률이 상이한 여러 국가 사이의 마찰과 시련을 통하여 정형화된 무역관습에 기초하여 계약을 체결·이행하고 있다.

국제무역관습이 무역계약의 해석기준으로서 기능을 발휘하기 때문에 오늘날 대부분의 무역거래는 세계적으로 정형화된 국제무역규칙에 의해 실현된다고 해도 과언이 아니다. 이러한 대표적인 무역규칙에는 INCOTERMS와 신용장통일규칙(Uniform Customs and Practice for Documentary Credits; UCP) 등이 있다.

4. 무역의 필요성

무역의 필요성은 국가 간의 자연적 조건의 차이와 사회적 조건의 차이에 기인한다. 자연적 조건으로는 기후, 풍토, 강우량, 천연자원 등을 들 수 있으며, 사회적 조건으로는 법률, 제도, 기호, 자본, 노동, 생산기술 등을 열거 할 수 있다. 국가 간에 이러한 자연적·사회적 조건이 상이하기 때문에 물품을 생산하는 비용과 효율이 달라지게 된다.

생산비용 측면에서 비교적 유리한 위치에 놓여 있는 경우 비교우위라고 하며, 이와는 반대로 불리한 경우를 비교열위라고 한다. 어떤 특정한 국가가 비교우위에 속하는 재화를 여유있게 생산하여 이것을 타국의 비교우위의 재화 중에서 자국이 필요로 하는 것과 상호교환을 하게 되면 서로 이익이 될 것이다. 따라서 국가 간의 자연적 조건 및 사회적 조건의 차이에 따라 생산재와 소비재를 상호교환 해야 할 필요성에 의해 무역이 발생하게 된다.

위에서 언급한 국가 간의 자연적 조건 및 사회적 조건의 차이 외에도 무역의 필요성은 다음과 같다.

첫째, 지구상의 천연자원 편재를 들 수 있다. 지구상에 존재하는 200여개 이상의 국가들은 천연자원이 심각하게 편재되어 있다. 미국, 캐나다, 러시아 등의 국가들은 천연자원이 풍부하게 매장되어 있지만, 한국을 비롯하여 네덜란드, 이스라엘 등의 국가들은 천연자원이 빈약한 상태에 있다. 이에 따라 각국은 상호의존과 공존공영의 토대 위에서 경제적으로 밀접한 관계를 가져야 하기 때문에 무역이 필요한 것이다.

둘째, 국가들 간의 인구와 인구밀도의 차이 때문에 무역이 필요하다. 전 세계의 인구는 국가 별로 골고루 분포되어 있지 않으며, 인구밀도 역시 자연적 · 문화적 · 역사적 환경에 따라 큰 차이가 있다. 따라서 상이한 인구의 구성과 인구밀도의 분포는 각국 간에 있어서 식량을 비롯한 1차산품뿐만 아니라 공산품의 생산과 수요의 불균형을 초래하므로 이에 따라 각국 간에 무역이 필요하게 된다.

셋째, 산업발달의 상이를 들 수 있다. 자본과 기술이 풍부한 선진국은 기술집약적 제품에 특화를 하고, 노동과 자연자원이 풍족한 개도국은 노동집약적 제품에 특화를 함으로써 양 국가 간의 무역이 발생할 수 있다.

넷째, 각국은 구매력의 차이에 의해서도 무역이 존재하게 된다. 수요량은 그 나라의 구매력이 크고 작음에 따라 영향을 받는다. 구매력이 큰 국가는 그렇지 않은 국가에 비하여 수요가 크며, 국민소득이 높은 나라가 국민소득이 낮은 나라보다 외국상품을 더욱 필요로 하므로 무역이 존재하게 된다.

제2절 무역의 종류

무역은 그 거래하는 주체, 대상, 방향 그리고 방법 등에 따라서 여러 가지 유형으로 구분될 수 있다.

1. 거래주체

무역을 담당하는 주체에 따라 유형을 구분하면, 민간무역과 국영무역으로 나뉘며 이에 대한 설명은 다음과 같다.

1) 민간무역

민간무역(private trade)은 민간업자가 무역거래의 주체가 되며, 민간기업이 상대국의 무역회사와 직접 무역계약을 체결하고 거래하는 것을 말한다. 오늘날 자본주의체제 하에서 가장 일반적으로 행하여지고 있는 무역의 형태로서 국영무역과는 달리 영리를 목적으로 이루어지고 있다. 그리고 민간기업에 의한 무역거래라 하더라도 국내거래와는 달리 정부의 간섭을 받는다.

2) 국영무역

국영무역(state trade)은 공공기관이 무역거래의 주체가 되며, 공공기관이 출자하거나 직접 무역공사를 설립하여 무역경영의 주체가 되는 무역형태를 말한다. 원래 국영무역을 행하고 있는 대표적인 나라로는 과거의 소련 및 중국, 북한 등 사회주의 경제의 기본골격을 유지하는 국가가 대부분이었으나 현재는 북한정도만 남아 있다. 반면 자본주의 국가에서도 비상시기의 경제계획 등과 같이 경제적 상황에 따라 필요시에 실시되기도 한다.

2. 물품의 형태

물품의 형태에 따라 유형무역과 무형무역으로 구분되며 무형무역에는 서비스무역, 관광무역, 기술무역 등으로 나누어 설명할 수 있다.

1) 유형무역

유형무역(visible trade)은 형태를 갖추어 우리가 눈으로 볼 수 있는 물품을 수출입하는 경우로써, 우리가 알고 있는 일반적인 물품의 수출입이 여기에 해당된다. 유형무역은 반드시 세관에서 수출입통관 절차를 거쳐야 한다.

2) 무형무역

무형무역(invisible trade)은 생산요소(자본, 노동 등)나 용역 등을 수출입하는 경우로써 국가간 이자, 수수료, 운임, 보험료, 여행경비, 기술사용료 등을 지급하거나 받는 것은 모두 무형무역에 해당된다. 무형무역은 세관에서의 수출입통관 절차를 거치지 않는다.

(1) 서비스무역

국제무역의 대상은 과거에는 물품만을 대상으로 하였으나 최근에는 서비스의 거래빈도가 점점 높아지고 있는 추세이다. 20세기 후반부터 경제의 서비스화 추세에 따라 국제간의 서비스거래가 활발해지고 있다. 특히 국제간 물품의 이동이 증가함에 따라 국제운송과 무역보험서비스가 점진적으로 증가하고 있으며, 정보통신서비스 또한 증가하고 있는 실정이다.

(2) 관광무역

외국에서 관광객을 유치하여 외화를 획득하는 것을 말하며, 외국인들과의 빈번한 교류는 국가홍보와 상호이해를 촉진시키는데 기여하고 균형 있는 지역사회 발전과 문화적 효과뿐만 아니라 국제수지 면에서의 경제적 효용도 크게 향상시키는 역할을 한다. 관광수출국의 입장에서 볼 때 국제수지와 직접 관련된 외화획득은 무역에 의한 수입과 동등하게 취급되므로 일명 무형의 수출이라고 부르기도 하고 공해가 수반되지 않는다 하여 '굴뚝 없는 공장'이라고도 한다.

(3) 기술무역

오늘날 국제무역 환경의 복잡성과 무역의 다양화에 따라 무역거래의 대상도 외국과 기술제휴계약을 체결하고, 그 제공한 기술의 대가를 받게 되는 등 기술이 거래의 대상으로서 중요한 위치를 갖게 되어 이른바 기술무역이란 말까지 나오게 되었다. 예컨대 어떤 특정기업이 소유하고 있는 특허권(patent licence), 상표권(brand licence), 기타의 소유권 및 노하우를 제공하거나 그에 대한 사용권을 외국기업에게 허가하고 그 대가로 로열티(royalty) 등을 받는 것을 의미한다. 기술무역은 기술의 국제적 이전을 수출이라는 관점에서 보게 되므로 흔히 기술수출이라고 칭한다.

3. 물품매매의 형태

물품의 매매가 수출업자와 수입업자 사이에 직접적으로 이루어지는가 혹은 중간에 제3자(제3국의 무역업자)가 개입하여 이루어지는가에 따라 직접무역과 간접무역으로 구분된다.

1) 직접무역

직접무역(direct trade)은 양국의 거래당사자인 수출업자와 수입업자 간에 무역거래 시 제3자 즉 제3국의 상인을 통하지 않고, 직접 매매계약을 체결하고 양당사자 간에 물품의 인도와 대금결제가 이루어지는 무역이다.

2) 간접무역

간접무역(indirect trade)은 직접무역과는 달리 양당사가 자국의 무역조직을 이용할 수 없거나 조직이 없을 때 제3자 즉, 제3국의 무역업자를 통하여 거래가 이루어지는 경우를 말한다. 그 형태로는 다음과 같이 네 가지 유형으로 구분할 수 있다.

(1) 중개무역

중개무역(merchandising trade)은 수출국과 수입국의 중간에서 제3국의 상인이 중개하여 이루어지는 거래를 말한다. 예컨대 수출업자와 수입업자 사이에 제3국이 수출입을 중개하는 경우 제3국의 입장에서 볼 때 중개무역에 해당된다. 이 때 제3자인 중개인은 양자를 소개하여 거래를 알선시키고 거래알선에 따른 중개수수료를 얻게 된다. 반면 대금결제 등의 무역거래 이행은 수출입 양당사자 간에 직접 행해진다.

(2) 중계무역

중계무역(intermediary trade)은 수출할 것을 목적으로 물품을 외국에서 수입하여 가공하지 않고 원형 그대로 다시 제3국에 수출하는 것으로, 수입액과 수출액과의 차이를 취할 목적으로 이루어지는 거래를 말한다. 중계무역은 중계무역항을 통하여 이루어지고 중계무역항은 관세가 부과되지 않는 자유항이어야 하고, 물품의 집산지이며 외화의 교환이 자유로워야 한다. 이러한 중계무역은 자국 물품의 공급능력에 한계가 있을 때 혹은 최종 수입국이 최초 수출국으로부터의 수입을 제한하고 있는 경우에 이용되어 진다. 대표적으로 홍콩과 싱가포르가 중계무역이 가장 발달되어 있다.

그림 1-3

중계무역

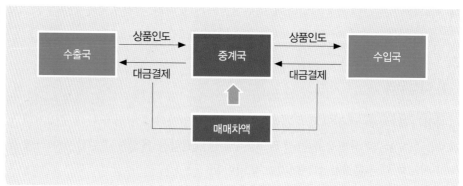

(3) 통과무역

통과무역(transit trade)은 수출물품이 수출국에서 수입국에 직접 송부되지 않고 제3국을 통과하여 수입국에 인도되는 경우를 말한다. 예컨대 유럽연합 내에서 독일의 공산품이 프랑스의 고속도로를 통하여 스페인에 수출할 때 프랑스의 입장에서는 통과무역으로 간주한다. 따라서 제3국(프랑스)은 물품이 자국을 통과하는데 따른 노임, 수수료, 운임, 보험료 등을 얻게 된다. 통과무역은 형식적으로 중계무역과 유사하지만 제3국에 있는 업자가 이 거래에 자의적으로 개입하지 않는다는 점에서 상이하다.

(4) 스위치무역

스위치무역(switch trade)은 수출업자와 수입업자간에 직접 매매계약이 체결되고 물품도 수출국에서 수입국으로 직접 이동되는데 반해, 대금결제는 제3국의 무역업자(switcher)를 통하여 제3국의 결제통화를 사용하는 거래를 말한다. 이때 제3국의 무역업자는 거래가 성사되는 경우 수수료(switch commission)를 받는다.

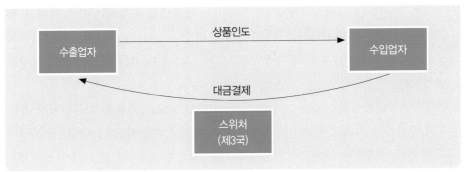

그림 1-4
스위치무역

4. 물품의 가공방식

가공무역(processing trade, improvement trade)은 가득액(가공작업비 등)을 가득하기 위하여 원료의 일부 또는 전부를 외국에서 수입하여 이를 가공하여 다시 외국에 수출하는 거래를 말한다. 가공무역은 위탁가공무역과 수탁가공무역으로 구분된다. 여기서 가득액이란 일반가공무역이나 보세가공무역을 통하여 가공임(加工賃)을 획득하는 것을 말하며, 가공임은 가공된 제품의 수출금액에서 이에 소요되는 원료의 수입가격을 차감한 단순노임을 의미한다.

1) 위탁가공무역

위탁가공무역(processing trade on consignment)은 가공임을 지급하는 조건으로 가공할 원자재의 전부 또는 일부를 외국의 거래 상대방에게 수출하여(통상 무상으로 수출) 이를 가공 후 가공물품을 국내에 재수입하거나 현지 또는 제3국에 수출하는 경우를 말한다.

위탁가공무역은 자국의 임금수준이 높아 자국에서 가공하는 것보다 가공임이 저렴한 국가의 노동력을 활용하거나 또는 자국의 기술수준이 낮아 기술이 발달된 국가에서 가공하고자 하는 경우에 이루어지는 거래이다. 최근 우리나라는 국내 인건비가 상승함에 따라 중국, 베트남 등에서 현지생산을 하고 있다.

2) 수탁가공무역

수탁가공무역(processing trade on trust)은 가득액을 획득하기 위해 원자재의 전부 또는 일부를 거래 상대방의 위탁에 의하여 외국으로부터 수입하여 이를 가공한 후 위탁자 또는 그가 지정하는 자에게 수출하는 거래이다. 가득액을 수취하는 방식에 따라 유환수탁가공무역과 무환수탁가공무역으로 나누어진다. 전자는 원자재의 수입대금과 가공제품의 수출대금이 별도로 지급·회수되는 것이며, 후자는 그 차액만이 영수되는 방법이다.

수탁가공무역방식의 거래는 저렴한 노동력 또는 고도의 기술을 이용하고자 하는 경우에 발생하는 거래로서 수입과 수출승인이 동시에 이루어진다. 수탁가공무역에 의해 수입되는 원료는 대외무역법상 외화획득 원료로 취급되므로 수출입공고에서 수입이 제한되는 품목일지라도 수입승인이 가능하다.

3) 보세가공무역

보세가공무역(bonded processing trade)은 외국으로부터 들어온 원자재나 반제품을 관세가 유보된 상태로 가공설비가 설치된 국내의 보세구역에서 가공하거나 제품화한 후 다시 외국으로 수출하는 무역방식을 말한다. 보세가공무역의 목적은 관세의 부담을 지우지 않고 외국에서 원자재를 수입하여, 이를 가공해서 수출하는 가공무역에 대한 수출지원책에 중점을 두는 데 있다. 따라서 보세공장은 관세법상 외국으로 간주되며 관세구역 내에 있는 물품도 외국물품으로 취급되기 때문에, 물품의 반출입 및 장치기간 등에 관해서는 엄격한 제한(1~3년)을 가하고 있다. 우리나라에서는 수출장려책의 일환으로 보세가공무역을 제도화하여 실시하고 있다.

5. 물품의 판매방식

수위탁판매무역은 물품을 무환으로 수출 또는 수입하여 당해 물품이 판매된 범위 안에서 수출대금을 회수 또는 수입대금을 지급하는 조건의 계약에 의한 수출입을 말하며, 이는 위탁판매무역과 수탁판매무역으로 나뉜다.

1) 위탁판매무역

위탁판매무역(trade on consignment)은 국내 수출업자(위탁자)가 외국 수입업자(수탁자)에게 물품을 무환방식으로 수출 후 당해 물품이 판매된 분에 대해서만 대금을 회수하는 방식의 수출을 말한다. 판매기간이 끝난 후에 판매되지 않은 물품을 재수입하는 방식의 거래로서 수탁자 입장에서는 관리의 책임만 있고, 자금부담과 판매에 따른 위험부담이 없으며 제품판매에 따른 수수료를 취득하는 이점이 있다. 반면 위탁자 입장에서는 제품판매에 따른 모든 위험부담을 지기 때문에, 새로운 시장을 개척하거나 신규상품의 수출 등 시장성이 확실하지 아니한 경우에 위탁판매수출을 활용한다.

2) 수탁판매무역

수탁판매무역(trade on consignee)은 국내 수입업자(수탁자)가 외국 수출업자(위탁자)로부터 위탁을 받아 소유권이 이전되지 않은 상태로 물품을 무환방식으로 수입하여 판매한 후, 판매된 범위 안에서 대금을 지급하는 방식의 수입을 말한다. 수탁자 입장에서는 판매기간이 끝난 후에 판매되지 않은 제품을 위탁자(수출업자)에게 다시 수출하고, 판매경비와 수수료 등을 뺀 나머지를 수출업자에게 송금한다.

3) 보세창고도거래

보세창고도거래(Bonded Warehouse Transaction; BWT)는 수출업자가 본인의 책임 하에 수입국내에 관리인(지사 또는 별도의 대리인)을 지정하고, 사전에 매매계약이 체결되지 않은 채 물품을 수입국내 보세창고에 입고한 후, 현지에서 매매계약을 체결하여 판매하는 일종의 위탁판매방식 거래를 말한다.

6. 물품의 연계무역방식

연계무역방식은 두 나라 사이의 수출입이 균형을 이루도록 하기 위하여 수출입 물품의 대금을 그에 상응하는 수입 또는 수출로 상계하는 방식의 수출입을 말한다. 여기에는 물물교환, 구상무역, 대응구매가 있다.

1) 물물교환

물물교환(barter trade)은 당사자 간에 환거래가 발생하지 않고 물품을 일대일로 교환하는 무역의 형태를 말한다. 물물교환은 가장 초보적인 연계무역의 형태이며 양국 간에 수출입할 수 있는 물품이 적절할 경우에만 이용될 수 있다.

2) 구상무역

구상무역(compensation trade)은 수출입물품의 대금을 그에 상응하는 수입이나 수출로 상계하는 무역의 형태를 말한다. 즉, 어떤 물품의 수입업자가 상대방인 수출업자에 대하여 반대로 동액의 상품을 수출하여 수입과 수출을 균형 시키는 거래방법이다. 구상무역은 물물교환과 마찬가지로 하나의 계약서로 수출입거래가 이루어지지만, 환거래가 발생하여 쌍방 간에 합의된 통화로 결제가 이루어진다.

구상무역은 무환구상무역과 유환구상무역으로 구분할 수 있으며 전자는 앞서 설명한 환거래 없이 직접 물품이 교환되는 물물교환의 형태이며, 후자는 수출입국가 간의 수출입대금 결제 시 선수출 또는 선수입에 상응하는 물품대금을 외화로 수취 또는 지급하고, 후수입 또는 후수출에 따른 물품대금을 외화로 지급 또는 수취하는 거래형태를 말한다.

3) 대응구매

대응구매(counter purchase)는 구상무역과 동일하나 두 건의 계약서에 의해 이루어지는 무역으로서 연계무역의 가장 보편적인 형태이다. 즉, 수출액의 일정 비율만큼 반드시 구매하겠다는 별도의 계약서를 체결하고 수출하는 거래방식이며, 형식상 완전히 분리된 별도거래(two-way trade)이다.

7. 기타의 무역

기타의 무역으로는 플랜트수출, OEM방식수출 및 녹다운방식수출 등을 꼽을 수 있는데 이에 대한 설명은 다음과 같다.

1) 플랜트수출

플랜트수출(plant export)은 공장건설을 위한 중요설비, 기계 및 부품뿐만 아니라 선박, 철도, 차량 등의 자본재 수출을 의미한다. 플랜트수출은 거대한 자본요소, 시공기간의 장기화, 고도의 기술적 요구로 인하여 흔히 기술 및 기업수출과 병행되고 있다.

플랜트수출은 주로 턴키(turn-key)방식의 형태를 취하게 된다. 여기서 턴키방식수출이란 일괄수주방식이라고도 하는데 플랜트수출에 있어서 그 플랜트의 설계, 제작, 설치 등은 물론이고 공장부지의 조성으로부터 공장을 완성하여 현지 노동자의 기술교육, 생산의 시작, 시운전, 효과 테스트에 이르는 전 과정에 필요한 각종 기술과 물자를 일괄하여 수출하는 것을 의미한다. 즉, 수입업자가 플랜트의 가동 스위치(key)를 켜기만 하면 필요한 생산을 할 수 있을 때까지 수출업자가 플랜트의 건설을 완성해 주는 방식을 말한다.

2) OEM방식수출(주문자 상표부착방식)

OEM(Original Equipment Manufacturing)방식수출이란 수입업자로부터 수출품의 생산을 주문 받아 생산된 제품에 수입업자의 상표를 부착하여 수출하는 방식을 말한다.

수출업자 입장에서 볼 때 OEM방식수출의 장점은 첫째 수출확대와 기술축적의 계기가 될 수 있으며, 둘째 현지에서 제품판매에 따른 제반 경비 및 위험부담에서 벗어나며, 셋째 현지국의 상표를 부착하여 판매함으로써 현지인의 거부반응을 피할 수 있다.

반면 OEM방식수출의 단점으로는 첫째 자가 브랜드 상품의 수출보다 저가로 수출되어 수출채산성 면에서 불리하며, 둘째 새모델을 개발하는 등의 독자적인 경영에 한계가 있으며, 셋째 수출국 상품에 대한 이미지의 제고나 독자적인 수출시장의 개척이 어려울 수 있다.

3) 녹다운방식수출

녹다운(knock-down)방식수출은 완제품으로 수출하는 것이 아니라 조립할 수 있는 설비와 능력을 가지고 있는 거래처에 대하여 상품을 부품이나 반제품의 상태로 수출하고 현지 실수요지에서 완제품으로 완성하는 현지 조립방식의 수출을 말한다. 이 방식은 부품이나 반제품의 형태로 수출함으로써 수입국의 완제품에 대한 수입제한이나 고율의 관세가 부과되는 것을 피해 상대시장에 침투할 수 있는 이점이 있기 때문에 자동차 등의 기계류 수출에 많이 이용된다.

무역과 국민경제

1. 수출과 국민경제

수출은 국내생산을 증대시키고 이에 따른 소득증대와 고용증대를 가져오며, 필요한 물자를 수입하는데 드는 외화를 조달하는 수단이기도 하다. 수출의 긍정적인 효과를 분석하면 다음과 같다.

1) 고용 및 소득증대효과

수출증대는 수출산업과 직·간접적으로 연관되어 있는 관련 산업의 생산활동을 촉진시켜 고용을 창출하게 된다. 이러한 고용창출 효과는 자본집약적 산업보다는 섬유, 조선업과 같은 노동집약적 산업에서 두드러지는 것이 특징이다. 고용의 증대는 곧 소득의 증대로 이루어지며 제2차 및 제3차 파급효과를 가져오게 된다. 수출의 소득유발액은 수출산업뿐만 아니라 수출관련 산업들의 생산과정에서 발생한 부가가치의 합계로 산출될 수 있다.

2) 외화조달의 원천

국민경제에 있어 자국의 산업을 발전시키고 자국민 삶의 질을 향상시키기 위해 필요한 재화나 용역을 수입하기 위해서는 대금결제를 위한 외화가 필요하게 된다. 또한 국내에서 조달할 수 없는 원자재나 시설재는 해외에서 수입해야 하는데 이를 위해서도 외화가 필요하다. 이러한 외화의 조달은 대부분 수출을 통해 가능하다. 즉, 수출은 외화를 자국으로 유입하기 위한 가장 확실한 방안으로서 중요한 역할을 하고 있다. 물론 외자도입이나 원조를 통해서 외화를 확보할 수 있지만, 이 방식은 상대방 국가의 의사가 결정적이기 때문에 결국 수출이 가장 확실한 외화획득 수단이 된다.

3) 산업구조의 고도화 및 생산유발효과

수출증대는 생산증대로 이어지고 생산의 증대는 생산비용의 하락을 통하여 규모의 경제를 실현시켜 산업구조의 고도화를 촉진시킨다. 수출증대에 따른 산업구조의 고도화는 대량생산을 통한 경쟁력 강화로 경제성장의 가속화를 통하여 누적적인 파급효과를 초래한다.

수출증대는 당해 수출산업은 물론이고 연관산업에 연쇄적으로 영향을 미침으로써 전산업에 걸친 생산증대 효과를 발휘하게 된다. 예컨대 조선업에 있어 선박수출의 증대는 선박생산의 증대뿐만 아니라, 강판, 페인트, 각종 기계 및 기기산업과 같은 다른 산업의 생산증대를 유발시킨다. 또한 제2차, 제3차 파급효과로서 강관, 철광석 등의 연관산업 및 철강, 전자, 전기, 건축 등의 전반의 산업에 생산을 증대시킨다. 총체적으로 선박 1척의 수출은 수출액의 몇 배에 해당하는 생산을 초래하는 효과가 나타나게 된다.

4) 수입유발효과

수출과 관련된 소득유발효과는 서로 상반된 성질을 가지고 있으며, 수출산업의 수입의존도가 심화 될수록 수출에 의한 소득유발효과는 감소하게 된다. 어떠한 특정국가가 소득유발도를 높이려면 수출산업과 연관된 부품 및 소재산업의 적극적인 육성을 통하여 원자재의 국산화 촉진과 함께 수입 대체산업의 발전을 통한 수입유발도의 저하에 신경을 써야 할 것이다.

우리나라의 산업은 고도의 수입유발적인 산업구조를 가지고 있다. 수출증가는 수입의 증가를 수반하는데, 이는 수출물품의 제조에 필요한 원료나 부품에 대한 수입의존율이 높아지기 때문이다. 수출산업과 관련된 부품이나 소재산업을 적극적으로 육성하여 원자재의 국산화를 촉진하고 수입대체산업을 발전시켜 생산증가에 따른 수입증가율을 낮추어야 할 것이다.

5) 경기조절효과

내수 침체기에는 국내시장의 위축으로 인한 생산활동의 저하나 실업률의 증가로 국내경제는 전반적으로 침체현상을 나타낸다. 이런 경우 수출증대에 의해 대량생산을 지속적으로 유지시킴으로써 국내경기의 침체현상을 완화시킬 수 있다. 반대로 내수가 급격히 증가하는 경우에는 수출을 어느 정도 둔화시킴으로써 안정된 수급상황을 유지하면서 국내경기를 조절할 수 있다. 이와 같은 효과를 내수와 수출의 경합관계라 한다.

2. 수입과 국민경제

수입은 국제수지를 악화시키는 요인이 되고 있지만, 선진 자본재와 국내생산불능 원자재의 수입은 국내투자를 증대시켜 경제발전을 촉진시키고 생산시설의 확대와 경제능률을 증대시키는 등 국민경제에 이바지 하고 있다. 수입의 긍정적 효과를 설명하면 다음과 같다.

1) 국내부족 원자재확보

한 나라의 경제발전을 위해서는 공업화 과정을 거쳐야 하며, 공업화를 추진하기 위해서는 국내에서는 생산 또는 구입이 불가능하거나 혹은 어려운 원자재의 시의 적절한 공급이 절대적으로 중요하다. 즉, 공업화 과정에서 수입은 공업화에 필수불가결하고 국내에서 생산이 불가능한 원자재의 공급원으로서 수입이 불가피하다.

특히 우리나라와 같이 부존자원이 부족한 국가에서는 공업화에 필요한 원유, 원면 등의 원자재 수입이 필수적이다. 또한 원자재들이 국내에서 생산되기는 하지만 외국에 비해 생산비용이 비쌀 경우, 외국으로부터 도입함으로써 생산비용을 절감할 수 있고 이를 바탕으로 수출경쟁력을 확보할 수 있다.

2) 국내산업의 경쟁력강화

선진 자본재의 수입은 시설의 확대와 합리화를 추진하여 국제무역환경 변화에 대응해 나갈 수 있도록 산업의 체질을 강화시켜 주며, 이는 또한 경쟁력을 제고시킴으로써 지속적이고 안정적인 경제성장을 유도해 나가게 된다. 한 기업의 경쟁력은 지속적인 시설확대와 기술혁신 그리고 생산의 근대화를 위한 합리적인 투자가 활발하게 진행되어야 하며, 이러한 과정에서 증대되는 시설재에 대한 수요는 보다 우수한 선진 자본재의 수입으로 충당된다.

또한 장기적 관점에서 수입은 국내 생산자로 하여금 외국기업과 경쟁하도록 함으로써 기술개발을 통한 품질의 고급화, 생산성 향상을 통한 원가의 절감 등 기업경영의 합리화를 도모하도록 압박하게 된다. 따라서 수입을 통해 국내산업의 체질을 강화시키고 기술수준을 향상시키는 효과를 기대할 수 있다.

3) 국민의 후생증대

품질이 우수하고 가격이 저렴한 외국수입품의 국내시장 침투는 단기적으로 볼 때 소비자들에게 후생의 증대를 가져다준다. 소비자의 입장에서는 정부의 수입개방정책을 통하여 보다 싸고 양질의 외국제품을 구매할 수 있어서 생활수준이 향상된다. 또한 국내 상품의 품질 및 가격조건이 개선됨으로써 국내시장은 물론 국제시장에서 경쟁력도 제고되며 수출의 증대도 도모할 수 있다. 그러나 국내 소비자들의 외국제품 선호경향은 장기적으로 볼 때 관련국내기업의 도산을 초래하여 국내산업의 기반이 붕괴될 수 있는 위험을 내포하고 있다. 따라서 국산제품의 양질화와 저가격화를 통한 국제경쟁력 배양이 필요하다.

3. 무역과 국민소득

1) 무역승수

무역승수(foreign trade multiplier)란 수출입 특히 수출이 국민소득을 궁극적으로 얼마만큼 증대시키느냐를 계산하는데 사용되는 계수를 말한다. 수출과 수입은 오늘날 국민소득을 구성하는 중요한 일부분이 되고 있는데, 수출이 증가하면 국민소득도 그만큼 늘어나게 되고 이와 반대로 수입이 증가하면 국민소득은 그만큼 감소하게 된다. 다만 수출입은 그에 해당하는 금액만큼만 국민소득에 증감을 가져오는 것이 아니라, 그의 승수 배만큼의 증감을 가져온다.

무역승수는 케인즈(J. M. Keynes)의 승수이론이 외국무역을 포함하는 개방체제에 확장한 것으로서 해로드(R. F. Harrod)에 의해서 전개된 이론이다. 수출의 증가에 의한 국민소득의 증가분은 수입과 저축으로 들어가는 부분을 제외하고 소비되어 다시 국민소득을 증대시킨다.

$$무역승수 = \frac{1}{한계저축성향 + 한계수입성향}$$

자국 수출의 증가는 수입국 측에서 보면 수입의 증가이며, 이것은 수입국의 국민소득의 감소와 그에 의한 수입의 감소를 초래하여 자국 수출의 감소가 되어 되돌아온다. 이 같은 상대국의 반작용을 고려하면 승수는 그만큼 적어진다.

무역승수의 도입은 이론적으로나 정책적으로나 큰 의미를 가진다. 이에 의하여 첫째 소득을 매개로 하는 국제수지의 조정과정이 밝혀지고, 둘째 경기변동의 국제적 파급과정이 명확해지며, 셋째 국내균형과 국제균형을 양립시키기 위한 정책의 검토가 가능해진다.

2) 무역의존도

무역의존도(degree of dependence on foreign trade)는 한 나라의 국민경제가 얼마만큼 무역에 의존하고 있는가를 나타내는 지표로서 일정한 기간(보통 1년)에 있어서 일국의 국민소득에 대한 같은 기간의 무역액(수출액+수입액)의 비율로서 표시한다. 그리고 무역의존도는 경제가 얼마나 개방되어 있는가를 나타내는 지표로 사용될 수 있다. 무역의존도의 계산방법은 다음과 같다.

$$수출의존도 = \frac{1년간의 총수출액}{1년간의 국민소득총액(또는 국민총생산액)} \times 100$$

$$수입의존도 = \frac{1년간의 총수입액}{1년간의 국민소득총액(또는 국민총생산액)} \times 100$$

$$무역의존도 = \frac{1년간의 총수출액 + 총수입액}{1년간의 국민소득총액(또는 국민총생산액)} \times 100$$

일반적으로 국토가 광대하고 풍부한 천연자원을 가지고 있는 국가는 국내분업을 통한 높은 자급자족도로 인하여 무역의존도가 낮으며, 국내시장이 협소하면서도 소득수준이 높은 국가는 무역의존도가 높다. 무역의존도가 높다는 것은 그 나라 경제가 다른 외국의 경제와 밀접한 관련을 가지고 있을 뿐만 아니라 외국에 의존하는 경향이 크다는 것을 의미한다.

예컨대 우리나라의 무역의존도는 1990년대 약 90%, 2000년대 약 80% 정도로 매우 높은 편이지만, 일본의 경우 대략 30%대를 유지하고 있다. 이렇듯 일본의 무역의존도가 낮은 이유는 내수시장 규모가 우리나라에 비해 훨씬 크기 때문이라 할 수 있다.

3) 외화가득률

외화가득률(rate of foreign exchange earning)은 일정기간 동안에 수행된 특정품목의 수출금액에서 수출품의 제조·가공을 위하여 사용된 수입물품의 수입금액을 공제한 금액이 수출금액에서 차지하는 비율을 말하며 외화획득률이라고도 한다. 외화가득률은 한 나라가 수출을 통해 어느 정도의 외화를 벌어들이는가를 측정하는 지표이다.

$$외화가득률 = \left(1 - \frac{단위당수입원자재원가(CIF가격)}{단위당수출원가(FOB가격)} \right) \times 100$$

외화가득률이 높다고 하는 것은 그 만큼 수출품 생산에 사용된 원료 중에 국산품이 차지하는 비율이 높다는 것과 또한 가공도가 높다는 것을 의미한다. 외화가득률은 개개의 수출품 이외에도 수출품 전체를 종합하여 전체로서 외화가득률을 계산할 수 있는데, 이러한 종합적 외화가득률은 특정국가의 최저수출액을 산정하는데 사용되기도 한다.

현재 우리나라에서는 개별상품 또는 유별상품에 대해서 외화가득률을 정부가 매년마다 작성·발표하고 있다. 이에 따라 외화가득률이 높은 산업을 중점적으로 육성하면 국민경제 전체의 무역수지 개선을 도모할 수 있다.

1. 무역의 정의에 대해 설명하시오.

2. 무역의 특성에 대해 약술하시오.

3. 중개무역과 중계무역을 비교 설명하시오.

4. 물품의 가공방식에 따른 무역의 종류와 그 내용을 설명하시오.

5. 무역의 필요성에 대해 약술하시오.

6. 무역의존도에 대해 설명하시오.

7. 최근 국제통상이란 용어가 많이 사용되어지고 있는 이유와 국제무역과의 차이점을
   설명하시오.

Chapter

02

무역의 순수이론

이 장의 주요용어

요소집약도 · 절대우위론 · 비교우위론 · 상호수요설 · 기회비용설 · 헥셔-오린정리 · 요소부존
이론 · 요소가격균등화정리 · 레온티에프 역설 · 스톨퍼-사무엘슨 정리 · 연구개발이론 · 기술
격차이론 · 제품수명주기이론 · 산업내무역이론

제1절 무역이론의 연구대상과 기본 가정

1. 무역이론의 연구대상

무역이론의 주요 연구대상은 무역의 발생원인, 무역패턴 및 교역조건의 결정, 무역균형의 결정, 무역의 경제효과 등을 들 수 있다. 이들 내용에 대해 좀 더 자세히 설명해 보기로 한다.

첫째, 무역의 발생원인은 이질적인 국가들과의 거래로 인한 위험을 감수하고 국가 간 무역이 왜 발생하는가를 분석한다. 앞서 제1장에서 제시 하였듯이 국제무역은 국가 간의 사회적·자연적 환경의 차이에서 오는 것이다. 따라서 세계의 모든 국가들은 이러한 차이를 극복하기 위하여 국가 간 무역을 실시하고 있으며, 이는 국제분업의 원리를 통해 설명이 이루어진다. 즉, 국제분업이 무역이론의 가장 기본이 되는 무역발생 원인이다.

둘째, 무역패턴 결정은 한 국가가 어떤 재화를 수출하고 어떤 재화를 수입하는가에 관한 문제를 분석하는 것이 무역이론의 연구대상이 된다.

셋째, 교역조건의 결정은 각국의 수출품과 수입품의 교환비율로서 교역조건의 결정은 무역이익의 배분문제를 규명한다.

넷째, 무역균형의 결정은 교역 당사국간의 수출입 균형의 결정과정을 분석한다.

다섯째, 무역의 경제적 효과는 무역의 결과 얻어지는 이익은 얼마이고, 그 이득은 누가 얼마만큼을 차지할 것인가를 분석한다. 즉, 요소소득의 재분배와 더불어 교역 당사국의 산업구조 및 자원배분에 미치는 영향을 분석한다.

2. 무역이론의 기본가정

무역이론에서는 이론을 단순화하기 위해 몇 가지 기본적 가정을 전제로 하여 전개되는데 이를 정리하면 다음과 같다.

1) 정태적 분석

무역이론에서는 대부분 정태적 분석방법을 취하고 있다. 일반적으로 시간의 흐름을 고려하지 않고 분석을 하며, 분석하는 시점에서 자본·노동·기술 등의 변화가 없이 고정되어 있는 것으로 간주한다. 즉 무역이론은 시간의 변화를 무시하고 경제변수간의 상호의존관계를 분석하게 되며, 혹 시간이 변화를 한다 하더라도 자본과 기술등의 여건은 일정불변하다고 가정하고 있다.

2) 2국 · 2재 · 2요소

무역을 함에 있어 지구상에는 두 나라만 존재하고 두 국가에서 생산되어지는 재화도 두 가지이며, 이 재화를 생산하는데 필요한 생산요소 역시 두 가지라고 가정한다. 여기서 두 가지 생산요소는 노동과 자본만이 존재함을 말한다.

3) 생산요소의 국가 간 이동불가와 동질성

생산요소는 더 높은 보수를 받을 수 있는 곳으로 이동하려는 성질을 가지고 있지만, 무역이론에서는 생산요소는 국가 간에 이동되지 않는다고 가정한다. 그리고 동일한 생산요소라 할지라도 그 질에 있어서는 차이가 있으나, 무역이론에서는 생산요소의 질적인 측면이 모두 동일하다고 간주한다. 노동의 경우 비숙련노동과 숙련노동으로 나눌 수 있는데 이를 동일 요소로 간주한다.

4) 요소집약도의 차이발생

한 국가에서 생산되는 두 가지 재화는 요소집약도에 차이가 있다고 가정한다. 요소집약도란 재화를 생산하는데 있어 생산요소의 투입비율을 의미하는 것으로서 두 가지 생산요소를 이용하여 생산된 두 상품은 서로 다른 요소집약도를 가지게 된다고 가정한다. 예컨대 한 재화가 노동집약재이면 또 다른 재화는 자본집약재로 가정한다.

5) 완전경쟁과 완전고용

무역에 참여하는 국가는 국가가 보유한 자원이나 자본, 노동력 등이 모두 이용되어 실업이나 자원·설비의 유휴가 없음을 가정한다. 그리고 다수의 수요자와 공급자가 시장에서 만나 가격을 결정하며, 시장에 존재하는 정보를 충분히 활용할 수 있다는 완전경쟁을 가정한다.

6) 무역장벽 무시

국가 간에 상품이 이동하는데 있어 무역장벽의 제약이 없는 완전자유무역을 가정한다. 즉 관세나, 수입할당제 및 수입과징금 등 일체의 인위적인 수단에 의하여 규제를 받지 않고 완전히 자유롭게 이루어지는 자유무역을 전제로 한다.

7) 기타

상품을 이동하는데 들어가는 수송비 등 무역거래를 하는데 있어 발생하는 일체의 비용은 없다고 가정한다. 예컨대 수송비(해상운임 등)와 통신비(FAX요금 등), 보험료(해상보험료 등) 등의 부대비용은 없는 것으로 간주한다.

그리고 외부경제의 효과는 없다고 가정한다. 생산자나 소비자는 경제활동을 하는데 있어 다른 경제주체의 활동에 전혀 영향을 받지 않는다고 간주한다.

제2절 고전 무역이론

전통적 무역이론은 아담 스미스(A. Smith)의 절대우위론을 시작으로 하여, 데이비드 리카도(D. Ricardo)의 비교우위론, 밀(J. S. Mill)의 상호수요설로 전개되었다. 고전무역이론은 노동을 유일한 생산요소로 간주한 노동가치설을 근거로 하여 노동생산성의 차이가 생산비의 차이를 나타낸다고 보고 무역발생의 근본적 원인을 노동에서 찾고 있는 무역이론이다.

1. 스미스의 절대우위론

1) 절대우위론의 개념

아담 스미스(A. Smith)는 1776년에 발간된 그의 저서 「국부론」에서 중상주의의 무역차액설을 비판하고 자유무역을 전개하자는 절대우위론을 주장하였다.

절대우위론(theory of absolute advantage)은 생산비 면에서 절대적인 차이를 의미한다. 즉, 한 나라가 다른 나라에 비하여 어떤 재화의 생산비용이 절대적으로 낮으면 그 재화의 생산에서 절대우위를 가진다는 이론으로서, 이는 절대생산비설(theory of absolute cost)이라고도 한다. 모든 상품은 가장 저렴한 비용으로 생산할 수 있는 생산자가 생산에 있어서 절대우위를 가지며, 그러한 생산자들에 의해 생산이 담당될 것이고 이러한 생산은 주어진 생산자원을 가장 효율적으로 활용하는 결과를 가져온다.

따라서 한 나라가 무역상대국에 비해 절대우위에 있는 재화를 특화하여 그 일부를 수출하고, 절대열위에 있는 재화를 수입한다면 무역참여국 모두 이익을 얻게 될 수 있다.

2) 절대우위론과 국제무역

아담 스미스의 절대우위론은 노동만을 유일한 생산요소로 간주하여 노동가치설에 바탕을 두었다. 즉, 상품의 생산을 위해서는 노동만이 유일한 생산요소로 투입됨을 가정하기 때문에 상품의 가치는 투입노동량으로 표시할 수 있다.

표 2-1

절대우위(단위생산 노동요구량)

국 가 \ 상품	X재	Y재
A국	10명	14명
B국	12명	8명

노동이 유일한 생산요소라는 가정 하에 두 나라(A국·B국)에서 상품 X재와 Y재를 생산한다고 하자.

A국은 X재 1단위 생산에 노동 10명이, Y재 1단위 생산에 노동 14명이 소요되며, B국은 X재 1단위 생산에 노동 12명이, Y재 1단위 생산에 노동 8명이 소요된다고 가정하자. 이때 A국은 X재에, B국은 Y재에 절대우위를 가진다고 할 수 있다. 왜냐하면 A

국이 B국에 비해 X재를 절대적으로 저렴한 비용(단위생산 노동 요구량이 절대적으로 적은 경우)으로 생산할 수 있기 때문이며, 반면 B국은 A국에 비해 Y재를 절대적으로 저렴한 비용으로 생산할 수 있기 때문이다.

그러므로 국가간 분업에 의해서 A국에서는 X재 생산에 모든 노동력을 투입하여 특화를 하고, B국에서는 Y재 생산에 모든 노동력을 투입하여 특화한다. 따라서 A국에서는 X재만을 생산하고 B국에서는 Y재만을 생산하게 되면, 무역전에 각국에서 X재 Y재 각각 1단위씩 생산되던 것이 A국에서는 노동력 전부를 X재만을 생산하게 되어 X재는 2.4$^{(24/10)}$단위가 생산된다. 그리고 B국에서는 노동력 전부가 Y재만을 생산하게 되어 Y재는 2.5$^{(20/8)}$단위가 생산되게 된다.

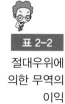

표 2-2

절대우위에 의한 무역의 이익

국가 \ 재화	X재	Y재
A국	24명(10+14)/10명 2.4단위	
B국		20명(12+8)/8명 2.5단위
합계	2.4단위	2.5단위

양국에서 X재와 Y재 1단위씩을 교환하게 되면, A국에서는 X재 1단위 Y재 1단위 그리고 X재 0.4단위가 남게 된다. B국에서도 X재 1단위 Y재 1단위 그리고 Y재 0.5단위가 남게 된다. 무역 후 남겨진 A국의 X재 0.4단위와 B국의 X재 0.5단위가 분업 후 교환을 한 후 양국에 남겨지는 이익이 된다.

3) 절대우위론의 한계

아담스미스의 절대우위론은 국제분업의 원리를 이용하여 무역이익을 규명함으로써 보호무역의 타당성을 배격하고 자유무역의 이론적 기초를 제시한 점에서 큰 의의가 있다. 하지만 노동가치설에 의해서 유일한 생산요소를 노동으로 국한시킴 점과 일국이 두 재화에 모두 우위에 있거나 열위에 있는 경우 무역이 발생할 수 없다는 것이 절대우위론의 한계이다.

2. 리카도의 비교우위론

1) 비교우위론의 개념

데이비드 리카도^(D. Ricardo)는 1817년에 발간된 그의 저서「정치경제 및 과세의 원리」에서 비교우위론을 제시하였다. 이 이론은 아담 스미스의 절대우위론에서 제기된 자유무역이론을 더욱 체계화 시켰다는데 그 의의가 있다.

비교우위론(theory of comparative advantage)은 한 국가가 다른 국가에 비하여 어떤 재화의 생산비용이 상대적으로 낮으면 그 재화의 생산에 비교우위를 가진다는 이론으로서, 이는 비교생산비설(theory of comparative cost)이라고도 한다. 이 이론은 두 재화 모두 절대우위를 갖는 경우에도 두 재화 사이에 비교우위가 존재하면 무역이 성립됨을 설명하였다. 즉, 한 나라가 두 상품 모두에 절대우위를 가지고 있고 다른 나라는 그 반대의 경우에 있다고 하더라고 상호이익이 되는 무역이 발생할 수 있다는 것이다.

2) 비교우위론과 국제무역

A국은 X재 1단위 생산에 노동 10명이, Y재 1단위 생산에 노동 14명이 소요되며, B국은 X재 1단위 생산에 노동 9명이, Y재 1단위 생산에 노동 8명이 소요된다고 가정하자. 이때 B국은 X재와 Y재 생산에 있어 두 재화 모두 A국보다 적은 노동을 투입하고 있으므로 두 재화 모두 절대우위를 가지고 있다. 이러한 경우 양국간에는 무역이 성립되지 않지만 비교생산비를 고려하면 두 국가 간에는 무역이 성립되게 된다.

표 2-3

비교우위^{(단위생산} 노동요구량)

재 화 국 가	X재	Y재
A국	10명	14명
B국	9명	8명

B국은 어느 재화를 생산한다 하더라도 A국보다 생산비 면에서 유리하지만 비교생산비를 계산하면 Y재 생산에 비교우위를 가지게 된다. 왜냐하면 B국의 경우 X재를 생산하기 위한 생산비용은 A국에 비하여 9/10^(90%)의 비용만 있으면 생산이 가능하고, Y재는 8/14^(57%)의 비용으로 생산이 가능하다. 즉, B국은 A국에 비하여 X재와 Y재를 생산하는데 각각 90%, 57%의 생산비만으로 생산이 가능하므로 B국은 두 재화 중 더욱 생산비 면에서 유리한 Y재 생산에 비교우위를 가지게 된다.

A국의 비교생산비를 계산하면 X재 생산에 비교우위를 가지게 된다. 왜냐하면 A국의 경우 X재를 생산하기 위한 생산비용은 B국에 비하여 10/9[111%]의 비용만 있으면 생산이 가능하고, Y재는 14/8[175%]의 비용으로 생산이 가능하다. 즉, A국은 B국에 비하여 X재와 Y재를 생산하는데 각각 111%, 175%의 생산비만으로 생산이 가능하므로 A국은 두 재화 중 생산비가 덜 비싼 X재의 생산이 유리하다. 따라서 A국은 B국에 비하여 X재 생산에 비교우위를 가지게 된다.

이러한 상황에서 A국은 X재에 B국은 Y재에 특화하여 국제분업을 하고, 교환을 하게 되면 A국과 B국 모두 무역의 이익을 얻게 된다.

표 2-4
비교우위에
의한 무역의
이익

재 화 국 가	X재	Y재
A국	24명(10+14)/10명 2.4단위	
B국		17명(9+8)/8명 2.125단위
합계	2.4단위	2.125단위

양국이 국제분업을 하게 되면 A국은 모든 노동력을 비교우위에 있는 X재 생산에 투입하여 2.4단위[24/10]의 X재 생산을 하게 된다. 그리고 B국은 모든 노동력을 비교우위에 있는 Y재 생산에 투입하면 2.125단위[17/8]의 Y재를 생산하게 된다.

양국에서 X재와 Y재 1단위씩을 교환하게 되면, A국에서는 X재 1단위 Y재 1단위 그리고 X재 0.4단위가 남게 된다. B국에서도 X재 1단위 Y재 1단위 그리고 Y재 0.125단위가 남게 된다. 무역 후 남겨진 A국의 X재 0.4단위와 B국의 Y재 0.125단위가 분업 후 교환을 한 후 양국에 남겨지는 이익이 된다.

3) 비교우위론의 한계

리카도의 비교우위론은 절대우위론의 결함을 보완하여 자유무역의 이론적 골격을 구축하는데 커다란 의의를 가지고 있다. 그러나 이 이론은 다음과 같이 이론상의 한계점을 가지고 있다. 첫째, 노동가치설을 전제로 한 이론적 접근이라는 점이다. 둘째, 비교생산비를 이용하여 무역발생 원인을 규명하였으나 비교생산비의 차이가 발생하는 원인을 규명하지 못하였다. 셋째, 노동의 질은 이질적인 것으로 개인 간에도 차이가 있으며, 노동의 질도 작업수준이나 작업량에 따라 다르게 나타난 점을 간과하였다. 넷째, 상품의 공급측면을 중요시하고 수요측면을 등한시 하였다는 점이다. 즉, 한 나라의 수출입량이 얼마나 되며 두 상품 간의 교환비율인 교역조건이 어떻게 되는가에 대해서는 설명하지 못하였다.

3. 밀의 상호수요설

1) 상호수요설의 개념

존 스튜어트 밀(J. S. Mill)은 수요측면을 소홀히 다룬 리카도의 이론을 지적하고, 1848년 그의 저서 「정치경제원리」에서 상품의 국제교환비율과 교역당사국 간 무역이익의 배분비율을 설명하였다.

밀의 무역이론을 상호수요설이라고 칭하는데, 여기서 상호수요설(theory of reciprocal demand)이라 함은 상품의 교역조건은 자국 상품에 대한 외국의 수요와 외국상품에 대한 자국의 수요가 일치되는 점에서 결정된다고 보는 이론으로서 국제가치론 혹은 상호균등의 법칙이라고도 한다. 즉, 상호수요설은 두 상품의 국내교환비율과 국제교환비율을 가지고 무역을 설명하고 있으며, 국내교환비율을 가지고 양국의 교역가능성을 제시하고 국제교환비율에 따라서 교역당사국의 무역이익이 배분되는 것을 설명한 이론이다.

이 이론은 이전까지의 무역이론이 생산비 원리를 중심으로 설명하고 있는데 비해서 수요측면이 동시에 고려된 교환원리로 전환하였다는데 큰 의의가 있다.

2) 상호수요설과 국제무역

노동 1단위를 사용하여 A국은 X재 10단위와 Y재 15단위를 각각 생산하고, B국은 X재 10단위와 Y재 20단위를 각각 생산한다고 가정하자.

국가 \ 재화	X재	Y재
A국	10단위	15단위
B국	10단위	20단위

표 2-5
단위노동당
산출량

재화의 생산비를 투입된 노동량으로 본다면 생산비는 생산량의 역수로 나타낼 수 있다. A국의 X재 생산비는 1/10이며, Y재는 1/15이 된다. B국의 경우 X재 생산비는 1/10이며, Y재는 1/20이 된다. 이러한 경우 비교우위론에 입각하여 A국은 X재를 특화하여 생산하고, B국은 Y재를 특화하여 생산을 한 후 교환하게 되면 양국은 무역이익을 얻을 수 있다.

자유무역이 성립되기 전 A국에서는 X재 10단위와 Y재 15단위가 교환$^{(10X:15Y)}$되고, B국에서는 X재 10단위와 Y재 20단위가 교환$^{(10X:20Y)}$된다. 이제 A국과 B국간 자유무역이 성립된다고 할 때, 양국 모두 무역을 통해 혜택을 볼 수 있는 교역조건은 $10X:15Y$와 $10X:20Y$ 사이에 존재하게 된다. 그 이유는 A국과 B국 모두 국내교환비율보다 불리한 교환비율로 교역을 하게 되면 손해를 보기 때문에 교역을 하지 않을 것이다.

결국 교역조건은 A국의 국내교환비율인 $10X:15Y$와 B국의 국내교환비율인 $10X:20Y$사이에서 결정되게 된다. 이 교환범위 내에서 두 국가의 이해상관 관계에 따라 두 국가의 수요가 일치하는 점에서 교역조건과 교역규모가 결정될 것이다.

표 2-6
국제교역 조건

국가	교환비율	국제무역	국제교역조건	양국의 입장
A국	$10X:15Y$ 이하	불성립	A국 불리	A국 불응
	$10X:15Y$ (국내)	성립가능	국내교환과 동일	
	$10X:15Y$~$10X:20Y$	성립	상호이익	교역
B국	$10X:20Y$(국내)	성립가능	국내교환과 동일	
	$10X:20Y$ 이상	불성립	B국 불리	B국 불응

그림 2-1
교역가능 교환비율

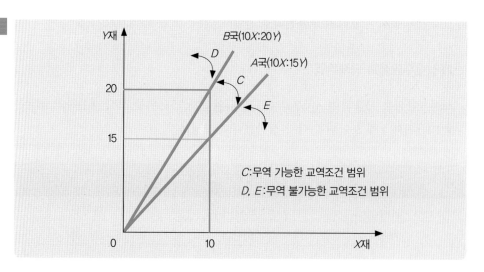

C:무역 가능한 교역조건 범위
D, E:무역 불가능한 교역조건 범위

3) 상호수요설의 한계

상호수요설은 수요측면을 고려하여 국내교환비율과 국제교환비율을 적용하여 교역의 규모와 조건을 그리고 교역당사국간에 대한 무역이익을 설명하였다는 점에서 그 가치를 인정받고 있지만 이론상의 몇 가지 한계점을 가지고 있다. 첫째, 수요측면을 강조한 반면 공급측면을 제시하지 못하였다. 둘째, 절대생산비차와 상대적 생산력의 변화를 무시한 결과, 가격이 상호수요에 의해 결정된다는 한계점이 존재한다.

제3절 근대 무역이론

1. 하벌러의 기회비용이론

1) 기회비용설의 개념

허벌러(G. Haberler)는 1936년에 발간된 그의 저서 「국제무역이론」에서 기회비용(opportunity cost) 혹은 대체비용(substitution cost)이라는 개념을 무역이론에 도입하여 비교우위 이론을 설명하였다.

기회비용이란 일정한 재화를 생산하는데 필요한 비용은 그 재화를 생산하기 위하여 들어가는 비용이 아니라, 이 재화를 생산함으로 인하여 포기하여야 하는 다른 재화의 생산량으로 표시하는 것을 말한다. 즉, 하나의 재화를 더 생산하기 위하여 포기해야 하는 다른 재화의 양이 그 재화의 기회비용이 된다.

2) 기회비용설과 국제무역

기회비용설은 재화의 상대가격이 절대우위론이나 비교우위론에서 처럼 투입된 노동량에 의해 결정되는 것이 아니고, 한 재화의 비교우위는 생산물의 기회비용에 의해 결정된다. 즉, 교역상대국에 비해 기회비용이 상대적으로 낮은 재화에 그 나라는 비교우위를 갖는 것이고, 다른 나라는 그 재화에 관해서 비교열위를 가지게 된다.

따라서 상대국에 비하여 기회비용이 작은 재화에 특화를 하여 국제분업을 하고 교환을 하게 되면 이익을 얻게 된다.

표 2-7	재화	X재	Y재
단위노동당 산출량 국가			
A국		8단위	4단위
B국		2단위	2단위

한 명의 노동자가 A국에서는 시간당 X재 8단위와 Y재 4단위를 생산할 수 있고, B국에서는 시간당 X재 2단위와 Y재 2단위를 생산할 수 있다고 가정하자. 이때 A국에서는 X재 1단위 생산의 노동량은 Y재 1/2단위 생산의 노동량과 같다. 따라서 A국에서는 X재 1단위 생산비용과 Y재 1/2단위 생산비용과 동일하다. 이러한 경우 X재 1단위 생산비용은 Y재 1/2단위로 표시될 수 있으며, X재 1단위 생산을 위한 기회비용은 Y재 1/2단위라고 표현할 수 있다. A국에서는 X재 1단위의 더 생산하기 위해서는 Y재 1/2단위 생산할 기회를 포기해야 된다는 의미이다.

그리고 A국에서 Y재 1단위 생산의 노동량은 X재 2단위 생산하는 노동량과 같다. 따라서 A국에서는 Y재 1단위 생산비용과 X재 2단위 생산비용과 동일하다. 이런 경우 Y재 1단위 생산비용은 X재 2단위로 표시될 수 있으며, Y재 1단위 생산을 위한 기회비용은 X재 2단위라고 표현할 수 있다.

동일한 방법으로 B국의 X재와 Y재에 대한 기회비용을 계산하였을 경우 각각 1단위가 된다.

표 2-8	재화	X재	Y재
재화의 기회 비용 국가			
A국		1/2단위	2단위
B국		1단위	1단위

기회비용을 적용하여 볼 때 양국은 기회비용이 타국보다 더 적은 재화에 비교우위를 갖게 된다. 즉 A국은 X재 생산에 비교우위를 갖게 되고, B국에서는 Y재 생산에 비교우위를 갖게 된다. 따라서 A국은 X재에 B국은 Y재에 특화를 하여 국제분업을 하고 교환을 하게 되면 양국 모두 이익을 얻게 된다.

3) 기회비용설의 한계

기회비용설은 전통적 무역이론에서 단일의 생산요소, 동질의 생산요소 그리고 불변생산비라고 하는 비현실적 가정에서 벗어나 가변비용 하에서도 비교우위가 결정됨을 제시함으로써 비교우위의 현대화에 크게 이바지했다고 평가된다. 하지만 국가 간의 기회비용의 차이가 어떻게 발생했는지에 대해 설명하지 못하였으며, 수요부분을 고려하지 못하였다는 한계점을 가지고 있다.

2. 헥셔-오린 정리

리카도의 비교생산비설은 국가 간 생산비의 상대적 차이로 무역이 발생한다는 이론이다. 그러나 국가마다 비교생산비의 차이가 왜 발생하는지 그 원인을 규명하지 못하였다. 비교생산비 차이의 원인을 최초로 연구한 학자는 스웨덴의 경제학자 헥셔(E. F. Heckscher)이고, 그의 이론을 더욱 발전시킨 학자가 제자 오린(B. Ohlin)이다.

헥셔와 오린은 국가마다 가지고 있는 생산요소의 부존상태가 다르고, 각 재화를 생산하는데 있어서 투입되는 생산요소의 비율이 다르기 때문에 국가마다 생산비의 차이가 발생한다고 주장하였다. 이들의 이론체계를 H-O정리 즉, 헥셔-오린정리(Heckscher–Ohlin theorem)라 한다.

헥셔-오린정리는 크게 두 가지 명제로 분류되는데, 첫째가 요소부존이론이고, 둘째는 요소가격균등화 이론이다. 헥셔-오린의 두 가지 이론을 증명해 보기 위해서는 몇 가지 가정이 필요하다.

1) 헥셔-오린이론의 가정

헥셔-오린 이론의 기본 가정은 다음과 같이 요약할 수 있다.

① 2국, 2재화, 2생산요소가 존재하는 2×2×2모형이다.
② 각국의 생산요소 부존량은 고정되어 있고, 일국 내에서는 이동이 자유로운 반면 국가 간에는 이동이 불가능하다.
③ 국가들마다 요소부존비율이 상이하다.
④ 모든 생산함수는 규모에 대한 보수가 고정되어 있다.
⑤ 동질의 생산요소, 동일한 생산기술조건이다.
⑥ 완전고용 및 완전경쟁적이다.
⑦ 재화의 이동에 따른 일체의 부대비용(수송비, 관세 등)은 존재하지 않는다.

2) 요소부존이론(제1명제)

요소부존이론(theory of factor endowment)은 국가들마다 생산요소의 부존상태가 다르고 재화를 생산하는데 있어 생산요소의 투입비율이 다르기 때문에 어떤 국가가 상대적으로 풍부하게 가지고 있는 생산요소를 집중적으로 사용하는 재화가 다른 재화에 비하여 비교우위를 갖는다는 이론이다.

헥셔-오린의 제1명제인 요소부존이론에 대해 구체적으로 설명하면 다음과 같다.

우선 두 나라(A국. B국), 두 재화(X재. Y재), 두 생산요소(노동과 자본)만 존재한다고 가정하자. 그리고 A국은 노동이 상대적으로 풍부한 나라이고, B국은 자본이 상대적으로 풍부한 나라이며, X재는 노동집약재, Y재는 자본집약재라고 가정하자.

이와 같은 가정 하에서 A국은 노동이 풍부한 나라이므로 상대적으로 노동의 가격인 임금은 쌀 것이고, 반면에 자본의 가격인 이자는 비쌀 것이다. 또한 B국은 자본이 풍부한 나라이므로 상대적으로 자본의 가격인 이자는 쌀 것이고, 노동의 가격인 임금은 비쌀 것이다.

각국 생산요소의 상대적인 부존량의 차이는 생산요소의 상대적인 가격의 차이를 가져오게 된다. 이것이 국가 간 비교생산비의 차이를 가져오게 하는 주된 원인이 된다. 따라서 A국은 노동풍부국이기 때문에 자본에 대한 비용보다는 노동에 대한 비용이 상대적으로 저렴하여 노동집약재인 X재를 생산하는 것이 자본집약재인 Y재를 생산하는 것보다 유리하다. 그리고 B국은 자본풍부국이기 때문에 노동에 대한 비용보다는 자본에 대한 비용이 상대적으로 저렴하여 자본집약재인 Y재를 생산하는 것이 노동집약재인 X재를 생산하는 것보다 유리하다. 따라서 A국은 X재에 비교우위를 갖게 되며, B국은 Y재에 비교우위를 갖게 된다.

A국은 노동집약재인 X재 생산에 특화하여 수출하고, 자본집약재인 Y재는 B국에서 수입하게 되며, B국은 자본집약재인 Y재 생산에 특화하여 수출하고, 노동집약재인 X재는 A국으로부터 수입하게 되면 양국 모두 이익이 된다.

3) 요소가격균등화 정리(제2명제)

요소가격균등화 정리(theory of factor price equalization)는 생산요소의 국가 간 이동이 불가능하더라도 재화의 이동을 통해서 국가 간에 생산요소의 가격이 같아지는 경향이 있다는 이론이다. 제1명제가 제시하는 바에 따라 요소부존 상태의 차이에 의해 국가 간의 비교생산비 차이가 발생되고, 이로 인하여 무역이 성립되면 상품무역이 국내 생산구조를 변화시키고 그 결과 국가 간 생산요소의 이동과 같은 효과를 유발하여, 직접적으로 생산요소가 국가 간에 이동을 하지 않더라도 국가 간의 생산요소의 가격이 균등해 진다는 이론이다.

앞서 요소부존이론에서 제시한 가정을 토대로 헥셔-오린의 제2명제인 요소가격균등화 정리를 설명해 보기로 한다.

A국은 노동집약재인 X재화에 특화를 하고, B국은 자본집약재인 Y재화에 특화를 하여 무역을 하게 된다. 이때 A국은 노동에 대한 수요는 증가하는 반면 자본에 대한 수요는 감소하게 된다. 이에 따라 A국에서는 노동의 가격인 임금은 인상되는 경향이 있고, 자본가격인 이자는 하락하는 경향이 있다. 반면 B국은 자본에 대한 수요는 증가하는 반면 노동에 대한 수요는 감소하게 된다. 이에 따라 B국에서는 자본의 가격인 이자는 인상되는 경향이 있고, 노동의 가격인 임금은 하락하는 경향이 있다.

무역을 통하여 A국의 경우 낮았던 노동의 가격은 오르고 높았던 자본의 가격은 하락하며, B국의 경우 낮았던 자본의 가격은 오르고 높았던 노동의 가격은 하락하게 된다. 따라서 두 생산요소가 A국과 B국간에 직접적인 이동이 없더라도 무역이 발생함으로 인해서 생산요소의 가격이 같아지게 된다.

4) 헥셔-오린 정리의 한계

헥셔-오린의 이론은 국가마다 비교생산비의 차이가 왜 발생하는지에 대한 그 원인을 최초로 규명하였고, 오늘날 무역이론 중에서 대표적인 근대무역이론으로서 인정되고 있다. 하지만 이들의 이론에서는 다음과 같이 몇 가지 한계점을 가지고 있다. 첫째, 헥셔-오린 정리는 국제간의 요소부존량비율의 차이가 생산비 결정의 요인이 된다고 하였는데, 이러한 가정은 지역 내 무역에 적용되는 것이지 국제무역과는 연관이 없다. 국제무역의 경우 지역 내의 무역과는 근본적으로 다른 생산비 결정요인이 있으며 이러한 생산비결정이 바로 국제간에 존재하는 특수생산요소, 즉 비경쟁집단요소이다. 둘째, 완전경쟁 및 자유무역을 가정하고 있으나 현실적으로 독점 및 과점 그리고 관세와 비관세 장벽이 존재한다.

3. 레온티에프 역설

헥셔-오린의 제1명제인 요소부존이론에 따를 경우 미국은 상대적으로 자본이 풍부한 국가이므로 자본의 가격인 이자는 낮고, 노동의 가격인 임금은 높기 때문에 자본집약재에 특화하여 수출하고 노동집약재를 수입하여야 한다. 이런 이론이 실제에도 부합하는지 레온티에프(W. Leontief)는 1947년도 미국의 산업연관표를 이용하여 실증적 검증을 하였다. 검증결과 헥셔-오린의 이론과는 정반대의 결론이 도출되었는데 이를 레온티에프의 역설(Leontief's paradox)라고 한다.

레온티에프는 미국의 200여개 자본집약재인 수출산업과 노동집약재인 수입경쟁 산업에 대하여 자본 대 노동의 투입비율을 분석하였다. 그 결과 미국은 자본집약적 상품을 수출하고 노동집약적 상품을 수입할 것이라는 일반적 예상과는 달리 자본집약재를 수입하고 노동집약재를 수출하는 현상이 나타났다.

이러한 레온티에프의 이론이 도출될 수 있었던 이유는 다음과 같이 두 가지로 정리할 수 있다. 첫째, 미국의 노동력이 외국의 노동력보다 3배가량 우수하기 때문에 이를 감안한다면 미국은 노동이 풍부한 국가라고 할 수 있다. 미국의 숙련노동이 만들어지기까지는 아마도 교육 및 훈련 등의 많은 자본이 투입되었을 것이므로 현재의 모양은 노동의 형태를 갖고 있지만, 그 안에는 자본이 내재하는 것으로 보는 것이다. 결국은 미국은 노동보다 자본이 풍부한 국가로 간주할 수 있다.

둘째, 천연자원의 문제를 들 수 있다. 어떤 특정국가의 무역패턴을 설명하기 위해서는 자본과 노동 이외의 제3의 요소에 대한 고려가 필요하다. 미국의 경우 수입재들은 천연자원이 집약적으로 투입된 재화가 많다는 지적이다.

4. 스톨퍼-사무엘슨 정리

스톨퍼(W. F. Stolper)와 사무엘슨(P. A. Samuelson)은 1941년에 그들의 논문인 「보호무역과 실질임금」에서 국제무역이 소득분배에 미치는 영향을 설명하였다. 이들의 논문은 헥셔-오린 정리의 제2명제에 대한 연장으로 볼 수 있다. 스톨퍼-사무엘슨의 논문에서 증명된 내용은 한 나라가 국제무역에 참여하면 수출재에 집약적으로 사용되어진 생산요소의 가격은 상대적으로 상승하고, 수입경쟁재에 집약적으로 사용되어진 생산요소는 하락하게 된다. 이는 결국 생산요소간의 소득분배가 수출산업에 집약적으로 사용된 생산요소에 유리하게 이루어지고, 수입경쟁산업에 집약적으로 사용된 생산요소에는 불리하게 이루어진다는 것이다.

앞서 헥셔-오린 정리에서 제시된 기본가정을 토대로 스톨퍼-사무엘슨의 이론을 설명하면 다음과 같다.

A국은 노동풍부국으로서 노동집약재인 X재에 특화를 하고 B국은 자본풍부국으로서 자본집약재인 Y재에 특화를 할 경우, A국에 비하여 고임금수준인 B국에서는 자본집약재인 Y재만을 생산하게 되어 자본에 대한 수요는 증가하고 노동에 대한 수요는 줄어들게 되어 노동의 가격이 하락한다. 그리고 저임금의 수준인 A국은 노동집약재인 X재만을 생산하므로 노동에 대한 수요가 증가하고 자본에 대한 수요는 줄어들게 되어 노동의 가격이 상승한다.

결국 A국에서는 무역을 통하여 임금이 이자율보다 상대적으로 큰 폭으로 올라 노동자에게 유리한 소득분배가 이루어지며, B국에서는 이자율이 임금보다 상대적으로 큰 폭으로 올라 노동자에게 불리한 소득분배가 이루어진다.

따라서 스톨퍼-사무엘슨은 고임금 수준의 국가와 저임금 수준의 국가가 자유무역을 하게 되면, 고임금 국가의 실질임금은 하락하기 때문에 고임금 국가에서는 자국 노동자의 실질임금을 보호하기 위해서 보호무역을 실시해야 한다고 하였다. 그리고 자국 노동자들의 실질임금을 보호하기 위해서는 저임금수준의 국가에서 수입되는 노동집약재에 대하여 고율의 관세를 부과하여야 만이 자국 노동자들의 실질임금이 유지된다고 주장하였다. 즉, 이들은 보호무역주의의 이론적 근거를 제공하였다고 할 수 있다.

 ## 제4절 현대 무역이론

1. 연구개발이론

연구개발이론(theory of research and development)은 무역의 발생 원인을 연구·개발에서 찾으려는 무역이론으로서, 1967년 키싱(D. B. Keesing)의 단독연구를 비롯하여 그루버(W.

Gruber)와 메타(D. Metha) 그리고 버논(R. Vernon)의 공동연구에서 제시되었다.

연구개발이론은 근대적 이론들이 무역의 발생 원인을 규명하던 관점을 완전히 벗어난 새로운 시도로서 연구개발비용과 수출실적 간에는 밀접한 상관관계가 있음을 실증적으로 보여주는 이론이다.

키싱은 그의 연구논문에서 미국의 산업이 여타 주요 선진국과의 경쟁에서 어떠한 비교우위가 존재하는가를 실증분석한 결과, 연구개발에 종사하고 있는 과학자, 기술자 및 숙련노동자들을 많이 보유하고 있는 산업일수록 국제경쟁력이 강화되어 수출비율의 상승을 가져온다는 사실을 증명하였다. 그리고 그루버를 비롯한 3인의 공동연구에서도 미국의 산업이 OECD국가 및 주요 선진국에 비해서 연구개발요소가 풍부할수록 국제경쟁력이 강화되고 비교우위를 갖는다는 사실을 제시하였다.

2. 기술격차이론

기술격차이론(theory of technological gap)은 1961년 포스너(M. V. Posner)에 의해 제기된 이론으로서, 국제무역의 발생요인은 국가 간 기술상의 차이에서 발생한다는 이론이다.

이 이론에 따르면 기술선진국과 기술후진국 간에는 기술의 격차가 존재하며, 이러한 기술의 격차는 기술후진국이 기술을 모방 습득하기 위한 일정기간 동안에는 기술선진국이 비교우위를 가지고 수출한다는 이론이다. 일정한 시간이 경과하면 즉, 기술후진국이 기술선진국의 기술을 모방 습득하고 기술격차가 해소되면, 기술후진국이 상품을 모방 생산하여 기술선진국으로 역수출하는 현상이 발생하게 된다.

호프바우어(G. C. Haufbauer) 역시 포스너의 이론을 뒷받침하고 있다. 그는 현격한 제품의 차별화나 새로운 제품의 출현이 비교우위를 발생시키며, 다른 나라가 이를 모방할 때까지 그 지위를 유지한다고 하였다.

3. 제품수명주기이론

제품수명주기이론(theory of product life cycle)은 버논(R. Vernon)에 의해 제시된 이론으로서 제품의 수명주기를 응용하여 새로운 제품이 시장에 도입되어 시간이 경과함에 따라 최종적으로 쇠퇴하는 과정을 나타낸 이론이다. 이 이론은 앞서 제시한 기술격차이론을 더욱 발전시킨 이론이며, 아울러 노동과 자본 이외에 생산지식과 기술개발 등이 무역패턴을 결정하는 요인임을 제시한 이론이다.

제품수명주기이론은 제품이 시장에 소개되어 사라지는 과정을 4단계로 나누고, 단계별로 어떤 유형의 국가에서 생산되어 수출되는가를 설명하였다.

제1단계는 신생기(new phase stage)로서 새로운 제품이 시장에 소개되는 단계이다. 생산적인 측면에서는 기술적으로 불안정적이고 수요도 불확실한 상태이며, 상품의 생산에 있어 많은 자금이 요구되는 시기이다. 이 단계에서는 기술선도국에서 생산하여 선진공업국 및 저개발국으로 수출한다.

제2단계는 성장기(growing stage)로서 대량생산 또는 대량판매가 시작되는 단계이다. 대량생산에 의한 규모의 경제가 달성되어 가격하락이 이루어지며 다른 산업이 개입하게 되어 경쟁이 가속화된다. 이 단계에서는 기술선도국과 선진공업국의 수출경쟁에서 선진공업국이 우세한 시기이다.

제3단계는 성숙기(mature stage)로서 시간적으로 가장 오래 지속되는 단계이다. 제품의 성장률은 성장기보다 완만해지며, 어느 정도 제품의 표준화가 이루어져 미숙련노동으로 제품의 생산이 가능한 시기이다. 이에 따라 경쟁측면에서는 임금이 낮은 저개발국이 생산비 면에서 유리하므로 저개발국에서 생산하여 기술선도국이나 선진공업국으로 역수출하게 된다.

제4단계는 쇠퇴기(decline stage)로서 다른 신제품의 등장과 대체품의 출현으로 기존제품은 불가피하게 시장에서 쇠퇴하게 되는 시기이다.

일부에서는 제품수명주기론을 근거로 기업이 생산의 목표를 국내시장 중심의 초기단계에서 국제시장 중심의 단계를 거쳐 해외투자로 발전하는 단계를 제시하기도 한다. 하지만 제품수명주기설은 특정산업이나 소수의 제품에만 적용이 가능하고, 모든 제품에 적용할 수 있는 이론적 근거를 제시하지 못하였다는 한계점을 갖고 있다.

4. 산업내무역이론

산업내무역이론(intra-industry theory)은 이종산업 간이 아닌 동종의 산업 내에서 서로 다른 제품들이 수출입 되는 현상을 설명한 무역이론이다. 즉, 동종산업 내에서 차별화된 상품들이 국가 간에 이동하는 현상을 설명한 이론으로서 산업내무역이 일어날 수 있는 요인으로는 다양한 수요구조에 따른 제품의 차별화, 규모의 경제에 있어서 산업 간·지역 간 차이를 들 수 있다. 이 이론은 고전적 무역이론의 제한적 가정에서 벗어나 보다 현실적이라고 할 수 있다.

2차 세계대전 이후 세계무역에 있어서 산업내무역의 증가 현상이 나타나고 있다. 특히 선진국간의 산업내무역은 국제무역의 주종을 이루어 왔다. 신속한 정보교환으로 선진공업국들은 기술과 자본 등 주요 부존자원에 있어서 큰 차이가 사라지는 추세여서 특정분야에 있어서 특정국의 현저한 비교우위는 발생하지 않는다. 오늘날 공산품(기계, 화학, 제약 등)산업은 강력한 산업내무역을 지향하고 있다. 특화생산 및 규모의 경제로 생산성이 높고 저가로 다양한 상품을 공급할 수 있는 산업내무역이 산업간무역보다 이점이 크므로 현재 국제무역의 대다수를 차지하고 있다.

1. 리카도의 비교생산비설에 대해 약술하시오.

2. 헥셔–오린 정리의 제1명제와 제2명제에 대해 설명하시오.

3. 스톨퍼–사무엘슨 이론의 핵심은 무엇인가?

4. 제품수명주기이론의 각 단계별 특징에 대해 서술하시오.

5. '레온티에프 역설'이 역설적인 이유는 무엇인가? 역설적 결과를 초래한 이유에 대해
   설명하시오.

6. 요소부존도와 요소집약도에 대해 설명하시오.

Chapter

03

무역정책의 이론과 수단

이 장의 주요용어

자유무역정책 · 보호무역정책 · 중상주의 · 유치산업보호론 · 근린궁핍화정책 · 재정관세 · 보호관세 · 국정관세 · 협정관세 · 일반특혜관세 · 탄력관세 · 덤핑방지관세 · 상계관세 · 편익관세 · 보복관세 · 수입할당제 · 수출자율규제 · 시장질서협정 · 수입과징금 · 원산지규정 · 기술적무역장벽

무역정책의 의의

1. 무역정책의 개념

무역정책은 일국의 경제정책 중의 한 분야로서 국가의 경제목표를 달성하여 국민경제의 균형적 발전을 달성하기 위하여, 한 나라의 대외무역거래에서 나타나는 모순을 정부가 직접 또는 간접적으로 개입하여 조정·통제·규제하는 일련의 모든 정책을 말한다. 여기서 경제적 목표란 고용문제, 물가안정 그리고 국제수지개선 등을 의미한다.

2. 무역정책의 특성

경제정책 중의 한 분야인 무역정책은 국가 간의 대외무역거래를 대상으로 하고 있기 때문에 다음과 같이 국내 경제정책과는 상이한 특성을 가지고 있다.

첫째, 무역정책의 효과와 영향은 국내경제 뿐만 아니라 대외경제에까지 영향을 미친다. 한 나라가 자국의 산업을 보호할 목적으로 외국으로부터의 수입을 규제(수입제한조치)하는 정책을 실시할 경우, 생산증대와 수입을 감소시키는 효과를 얻을 수 있으나 상대국(수출국)은 부정적인 효과를 얻게 된다. 즉, 무역정책을 실시한 국가에서는 산업보호에 의하여 생산량이 증가되며 이에 따라 고용이 증가하고 소득 또한 증가하게 된다. 또한 국제수지가 개선되는 등 국내경제는 발전될 가능성이 있으나, 교역상대국 입장에서는 수출이 억제되기 때문에 그 나라의 산업은 위축된다. 이에 따라 고용량이 감소되고 소득수준이 저하되며 국제수지도 악화될 수 있다.

둘째, 무역정책은 국내의 모든 경제정책을 포함한 종합적 정책의 성격을 지니게 된다. 즉, 한 나라의 무역정책은 국내산업보호를 비롯하여 자원의 효율적 배분, 고용의 증대, 물가안정 그리고 경기변동 등과 깊은 관련이 있으며 파급효과가 크다.

3. 무역정책의 목적

무역정책은 대외경제거래를 규제 또는 조정함으로써 국내경제의 균형발전을 달성하기 위하여 시행되고 있다. 국민경제의 균형발전과 무역을 통한 자원의 효율성 제고 및 국익증대를 위한 무역정책의 목적은 다음과 같이 설명할 수 있다.

1) 국내산업의 보호

무역정책의 가장 중요한 목적 중의 하나가 국내산업의 보호이다. 대부분의 국가들은 자국의 유치산업 또는 사양산업을 보호하기 위한 일환으로 강력한 무역정책을 실시한다. 예컨대 외국의 우수한 상품이 낮은 가격으로 국내시장에 진입한다면, 국내의 동일상품은 외국의 기업과 강력한 경쟁과 함께 심각한 타격을 입게 된다. 이는 국내산업의 위축으로 인하여 실업이 발생되며 국민의 소득수준은 감소하게 된다. 이에 따라 대부분의 국가들은 관세 및 비관세장벽을 동원하여 외국상품의 수입을 규제하는 무역정책을 실시하게 된다.

이러한 무역정책은 자국의 국내산업을 보호함으로써 이익을 추구하기 위한 방어이지만 세계경제 차원에서 보면 후생수준의 저하를 초래하게 된다. 이러한 문제 때문에 WTO에서는 각국이 실시하고 있는 수입규제조치를 완화 내지 철폐하기 위해 많은 노력을 하고 있다.

2) 자원의 효율적 배분

자원의 희소성과 지역적인 편중은 모든 국가들로 하여금 자원의 안정적인 확보와 효율적 배분의 중요성을 인식시키고 있다. 즉, 자원의 효율적 배분에 무역정책의 목표를 설정하는 이유는 이러한 자원의 편중성과 유한성 때문이다. 따라서 자기 나라에 풍족한 재화를 중심으로 특화하고 수출하게 되면 국제적으로 자원의 효율적 배분효과를 달성한다. 국제적으로 자원의 효율적 배분이 이루어지기 위해서는 자유무역체제와 국제분업 체제가 확립되어야 한다.

3) 고용증대

완전고용은 모든 국가들이 추구하는 중요한 정책목표 중의 하나이다. 여기서 완전고용이라 함은 실업률이 3-5% 수준일 때를 말하는데, 완전고용의 실현은 경제적으로나 사회적으로 상당히 큰 의의가 있다. 왜냐하면 경제적 측면에서 완전고용이 실현되지 않을 경우 그 나라의 자원은 효율적으로 사용되지 않기 때문에 손실이 발생한다. 그리고 사회적 측면에서 보면 실업은 당해 노동인구를 사회적으로 퇴화시키기 때문에 윤리적 문제가 따른다. 이에 따라 각국들은 실업을 해소하고 완전고용의 목표를 달성하기 위해서 수출증대와 수입억제의 무역정책을 실시한다.

4) 물가안정

일국의 물가상승은 국민경제의 안정기조를 파괴하고 경제성장을 저해한다. 또한 수출가격에도 전가되어 수출품의 가격을 상승시켜 해외시장에서의 가격경쟁력을 상실시킨다. 그러므로 무역정책을 통하여 물가안정을 도모하는 것 역시 중요한 목표이다. 일반적으로 물가안정을 위한 무역정책으로는 국내물가 상승시 물가상승의 선도적 역할을 담당한 품목의 수출을 가급적 억제시키고, 이와 동시에 당해 품목의 수입을 개방함으로써 물가안정을 달성시킬 수 있다.

5) 국제수지 개선

국제수지는 한 나라 경제력의 중요한 지표가 되므로 모든 나라들은 국제수지의 개선을 위한 무역정책을 실시하고 있다. 국제수지의 개선은 국민경제의 균형발전과 환시세의 안정과도 직결된다. 따라서 무역을 통해 자국의 비교우위상품을 특화하여 수출증가를 달성하게 되면 국제수지가 개선된다. 또한 수입이 감소할수록 외환보유고의 증가와 국제수지가 개선되며, 국제수지 개선을 통해 일국의 경제성장을 달성할 수 있으며 지속적인 경제성장을 위한 대외무역정책의 역할이 중요하다.

6) 경제성장

경제성장은 일국 경제의 가장 중요한 목표이기 때문에 각국은 이 목표를 달성하기 위하여 다양한 정책을 수립하고 있다. 하지만 각국이 경제성장을 이룩하려면 대내적인 재정·금융정책 등 국내의 경제정책만으로는 절대적으로 부족하다. 그러므로 경제성장을 위해 수출촉진정책과 수입억제정책 그리고 국제수지 조정정책 등 대외무역정책의 역할이 중요시 된다.

그림 3-1
무역정책의
목적

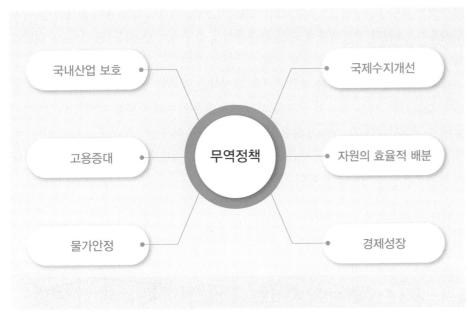

4. 무역정책의 유형

무역정책의 유형에는 자유무역정책과 보호무역정책이 있다. 자유무역정책은 정부가 대외무역거래에 대하여 취할 수 있는 정책개입에 의한 규제조치를 가능한 한 축소 또는 폐지하여, 국제무역을 자유롭게 보장함으로써 국제분업을 통한 자원의 최적배분과 무역이익의 극대화를 추구하려는 경우에 사용되는 무역정책이다.

반면 보호무역정책은 정부가 국내산업보호, 국제수지개선, 고용증대, 물가안정 등 여러 가지 정책목표를 달성하기 위하여 관세 및 비관세장벽 등 모든 정책수단을 동원하여 대외무역거래를 제한하거나 통제하려는 경우 실시하는 무역정책을 말한다.

자유무역정책과 보호무역정책에 대한 선호는 경제적 발전과정에 따라 다르게 나타나게 된다. 경제가 발전된 선진공업국에서는 기술발전에 의한 비교우위를 앞세워 자유무역주의를 지지하는 경향이 강한 반면, 경제발전의 초기단계에 있는 대부분의 개발도상국에서는 국제경쟁력이 낮은 이유로 보호무역주의를 지지하는 경향이 강하였다. 그리고 국내고용 안정, 국제수지 개선, 특정산업 보호 등의 목표를 이룩하려 할 경우에는 보다 보호적이며 제한적인 무역정책을 실시한다. 반면 국내물가안정, 국제 수지흑자, 자원의 최적배분에 의한 국제분업을 추구하려 할 경우에는 자유무역정책 을 실시하는 경향이 있었다.

대부분의 국가 중 완전한 자유무역을 실시하는 국가는 한 나라도 없고 정도의 차 이는 있겠지만, 어느 정도의 규제를 가하는 보호무역주의 형태를 띠고 있다. 따라서 규제의 정도가 심한가 심하지 않은가에 따라 자유무역과 보호무역으로 구분된다. 이 와 관련하여 다음 절에서는 자유무역정책과 보호무역정책의 역사적 변천과정에 대 해 체계적으로 설명하고자 한다.

제2절 무정책의 기조

1. 중상주의 무역정책

중상주의(mercantilism)는 16세기부터 18세기까지 유럽을 지배하던 경제철학 내지 경 제사상을 말한다. 중상주의자들은 화폐의 중요성과 필요성을 인식하고 귀금속의 확 보를 국부와 동일한 것으로 간주하였다. 중상주의 무역정책은 초기에는 중금주의 정 책에서 무역차액정책으로 전환하였고 이는 다시 산업보호정책으로 발전하게 되었다.

1) 중금주의 정책

중상주의는 중금주의(bullionism)에 의한 중금설로부터 발전된 것으로 볼 수 있다. 중 금설은 귀금속을 부로 보았기 때문에 귀금속의 상실은 국가의 손실이고, 귀금속의 획 득은 국가의 이익으로 간주하였다. 따라서 금과 은의 국외유출을 억제하여 가능한 한 많은 금과 은을 국내에 보유하려는 중금주의 정책을 실시하게 되었다.

중상주의 초기에 있어서 금과 은의 채굴과 그 수입이 장려되었고, 금과 은의 수출 이 금지된 것이 중상주의에 입각한 것이다. 시간이 경과함에 따라 귀금속의 획득이 상품수출을 통하여 이루어지고, 귀금속의 상실이 상품수입을 통하여 이루어지는 것이 밝혀짐에 따라 직접적인 귀금속의 획득보다도 무역을 통하여 간접적으로 귀금속을 확보하는 방향으로 중금설이 발전되었는데, 이것이 다름 아닌 중상주의의 무역차액설이다.

2) 무역차액정책

중상주의의 본질은 무역차액정책에 집약된다. 무역차액정책이란 일국이 시장에 적극적으로 개입하여 수출을 장려하고 수입을 억제함으로써 금과 은 같은 귀금속의 유입을 촉진시키려고 하는 것이다. 즉, 수출을 적극 장려하고 국가의 간섭과 규제에 의한 적극적인 수입억제를 통하여 금과 은의 유입을 촉진함으로써, 금과 은의 축적을 통한 국부의 증대를 이룩하고자 했던 것이 중상주의 무역정책이었다.

3) 산업보호정책

중상주의는 중금주의 및 무역차액정책을 거쳐 산업보호정책의 단계로 접어들었는데, 이 단계에서는 대외무역에만 집중되지 않고 국내산업 및 노동문제에도 집중되었다. 그 당시 국내산업 및 노동문제는 대외무역과 밀접한 관련을 맺고 있었다. 정책목표가 국내산업 및 노동에 집중된 것은 국내산업을 보호함으로써 고용을 증대시키고 동시에 수출을 증가시킬 수 있다는 점이다. 후기 중상주의 시대에 있어서 산업보호정책의 중요한 수단은 관세였으며, 관세를 통하여 외국상품의 수입과 소비를 억제하는 동시에 국내산업을 보호하려 하였다.

2. 자유무역정책

18세기 후반부터 19세기 중엽에 산업혁명의 결과로 영국은 대량생산체제가 가능하게 됨으로써 경제적 대국으로 등장하여 세계의 공장(factory of the world)이라는 지위를 차지하게 되었다. 이 시대에는 아담 스미스를 필두로 중상주의 무역정책에 대한 비판이 제기되었고, 국제분업론이 체계화되면서 자유무역정책이 성행하게 되었다.

1) 자유무역정책의 대두

자유무역 사상은 처음에 케네(F. Quesnay)에 의해 주장되었고(중농주의적 자유방임사상), 이후 아담 스미스에 의하여 이론적 기초가 확립되어 영국에서 자유무역정책이 실시되기에 이르렀다. 케네는 자연법사상에 입각하여 중상주의자들의 극단적인 국가간섭정책을 비판하고, 농업을 중심으로 한 자유주의를 주장하였다. 이러한 사상은 아담 스미스에 계승되어 영국에서 자유무역주의가 대두되는 계기가 되었다.

2) 아담 스미스의 자유무역론

아담 스미스는 귀금속을 가지고 국부라고 생각하는 중상주의의 잘못을 지적하고, 국부라고 하는 것은 금과 은 같은 귀금속의 축적이 아니라 화폐에 의하여 구입되는 재화의 양에 의하여 규정되어 짐을 강조하였다. 그는 국가가 중심이 된 보호·간섭주의에 의해서가 아니라 국가의 통제가 없는 자유무역을 통하여 합리적인 분업과 합리적인 자본의 배분이 이루어져 더 많은 이익을 얻을 수 있다고 주장하였다. 그의 무역론은 크게 국제분업론과 자유경쟁론 그리고 소비자이익론으로 요약된다.

(1) 국제분업론

아담 스미스에 의한 자유무역론의 이론적 근거는 국제분업에 따르는 이익에 두고 있다. 외국무역을 자유경쟁원리에 따라 운영하면 국제분업이 이루어지고 이에 따라 모든 나라가 유리하게 된다는 것이다. 즉, 자유무역을 통하여 자국에서 생산하는 것보다 싼 상품은 수입하고, 외국에 비하여 생산에 있어서 우위가 있는 상품은 국내에서 특화 생산하여 상호교환하면 모두가 이익이 된다는 이론이다.

(2) 자유경쟁론

국내에 있어 자유경쟁이 생산기술의 혁신이나 경영방법의 개선 등 산업발달에 유익한 것과 마찬가지로 외국과의 무역에 있어서도 자유경쟁에 맡기는 것이 상호간에 유익하다는 이론이다. 그러나 자유경쟁은 서로 실력이 비슷할 경우에만 가능하지 당시 후진국인 독일이나 미국과 같은 나라는 선진국인 영국과의 자유경쟁은 불가능하였다.

(3) 소비자이익론

모든 생산은 최종 목적이 소비이므로 소비자이익이 우선되어야 한다는 이론이다. 이는 보호관세제도를 실시하여 외국상품의 수입을 억제하고 품질 및 가격측면에서 뒤진 국내상품을 소비자에게 사용하게 하는 것은 소비자의 이익을 무시하는 결과가 된다는 것이다. 따라서 소비자의 입장에서 볼 때 소비물품의 공급지가 어느 지역이든지를 불문하고 소비자는 최저가격으로 구입함으로써 이익을 취할 수 있어야 한다는 입장이다.

그리고 수출장려금을 생산자에게 지급하여 그 제품의 판로를 해외시장에 확장하는 일은 국내 물가를 상승시키고 조세부담을 가중시키는 2중 부담을 소비자에게 전가하기 때문에 이런 제도는 철폐해야 한다고 주장하였다.

3. 보호무역정책

19세기 중반 이후에 이르러 당시 경제발전 수준이 뒤떨어진 미국과 독일 등에서 국내산업에 대한 보호의 필요성으로 다시 보호무역주의가 고개를 들었다. 그 당시 선진국인 영국에 비해 미국이나 독일은 산업에 있어 뒤떨어져 있었기 때문에 선진국과 자유무역을 통해 경쟁을 하면 불리한 상황이었다. 이런 상태에서 후진국의 국내산업을 선진국의 위협으로부터 보호하기 위한 대책으로서 보호무역론이 대두되게 되었다. 그 당시 보호무역의 주장에 있어서는 미국의 해밀턴과 독일의 리스트가 대표적 인물이다.

1) 해밀턴의 보호무역론

해밀턴(A. Hamilton)은 「제조업의 장려 및 보호에 관한 보고서」에서 공업보호론을 주장하였다. 공업보호론은 일국내에 공업화가 이루어지면 생산물이 증대하고 국민소득이 증가한다는 것이다. 당시 미국은 영국이나 프랑스에 비하여 공업이 유치한 단계에 있었는데, 유치산업이 정부의 보호를 받아 성장하게 되면 이익이 보장된다고 하였다.

그는 미국의 공업을 보호육성하기 위한 방법으로 보호관세, 수출입금지, 보조금, 과세면제 등의 정책실시가 필요하다고 주장하였다. 이와 같이 해밀턴은 그 당시 농업국의 테두리를 벗어나지 못한 미국의 경제가 공업화 노력을 통하여 산업분화와 분업의 이익을 얻어야 한다고 하였다.

2) 리스트의 보호무역론

독일의 경제학자 리스트(F. List)는 유치산업을 보호하고 그 산업의 성장을 촉진시켜야 한다고 하였다. 유치산업은 경제발전단계에서 후진적 입장에 처해 있는 나라에서 현재는 비교우위가 전혀 없는 산업이지만, 보호하여 육성할 경우 앞으로 성장할 가능성이 있는 산업을 말한다.

리스트는 각국의 경제발전단계가 서로 상이하므로 무역정책도 달라져야 한다고 주장하였다. 독일과 영국의 경제발전단계가 상이하므로 독일이 계속 자유무역을 실시하게 되면, 영국의 공산품시장으로 전락함으로써 공업화를 달성할 수 있는 기회를 상실하게 된다고 제기하였다. 그러므로 독일이 공업화를 달성할 수 있을 때까지 관세와 같은 정책수단으로 독일의 유치산업을 보호해 주어야 한다고 주장하였다.

유치산업보호론(infant industry protection argument)은 보호무역정책에 가장 유력한 근거를 제공한 이론이다. 그러나 유치산업보호론은 보호해야 할 유치산업을 정확하게 선정하기가 어렵다는 점과 유치산업의 보호시점을 찾아내기가 쉽지 않다는 등의 문제점을 가지고 있다.

4. 세계대전 이후의 자유무역정책

1920년대부터 세계경제의 불황이 시작되자 세계 각국들은 외국으로부터의 수입품에 대한 규제의 일환으로 관세를 높이는 등 자국중심의 무역정책을 채택하게 되었다. 제1차 세계대전(1914~1918) 기간 동안 전시체제 유지를 위하여 채택되었던 각종 보호정책의 수단은 1929년 세계대공황을 계기로 한층 더 강화되고 다양화 되었다.

세계 각국은 자국산업의 활로를 찾기 위해 경쟁적으로 근린궁핍화정책(beggar-my-neighbor policy)을 실시하여 세계는 극심한 보호무역주의 국면으로 접어들게 되었다. 여기서 근린궁핍화정책이란 자국의 정체산업을 보호하고 실업을 줄이기 위해 관세인상이나 직접적인 수입규제 조치를 강구하게 되는데, 이러한 정책수단은 상대국에게는 나쁜 영향을 미치게 되므로 이에 따라 상대국도 똑 같은 조치를 취하게 되면, 그 영향이 자국산업에 미치게 되어 실업은 확대되고 경제불황은 더욱 심각하게 된다는 이론이다.

이 시기 미국의 경우 제조업에 대한 평균관세율을 60% 정도 상승시켰으며, 이에 대하여 각국들은 보복관세를 부과함으로써 무역전쟁 혹은 관세전쟁 상태까지 이르게 되었다. 세계 전체의 무역량은 급격히 감소하였으며 세계경제가 회복되지 않은 상태에서 제2차 세계대전이 발생하게 되었다.

제2차 세계대전이후 전쟁전의 경쟁적 보호무역주의에 따른 국제교역의 위축과 혼란을 되풀이하지 않고, 전쟁후의 새로운 무역질서 확립과 무역자유화를 실현시키기 위한 자유무역주의가 대두되었다. 이에 따라 자유무역을 향한 새로운 국제경제질서를 구축하기 위해 관세 및 무역에 관한 일반협정(General Agreement on Tariffs and Trade; GATT)이 창설되었다.

GATT는 관세 및 비관세장벽의 점진적 완화 내지 철폐의 노력을 통하여 세계무역의 발전에 지대한 공헌을 하였으며, 세계경제의 고도성장과 안정적 기조를 유지하는데 기여 하였다. GATT체제 하에서 세계의 무역은 급격히 증가하여 자유무역의 전성기를 이루게 되었으며, 세계경제는 협조적인 경제체제가 형성되어 1960년대까지 호황국면을 유지하게 되었다.

5. 신보호무역정책

GATT체제 하에서 각국은 자유무역을 실시함으로써 세계경제는 인류 역사상 유례없는 성장을 이룩하였다. 그러나 1970년대 두 차례의 석유파동으로 인하여 세계경제를 전쟁 후 최대의 불황으로 내몰았으며, 각국은 국제수지 악화와 실업문제 그리고 스태그플레이션 등의 어려움에 처하게 되었다. 이런 세계경제의 상황에서 1960년대 이후 국제수지의 만성적자로 인한 미국 경제력의 쇠퇴는 자유무역환경을 후퇴시키고 선진국이 주도하는 보호무역주의를 강화시키는 계기가 되었다.

1970년대 이후부터 시작한 보호무역주의는 19세기 말에 채택된 보호무역주의와 근본적으로 그 성격을 달리하기 때문에 이를 신보호무역주의라 부르고 있다. 신보호무역주의가 대두된 원인으로는 미국의 만성적인 무역수지 적자와 1970년대 두 차례의 오일쇼크가 큰 원인으로 작용한다. 그리고 세계경제의 침체와 더불어 각국이 국제무역환경의 변화에 따른 국제경쟁력의 구조변화에 제대로 적응하지 못하고 선진국들의 산업구조 조정이 지연되었기 때문이다.

이러한 신보호무역주의는 19세기 말에 채택되어진 보호무역주의와 비교하여 대체로 다음과 같은 특징을 가지고 있다.

첫째, 보호대상이 주로 사양산업에 대한 보호이다. 기존 무역정책의 보호대상은 경제발전 정도가 뒤떨어진 유치산업을 보호대상으로 삼았으나, 신보호무역주의에서는 섬유나 철강 등과 같이 이전에는 선진국들이 비교우위를 가지고 있었던 사양산업들이 보호대상이다.

둘째, 보호정책 수단으로 비관세장벽이 대두되게 되었다. 기존의 무역정책에서 채택된 수단은 주로 관세에 의존하였지만, 신보호무역주의에서는 비관세장벽이 많이 사용되고 있다. 이는 GATT체제 하에서 무역자유화를 추진하면서 관세는 이미 상당히 낮은 수준으로 인하되었기 때문에 보호효과의 기대가 어렵기 때문에 비관세장벽을 보호방법으로 사용하게 되었다.

셋째, 선진국 중심의 보호무역주의였다. 기존의 보호무역주의는 후진국이었던 점에 반하여 신보호무역주의에서는 공업화가 완성된 선진국들이다.

무역정책의 수단

1. 관세정책

1) 관세의 정의

관세(customs duties or tariffs)란 한 나라의 관세영역 또는 관세선을 통과하는 물품에 대하여 부과하는 조세를 말한다. 관세선은 일국의 경제적 경계로서 정치적 경계선인 국경선과 동일한 개념이 아니다. 관세는 국가가 국내산업보호 및 재정수입을 확보하기 위하여 관세영역을 출입하는 물품에 대하여 법률이나 조약에 의거 반대급부 없이 강제적으로 징수하는 금전적 급부를 의미한다.

2) 관세의 성격

관세의 성격은 조세적 성격, 소비세적 성격 그리고 특수한 성격으로 나누어 설명할 수 있다.

(1) 조세적 성격

관세는 내국세와 같은 조세의 일종으로서 징수주체는 국가이다. 국가의 관세권 행사는 국민의 재산권 침해라는 점에서 조세법률주의의 원칙에 근거하여야 한다. 관세를 부과하는 법률에는 기본법으로 관세법이 있고, 특별법으로 외국인투자촉진법, 조세특례제한법 등이 있다.

(2) 소비세적 성격

관세의 궁극적인 대상은 소비이다. 관세는 납세자와 담세자가 동일하지 않은 간접소비세로서 납세자로부터 담세자에게 관세가 전가된다. 즉 수입업자로부터 관세가 징수되지만 그 부담은 최종소비자에게 전가되므로 최종적으로 소비될 것을 대상으로 하여 부과되는 조세라 할 수 있다. 그리고 관세는 생활필수품보다는 사치품에 중과하는 것을 원칙으로 하고 있다. 사치품의 세율은 높게 하고, 생필품의 세율은 낮게 적용하여 국민생활의 안정을 도모하고 사치와 낭비풍조를 억제하고 있다.

(3) 특수한 성격

관세는 관세선을 통과하는 물품에만 부과되는 대물세로서 소득세나 재산세와 같은 대인세와는 구별된다. 그리고 소득세나 법인세와 같이 정기적으로 부과·징수하는 정기세가 아니라 물품이 관세선을 통과할 때마다 수시로 부과·징수하는 것이기 때문에 수시세이기도 하다.

관세는 관세선을 통과하는 모든 물품(수출품, 수입품, 통과물품)에 부과되어진다. 그러나 우리나라를 비롯한 대부분의 국가에서는 수출품이나 통과물품에 대해서는 관세를 부과하지 않고 수입품에 대해서만 관세를 부과하고 있다.

3) 관세의 종류

관세의 종류는 부과목적, 물품의 이동방향, 관세율 결정방법 그리고 세율결정 근거 등에 따라 여러 가지로 구분되어진다.

(1) 과세의 목적

① 재정관세

재정관세(revenue duties)는 주로 국가의 재정수입을 확보하기 위해서 부과되는 관세로서 세입관세 혹은 수입관세라고도 한다. 재정관세가 부과되는 경우는 첫째 국내생산이 거의 희박하여 부득이 수입에 의존할 수밖에 없는 경우, 둘째 국내산업이 확립되어 더 이상 보호할 필요가 없을 때, 셋째 수입을 억제할 필요는 없으나 권장할 가치가 없는 물품일 때 재정관세가 부과 되어진다. 우리나라의 경우 대표적 재정관세 품목은 원유이다.

② 보호관세

보호관세(protective duties)는 수입국이 자국의 유치산업을 보호·육성하고 기존 산업을 유지·발전시킬 목적으로 부과하는 관세를 말한다. 대부분의 나라에서 부과되는 관세는 보호관세의 성격을 띠고 있다. 보호관세는 산업보호를 목적으로 관세를 부과하기 때문에 세율이 고율이며 이로 인해 수입량은 감소하게 된다.

(2) 과세의 기회

① 수입세

수입세(import duties)는 수입품에 대하여 부과하는 관세로서 가장 보편적인 관세의 형태이다. 수입세의 부과목적은 국내산업보호와 소비억제를 통한 수입 감소로 국제수지개선 효과를 얻기 위해 부과한다.

② 수출세

수출세(export duties)는 수출품에 부과하는 관세로서 특수한 경우에만 부과하고 대부분의 국가에서는 이를 부과하지 않고 있다. 수출품은 가격경쟁력 때문에 관세를 부과하지 않고 수입품에만 부과하는 것이 일반적 현상이다. 수출품에 관세를 부과하는 경우는 수출품이 공급독점력이 있어 판로에 지장이 없는 경우에만 수출세를 부과하게 된다. 예컨대 스리랑카의 차, 브라질의 커피, 필리핀의 원목, 쿠바의 담배, 스페인의 콜크 등과 같이 해외에 절대적 독점시장이 존재하고 있는 경우에는 수출품에 관세부과를 한다.

③ 통과세

통과세(transit duties)는 한 나라의 관세영역을 단순히 통과하여 다른 나라로 수송되는 물품에 대하여 부과하는 관세로서 중상주의 시대에 재정수입을 확보하기 위하여 부과되었으나, 오늘날에 국제협약에 의거하여 대부분 국가에서는 부과하지 않고 있다.

(3) 과세의 방법

① 종가세

종가세(ad valorem duties)는 수입품의 가격을 과세표준으로 하여 관세를 부과하는 것으로서 관세액은 수입품의 가격과 세율의 크기에 비례하여 산출되어진다.

관세의 부담이 수입품의 가격에 상응하여 균등·공평하게 적용할 수 있는 점과 시장가격의 등락에도 불구하고 과세부담의 균형을 항상 유지할 수 있다는 점이 종가세의 장점이다. 따라서 종가세는 가격변동이 심하거나 인플레 하에 적합한 과세방법이라 할 수 있다.

반면 종가세는 과세가격의 산출이 어렵다. 즉, 과세가격의 평가가 어렵고 복잡할 뿐만 아니라 신고된 물품의 가격이 실제가격과의 동일 여부를 확인하기까지 상당시간이 소요될 수 있다. 또한 수출국에 따라 관세액의 차이가 발생할 수 있다.

② 종량세

종량세(specific duties)는 물품의 수량(길이, 무게, 부피)을 기준으로 하여 관세액을 정하는 방법을 말한다. 우리나라에서 영화용 필름과 녹화된 비디오 테이프는 종량세를 적용하고 있으며, 이들 품목에 대해서는 길이를 가지고 과세를 부과한다. 그 외 나머지 물품에 대해서는 종가세를 부과하고 있다. 종량세는 과세방법이 간단하고 어느 나라에서 수입되는지 동종물품인 경우에는 관세액이 동일하다는 장점을 가지고 있다. 반면 가격변동에 대한 적응성과 관세부담의 공평성이 없다는 단점이 있다.

③ 혼합세

혼합세(mixed duties)는 종가세와 종량세의 장점을 서로 결합시켜 과세의 효과를 최대로 하기 위한 관세이다. 즉, 양자 중 하나를 선택하는 선택세와 양자를 병과하는 복합세가 있다. 선택세는 한 품목에 대하여 종가세와 종량세를 동시에 산출해 놓고 필요에 따라 그중 하나를 선택하여 과세하는 제도를 말하며, 복합세는 한 품목에 종가세와 종량세를 동시에 정하여 이를 합산하여 부과하는 관세를 말한다. 특히 국내산업의 보호가 필요할 경우에 복합세가 채택되게 되는데, 우리나라에서는 1973년 2월에 폐지되어 적용하지 않고 있다.

(4) 세율결정의 근거

① 국정관세

국정관세(national duties)는 한 나라의 법률에 의거하여 자주적으로 정해진 기본세율을 적용하여 부과되는 관세를 말한다. 즉, 외국으로부터 어떠한 간섭도 받지 않고 오직 자국의 재정 및 경제형편에 따라 부과하는 관세이다.

② 협정관세

협정관세(conventional duties)는 한 나라가 다른 나라와 통상조약 혹은 관세조약 등에 의하여 특정물품의 협정세율이 정해지는데 이런 협정세율의 적용을 받는 관세를 말한다. 협정관세는 협정 및 조약의 유효기간 중에는 세율변경이 불가능하며 세율을 수정하는 경우 조약의 개정이 있어야 한다. 협정관세는 두 나라 사이에 설정되는 경우도 있고 다수국간의 협정에 의한 경우도 있다. 예컨대 WTO협정의 일반양허관세, WTO협정 개도국간의 양허관세, 방콕협정 개도국간의 양허관세 등이 여기에 해당된다.

협정관세는 무역장벽의 제거 내지 완화나 관세제도의 국제적 조화와 개선을 도모하고 국제무역 증대를 위한 차원에서 부과하는 관세이다.

(5) 특혜관세

특혜관세(preferential duties)는 특정국가나 특정지역으로부터 수입되는 물품에 대하여 통상관계를 개선시킬 목적으로 특별할인율이 적용되는 관세를 말한다. 이러한 특혜관세는 특혜를 받지 못하는 국가에 대하여 상대적으로 불리한 대우를 하는 것이므로 자유무역을 저해할 우려가 있다.

특혜관세는 기존특혜와 일반특혜로 구분된다. 기존특혜는 구식민지와 종주국간에 거래되는 물품에 대하여 타국으로부터 수입되는 물품보다 낮은 관세율을 적용하는 제도이며, 일반특혜는 선진국이 개발도상국으로부터 수입되는 물품에 대하여 일반적으로 무세를 적용하거나 관세율을 인하하여 특혜를 공여하는 제도를 말한다.

(6) 탄력관세

탄력관세(flexible duties)는 급변하는 국내외 경제여건에 신속히 대처하기 위하여 탄력적으로 부과하는 관세를 말한다. 관세는 원칙적으로 조세법률주의 원칙 하에서 세율의 변경 및 조정권은 입법기관인 국회만이 가질 수 있지만, 그 권한의 일부를 법률에 의하여 제한된 범위 내에서 행정부에 위임한 제도이다. 이에 따라 행정부의 권한으로 기본세율은 그대로 두고 그때그때의 정책목적에 따라 관세율을 일정범위 내에서 탄력적으로 정하여 임시적으로 운영하는 방식이다.

관세법상 탄력관세의 종류에는 덤핑방지관세, 보복관세, 긴급관세, 특정국물품 긴급관세, 조정관세, 농림축산물에 대한 특별긴급관세, 상계관세, 편익관세, 계절관세, 할당관세 등이 있다.

① 덤핑방지관세

덤핑방지관세(anti-dumping duties)는 외국에서 수입되는 물품이 덤핑으로 국내산업에 피해를 주는 등 경제적 혼란을 가져올 경우에, 수출국 내의 정상가격과 덤핑가격의 차액 범위 내에서 부과하는 할증관세로서 반덤핑관세 또는 부당염매방지관세라고도 한다. 여기서 정상가격이란 해당 물품의 수출국에서 소비되는 동종, 동질물품 또는 유사물품의 통상거래가격을 말한다. 덤핑수입이 인정되고 국내산업에 대한 실질적 피해가 인정되는 경우에는 정상가격과 덤핑가격과의 차이에 상당하는 크기의 덤핑방지관세를 부과할 수 있다.

덤핑방지관세의 부과는 덤핑되는 물품의 국내시장에의 침투로 인한 국내산업의 타격이나 고용기회의 상실 등 경제적 혼란을 방지하기 위한 대항조치에 그 목적이 있다.

② 상계관세

상계관세(countervailing duties)는 수출국이 특정 수출산업에 장려금이나 보조금을 지급하여 수출품의 가격경쟁력을 높일 경우, 수입국은 그 수입품에 대하여 보조금액에 해당하는 만큼 추가로 부과하는 관세를 말한다.

보조금이란 각국 정부가 자국의 정책목표를 달성하기 위하여 기업에 제공하는 각종의 지원을 말한다. 보조금의 지원은 원칙적으로 각국의 고유권한이다. 하지만 어떤 보조금은 특정 산업이나 기업의 경쟁력을 변화시켜 상당한 정도로 수출을 촉진하거나 수입을 억제하는 등의 무역왜곡 효과를 초래하여 타국의 경쟁 산업이나 기업에 피해를 준다는 점에서 국제적 규제의 대상이 되어 왔다. 보조를 받은 물품은 외국시장에서 유리한 입장에 서게 되며, 이러한 사실이 명백할 때 상계관세가 발동하게 된다.

③ 긴급관세

긴급관세(emergency duties)는 특정물품의 수입으로 동종품 또는 직접적인 경쟁관계에 있는 물품의 국내생산자에게 중대한 피해를 주거나 줄 경우, 당해 피해를 방지·구제할 필요가 있다고 인정될 때 특정 수입품에 대한 세율을 높게 책정하여 부과하는 관세를 말한다.

긴급관세는 특정물품의 수입품의 가격이 대폭 하락하는 등의 예상외의 사태가 발생하여 그 물품의 수입이 증가하고, 국내에서 같은 종류의 물품 또는 그것과 경합하는 물품을 생산하고 있는 산업에 중대한 손해를 주거나 줄 염려가 있고, 국민경제 전체에서 볼 때 긴급조치할 필요가 있는 경우 정부의 판단으로 통상의 관세 외에 특별히 부과되는 일정 한도의 부가관세이다.

④ 편익관세

편익관세(beneficial duties)는 조약에 의하여 관세 상의 편익을 받지 않은 나라의 생산물품이 수입될 때, 기존의 타국과의 조약에 의하여 부여하고 있는 편익의 범위 내에서 관세에 관한 편익을 부여하는 관세를 말한다. 각종 국제협약에 의해 관세의 혜택을 누리지 못하는 국가로부터 생산물을 수입할 때 기존의 다른 국가와의 조약규정에서 부여하고 있는 관세 상 특혜의 범주 안에서 관세 상의 편익을 제공하게 된다. 조세법률주의 아래에서는 관세를 부과하기 위해서는 관세법 등의 국내법이나 조약 등의 국제협약에 근거를 두어야 하나, 어떤 근거 없이 정치·경제적인 유대관계를 바탕으로 관세 상에서 특혜를 부여하는 것이 편익관세제도다.

⑤ 보복관세

보복관세(retaliatory duties)는 우리나라의 수출품에 대하여 고율의 관세를 부과하거나, 선박 또는 항공기에 대하여 불리한 대우를 하는 경우에 그 나라로부터 수입되는 물품에 대하여 보복적으로 고율의 차별관세를 부과하는 관세를 말한다.

보복관세는 대개 각국이 국내법에 정하고 있는데, 우리나라도 관세법 제11조에 교역상대국이 우리나라의 수출품 등에 대하여 관세 또는 무역에 관한 국제협정 또는 양자 간 관세 또는 무역협정 등에 규정된 우리나라의 권익을 부인하거나 제한하는 행위, 기타 우리나라에 대하여 부당 또는 차별적인 조치를 취하는 행위를 함으로써 우리나라의 무역이익이 침해되는 경우에는 그 나라로부터 수입되는 물품에 대하여 피해상당액 범위 안에서 관세를 부과할 수 있다고 규정하고 있다.

⑥ 계절관세

계절관세(seasonal duties)는 1년 중의 어느 계절에 한하여 부과되는 관세를 말한다. 농산물, 자연산품 등은 계절에 따라 가격이 많이 변하는데 그러한 가격변동이 심한 물품의 수입으로 인하여 국내물가에 미치는 영향을 관세율의 조정을 통해 제거하기 위해 도입되어진 제도이다.

계절관세의 부과는 수입품으로 인해 국내산업이 피해를 입었는지 여부에 관계없이 계절에 따라 가격이 크게 차이가 나는 경우 임의적으로 과세하는 것이 가능하다는 것에서 명백하게 피해를 입었다는 객관적인 사실에 근거해 과세하도록 한 조정관세나 긴급관세와 구별된다. 계절관세는 계절에 따른 가격 변동이 미약한 공산품의 경우는 거의 과세하지 않고 대부분 농산물에 한정되어 과세하고 있다.

⑦ 할당관세

할당관세(quota duties)는 특정물품이 정부가 정한 일정수량까지 수입될 때에는 저율의 관세를 부과하고, 일정수량을 초과하여 수입될 때에는 고율의 관세를 부과하는 제도를 말한다. 이 제도는 특정물품에 대하여 수입을 억제하려는 국내생산자 측의 요청과, 이 물품을 싼 값으로 수입하려는 수요자 측의 상반되는 요청이 공존할 경우 양자의 요청을 동시에 만족시키려는데 목적이 있다.

⑧ 조정관세

조정관세(adjustment duties)는 정부의 수입자유화 개방정책 실시에 따라 그 부작용을 관세정책 면에서 시정·보완하려는 목적에서 1984년부터 시행된 제도이다. 즉, 무역관계법령 등에 의하여 새로이 수입자동승인품목으로 지정된 물품의 수입이 급격히 증가하거나, 저가로 수입되어 국내산업을 저해하거나 국민소비생활을 어지럽힐 가능성이 있는 경우 관세율을 상향조정하여 수입억제를 목적으로 적용되는 할증관세이다.

3) 관세의 경제적 효과

일국이 수입품에 관세를 부과할 경우 수입품의 가격이 상승함에 따라 수입국에는 여러 가지 경제적 효과를 가져다준다. 이런 상황에 대해서 킨들버거(C. P. Kindleberger)가 제시한 부분균형분석을 통해 살펴보기로 한다. 여기서 부분균형분석(analysis of partial equilibrium)이란 몇 개의 변수만을 독립시켜 분석하고, 다른 모든 변수는 불변이거나 미미한 효과밖에 미치지 않는다는 가정 하에서 특정한 경제현상을 분석하는 방법이다.

부분균형분석을 이용하여 관세의 경제적 효과를 분석할 때는 관세를 부과하는 나라가 소국이라고 가정을 하게 된다. 소국이라는 것은 첫째, 관세를 부과하는 나라에 있어서 무역상대국의 수입수요 조건과 수출공급 조건이 일정하다는 것이며 둘째, 이 나라가 국제시장의 가격을 조금도 변동시키지 못하는 상태라는 것을 의미한다.

그림 3-2

관세의
경제적
효과

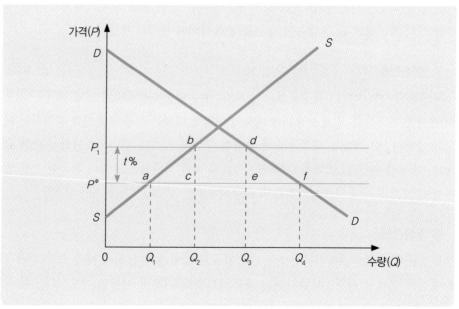

〈그림 3-2〉는 관세부과에 의해 발생할 수 있는 경제적 효과를 부분균형분석을 통해 나타낸 것이다. 관세부과전 세계시장가격은 P^*이고, 수입국에서 t%만큼의 관세부과 후 국내시장가격은 P_1으로 상승하게 된다.

(1) 가격효과

수입물품에 대해서 관세를 부과하게 되면 수입품의 국내시장가격이 상승하게 된다. 관세부과로 인하여 수입품의 가격이 상승하는 것을 가격효과라 한다. 소비자는 관세부과 이전의 가격인 $0P^*$보다 더 높은 가격인 $0P_1$을 지불하여야 하므로, 관세부과 전보다 더 높은 가격을 지급하고 수입품을 구입하여야 한다.

(2) 소비효과

수입품에 대한 관세부과는 수입품의 국내시장가격이 인상되어 국내소비자는 부과된 관세만큼의 높은 가격을 지불하고 물품을 구매하여야 하므로 국내소비는 줄어들게 된다. 즉, 소비는 관세부과 전 $0Q_4$에서 이루어 졌지만 관세를 부과하게 되면 $0Q_3$로 소비가 줄어들게 된다. 따라서 관세부과로 인하여 Q_3Q_4만큼 소비가 줄어드는 효과가 발생한다.

(3) 보호효과

관세를 부과함으로써 수입품의 국내가격이 그만큼 상승하여 국내소비가 줄어들어 수입이 억제된다. 따라서 자국의 경쟁물품이 가격경쟁력을 가지게 되고 생산이 증대되므로 결과적으로 국내산업을 보호해 준다. 그림에서 보는 바와 같이 관세부과 전 수입에 의해 충당하던 물품이 국내생산으로 대체되어 국내생산은 $0Q_1$에서 $0Q_2$로 Q_1Q_2만큼 증가하게 된다.

(4) 수입(收入)효과

수입물품에 관세를 부과하면 관세수입은 국고로 귀속하게 되어 정부의 재정수입 증가하게 된다. 재정수입액은 종량세를 전제로 하였을 경우 수입량 Q_2Q_3와 단위당 관세율 t%를 곱하게 되면, 직사각형 $bcde$의 면적이 정부의 조세수입이 된다.

(5) 국제수지효과

관세의 부과로 수입국의 수입량은 감소하기 때문에 수출국 측의 보복관세나 심한 반작용이 없는 한 수입국의 국제수지는 개선된다. 관세부과 전에는 Q_1Q_4만큼 수입하였으나, 관세부과 후 Q_2Q_3로 $Q_1Q_2+Q_3Q_4$ 만큼 수입이 감소한다. 관세부과 이후의 수입 Q_2Q_3는 국내생산증가인 Q_1Q_2와 국내수요의 감소인 Q_3Q_4의 합계만큼 줄어들게 되어 국제수지가 개선된다.

(6) 소득재분배효과

관세부과로 인하여 소비자의 경우는 수입품의 국내시장 가격상승으로 높은 가격에서 재화를 구입하고 생산자는 가격이 인상되어 생산을 늘릴 수 있고, 또한 국산재화에 대한 소비가 증가하여 생산이 증가하게 된다. 따라서 소비자잉여의 일부분이 생산자잉여로 전환되어 소비자로부터 생산자에게 소득이 재분배되는 효과를 가져온다.

관세부과 전 소비자잉여는 P^*Df이었지만, 관세부과 후 소비자잉여는 P_1Dd로 P^*P_1df 만큼 감소한다. 그리고 관세부과로 생산자잉여는 SP^*a에서 SP_1b로 증가한다. 따라서 소비자잉여의 전체 손실은 P^*P_1df인데, 이 손실중 P^*P_1ab 만큼이 생산자잉여 형태로 생산자에게 돌아간다. 한편 정부는 $bdce$의 면적만큼 관세수입이 발생한다. 이와 같이 소비자잉여는 관세부과로 감소하지만, 이 감소분의 일부는 생산자와 정부로 전환되는데 이러한 효과를 재분배효과라 한다.

소비자잉여의 감소분 중 나머지 abc는 수입물품에 관세가 부과되면 해외시장에서 값싸게 공급받을 수 있는 재화를 자국에서 생산해야 하므로 자원의 비효율적인 생산 측면의 손실이며, def는 소비의 감소로 인한 소비 측면의 사회적 손실이다. 따라서 abc와 def의 두 삼각형 면적은 관세의 부과로 경제 전체로 볼 때는 부$(-)$의 효과가 발생하게 된다. 이것은 자원배분의 왜곡에 따른 사회적 손실비용이며, 킨들버거는 이것을 사중손실(dead weight losses of tariff)라고 하였다.

(7) 고용효과

관세부과로 국내에서의 생산량이 증가되기 때문에 국내에서의 실업이 있을 경우에는 이 증가분이 생산하기 위해 노동, 자본 등의 생산요소를 추가로 투입하여야 하므로 고용증대의 효과가 발생한다.

2. 비관세장벽

1) 비관세장벽의 개념

비관세장벽(non-tariff barriers)은 무역을 규제하는 보호무역정책의 수단으로 사용되는 관세이외의 모든 무역정책 수단을 의미한다. 즉, 수입품에 대하여 비용증가나 수입수량제한 혹은 수출업자에게 보조금이나 특혜금융 등을 제공함으로써 수출을 촉진하고 수입을 억제하는 관세이외의 모든 무역장벽을 비관세장벽이라 할 수 있다.

비관세장벽은 대부분 WTO에서 인정되지 않을 뿐만 아니라 겉으로 드러나지 않은 경우가 오히려 더 많아 그 유형이나 종류를 정확히 파악할 수 없지만, 지금까지 알려진 비관세장벽의 수는 700여종 이상이라고 한다.

2) 비관세장벽의 특징

비관세장벽은 무역을 행하는 국가들에 있어서 자원의 최적배분을 저해하고 무역을 왜곡시켜 국제무역에 악영향을 미치는데, 이러한 비관세장벽은 효과측정의 곤란성, 복잡성, 불확실성 그리고 협상곤란성이라는 특징을 가지고 있다.

(1) 효과측정의 곤란성

비관세장벽은 유형에 따라서 그 영향이 미치는 범위가 다르고 시간에 따라서 유동적인 성격이다. 그리고 관계당국의 판단에 따라 실시되거나 혹은 외부적으로 드러나지 않고 은밀하게 적용되는 유형도 많기 때문에 무역제한적 효과에 대하여 정확한 정보를 알기가 어렵다.

(2) 복잡성

비관세장벽은 관세와는 달리 그 적용 및 운용은 매우 복잡하고 어떤 유형은 처음부터 법률로 제정되기도 하지만, 어떤 유형은 체계적인 조정을 통하지 않고 여러 행정기관의 정책에서 파생되는 경우도 있다. 무역정책이나 국내산업보호를 주된 목적으로 하지 않고, 기타의 목적인 소비자보호, 환경보호, 보건위생 그리고 국가안전보장 등의 목적으로 무역을 제한하는 경향이 많다.

(3) 불확실성

비관세장벽은 정보부족과 변칙적인 제도의 운영으로 인한 불확실성으로 관련정보가 충분히 입수되지 못한 상태에서 수출업자는 자신들의 수출이 어떻게 어느 정도 제한을 받는지에 대한 확실한 판단이 어렵다. 수입국의 무역정책은 수출국에 사전 통고 없이 수시로 변동될 가능성이 높은 관계로 수출업자의 부담은 커진다.

(4) 협상곤란성

비관세장벽은 여러 가지 특성으로 인하여 상호간의 양허정도를 비교하여 이를 균일화시킬 수 있는 지표의 설정이 불가능하고, 일정한 기준이 없어 설사 정부간의 협상이 되더라도 비관세장벽의 철폐를 보장해 줄 수 없기 때문에 비관세장벽의 완화 또는 제거를 위한 협상을 하는데 많은 문제점과 어려움이 내재되어 있다.

3) 비관세장벽의 종류

비관세장벽은 각국별로 매우 복잡하면서도 다양하게 시행되고 있어 그 종류에 관해서는 일률적으로 구분하기가 쉽지 않다. 다만, 체계적 분류를 위해서 수량제한수단, 가격규제수단, 행정적 무역제한수단, 재정금융지원에 의한 무역규제수단, 기술장벽에 의한 무역규제수단으로 구분하여 설명하기로 한다.

(1) 수량제한수단

① 수입할당제

수입할당제(import quota system)는 수입품의 수량을 규제하여 직접적으로 수입을 제한하는 보호무역정책의 형태로서 수입품에 대한 일정한 기준을 마련하여 일정한 기간 동안 수입수량 또는 금액을 제한하는 형태를 말한다. 수입의 할당기준은 크게 수량과 금액을 기준으로 나눌 수 있다. 수량기준인 경우 정책당국이 어떤 물품의 수량을 사전에 정해놓고 그 범위 내에서만 수입을 허용하는 방식이며, 금액기준인 경우 수입총액을 정해놓고 금액범위 내에서만 수입을 허용하는 방식이다. 수입할당제는 수입을 수량상으로나 금액상으로 일정한 범위 내에서만 허용하고 있기 때문에 명백하고도 대표적인 수입규제수단이 된다.

수입할당제는 자주할당(unilateral import quota system)과 협정할당(bilateral import quota system)으

로 구분된다. 전자는 수입국이 교역상대국인 수출국과의 일체의 협의 없이 일방적으로 수입할당조치를 취하는 제도이고, 후자는 수입국이 수출국과 사전에 협의과정을 거쳐 할당에 관한 협정을 체결하고 이를 근거로 수입할당조치를 취하는 제도이다.

② 수출자율규제

수출자율규제(Voluntary Export Restraints; VERs)는 수입국의 수입제한조치를 미리 방지할 목적으로 수출국 스스로 특정품의 수출이 과도하게 이루어지지 않도록 조절하는 조치를 말한다. 이 수출자율규제의 효과는 기본적으로 수입국에서 채택하는 관세나 수입할당제와 비슷하지만 시행주체가 수출국이라는데 그 특징이 있다. 하지만 어휘적 느낌과는 달리 수입국이 수출국에 대하여 수출상품의 수량을 제한하도록 강요하고 있는 것이 현실이다.

③ 시장질서협정

시장질서협정(Orderly Marketing Arrangements; OMAs)은 수입국의 시장교란을 방지하기 위하여 수출입국간 상호간의 협정에 따라 특정품의 수출을 자율적으로 규제하는 무역정책을 말한다. 시장질서협정은 수출자율규제와 마찬가지로 수출국이 수입증가로 인한 수입국의 시장교란을 방지하기 위하여 상호간 협정에 따라 일정한 수출량의 범위 내로 수출을 자율적으로 규제하는 조치이다.

(2) 가격규제수단

① 반덤핑조치

반덤핑조치 규정도 비관세장벽의 일종으로서 그 중요성이 더해 가고 있다. 덤핑(dumping)이란 투매 또는 부당염매라고 하며 동일물품을 동일시기 동일한 제조 조건하에서 생산하여 국내의 가격보다 저렴한 가격으로 외국에 판매하는 것을 말한다. 즉, 국내시장에서는 높은 독점가격을 유지하고 국제시장에서는 염가의 수출가격을 형성하여 2중의 가격으로 거래되는 것을 의미한다.

반덤핑조치(anti-dumping action)는 덤핑에 의하여 외국의 물품이 외국의 판매가격이나 생산비보다도 낮은 가격에 수입되어 국내산업이 실질적인 피해를 입고 있던지, 피해를 입을 우려가 있다고 수입국이 판단할 경우 덤핑마진을 상쇄하기 위하여 당해 수입품에 대하여 덤핑 폭만큼을 추가적으로 관세를 부과하는 조치를 말한다.

② 수입과징금

수입과징금(import surtax)은 특정의 수입품에 대하여 관세와는 별도로 일정액 또는 일정비율의 금액을 부과하여 징수함으로써 수입을 제한하는 수입억제수단을 말한다. 따라서 수입과징금은 관세나 수입할당제 이상의 정책효과를 달성함으로써 수입억제는 물론이고, 국내산업보호, 국제수지개선 등의 대내외 경제정책목표를 추구할 수 있다.

③ 최저수입가격제도

최저수입가격제도(trigger price system)는 특정품에 대하여 최저수입가격을 설정하여 놓고 수입되는 물품의 가격이 최저가격보다 낮은 경우 추가조치를 취하는 것을 말한다.

(3) 행정적 무역제한 수단

① 원산지규정

원산지규정(rules of origin)은 특정국이 수입물품에 대하여 각종 특혜무역제도를 시행하기 위하여 특정상품의 원산지를 결정하는데 필요한 여러 가지 기준이나 절차 등을 말한다. 이러한 원산지규정이 나라마다 다르고 그 자체의 차별적 적용 가능성이 존재하므로 원산지규정 그 자체가 무역장벽으로 기능을 하고 있다고 할 수 있다.

② 수입허가제

수입허가제(import license)는 물품 수입에 대하여 정부의 허가를 필요로 하는 제도를 말한다. 즉, 정부가 정해 놓은 특정조건을 충족시키는 경우에 한해서 관련기관이 수입허가를 부여하는 제도이다.

③ 선적전검사제도

선적전검사(preshipment inspection)제도는 수입국 정부로부터 위임받은 전문검사기관이 수입국 정부나 수입업자를 대신하여 수출국에서 물품을 선적하기 직전에 수입품의 품질이나 수량을 검사하며, 수입가격이 수출국 현지나 국제시장에서 일반적으로 형성되는 가격과 부합되는 범위 내의 가격인지 여부를 평가하는 제도를 말한다.

(4) 재정 · 금융지원

① 생산보조금

생산보조금(production subsidy)은 특정국가 또는 공공단체가 특정물품의 수입을 억제하고, 국내산업을 보호하기 위하여 수입경쟁산업이나 수입대체산업에 제공하는 재정적 지원을 말한다.

② 수출보조금

수출보조금(export subsidy)은 수출국의 정부 또는 공공단체가 수출의 촉진 또는 진흥을 목적으로 수출하는 기업이나 수출업자에게 지급하는 직접 · 간접의 지원금 및 장려금을 말한다. 수출보조금은 자유무역을 저해할 우려가 있으므로 WTO에서는 이를 금하기 위해 상계관세를 부과하게 하는 등의 대항조치를 만들었다.

(5) 기술적 무역장벽

기술적 무역장벽(technical barrier to trade)은 각종 기술표준, 포장 및 라벨링, 보건, 위생, 안전규정 등에 의한 제한을 의미한다. 동 제도는 안전기준, 환경기준, 각종 표준 등을 제정하여 시행함으로써 본래는 무역을 제한하기 위해 제정한 것은 아니지만 결과적으로 무역장벽의 수단으로 이용되어 지고 있다.

Exercise

1. 무역정책의 목표에 대해 설명하시오.

2. 신보호무역주의의 발생 원인에 대해 설명하시오.

3. 탄력관세제도에 대해 설명하시오.

4. 일반특혜관세제도에 관하여 설명하시오.

5. 비관세장벽의 특성에 대해 설명하시오.

6. 관세부과에 따른 경제적 효과를 상세히 설명하시오.

7. 관세와 쿼터의 효과에 대해 비교 분석하시오.

8. 기술적 무역장벽은 무엇인가? 예를 들어 설명하시오.

04

지역주의

이 장의 주요용어

경제통합 · 자유무역지역 · 관세동맹 · 공동시장 · 경제동맹 · 완전한 경제통합 · 무역창출효과 ·
무역전환효과 · 전시효과 · 리스본조약 · 북미자유무역협정 · APEC · 환태평양경제동반자
협정 · 남미공동시장 · 안데스공동시장 · 중미공동시장 · 남미국가연합 · 지역주의

제1절 경제통합

1. 경제통합의 정의

경제통합(economic integration)은 한 지역 내의 여러 국가들이 상호간에 존재하는 관세 및 비관세장벽을 철폐하여 재화·서비스·생산요소 등이 국가 간에 자유롭게 이동 하도록 보장하는 협정을 말한다. 즉, 여러 국가들이 협정을 체결하거나 동맹을 결성 하여 이러한 협정이나 동맹에 가입한 회원국들 간의 교역에 대해서는 관세 및 기타 무역규제를 완화하지만, 비회원국과의 교역에 대해서는 차별적인 무역규제를 유지 하는 것이다.

이러한 국가 간 무역협정을 지역무역협정(Regional Trade Agreement; RTA)라 하고, 일반적 으로 경제통합의 대표적인 형태로 사용되고 있는 자유무역협정(Free Trade Agreement; FTA) 은 특정국가간에 배타적인 무역특혜를 서로 부여하는 협정으로서 가장 느슨한 형태 의 지역경제통합 형태이며 지역무역협정의 대종을 이루고 있다.

경제통합은 제2차 세계대전 이후에 나타난 자본주의 체제와 사회주의 체제 간의 갈등 및 유럽국가의 해외식민지 상실과 급격한 기술혁신 등으로 형성되기 시작하였 다. 이 당시 영국, 프랑스와 같은 식민종주국들은 해외식민지 상실과 미국과 소련의 부상으로 국제적 지위상 위협을 느꼈으며, 수출시장 확대의 필요성을 절감하여 비슷 한 경제수준의 국가와 상호간 무역장벽 제거를 통한 개방정책을 실시하였다. 또한 구 소련을 중심으로 한 사회주의 국가들의 영향력 증대로 미국을 비롯한 서유럽국가들 이 단결의 필요성으로 경제통합을 형성하게 된 배경이라 할 수 있다.

경제통합의 형성조건은 ① 가입국들의 경제발전단계와 소득수준이 비슷하여야 하 며, ② 가입국들의 경제구조가 대체적이지만 잠재적으로 보완성을 가지고 있어야 하 며, ③ 가입국들이 지리와 문화적으로 밀접하여 공급처인 동시에 수요처가 되어야 하 며, ④ 인종이나 혈통이 비슷해야만 통합의 가능성이 강해지며 성립이후에도 잘 운 영될 수 있다.

2. 경제통합의 형태

경제통합은 하나의 과정(process)으로 이해할 수 있으며, 경제통합의 발전단계에 따라 자유무역지역, 관세동맹, 공동시장, 경제동맹 그리고 완전경제통합으로 통합의 범위가 넓어진다. 회원국들은 역내에서 발생하는 상품 및 서비스의 교역에 대한 무역규제를 협정에 따라 제거해야 하는 의무를 가지며, 각 회원국들은 무역정책의 자율성과 국내경제에 대한 통제력이 일부 상실된다. 그리고 회원국들은 경제통합의 강도가 높으면 높을수록 주권행사를 상당부분 포기하여야 한다.

경제통합 초기 단계에서는 적은 범위 내에서 경제협력 및 통합을 추진해 나가면서 가능한 회원국들이 국내경제에 대한 통제력을 유지하다가 시간이 지나면서 점차 통합의 정도를 높여 나아가게 된다.

1) 자유무역지역

자유무역지역(free trade area)은 경제통합의 가장 기본적인 형태로 정치나 경제적으로 밀접한 관계가 있는 2개국 이상의 국가가 통합하여, 자유무역을 추진하기 위해 무역장벽을 철폐하는 형태를 말한다. 가맹국 상호간 교역에 부과되는 모든 무역장벽(관세 및 비관세장벽)을 제거함으로써 국가 간 상품의 자유로운 이동을 보장하는 상태이다.

가맹국 상호간에 존재하는 무역장벽이 존재하지 않아 가맹국 상호간에는 자유무역이 실시되고, 비가맹국에 대해서는 개별 국가별로 독자적인 무역정책을 실시하는 단계이다. 자유무역지역에 참여하는 국가 간에는 어떠한 유형의 차별적인 관세나 수입할당 또는 행정적인 규제가 없어지며, 각 회원국의 경제주권을 제한하는 별도의 의사결정기구나 관리기구를 설치할 필요가 없는 결속의 정도가 미약한 경제통합 단계이다. 대표적인 예는 북미자유무역협정(North American Free Trade Agreement; NAFTA)과 유럽자유무역지역협정(European Free Trade Association; EFTA) 등이 있다.

2) 관세동맹

관세동맹(customs union)은 자유무역지역의 단계에서 발전된 형태의 경제통합유형으로서 가맹국 상호간에 존재하는 무역장벽을 철폐하여 자유무역을 실시하고, 비가맹국에 대해서는 가맹국들이 공통의 무역정책인 대외공동관세(Common External Tariff; CET)를 실시하는 단계이다.

가맹국 상호간에 존재하는 무역장벽은 없어지고 비가맹국에 대하여는 공통의 관세정책을 취하게 되어 가맹국들은 관세적인 측면에서 한 나라처럼 행동하게 되며, 관세동맹의 회원국들은 경제주권을 완전히 포기하지는 않지만 대부분의 무역정책 분야에서는 독자적인 의사결정을 하지 못한다. 대표적인 예로 베네룩스(Benelux; Belgium, Netherlands, Luxemburg) 3국을 꼽을 수 있다.

3) 공동시장

공동시장(common market)은 관세동맹의 단계에서 한 단계 더 발전된 경제통합의 유형으로서 가맹국 상호간에 상품뿐만 아니라 생산요소의 자유로운 이동까지 보장되는 단계이다. 즉, 회원국 간에 발생하는 상품 및 서비스의 무역을 자유화하고 비회원국에 대한 공동무역정책을 추진하면서 노동과 자본이 자유롭게 이동할 수 있어 가맹국 상호간에는 완전히 자유롭게 이민·취업·자본의 이동이 보장된다.

공동시장을 성공적으로 운영하기 위해서는 관세동맹보다 더 많은 부문에서 공동의 사결정이 요구되기 때문에 독자적인 경제정책에 대한 회원국들의 자율권이 크게 상실된다. 대표적인 예로 유럽연합(EU)의 전신인 유럽공동시장(EC)이 여기에 해당된다.

4) 경제동맹

경제동맹(economic union)은 공동시장의 단계보다 더 발전된 경제통합의 유형으로서 가맹국들은 상호간에 공통의 통화를 사용하고 세율도 동일하게 적용하며, 상호협조와 유대관계를 통해서 재정·금융·통상·노동 등의 정책을 실시하는데 있어서 상호조정을 하며 공통의 정책을 실시하는 단계이다. 경제동맹을 이루기 위해서는 경제동맹을 통괄하는 행정부가 필요하며 각국이 자국의 주권을 어느 정도 포기하여야 한다.

경제동맹의 대표적인 예로 EU를 꼽을 수 있는데, EU는 1999년 1월 1일자로 단일통화인 유로화를 공식 출범시킴으로써 기존의 공동시장의 형태에서 완전한 의미의 경제동맹으로 전환되었다.

5) 완전한 경제통합

완전한 경제통합(complete economic integration)은 경제통합의 형태 중 가장 마지막 단계로서 단순히 경제만의 통합이 아니라 정치적인 면에서의 통합을 이루는 단계이다. 공통의 경제정책 실시에 그치지 않고, 금융·재정·사회정책에서 까지 동일한 정책을 추구하는 초국가적 기관 또는 연방국가의 설립을 목표로 한다.

대표적인 예로서 유럽연합을 들 수 있는데, 유럽연합은 정치적 통합의 내용을 담은 리스본조약이 2009년 12월 1일 발효됨에 따라 이들 회원국의 정치적 통합을 가속화 시키고 있다.

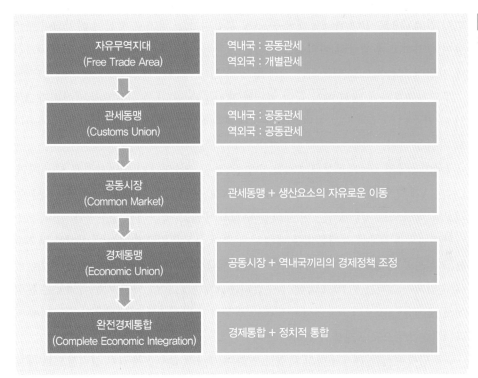

그림 4-1
경제통합의 단계

3. 경제통합의 효과

경제통합의 효과는 관세동맹이 형성될 경우 나타날 수 있는 경제적 효과로 설명될 수 있다. 경제통합은 상품, 서비스 및 생산요소 등의 국제교역과정에서 회원국과 비회원국을 차별적으로 대우하기 때문에 무역구조의 변화를 가져오게 된다. 지역경제통합의 경제적 효과는 크게 정태적인 효과와 동태적인 효과로 구분되는데, 정태적인 효과는 크게 무역창출효과와 무역전환효과로 나눌 수 있으며, 동태적인 효과는 시장규모의 확대에 따른 규모의 경제 실현, 경쟁강화로 인한 효율성 증대 등으로 나눌 수 있다.

1) 경제통합의 정태적 효과

(1) 무역창출효과

무역창출효과(trade creation effect)는 관세동맹의 결성으로 인하여 역내국가간의 관세장벽이 철폐됨으로 인해 관세동맹국 중 가장 생산비가 싼 국가로 생산이 대치되어 무역량이 증가하고 후생상의 이익을 초래하는 효과를 말한다. 경제통합으로 역내국가간에 자원이 효율적으로 배분되는 결과를 얻게 된다.

무역창출효과에 대해 예를 들어 설명하면 다음과 같다. 우선 X재의 생산비가 A국 $130, B국 $110, C국 $100이며, A국은 X재에 대한 수입관세 50%의 관세를 부과한다고 가정을 하자.

A국이 B국과 C국으로부터 X재를 수입할 경우, B국의 X재 수입가격은 $165이며, C국의 X재 수입가격 $150이 된다. 양 국의 X재 수입가격은 A국 국내에서 생산되는 것보다 비싸므로 A국에서는 이 재화를 수입하지 않고 국내에서 생산하게 된다.

반면 A국과 B국이 관세동맹을 체결하게 되면, A국은 B국에 대하여 어떠한 무역제한도 실시하지 않고 C국에 대해서만 차별관세를 적용하게 된다. 관세동맹 후 B국에서 수입되는 X재는 $110, C국에서 수입되는 X재는 $150이 되기 때문에 A국은 본국에서 생산하는 것보다 B국에서 수입하는 경우가 유리하므로 비교생산비의 원리에 따라 A국은 B국으로 X재를 수입하게 된다.

A국 입장에서는 관세동맹의 체결로 인하여 새롭게 B국과 무역이 성립함으로 새로운 무역이 창출되는 효과가 발생하게 되며 이를 무역창출효과라 한다.

(2) 무역전환효과

무역전환효과(trade diversion effect)는 관세동맹 결성으로 인하여 역외국가에 대한 공동의 관세장벽이 설정됨으로써 역내국가 상품의 생산비가 역외국가의 가격보다 높을지라도 관세효과가 이를 상회하는 경우 역내로부터 상품을 수입하게 되는 효과를 말한다. 역외국가에 대한 인위적인 관세장벽으로 인해 자원배분이 비효율적으로 배분되는 결과를 초래한다.

무역전환효과에 대해 예를 들어 설명하면 다음과 같다. 우선 X재의 생산비가 A국은 $150, B국은 $110, C국은 $100이며, A국은 X재에 대한 수입관세 30%를 부과한다고 가정하자.

A국이 B국의 X재를 수입 시 수입가격은 $143, C의 X재를 수입 시 수입가격 $130이 되기 때문에 A국은 C국에서 수입하는 것이 생산비 면에서 유리하므로 C국에서 X재를 수입하게 된다.

반면 A국과 B국이 관세동맹을 체결하게 되면, B국에서 X재를 수입하는 경우 $110이고, C국에서 X재를 수입하는 경우 $130이 되기 때문에 A국은 C국에서 수입하는 것보다 수입가격이 낮은 B국에서 수입하는 것이 유리하므로 B국에서 수입하게 된다.

A국 입장에서는 관세동맹의 체결로 인하여 동맹체결전 C국에서 수입하던 것을 B국에서 수입하게 되어 수입선이 C국에서 B국으로 전환하게 되며 이를 무역전환효과라 한다.

(3) 기타효과

경제통합의 정태적 효과로서 무역창출효과와 무역전환효과 외에도 다음과 같은 효과가 나타난다. 첫째, 경제통합이 결성되어 역내국간에 노동과 자본 등 생산요소의 자유로운 이동이 가능하게 되면 보다 효율적인 자원의 이용이 가능해지므로 생산의 효율성이 증대되고 생산량도 증가하게 된다.

둘째, 회원국 사이에 각종 무역장벽을 제거해 주므로 역내 교역에서 수출입 관리나 행정절차에 수반되는 여러 가지 거래비용을 감소시킬 수 있다.

셋째, 집단적인 대응이 가능하기 때문에 시장규모 및 경제력의 확대를 배경으로 국제무대에서 발언권을 강화시킬 수 있고, 무역협상에서도 대외협상력을 높임으로써 공동이익을 극대화시킬 수 있는 효과가 있다.

2) 경제통합의 동태적 효과

(1) 자유무역측면에서 본 동태적효과

경제통합이 되면 가맹국들 간에는 자유무역이 실시되므로 장기적으로 다음과 같은 효과가 발생된다. 첫째, 규모의 경제가 실현된다. 역내의 무역자유화를 촉진시킴으로써 시장이 확대되고, 시장이 확대되면 역내에서 비교우위가 있는 기업들이 대량생산의 기회를 가지게 되므로 규모의 경제를 실현할 수 있다. 어떤 기업이 규모의 경제를 실현하게 되면 평균생산비가 하락하여 소비자들에게 보다 저렴한 가격에 상품을 공급하는 효과를 얻을 수 있으며, 또한 역외시장에서는 가격경쟁력이 강화되는 효과를 누리게 된다.

둘째, 경쟁격화에 의한 생산성이 향상된다. 즉, 각종 무역규제의 철폐로 역내 시장이 확대되면 역내 기업들의 경쟁이 치열해지게 되기 때문에 비효율적인 산업이 도태되고, 소규모 시장에서 가능했던 독점이 사라지는 등 경제적인 효율성이 증대된다. 또한 기업들은 치열한 경쟁에서 살아남기 위하여 기존 제품의 품질향상과 새로운 제품의 개발을 도모해야 하기 때문에 설비투자는 물론 연구개발과 기술혁신에 대한 투자를 증가시키게 된다. 이에 따라 역내기업의 생산성이 향상되고 기술개발이 촉진되어 경제성장을 이룩하게 된다.

셋째, 전시효과가 발생한다. 즉, 서로 상이한 소득수준을 가진 국가 또는 지역 사이의 경제적 접촉의 결과로서 소득수준이 비교적 낮은 국가의 국민 또는 주민들이 소득수준이 비교적 높은 국가 또는 지역사람들의 생활양식을 모방하여 소비성향의 변화를 초래한다. 1958년 EEC 창설당시 프랑스, 독일, 이탈리아 및 베네룩스의 6개국 가운데 가장 소득수준이 낮은 이탈리아 사람들이 프랑스 및 독일에서의 취업을 통하여 이들 나라의 소비패턴을 배우고 이를 본국으로 전파한 예가 있다.

(2) 보호무역측면에서 본 동태적 효과

경제통합이 역외국에 미치는 영향도 산업과 국가에 따라 다양하게 나타날 수 있다. 그에 따른 효과로는 첫째, 역외국들은 무역전환효과에 따른 수출 감소 등 불이익이 발생한다. 즉, 역내의 기업들에게 통합된 시장에 선점할 수 있는 기회를 제공하도록 단기적으로 역내시장의 보호조치를 강화하는 경향이 있기 때문에 역내국간 교역이 증가하여 역외국으로부터의 수입이 크게 감소하는 경우에는 역외국이 교역조건 악화라는 손해가 발생한다.

둘째, 역내국들의 협상력이 강화됨에 따라 역외국들이 무역협상에서 상대적인 피해를 보게 될 가능성이 있다.

셋째, 경제통합으로 역내 회원국들의 경제성장이 촉진되고 국민소득이 증가하게 되면, 역내 회원국의 수입수요가 증가함으로써 오히려 역외국의 수출 및 투자의 기회가 확대되는 등의 긍정적 효과도 장기적으로 발생할 수 있다.

세계경제의 블록화

1. 세계경제의 블록화 추이

선진국간의 지역경제통합은 1947년에 설립된 베네룩스(Benelux) 관세동맹으로 시작되어 1950년대 말부터 1960년대에 걸쳐서 전 세계적으로 크게 확산되었다. 유럽지역에서는 1957년에 EU의 전신인 유럽경제공동체(EEC)가 출범하여 1967년에는 유럽공동체(EC)로 확대·발전하였고, 1960년에는 유럽자유무역연합(EFTA)이 설립되었다. 그리고 1965년 호주와 뉴질랜드 간에 체결된 자유무역협정도 선진국 간 이루어진 지역경제통합이다.

지역주의 형태는 개도국 군에서도 나타났는데, 중남미지역에서는 1960년 남미자유무역지역(Latin American Free Trade Area; LAFTA), 1961년에 중미공동시장(Central American Common Market; CACM) 등이 출범하였다. 그리고 중동지역에서도 1964년에 아랍공동시장(Arab Common Market; ACM)과 1981년 걸프만연안국 협력위원회(Gulf Cooperation Council; GCC)가 결성되었고, 아프리카지역에서는 1964년 중앙아프리카관세·경제동맹, 1967년에 동아프리카공동체, 1979년 남아프리카관세동맹 등이 출범하였다.

1960년대 북미와 아시아 등 일부지역을 제외하고 경제통합이 전세계적으로 활발하게 추진되었지만, EC, EFTA 등 유럽지역의 경우를 제외하고는 중남미와 아프리카지역 등 대부분 지역에서 경제통합이 성공적으로 추진되지 못하였다.

1970년대와 1980년대 초까지는 EC가 영국 등을 신규 회원으로 가입시키는 등 EU의 회원국이 확대되었지만, 그 외 전반적으로 지역경제통합의 움직임이 크게 나타나지 않았다. 그러나 1980년대 말 그동안 소극적이었던 미국과 아시아지역에서 경제통합을 적극적으로 추진하면서 다시 지역주의가 활성화되기 시작하였다. 이는 두 번째 지역주의의 부활이라 할 수 있다.

미주지역에서는 1985년 미국과 이스라엘, 1988년 미국과 캐나다, 1994년에 미국, 캐나다, 멕시코가 북미자유무역협정을 체결하였고, 아시아지역에서는 1992년 ASEAN 국가들이 아세안자유무역지역을 설립하기로 합의하였다. 그리고 1989년 한국, 호주, 일본, 미국, 캐나다, 뉴질랜드, 아세안 6개국 등 21개국이 아시아 · 태평양 경제협력(Asia Pacific Economic Cooperation; APEC)을 위한 합의가 이루어 졌다. 유럽에서도 EC는 1993년 EU로 바뀌면서 완전한 경제통합을 실현시키는 목표를 설정하고 있다.

지금까지 나타난 지역경제통합의 특징은 1960년대 말까지는 EU 등과 같이 선진국 간의 경제통합과 중남미 아프리카 지역에서와 같이 개발도상국간의 경제통합이 대세를 이루고 있었으나, 1990년대 이후에는 선진국간 또는 개발도상국간의 경제통합은 물론 NAFTA나 AFTA, APEC등과 같이 선진국과 개발도상국간의 경제통합이 설립되거나 추진되고 있다.

2. 유럽연합

유럽연합(European Union; EU)은 현재 형성되어 있는 지역경제통합 가운데 가장 오래되고 또한 가장 발전된 지역경제통합으로서 1952년에 출범한 유럽석탄 · 철강공동체를 모태로 해서 그 후 EEC(1957), EC(1967)를 거쳐 1993년부터 현재의 EU로 발전하였다.

1) 파리조약

제2차 세계대전을 거치면서 유럽에서는 국수주의 확산과 보호주의 강화 등 분열현상 때문에 자연스럽게 유럽내 경제통합을 추진하자는 여론이 등장하기 시작하였다. 이와 관련하여 1950년 프랑스 외무장관이던 로베르 슈망(R. Schuman)이 석탄과 철강산업의 공동시장을 설립할 것을 주요 내용으로 하는 '슈망선언'을 발표하였고, 1952년에 프랑스, 서독, 이탈리아와 베네룩스 3국 등 6개국이 '슈망선언'의 정신을 담고 있는 '파리조약'에 서명함으로써 유럽석탄 · 철강공동체(European Coal and Steel Community; ECSC)가 출범하였다. ECSC는 현재 EU가 탄생하게 된 실질적인 모태가 되며, ECSC 탄생의 계기가 되었던 '슈망선언'이 발표된 1950년 5월 9일을 기념하기 위하여 매년 5월 9일을 '유럽의 날'로 정하여 기념하고 있다.

2) 로마조약과 관세동맹

ECSC의 성공적인 운영을 계기로 6개 회원국은 1957년 3월 로마에서 유럽경제공동체(European Economic Community; EEC)와 유럽원자력공동체(European Automic Energy Community;

EURATOM)의 두 공동체 설립에 관한 로마조약(Treaty of Rome)을 체결하게 되었다.

　로마조약은 EEC 설립목적을 공동시장의 수립과 경제정책의 접근을 통하여 공동체의 조화된 경제발전과 지속적, 균형적인 성장을 추구함으로써 생활수준의 향상과 회원국간의 관계 개선을 도모하는 것이라고 규정하였다. 그리고 이 목적을 달성하기 위하여 회원국간의 관세 및 수량제한 철폐, 제3국에 대한 대외공동관세 및 공동무역 정책실시, 노동력, 서비스, 자본의 역내자유이동 확보 등을 제시하였다. 특히 로마조약에는 EEC가 1958년부터 1969년까지 12년을 4년씩 3단계로 나누어 점진적으로 관세동맹을 완성할 것을 명시하고 있다.

　EEC는 1967년 7월에 그 동안 별도로 설립·운영되고 있던 ECSC, EEC, EURATOM의 세 기구를 하나의 공동체기구로 통합하는 통합조약을 체결하고, 1978년 2월부터 세 기구를 총칭하여 유럽공동체(European Community; EC)라 칭하게 되었다.

3) 단일유럽법과 공동시장

　1970년대를 거치면서 EC의 경제통합이 지연되고 회원국의 경기침체가 지속됨에 따라 EC는 장기적인 경기침체를 극복하기 위한 방법의 하나로 그 동안 부진했던 경제통합을 가속화하여 EC 시장통합, 즉 단일시장의 형성을 적극 추진하기로 하였다. 이에 따라 EC 집행위원회는 1985년 '역내시장의 통합을 위한 백서'를 발표하였고, 1985년 12월 룩셈부르크 EC 정상회담에서 시장통합백서를 근거로 만들어진 단일유럽법의 채택을 확정하였다. 단일유럽법(Single European Act; SEA)은 회원국의 국내비준을 거쳐 1987년 7월부터 발효되었다.

　단일유럽법은 상품, 노동력, 서비스, 자본의 자유로운 이동을 방해하는 역내의 모든 국경조치를 폐지하고, 유럽통화제도의 강화, 경제·사회적인 결속 강화, 환경보호를 위한 행동조정 등을 구체적인 추진목표로 설정하는 등 이 법은 EC의 시장통합 기한을 1992년 12월 31일로 설정하였다.

　EC의 평가보고서(자체평가서) 결과로 볼 때, EC는 계획대로 1993년 1월 1일부터 사실상 시장통합 즉, 공동시장이 형성되었다고 할 수 있다.

4) 마스트리히트조약과 EU의 출범

　1980년대 들어서면서부터 EC경제력이 미국과 일본에 비하여 뒤처지고, EC의 역내 교역과 고용증가의 부진이 지속됨으로써 EC의 경제적 어려움이 심화되자 이것을 타개하기 위해 더 높은 단계의 경제통합 필요성이 대두 되었다. 또한 이시기에 사회주의 붕괴와 통일 독일의 영향력 확대로 유럽지역의 정치상황이 급변해 짐에 따라 새로운 정치·경제환경에 대응하여 다양한 논의가 진행되었다.

이에 따라 EU 각국은 1992년 2월 네덜란드의 마스트리히트에서 통화통합과 정치통합으로 발전을 도모하는 'EU 조약(Treaty on European Union; TEU)' 즉 마스트리히트조약(Maastricht Treaty)에 조인하였다. EU 조약은 12개 회원국의 비준을 거쳐 1993년 11월 1일부터 발효되었으며, EU조약에 따라 EC의 명칭이 현재의 EU로 바뀌게 되었다.

EU조약은 ① 단일통화의 도입 등 경제·통화동맹의 완성, ② 공동외교·안보정책의 수행, ③ 공동시민권제의 도입, ④ 사법·내무 분야의 협력 증진 등을 목표로 내세우고 있다.

5) 리스본조약

유럽연합은 경제통합에 이어 정치통합까지 완성하기 위하여 2004년 6월 18일 브뤼셀에서 열린 정상회담에서 유럽헌법조약에 대하여 합의하였으나, 2005년 프랑스와 네덜란드의 국민투표에서 부결되어 무산되었다. 이에 유럽헌법조약에서 유럽연합에 초국가적 지위를 부여하기 위하여 국가와 국기, 공휴일 등을 제정하기로 한 규정 등을 삭제하고 다른 조항들을 개정하여 새롭게 합의한 것이 리스본조약(Treaty of Lisbon)이다.

리스본조약의 정식 명칭은 유럽연합 개정조약(EU reform treaty)이며, 유럽연합 27개 회원국 정상들이 2007년 10월 포르투갈의 수도 리스본에서 열린 정상회담에서 최종 합의한 뒤 같은 해 12월에 공식 서명하여 보통 리스본조약이라고 부른다.

조약의 내용은 유럽연합의 내부 통합을 공고히 다지고 정치공동체로 나아가기 위한 일종의 '미니 헌법' 성격을 띤다. 이 조약은 27개 회원국 전체가 찬성해야 발효되는데, 당초 2008년 회원국들의 비준 절차를 거쳐 통과되면 2009년부터 발효될 예정이었다. 유럽헌법조약이 무산된 전철을 밟지 않기 위하여 27개 회원국 중 26개 회원국은 의회의 비준을 거치는 절차를 선택하였다. 그러나 유일하게 국민투표로 비준 여부를 결정하기로 한 아일랜드에서 2008년 6월 국민투표를 실시한 결과, 찬성률이 47%에 그쳐 부결되었다가 2009년 10월 3일 재실시된 국민투표에서 67%가 찬성하여 비준됨으로써 2009년 12월 1일 조약이 발효되었다.

리스본조약이 발효됨에 따라 유럽연합은 앞으로 개별국가가 아닌 EU 명의로 제3 국과 국제조약도 체결할 수 있게 되었으며, 이에 따라 유럽연합은 회원국 전체가 한 목소리로 세계적 현안에 대응할 수 있게 돼 국제무대에서 더욱 큰 영향력을 행사할 것이다.

EU의 법적 체계는 앞서 살펴보았듯이 ECSC조약^(파리조약), EEC조약과 EURATOM조약으로 이루어진 로마조약, EEC조약을 개정·보완한 단일유럽법^(SEA), EU조약^(TEU) 그리고 리스본조약 등으로 이루어지게 되었다.

EU회원국은 27개국으로서 1952년 유럽석탄·철강공동체의 6개국^(베네룩스 3국, 프랑스, 이탈리아, 서독)으로 출범하여 덴마크, 아일랜드⁽¹⁹⁷³⁾, 그리스⁽¹⁹⁸¹⁾, 스페인, 포르투갈 ⁽¹⁹⁸⁶⁾, 오스트리아, 스웨덴, 핀란드⁽¹⁹⁹⁵⁾, 폴란드, 헝가리, 체코, 슬로바키아, 슬로베니아, 리투아니아, 라트비아, 에스토니아, 키프로스, 몰타⁽²⁰⁰⁴⁾, 불가리아, 루마니아 ⁽²⁰⁰⁷⁾ 그리고 크로아티아⁽²⁰¹³⁾가 회원국으로 구성되어 있다. 원래 영국은 EU회원국이었으나 2016년 6월에 실시된 국민투표에서 영국의 EU회원국 탈퇴에 찬성하는 안건이 51.89%를 기록했다. 이에 따라 영국 정부는 2017년 3월 29일부터 리스본 조약 제50조에 따른 영국의 EU 탈퇴(브렉시트) 협상을 시작했다. 2020년 1월에는 영국 의회와 유럽 의회가 영국의 EU 탈퇴에 관한 협정을 비준했고, 영국은 2020년 1월 31일을 기해 EU를 탈퇴하게 되었다.

3. 북미자유무역협정

북미자유무역협정(North American Free Trade Agreement; NAFTA)은 미국, 캐나다, 멕시코 등 북미 3국이 체결한 자유무역협정을 말한다. 북미자유무역협정은 순수한 자유무역지역으로서 EU수준의 경제통합에는 미치지 못한다.

EU의 경제통합은 역내 국가간 노동·자본 등 생산요소의 자유로운 이동뿐만 아니라 경제·정치통합의 적극적인 경제통합이지만, NAFTA는 회원국간 무역장벽^(관세 및 비관세장벽) 제거에 목적을 둔 소극적 경제통합 형태라고 할 수 있다.

NAFTA는 선진국과 개발도상국간에 이루어진 최초의 경제통합 형태이며, 미국의 자본과 기술, 캐나다의 천연자원 그리고 멕시코의 상대적으로 풍부한 노동력과 저렴한 임금을 상호 보완적으로 결합하여 단일무역시장을 형성시킴으로써 고용을 재창출하고, 경제성장을 가속화시킬 목적으로 성립된 자유무역협정이다. 지금까지의 어떤 경제통합보다 가장 상호 보완적인 관계를 가진 나라들이 형성한 자유무역협정이라 할 수 있다.

1) NAFTA 설립의 배경

(1) 미국

GATT의 자유무역주의를 탄생시켰던 미국이 보호주의적 요소가 강한 지역블록화에 적극적인 이유는 세계경제 리더국으로서의 지위를 상실할 수 있다는 위기에 따른 자국책의 일환이었다. 세계경제를 주도해 온 미국은 1980년대 들어 일본 및 아시아 신흥공업국들이 급부상하고, 사회주의 국가들이 개방화하는 등 세계경제가 다극화추세를 보이면서 상대적으로 경제적 영향력이 쇠퇴해져 갔다. 게다가 유럽이 경제통합에 성공하여 단일시장통합을 이룩함으로써 지역주의를 강화하고 있고, 동시에 일본경제가 미국을 위협하자 미국으로서는 대외경쟁력 강화를 위한 자기방어 장치가 절실했던 것이다.

그 결과 탄생한 것이 경제적 이해관계가 맞물려 있는 북미 3국간의 자유무역협정인 것이다. 즉, NAFTA는 미국의 기술력과 자금력, 캐나다의 자원 그리고 멕시코의 저임금 및 노동력이 결합하여 북미지역의 경제발전을 도모하고자 한 것이다. 하지만 이러한 일반적인 이유 외에도 미국이 NAFTA에 적극적으로 참여했던 이유는 미국내의 정치적인 문제도 강하게 내포되어 있다.

(2) 멕시코

멕시코는 당면한 경제적인 동기에 입각하여 국내개혁의 진전 및 지속적 성장유지의 주요수단으로서 NAFTA를 추진하였다. 특히 NAFTA로 인하여 멕시코 경제가 활성화되면 멕시코 노동자들의 불법이민이 감소하고, 멕시코의 정치적인 안정화가 이루어 질 수 있다는 것도 긍정적인 요인으로 작용하였다.

NAFTA를 통해 멕시코가 추구하려는 국가이익의 목표는 다음과 같다. 첫째 주요

수출대상국인 미국에서 관세장벽은 물론 반덤핑관세나 보건, 위생기준 등 비관세장
벽이 철폐되면 미국시장에서 유리한 위치를 점하며, 둘째 미국으로부터 자본과 기술
의 도입을 증가시키며, 셋째 미국시장 진출의 교두보로서 활용가치가 있는 멕시코에
대한 역외국의 직접투자가 확대 될 것이며, 넷째 자유무역협정을 통해 멕시코의 국내
개혁을 제도화하고 안정화 한다는 점이다.

(3) 캐나다

캐나다는 미국과 멕시코간의 자유무역협정이 캐나다가 배제되어 체결될 경우에
그동안 미국과의 대외관계에서 누려왔던 'U.S.-Canada FTA'의 기득권을 멕시코에 빼
앗길 가능성을 우려하였다. 즉, 자동차 및 자동차부품 등의 분야에서 미국의 수입이
캐나다에서 멕시코로 전환될 가능성이 있기 때문에 캐나다의 대미국 수출이 감소하
고, 또한 멕시코의 임금수준이 캐나다에 비하여 월등하게 낮기 때문에 미국 자본의
유치에 있어서도 멕시코에 비하여 상당히 불리한 위치에 놓이게 된다. 이에 따라 기
존 기득권을 유지하는 동시에 미국시장을 안정적으로 확보하기 위하여 NAFTA 참여
가 불가피하였다.

캐나다는 NAFTA의 체결로 인하여 멕시코에 대한 투자증가와 그에 따른 생산설비
및 부품의 대멕시코 수출이 확대할 수 있을 것으로 기대하였다.

2) NAFTA의 주요내용

역내 무역장벽을 철폐하고 공정한 경쟁요건을 조성함으로써 역내의 상품 및 서비
스의 교역을 확대하고 각 회원국이 가지고 있는 비교우위 요소를 상호 보완적으로 결
합하여 역외국에 대한 경쟁력을 강화시키는 것이 주요내용이며, 이에 대한 분야별 자
세한 설명은 다음과 같다.

(1) 시장접근

회원국가의 상품에 대하여 궁극적으로 모든 관세를 철폐하기로 하였다. 그러나 각
국에서 수입에 의한 국내 산업에 미칠 영향을 고려하여 관세철폐대상 상품을 즉시 철
폐품목, 5년 내 철폐품목, 10년 내 철폐품목, 그리고 15년 내 철폐품목의 4가지 범주
로 나누어 단계적으로 관세철폐를 시행해 나가기로 하였다.

또한 역내국가간에 존재하는 비관세장벽을 제거하며 역내국가간 통관절차를 간소

화하고 정부조달에서의 규제를 완화하기로 하였다. 그 외 역외국가 상품과 국내국가 상품을 구분하기 위하여 원산지판정기준을 마련하였다.

(2) 무역규칙

반덤핑관세, 상계관세, 긴급수입제한조치 등의 공정한 운용과 표준 및 검사규정이 통일되도록 각국의 무역규칙을 정비하였다.

(3) 서비스

역내국가의 기업에 대해서는 무차별원칙을 적용하여 자유로운 서비스교역의 확대를 도모하게 되었다. 그러나 개별국가의 사정을 감안하여 항공산업, 해운산업, 통신산업, 금융산업 등의 일부산업에 있어서는 예외를 허용하고 있다.

(4) 투자

역내국가의 기업에 대해서 내국민대우 및 최혜국대우를 부여하기로 하였으며, 투자에 대하여 부과되는 수출실적, 국산부품사용의무, 기술이전 등의 부수의무요건을 폐지하고 투자수익에 대해서 자유로운 본국 송금을 허용하기로 하였다.

(5) 지적재산권

지적재산권 보호의 구체적인 대상과 범위를 규정하여 이를 적용토록 하였다.

(6) 분쟁해결절차

역내국가 간에 분쟁이 발생할 경우 2국 간, 또는 3국 간 패널을 구성하여 판정토록 하고 이 판정에 불복하는 국가는 특별패널을 소집하여 재판정을 요청할 수 있도록 하였다.

(7) 기타

환경보호를 위해 역내국가의 환경보호의무를 규정하였고, 간소화된 절차에 의하여 역내기업인들이 임시 입국할 수 있도록 하였다.

3) NAFTA 확대 추진

미국은 이제 중남미를 포함한 미주전역을 하나의 자유무역지대로 묶어 서반구의 경제블록화를 추진하고 있다. 즉, 범미자유무역협정(Free Trade Area of Americas; FTAA) 혹은 서반구자유무역협정(알래스카에서 아르헨티나까지의 전 미주지역 통합)을 구상하고 있다.

미국 입장에서는 NAFTA가 가지는 의미는 단지 북미 3국간의 교역증대에 그치는 것이 아니라, 남·북아메리카를 하나의 단일경제권으로 묶는 범미주자유무역권을 형성하는 전 단계로 구상하고 있는데 더 큰 의의를 두고 있다.

특히 미국은 칠레를 4번째 회원국으로 하는 NAFTA 확대(일명 NAFTA-Plus) 협상이 본격화되고 있다. 칠레가 가입하게 되면 미국이 구상하고 있는 범미주자유무역협정 체결의 시금이 된다는 데 큰 의미를 부여하고 있다. 현재 칠레는 미국과 FTA가 체결되어 2004년 1월부터 발효 중이다.

4. 아시아 · 태평양 경제협력체

아시아·태평양 경제협력체(Asia Pacific Economic Coorperation; APEC)은 태평양 연안국가로 이루어진 경제협력체이다. 회원국은 한국, 일본, 태국, 말레이시아, 인도네시아, 싱가포르, 필리핀, 브루나이, 중국, 차이니즈 타이페이, 홍콩, 러시아, 베트남(이상 아시아 13개국), 캐나다, 미국, 멕시코, 칠레, 페루(이상 미주 5개국), 호주, 뉴질랜드, 파푸아뉴기니(이상 오세아니아 3개국) 등 21개 국으로 구성되어 있다.

1) 설립배경

APEC의 탄생은 1980년대 말의 국제정치 및 경제적인 상황의 변화가 주요원인이었는데, 여기에는 동·서 냉전체제의 붕괴와 GATT·IMF 등 다자간 자유무역·금융체제가 약화되는 추세를 보이고 있었다. 게다가 우루과이라운드 타결의 전망이 불투명했을 뿐만 아니라 냉전시기의 서방국가들을 결속시켰던 자유무역의 틀이 국제경제의 현안을 해결하는데 한계를 드러내었기 때문에 이에 대한 효율적인 대처를 위해 지역차원의 상호 협의와 협력의 필요성이 증대 되었다.

더욱이 당시의 EC통합이 가시화되었을 뿐만 아니라 NAFTA 추진 움직임이 본격화되면서 세계 자유무역질서의 전망이 불투명하였고, 아시아·태평양 지역의 개발도상국들은 수출 등에 대한 국가경제의 의존도가 높아 여기에 대한 견제대응이 절실한 시기였다. 또한 미국경제를 괴롭혀온 쌍둥이 적자 그리고 일본 및 신흥공업국가의 미국에 대한 흑자 등 역내국가간 거시경제의 불균형이 심화되면서 이를 해소하기 위한 정책협력의 필요성이 대두된 것이 APEC 탄생의 중요한 배경이 되었다.

따라서 APEC은 태평양 연안 국가들의 경제적인 협력을 증진시키고 역내에서 상호 의존성을 높이고 궁극적으로는 자유무역지역을 형성하고자 하는 것이다.

2) 주요특징

APEC의 특징은 첫째, 경제통합기구라기보다는 경제협력기구로서의 성격이 강하여 결속력도 비교적 약한 편이다. 둘째, 역외국에 대해서도 함께 자유화를 추진하는 개방적 지역주의를 표방한다. 셋째, 전원합의의 의사결정원칙을 따른다. 넷째, 중장기의 자유화계획 하에 점진적인 발전을 목표로 하고 있다.

APEC의 회원국이 세계경제에서 차지하는 잠재적 영향력은 아주 크나 경제통합에 있어서 중요한 요소인 국가 간의 동질성과 경제·사회·문화적인 차이가 매우 크고 지리적으로 분산되어 있어 결속력 있는 경제통합체로 발전하는 데 전망이 밝은 것만은 아니다.

5. 환태평양경제동반자협정

환태평양경제동반자협정(Trans-Pacific Partnership; TPP)은 태평양 연안의 광범위한 지역을 하나의 자유무역지대로 묶는 다자간 자유무역협정이다. 2005년 뉴질랜드, 브루나이, 싱가포르, 칠레 4개국이 체결한 환태평양전략적경제동반자협정(Trans-Pacific Strategic Economic Partnership Agreement; TPSEP)에서 비롯되었고, 2008년 미국, 2013년 일본 등이 참여하며 확대되었다.

2010년 3월 본격적으로 협상이 시작되어 2015년 10월 미국 조지아주 애틀랜타에서 열린 각료회의에서 협상이 타결되었으며, 현재 참여국은 12개국(뉴질랜드, 브루나이, 싱가포르, 칠레, 미국, 호주, 페루, 베트남, 말레이시아, 멕시코, 캐나다, 일본)이다. '메가 FTA'또는 '거대 FTA'라고 불리는 세계 최대 규모의 자유무역협정(2015년 기준)으로, 12개국의 국내총생산(GDP) 합계가 전세계에서 차지하는 비중이 36.8%(2013년 기준)에 이른다. 또한 인구는 전세계의 11.4%^(2013년 기준), 교역규모는 25.3%^(2014년 기준)를 차지한다.

1) 설립배경

환태평양경제동반자협정의 설립배경은 무역장벽 철폐를 통한 아시아·태평양 지역의 경제통합이다. 즉, 모든 교역 품목의 관세를 철폐하고 수출입 규제와 같은 비관세장벽도 낮춤으로써 투자와 무역의 자유화를 실현한다는 목적을 가지고 있다. 한편 정치적으로는 중국이 세계무대에서 부상하는 것을 견제하려는 목적도 있다. 미국은 아시아인프라투자은행(Asian Infrastructure Investment Bank; AIIB), 아시아·태평양자유무역지대(Free Trade Area of the Asia-Pacific; FTAAP) 구축 등을 통해 세계경제질서를 자국 중심으로 세우려는 중국을 견제하고, 아시아태평양 지역에서의 정치·경제적 지배력을 유지·확대하기 위해 일본과 연대하여 환태평양경제동반자협정을 적극 주도하였다.

2) TPP의 주요내용

동 협정은 관세철폐, 상품거래, 무역구제조치, 해외투자 보호, 서비스부문 무역, 지적재산권 등 폭넓은 통상 관련 사안이 포함된 협정으로, 높은 수준의 자유무역 규준을 제시하고 있다. 협정문은 총 30개의 장(Chapter)으로 구성되어 있고, 2천 쪽이 넘는 방대한 내용을 담고 있다. 협정문에 따르면 시장접근 분야에서는 즉시~최장 30년에 걸친 관세철폐를 통해 최종 95~100%^(품목수 기준)의 자유화 수준을 달성할 것을 합의했다. 특히 공산품의 경우 TPP 10개국이 장·단기에 걸쳐 관세를 100% 철폐할 예정이며, 호주와 멕시코만 일부 품목에 대해 예외를 인정받았다.

규범 분야에서 특징적인 것은 국영기업, 협력 및 역량강화, 경쟁력 및 비즈니스 촉진, 개발, 중소기업, 규제조화 등의 신규 통상이슈를 다룬다는 점이다. 주요내용으로는 원산지 규정(참여국간 무역에는 동일품목에 대해 단일 원산지 규정을 적용하고, 역내에서 생산된 재료와 공정을 모두 누적해 원산지 판정 시 고려하는 완전누적 기준 도입)과 국영기업 관련 규정(국영기업에 대한 규율을 통해 민간기업이 국영기업과 공정하게 경쟁할 수 있는 기반 조성), 그리고 환경·노동·위생·지적재산권 관련 의무 규정을 꼽을 수 있다. 규범 분야에는 '21세기의 새로운 세계경제질서 창출'이라는 미국의 목표가 반영된 만큼 TPP는 향후 국제통상규범으로 활용될 가능성이 높다는 평가를 받고 있다.

6. 아세안 자유무역지대

1) 연혁

ASEAN은 1967년 8월 8일 태국 방콕에서 인도네시아, 말레이시아, 필리핀, 싱가포르, 태국 등 5개국에 의해 처음 결성되었다. 그 후 브루네이는 1984년 1월 8일, 베트남은 1995년 7월 28일, 라오스와 미얀마는 1997년 7월 23일, 그리고 캄보디아는 1999년 4월 30일에 회원국으로 가입함으로써 인구 5억을 넘는 거대한 지역기구로 변모하게 되었다.

원래 ASEAN은 역내국가 간의 평화와 번영을 위한 토대를 강화하기 위하여 평등성과 파트너쉽의 정신으로 공동 노력을 통해서 지역의 경제성장, 사회발전, 문화발전을 촉진하고 협력관계를 구축할 목적으로 결성되었다. 특히 ASEAN이 설립되었을 당시에는 회원국가들 간의 무역은 그다지 중요하지 않았다. 그러나 냉전체제가 무너진 이후 기존의 지역안전과 정치적 안정을 위한 안보협의체로서의 성격에서 탈피하여 서서히 경제중심의 협의체로 변모하게 되었다.

1992년 싱가포르의 제4차 ASEAN 정상회담에서는 ASEAN 자유무역지대 구상의 시초가 되는 경제협력강화체제 합의서(Framework Ageement on Enhancing Economic Cooperation)가 채택되었다.

2) AFTA

아세안 자유무역지대(ASEAN Free Trade Area; AFTA)는 동남아시아국가연합의 6개국인 싱가포르 · 말레이시아 · 인도네시아 · 타이 · 브루나이 · 필리핀의 주도로 2003년 1월 출범한 아세안의 자유무역지대다. 이것은 유럽시장의 단일화와 북미자유무역협정 등 세계의 경제가 블록화하는 것에 대처하기 위한 것이다. 아세안자유무역지대에서는 역내 거래에 관하여 공산품 등 관세를 인하할 대상이 되는 상품의 관세율을 최초에 5% 아래로 낮추고 점차적으로 관세율을 낮춰 무관세를 실현할 것을 주 내용으로 하며 이는 2008년 11월에 발효되었다. AFTA는 순차적으로 역내에 관세를 철폐하고 자본 및 서비스 교역을 자유화하여 앞으로 아세안경제공동체로 발전해 갈 것을 계획하고 있다.

7. 남미공동시장

남미공동시장(Mercado Comun del Sur; MERCOSUR)은 남아메리카지역의 자유무역과 관세동맹을 목표로 결성된 경제공동체이다. 1985년 브라질 대통령과 아르헨티나 대통령이 경제통합의 원칙에 합의하였고, 1990년 7월에 아르헨티나와 브라질간의 조약이 체결되었다. 1991년 3월에 파라과이와 우루과이가 가입하여 4개국간에 공동시장을 결성하기로 합의한 아순시온조약(Treaty of Asuncion)을 체결하는 계기가 되었다. 그 후 4년간의 협상을 거쳐 4개국이 1994년 12월에 기본협정에 서명함으로써 1995년 1월 1일 남미공동시장이 출범하게 되었다.

남미공동시장은 대외공동관세 제도를 채택하여 관세동맹의 형태를 띠고 있으나, 일정기간 예외품목 규정을 두고 있어 자유무역지역과 관세동맹의 중간단계로 볼 수 있다. 대외공동관세는 최고 20%까지 11단계로 나누어 적용된다.

회원국은 아르헨티나 · 브라질 · 파라과이 · 우루과이 · 베네수엘라 5개국이며, 칠레와 볼리비아가 준회원국으로 참가하고 있다. 페루 · 에콰도르 · 콜롬비아 · 베네수엘라와도 남미자유무역지역 결성을 위한 협상을 진행 중이며, 1995년에는 유럽연합(EU)과 협력을 합의하였다.

8. 안데스공동시장

안데스공동시장(Andean Common Market; ANCOM)은 1969년 페루 · 베네수엘라 · 콜롬비아 · 볼리비아 · 에콰도르 등 안데스산맥에 위치하고 있는 5개국이 참여한 자유무역협정이다. 당초 칠레도 ANCOM의 회원국이었으나 1976년 외자 규제에 반대하여 탈퇴하였다.

ANCOM은 라틴아메리카 자유무역연합(LAFTA) 내의 중소국인 안데스 그룹이 브라질 · 아르헨티나 · 멕시코와 같은 라틴아메리카 자유무역지역 내의 대국에 대항하고, 그룹의 입장을 개선하고 좁은 국내시장의 불리함을 극복하기 위하여 결성하였다.

ANCOM의 특징으로는, 첫째 역내 무역장벽의 자동적 철폐와, 공동역외관세의 설정(다만 역내의 비교적 발전이 더딘 볼리비아 · 에콰도르에 대해서는 특별 조치를 강구), 둘째 산업통합, 즉 부문별로 역내 제산업의 계획적 배분의 실시, 셋째 대외 공통경제정책 특히 공동외자정책의 실시 등을 들 수 있다.

9. 중미공동시장

중미공동시장(Central American Common Market; CACM)은 1960년 조인된 '중앙아메리카 경제통합에 관한 일반조약'에 의거 1961년 7월 발족한 지역경제협력기구이며, 가입국은 과테말라 · 엘살바도르 · 온두라스 · 니카라과 · 코스타리카이다.

설립목적은 역내무역의 자유화, 역외관세의 통일화, 산업통합을 포함한 공동시장의 형성을 목적으로 하며, 이미 역내무역의 자유화, 역외관세의 통일화는 달성된 상태이다. 그러나 공동시장은 역내 발전 격차에 대한 배려의 결여로 처음부터 유리한 공업조건을 갖고 있던 나라만 더욱 유리해지는 결과를 초래하여 과테말라와 엘살바도르에만 이익이 집중됨으로써 균형 발전은 이루어지지 못했다.

10. 남미국가연합

남미국가연합(South American Community of Nations; SACN)은 남아메리카 12개국이 EU와 NAFTA 등 거대 경제권에 맞서 남미의 영향력을 높이기 위해 추진하고 있는 국가공동체이다. 2004년 12월 8일 페루 쿠스코에서 열린 남미 12개국 정상회담에서 출범을 결의하고, 남미연합으로 가기 위한 중간단계로 남미국가공동체(Comunidad Sudamericana de Naciones) 기본헌장에 서명하였다.

이 공동체는 남미를 양분하는 두 경제블록인 남미공동시장(MERCOSUR)과 안데스공동시장(ANACOM)을 아우르는 경제공동체 및 정치공동체를 목표로 하고 있다. EU와 NAFTA에 이어 세 번째로 큰 경제블록이며, 회원국은 브라질 · 아르헨티나 · 파라과이 · 우루과이 · 베네수엘라 · 콜롬비아 · 에콰도르 · 페루 · 볼리비아 · 칠레 · 수리남 · 기아나 등 12개국이다.

1. 경제통합의 정의와 형성배경에 대해 설명하시오.

2. 경제통합의 효과에 대해 약술하시오.

3. 지역경제블록화 추세가 어떻게 진행되고 있는지에 대해 설명하시오.

4. 북미자유무역협정의 설립배경에 대해 약술하시오.

5. 지역주의가 의미하는 것은 무엇인가?

6. 아시아·태평양 경제협력체의 설립배경에 대해 설명하시오.

7. 마스트리히트 조약의 내용을 설명하시오.

Chapter

05

다자주의

이 장의 주요용어

GATT · 케네디라운드 · 동경라운드 · 우루과이라운드 · WTO · 최혜국대우원칙 ·
내국민대우원칙 · 도하개발아젠다 · 신통상의제 · 환경라운드 · 노동라운드 ·
기술라운드 · 부패라운드

GATT

1. GATT 체제의 탄생

제1차 대전 직후에 세계 대부분의 국가는 자국의 산업을 보호하기 위하여 경쟁적으로 수입품에 대한 보호무역 장벽을 높였고, 그 결과 국가간의 교역량이 감소하여 1930년대에는 전세계적인 대공황을 맞게 되었다. 이에 따라 세계경제의 번영을 목적으로 국제통화기금(International Monetary Fund; IMF), 세계은행(International Bank for Reconstruction and Development; IBRD)과 같은 국제기구가 탄생되었다. 하지만 이러한 국제금융기구만으로는 보호주의적 무역전쟁의 재연을 방지하면서 자유롭고 무차별적인 세계무역의 확대를 도모하는데 있어서는 불충분하다는 인식이 지배적이었다. 이에 따라 미국정부 주도하에 국제무역기구(International Trade Organization; ITO) 설립을 준비하였고, 이에 대한 하바나헌장(Havana Charter)이 채택되었으나 국제무역 규율로서는 너무나 엄격하고 이상에 치우쳤다는 참가국의 비난과 미국의회의 부정적 태도로 무산되고 말았다.

1946년 ITO 헌장의 초안 중 일부인 관세 및 무역에 관한 규정을 발췌하여 23국이 서명함으로써 관세 및 무역에 관한 일반협정(General Agreement on Tariffs and Trade; GATT)이 출범하게 되었다. 결국 불완전한 기구가 되기는 했으나 GATT는 자유무역을 통해서 세계교역 증대와 인류의 공존·공영과 후생을 증진시킨다는 취지하에 1948년 1월 1일 그 협정문이 발효되었다.

2. GATT 1947의 규정체계

GATT는 법인격이 부여된 국제기구가 아님에도 불구하고 사실상의 국제기구의 역할을 수행하게 되었다. 즉, IMF, IBRD와 같은 국제기구가 아니며, 단순한 형태로 체결되어 있기 때문에 국제무역에 대한 강제성이 없는 국제기구 형태로서 세계무역 확대와 경제발전에 있어서 커다란 역할을 담당하였다. 그리고 GATT는 단순한 다자간

무역협정(Multilateral Trade Agreement; MTA) 또는 협력체라는 설립목적과는 상이하게 발전하여 사실상 국제기구로서의 중요한 특성을 갖추고 광범위한 역할을 수행하게 되었다.

일련의 무역혜택과 원칙을 제시하는 GATT규범은 국제무역의 총체적인 기본질서를 규율하였다. GATT는 동등한 시장접근, 무역양허(trade concessions)상의 상호주의, 지속적 무역자유화를 위한 투명하고도 안정된 여건의 보장을 목적으로 하는 특정한 법적 권한과 의무의 조항들을 망라하고 있다.

1) 차별없는 무역조치

세계무역체제의 구축에 강력한 원동력이 되어 온 GATT의 기본적인 원칙은 국제무역이 무차별적으로 이루어져야 한다는 것이다. 이 무차별원칙은 최혜국대우 및 내국민대우라는 두 개의 구체적인 규칙으로 형성되어 있다.

GATT 제1조 제1항에서는 각 체약국은 모든 여타 GATT 가입국가에 관세와 무역법규를 적용할 경우 동등한 대우를 부여할 것을 요구한다고 규정하고 있다. 즉, 최혜국으로 지정된 어느 한 체약국의 무역상대국이 받는 유리한 대우가 모든 여타 GATT 가입국에도 똑같이 부여되어야 한다는 것이다. 이러한 GATT의 최혜국대우(Most-Favored Nation Treatment; MFN) 원칙에 따라 경제상 일체의 권리 및 이익을 특정국에 부여할 경우 제3국에게도 동일하게 취해야 하며, 2국간에 관세인하교섭을 실시할 경우 그 교섭결과에 의해서 결정된 세율은 일괄적으로 GATT 관세양허표에 표시하여 모든 회원국에게 적용 하여야 한다.

무차별원칙의 또 다른 기본규칙은 내국민대우 원칙이다. GATT 제3조에서는 수입품은 내국세의 부과와 당해물품의 국내판매, 구매, 수송, 분배 또는 사용에 영향을 주는 모든 규제조치에 있어서 국내제품과 동등하게 취급되어야 한다고 규정하고 있다.

따라서 MFN원칙은 국경통과시에서의 무차별대우를 요구하는 것이며, 내국민대우(National Treatment)는 국내거래에서의 무차별대우를 요구하는 것이다.

2) 관세에 의한 보호조치

GATT의 두 번째 중요한 원칙은 수량규제 형태의 수입규제는 금지토록 하고 국내산업을 보호하는 데에는 전적으로 관세에 의존하여야 한다는 것이다. 쿼터 혹은 여타 수량제한의 사용은 시장경제의 기본인 가격기능을 정지시키기 때문에 GATT 제11조는 이와 같은 수입규제조치의 적용을 금지하고 있다.

3) 상호주의

GATT 협정문에는 명백하게 정의되고 있지 않지만 '상호적이고 호혜적인 협정'은 GATT체제의 기본이 되며, GATT는 규정전문 및 여타조항에서 상호주의 원칙을 거론하고 있다. 그러므로 GATT 회원국은 관세양허상의 상호주의와 상호간 양허혜택의 제공을 통해 무역자유화를 위한 각국의 노력에 균형을 유지하려고 하였다.

3. GATT 체제의 활동성과

다자간무역협상은 UR협상(제8차) 이전까지 일곱 차례에 걸쳐 개최되었는데, 크게 제1차에서 5차까지를 하나로 그리고 제6차와 제7차 등 세 가지로 분류할 수 있다. 7차례 진행된 다자간무역협상의 방식에 다수의 공통점들이 존재한다. 모든 협상에 있어서 관세인하 문제가 핵심을 이루었으나, 관세인하 협상의 방법에 있어서는 상당한 변화가 있었다. 초기의 관세인하를 위한 협상은 일반적으로 쌍무적, 품목별 기준으로 이루어졌으며, 합의된 양허는 MFN원칙에 따라 모든 여타 GATT 회원국가에 부여되었다.

제1차에서 제5차까지는 협상결과에 별 차이가 없었고 세계무역질서에도 별 영향력을 미치지 못했다. 이에 따라 제6차 협상인 케네디라운드와 제7차 협상인 동경라운드에 대해 구체적으로 살펴보기로 한다.

1) 케네디라운드

제6차 관세인하협상(1964~1967년)은 제네바에서 54개국의 참가로 전개되었는데, 향후 5년간에 50%의 관세인하를 단행하자는 미국 대통령 케네디의 제창에 의한 것이었기 때문에 '케네디 라운드' 또는 '가트 케네디'방식이라고 한다.

이 협상이 개시된 직접적인 원인은 1958년 결성된 유럽경제공동체(EEC)로서 EEC가 역외 국가들에 대해 공동관세를 설치하여 미국이 유럽의 시장에서 소외되려 하자, 1962년 6월에 케네디대통령은 미국 의회에서 통상확대법(trade expansion act)을 통과시키고, 관세교섭을 제창해 EEC 관세장벽의 철거 및 세계무역의 자유화와 경제협력체제의 확대를 꾀했다.

협상의 성과로 5년의 기간에 걸쳐 공업제품의 관세에 대해 평균 35%의 인하가 합의되었으나 철강과 직물의 관세는 별 변동이 없었다. 그리고 국별·상품별 인하방식은 시간이 경과함에 따라 소규모화 되고 인하폭도 축소되는 경향이 있는 등 관세인하방식의 결함이 나타나 이를 보완하기 위한 일괄인하방식으로 대체하였다.

2) 동경라운드

동경라운드는 1973년에 도쿄에서 개최된 GATT 각료회의의 도쿄선언에 의거하여 1973년부터 1979년에 걸쳐 이루어진 GATT의 제7차 다자간무역협상을 말한다. 1970년대에 들어 국제무역환경은 그 이전보다 매우 악화되었다. EC의 회원국 수가 증가되는 등 경제블록화에 따른 특혜무역으로 인하여 자유무역의 기조가 흔들렸고, 선진국들을 중심으로 비관세장벽 조치들이 남용되는 등 GATT체제의 기본원칙이 위협받게 됨에 따라 1973년 9월 GATT 각료회의에서 다자간협상을 개시하는 것에 대한 합의가 이루어졌다.

동경라운드의 관세협상에서도 초기에는 일괄인하방식으로 약 60%의 관세인하를 목표로 하였으나, EC측이 강하게 반대하여 공산품에 대하여 관세조화방식(harmonization cut formula)을 채택하였다. 관세조화방식은 국가마다 특정품목에 대해 관세율의 차이를 줄이기 위해 관세가 높은 국가는 인하율을 높게 하고, 관세가 낮은 국가는 인하율을 낮게 하여 관세율을 평준화시키는 방식이다.

동경라운드의 협상결과 평균관세 인하율은 약 33%, 관세양허 품목 수는 약 27,000개에 달하였다. 반면, 이 협상에서는 농산물의 무역규범에 대한 논쟁이 치열하였는데, EC와 일본 등 농산물 수입국들은 농산물의 보조금을 예외로 인정하도록 주장하였고, 미국, 캐나다 등 농산물 수출국들은 다자차원에서 규율을 강화하도록 주장하였다. 농산물의 특수성을 강력하게 주장한 EC의 노력결과 낙농제품, 쇠고기, 민간항공기 분야의 3개 협정이 복수국간협정으로 체결되었다.

이외에도 보조금 및 상계관세협정, 관세평가협정, 무역에 관한 기술장벽제거협정, 정부조달협정, 수입허가절차협정, 반덤핑방지협정의 개정 등 7개 분야에 대해서는 복수국가들이 참여하는 협정으로 체결되었다. 하지만 비관세장벽 철폐에 있어서 최초로 많은 성과를 거두었으나 여전히 미흡한 상태였으며, 긴급수입제한조치(safeguard)를 새로이 협정화 하는데 실패하였다.

표 5-1	구분	개최장소	기간	참가국수	양허품목	관세인하율 (평균)
GATT의 다자간 무역협상	제1차	스위스(제네바)	1947.4~1947.10	23	약 45,000	–
	제2차	프랑스(안시)	1949.4~1949.10	32	약 5,000	–
	제3차	영국(토키)	1950.9~1951.4	34	약 8,800	–
	제4차	스위스(제네바)	1956.1~1956.5	23	약 3,000	–
	제5차	스위스(제네바)	1961.5~1962.7	39	약 4,400	7%
	제6차	스위스(제네바)	1964.5~1967.6	45	약 30,000	35%
	제7차	일본(동경)	1973.9~1979.4	99	약 27,000	33%
	제8차	우루과이 (푼타 델 에스테)	1986.9~1993.12	117	약 27,000	33%

4. 우루과이라운드

1) 출범배경

우루과이라운드(Uruguay Round; UR)는 1986년 우루과이의 푼타 델 에스테에서 개최된 세계 통상장관회의에서 각료선언에 따라 출범한 GATT의 제8차 다자간무역협상을 말한다. WTO 체제가 출범할 수 있는 계기가 된 UR협상의 출범배경은 전후 세계무역질서를 이끌어온 GATT의 다자간무역체제를 심각하게 위협하는 다음과 같은 요인들에서 찾아 볼 수 있다.

첫째, 1970년대 이후 신보호주의가 만연하게 되었다는 점이다. 세계경제의 성장률이 둔화되고 신흥공업국 등 새로운 경쟁국들이 출현하면서 선진국을 중심으로 보호무역주의가 강화되어 비관세장벽의 무역규제조치들이 취해지게 되었다.

둘째, 농산물을 비롯하여 섬유의 전세계 교역량은 국제무역에서 차지하는 비중이 높았음에도 불구하고 GATT와는 별도의 체제하에 운영됨으로 교역질서를 크게 혼란시켰다.

셋째, 국제무역환경이 점차 복잡하고 다양해져 가고 있다는 점이다. 1980년대 들어 서비스무역의 중요성이 증대되고, 지적재산권을 둘러싼 마찰과 무역관련 투자조치 등 새로운 문제로 인한 국제무역환경의 복잡다기화 되어 졌다.

넷째, GATT의 기능강화를 통하여 새로운 국제무역질서를 확립할 필요성이 대두

되었다. GATT 체제가 갖는 내재적 한계점으로 국제기구가 아닌 단순한 협정이라는 것에서 오는 제약과 분쟁발생시 GATT의 조정·해결능력이 결여되어 있었다는 점이다.

2) 협상결과

7년 동안 진행된 우루과이라운드는 총 117개국이 참가하여 1993년 12월 15일에 타결되었다. 기존의 무역협상이 공산품을 위주로 이루어진데 반하여 우루과이라운드는 농산물을 비롯하여 서비스, 지적재산권 등 광범위한 분야에서 협상이 이루어졌다. 그동안 GATT 밖에 존재하였던 농산물 교역과 섬유류 교역을 다자간 체제안으로 끌어들였다. 즉, 각종 수량제한 조치로 보호되어 왔던 농산물에 대해서는 일단 관세화를 통해 GATT 체제내로 끌어들임으로써 농산물 무역에 대한 비관세장벽을 단계적으로 완화시켰다. 또한 다자간섬유협정(Multi-Fiber Arrangement; MFA)에 의해 규제되어 오고 있는 섬유류도 10년간에 걸쳐 완전히 GATT 체제내로 통합함으로써 섬유류 무역 자유화의 기반을 마련하였다.

서비스무역, 무역관련 지적재산권, 무역관련 투자분야에 대한 국제규범을 설정하였으며, 동경라운드에서 규정된 복수국간협정이었던 반덤핑, 보조금, 상계관세, 수입허가절차, 기술장벽, 관세평가 등이 다자간협정으로 바뀌었다. 또한 비관세장벽이 감축되거나 철폐됨으로써 자유무역의 환경이 조성되었으며, 분쟁해결과 무역정책상의 협조를 위한 제도적인 장치가 마련되었다는 점에서 상당한 의미를 찾을 수 있다.

3) 협상타결의 의의

우루과이라운드의 타결로 첫째, 다자간협상 의제가 다양화되었다. 즉, 우루과이라운드 협상은 기존의 다자간협상들과는 달리 서비스, 지적재산권 등의 무역상품에 해당하는 소프트분야를 비롯하여 각국 간에 첨예한 의견이 대립되어 왔던 농산물분야에 이르기까지 모든 분야가 협상의제로 포함되었다.

둘째, 무역장벽이 완화되었다. UR 협정은 관세와 특정품목의 관세화를 통해 기존의 관세장벽을 대폭 낮추었을 뿐만 아니라 수출자율규제, 시장질서협정 등과 같은 비관세장벽도 대폭 완화했으며, GATT체제 밖에서 별도 관리되어 왔던 섬유와 농산물에 대해서도 GATT 체제로 복귀시킴으로써 무역장벽을 단계적으로 낮추었다.

셋째, 세계무역기구가 설립될 수 있는 기반을 조성하였다. UR 협정의 가장 큰 특징은 세계무역기구(World Trade Organization; WTO)의 설립이다. WTO의 설립은 그 동안 범세계적이고 법적 구속력을 가지지 못했던 GATT 체제를 다자간무역체제로 거듭나게 하는 계기를 마련하였다는 측면에서 제2의 GATT 탄생에 비유될 수 있다.

1. WTO체제의 성립

1991년 12월 당시 GATT 사무총장이었던 던켈은 각 UR협상 그룹별 의장들이 협상 분야별로 작성한 본문을 종합하여 각국이 서명하면 그대로 발효될 수 있도록 되어 있는 중재안인 '던켈최종협정안초안'을 제시하였다. 이 던켈최종협정초안에 처음으로 다자간무역기구(Multilateral Trade Organization; MTO)의 설립협정문 초안이 포함되었다. MTO는 1993년 12월 15일 UR협상의 타결을 위한 최종무역협상위원회에서 미국의 제안에 의해 WTO로 개칭되었다.

UR 다자간무역협상은 1994년 4월 15일 모로코의 마라케쉬에서 개최된 각료회담에서 UR협상 결과를 총정리 한 UR최종의정서(WTO협정문)에 전세계 123개국 대표들이 서명함으로써 47년간 유지되었던 GATT 체제하의 국제교역질서가 WTO 체제로 이행되었다. 1948년부터 그동안 47여년 동안 세계무역을 관할해 오던 GATT체제가 막을 내리고 WTO 체제 시대가 시작되었다.

2. WTO체제의 원칙

WTO의 기본목적인 경쟁촉진과 무차별원칙에 입각하여 다음과 같이 WTO의 기본원칙이 구체화되었다. 앞서 GATT 1947의 기본원칙에서 제시하였지만, GATT 1947은 상품교역만을 규율하였으나 WTO에서는 서비스 및 지적재산권분야도 규율대상이 되고 있다.

1) WTO협정의 기본원칙

(1) 최혜국대우 원칙

최혜국대우(Most-Favored Nation Treatment; MFN)의 원칙은 한 국가가 무역장벽을 낮추거나 철폐할 때 상대국의 부나 힘의 강약에 관계없이 모든 무역상대국으로부터 공급되는 동일상품과 서비스에 대해 똑같이 무역장벽을 낮추거나 철폐하는 것을 의미한다.

상품교역에 국한되었던 GATT 1947의 MFN원칙은 WTO협정에 의해 서비스무역 및 지적재산권분야로 확대되었다. 서비스협정 제2조는 서비스무역의 서비스 및 서비스공급자에게, 무역관련지적재산권 제4조는 지적재산권의 보호에 있어서 여타 회원국의 국민에게 MFN 부여를 규정하고 있다. 이와 같이 WTO의 MFN원칙은 동종상품, 서비스, 지적재산권자 등을 국적과 관계없이 무차별적으로 평등하게 대우할 것을 가입국의 의무로 하고 있다.

(2) 내국민대우 원칙

GATT 1947의 경우와 마찬가지로 서비스협정문 제17조는 서비스 및 타회원국들의 서비스제공자에 대해서, 무역관련지적재산권 협정 제3조는 타회원국의 국민에 대해서 내국민대우 부여를 규정하고 있다. 이와 같이 WTO의 내국민대우 원칙은 동종상품, 서비스, 지적재산권자 등을 무차별적으로 대우할 것을 의무화하고 있다.

(3) 수량제한의 일반적 폐지원칙

GATT 1947의 제11조는 수량제한을 일반적으로 폐지할 것을 규정하고 있는데, 그 이유는 수량제한조치가 관세조치보다 국내산업보호가 심하고 직접적으로 자유무역을 왜곡할 가능성이 있기 때문이다.

(4) 관세에 의한 보호조치

종전의 GATT와 마찬가지로 WTO협정도 무역규제수단으로서 관세만을 용인하며, 나아가서 관세협상을 통하여 매품목의 관세율을 점진적으로 인하할 것을 목표로 하고 있다.

2) 예외규정

WTO협정에서 최혜국대우 원칙의 예외조치에는 GATT 1947 체제와 마찬가지로 WTO협정도 기본원칙에 대한 중요한 예외규정을 두고 있다. 즉, WTO협정은 종래의 GATT체제 아래서와 같이 관세에 의한 국내산업보호를 허용할 뿐만 아니라 개도국에 대해서 다양한 예외조치를 부여하고 있다.

(1) 최혜국대우 원칙의 예외

관세동맹, 자유무역지대(제4조), 개도국에 관한 예외(Generalized System of Preferences ; GSP), 특정가입국간의 협정 부적용(제35조)등이 해당 된다.

(2) 내국민대우 원칙에 대한 예외

WTO협정에서 내국민대우 원칙에 대한 예외조치에는 정부조달, 보조금(제3조 8항), 개도국에 대한 예외(제18조) 등이 포함되어 있다.

(3) 수량제한의 일반적 폐지원칙의 예외

WTO협정에서 수량제한의 일반적 폐지원칙의 예외조치에는 긴급수입제한조치(제19조), 반덤핑(제6조), '웨이버'에 의한 수입제한(제25조), 국제수지의 옹호를 위한 제한(제12조), 개도국에 관한 예외(제18조) 등이 해당 된다.

3. WTO의 조직

WTO 조직은 기구의 최상부에 각료회담이 있으며 그 산하에 무역환경위원회, 무역개발위원회, 국제수지위원회, 예산재정행정위원회 등 4개의 위원회가 있으며 또한 각료회담 아래 이를 지원해 주는 4개의 이사회가 있다.

1) 각료회의

각료회의는 WTO의 최고의사결정기관으로 2년에 1회 이상 개최된다. 각료회의는 WTO의 기능을 수행하며 이러한 목적으로 필요한 조치를 취한다. 각료회의는 회원국의 요청으로 WTO협정과 관련 다자간무역협정의 '의사결정요건'에 따라 다자간무역협정의 모든 사안에 대한 결정을 내릴 수 있는 권한을 갖는다. 특히 각료회의와 일반이사회는 WTO협정과 부속된 다자간무역협정의 해석에 관한 배타적 권한을 행사한다. 또한 예외적인 경우에 각료회의는 WTO협정 또는 다자간무역협정의 회원국 의무를 회원국들 3/4 다수결의 표결로 면제할 수 있다.

2) 일반이사회

일반이사회는 WTO규정에서 규정된 의무와 각료회의가 개최되지 않는 기간 중에 각료회의의 임무를 대신 수행한다. 따라서 일반이사회는 WTO협정과 이에 부속된 다자간무역협정의 해석과 이들 협정규정의 의무면제에 관하여 각료회의와 같은 권한을 가진다. WTO협정의 각료회의에 관한 규정은 일반이사회에게 그대로 적용된다. 일반이사회는 분쟁해결기관(Dispute Settlement Body; DSB)과 무역정책검토기관(Trade Policy Review Body; TPRB)으로서 별개의 독립된 기능을 수행한다. 즉 일반이사회와 분쟁해결기능을 수행할 때는 분쟁해결기관이 되고, 무역정책검토기능을 수행할 때는 무역정책검토기관이 된다. 분쟁해결기관과 무역정책검토기관은 각각 자체적인 의장을 둘 수 있으며 자신의 의사규칙을 채택할 수 있다.

3) 다자간무역협정이사회

일반이사회의 일반적 지침에 따라 운영되는 상품무역이사회, 서비스무역이사회와 무역관련 지적재산권이사회는 각각 상품무역에 관한 다자간협정, 서비스무역일반협정(General Agreement on Trade in Services; GATS) 및 무역관련 지적재산권에 관한 협정(Agreement on Trade-Related Aspects of Intellectual Property Rights; TRIPs)의 운영을 감독한다. WTO의 모든 회원국들에게 개방되는 이들 이사회는 일반이사회의 승인을 받아 각각의 의사규칙을 채택할 수 있으며 필요할 때마다 회합한다. 이들 부문별 이사회는 필요에 따라 보조기관을 설치할 수 있으며, 이들 보조기관은 해당 이사회의 승인을 받아 각각의 의사규칙을 채택할 수 있다.

4) 주요위원회

각료회의는 무역환경위원회, 무역개발위원회, 국제수지위원회 및 예산·재정·행정위원회를 설치하며, 이들 위원회는 적절한 산하 위원회를 설치할 수 있다. 모든 회원국들에게 개방되는 이들 위원회는 WTO협정과 다자간무역협정이 부여한 기능과 일반이사회가 부여한 추가적 기능을 수행한다. 이 외에 각료회의는 적절한 기능을 수행할 추가적인 위원회를 설치할 수 있다.

5) WTO 사무국

각료회의는 WTO 사무국의 책임자인 사무총장을 임명하고 사무총장의 권한과 임기 등을 결정한다. 이탈리아 출신의 루지에로가 1995년 5월 1일자로 WTO의 초대사

그림 5-1

WTO의 조직

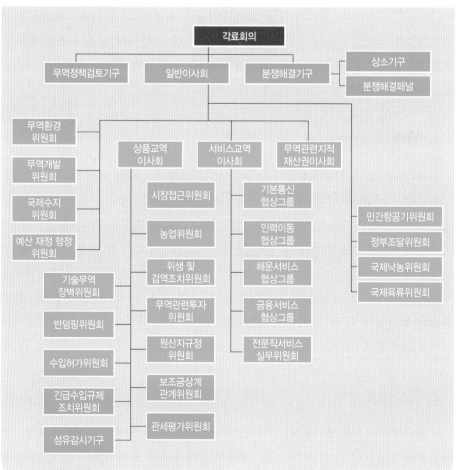

무총장으로 임명되었다. 그리고 사무총장직 경선에 참여하였던 김철수 전임 상공부 장관이 초대사무차장에 임명되었다. WTO 사무총장은 각료회의가 채택한 규정에 따라 사무국 직원을 임명한다. WTO 사무총장과 사무국 직원의 임무는 전적으로 국제적인 성격을 가지며 이들은 국제 관리로서 WTO 회원국 또는 다른 외부기관으로부터 독립적이다. 사무총장은 분쟁해결을 비롯한 특별한 경우에 알선과 중재 등을 통하여 WTO의 원만한 운영에 기여한다.

4. WTO협정의 기본구조

WTO협정은 크게 세 가지(UR협정문의 표지에 해당하는 최종의정서, WTO 설립협정 및 그 부속서로 첨부된 다자간 및 복수국간무역협정)로 구성되어 있다. 사실상은 다자간무역협정(Multilateral Trade Agreements; MATs)과 복수국간무역협정(Plurilateral Trade Agreements; PTAs)등 두 분야로 분류된다.

다자간무역협정에는 부속서 1A, 1B, 1C, 부속서 2 및 부속서 3으로 구분되고, 복수국간무역협정에는 부속서4가 이에 해당된다. 이와 같이 WTO협정에는 기술적으로 상당한 분량의 실체적 규칙을 포함하는 네 건의 부속서(Annex)가 첨부되어 있어 이에 대한 이해가 WTO 법에 대한 이해의 중심이 된다.

1) 부속서 1A(상품무역에 관한 협정)

부속서 1A는 상품무역에 관한 다자간협정으로 여기에는 농업협정, 섬유 및 의류협정이 있고, 동경라운드 복수국간협정 중 다자화된 분야로는 무역에 대한 기술장벽협정, 반덤핑협정, 관세평가협정, 수입허가절차협정, 보조금 및 상계조치협정이 있다.

2) 부속서 1B(서비스무역에 관한 협정)

서비스무역 관련 일반협정(General Agreement on Trade in Service; GATS)의 목적은 증대하는 서비스무역의 중요성에 비추어 서비스무역의 투명성과 점진적인 자유화 조건하에서 이의 확대를 위한 다자간 원칙 및 규칙의 틀을 제공하기 위한 것이다. 적용대상 범위는 정부기능 수행상 공급되는 서비스를 제외한 모든 서비스가 포함된다.

3) 부속서 1C(지적재산권에 관한 협정)

무역관련 지적재산권협정(Trade-related Aspects of Intellectual Property Rights; TRIPs)은 지적재산권의 효과적이고 적절한 보호를 증진시키고 국제무역에 장벽이 되지 않도록 보장하면서 GATT 1994의 기본원칙과 관련 국제지적재산권협정의 적용가능성과 무역관련 지적재산권 취득, 범위 및 사용에 관한 적절한 기준과 원칙의 제공 그리고 무역관련 지적재산권의 시행을 위한 효과적이고 적절한 수단을 제공하기 위한 것이다.

4) 부속서 2(분쟁해결절차협정)

분쟁해결절차협정은 WTO의 분쟁해결규칙에 대해 규정하고 있으며, 이는 어떤 회원국이 다른 회원국의 조치로 인하여 WTO 협정 하에서 직·간접적으로 연관되는 이익의 침해를 받았을 때, 이를 신속히 해결함으로써 WTO 협정의 효율적 기능수행과 회원국들의 권리와 의무에 대해 적절한 균형을 유지하기 위한 것이다.

5) 부속서 3(무역정책검토제도)

무역정책검토제도는 모든 회원국들이 다자간무역협정이나 복수국가간무역협정에 대한 규칙, 규율 및 약속을 준수하도록 하고, 회원국의 무역정책 및 관행에 대한 명료성 및 이해증진을 통해서 다자간 무역제도의 기능을 원활히 하는데 목적이 있다. 그리고 회원국의 무역정책과 관행에 대한 이해와 투명성의 확대, 세계무역제도에 관한 정책효과에 대한 정기적인 평가를 가능케 하는데 목적이 있다. 따라서 모든 회원국의 무역정책과 관행에 대한 주기적인 검토가 이루어진다.

6) 부속서 4(복수국가간무역협정)

복수국가간무역협정은 협정에 가입한 국가들에게만 적용되는 것으로서 다자간협정이 아니다. 여기에는 민간항공기교역에 관한 협정, 정부조달에 관한 협정, 국제낙농협정, 국제우육협정 등으로 구성되어 있었으나 국제낙농협정과 국제우육협정은 1997년 폐기되었다.

새로운 통상질서의 대두

1. 도하개발아젠다

도하개발아젠다(Doha Development Agenda; DDA) 협상은 2001년 11월 카타르 도하에서 개최된 제4차 WTO 각료회의에서 출범했다. DDA는 우루과이라운드 협상에 이어 제2차 세계대전이후 아홉 번째 시작된 9차 다자간 무역협상이며, WTO 출범 이후 첫 번째 다자간 무역협상이다. '개발'이라는 이름이 붙은 것은 앞선 협상들과 달리 개도국의 개발에 중점을 두어야 한다는 개도국들의 주장을 반영했기 때문이다. 이는 150개 WTO 회원국 중 2/3가 개도국으로 개도국의 발언권이 강화되었다고 할 수 있다.

우루과이라운드 협상의 결과 평균 6.4%이던 전세계의 관세율은 평균 4.0%로 떨어지게 되었다. 또한 우루과이라운드에서는 WTO를 출범시키고, 농산물 및 섬유·의류의 교역을 동 기구의 관리 하에 다시 두게 되었으며, 그밖에도 투자규범과 서비스 교역 그리고 무역과 관계된 지적재산권에 관한 사항을 총괄 할 수 있게 하였다. 그런데 우루과이라운드에서는 모든 합의사항의 이행을 1999년까지 완료하고, 2000년 이전에 그러한 이행상황에 대한 검토를 거치고 추가적인 시장개방 조치를 위한 새로운 다자간 협상을 시작하기로 결정하였다.

이에 따라 WTO는 1999년 미국의 시애틀에서 WTO 각료회의를 개최하여 약속된 조치를 취하고 새로운 라운드를 준비하고자 하였다. 그런데 각국 의견의 첨예한 대립으로 시애틀 회의는 아무런 성과를 거두지 못하고 막을 내렸다. 그 이후 각 회원국은 수차례에 걸친 막후교섭을 통해 중단된 다자간 협상을 재개하기 위해서 노력을 펼쳤다. 그러나 이러한 교섭은 이렇다 할 진전을 보지 못했기 때문에 도하에서의 제4차 각료회의 이전까지도 새로운 다자간 협상의 개시는 불투명한 상태였다.

그러나 세계경제의 불황으로 교역량이 점차 감소하고 있는 상황에서 9·11 미국 테러 사건으로 인해 세계경제의 또 한 차례 충격이 가해지면서 각 국은 추가적인 자유화 조치에 대한 논의를 더 이상 미룰 수 없다는 위기감을 느끼게 되었다. 이러한 위기감을 바탕으로 모인 WTO의 회원국들은 회의종결에 임박해서도 뚜렷한 합의점을 찾지는 못했다. 결국은 회의종결 시한을 넘기고서야 회원국들이 조금씩 양보하는 선에서 새로운 다자간협상의 일정과 의제를 합의할 수 있었으며 따라서 2002년부터 새로운 협상이 시작될 수 있게 되었다.

DDA가 출범하게 된 요인을 정리하면, ① 시대적으로 지역주의 확산(EU, NAFTA 등), ② 개도국의 경제성장 둔화에 따른 다자주의체제의 세계화에 대한 반발 증가, ③ 시애틀 각료회의 무산에 따른 WTO 통상질서의 규율기능 하락 등으로 뉴라운드인 DDA 협상이 시작되었다.

DDA 협상의제는 첫째 농산물과 농산물을 제외한 나머지 상품(공산품 및 임수산물) 그리고 서비스 시장의 개방과 둘째 반덤핑, 보조금, 지역협정, 분쟁해결에 대한 기존 WTO협정의 개선, 셋째 관세행정의 개선 등을 추구하는 무역원활화, 환경, 개발 그리고 지적재산권 등 크게 세 그룹으로 나눠진다. 이에 따라 농산물, 비농산물(Non-Agricultural Market Access; NAMA), 서비스, 규범(반덤핑, 보조금, 지역협정), 환경, 지적재산권, 분쟁해결, 무역원활화, 개발 분야에 대한 협상 그룹이 설치되어 2002년부터 본격적인 협상이 진행되었다.

하지만 DDA 출범 당시 2005년 이전에 협상을 일괄타결방식으로 종료할 계획이었으나 농산물에 대한 수입국과 수출국 간 대립, 공산품 시장 개방에 대한 선진국과 개도국 간 대립 등으로 협상을 마치기까지는 상당한 시간이 더 걸릴 것으로 전망된다.

2. 신통상의제

뉴라운드(New Round)라는 용어는 하나의 다자간협상이 끝나고 다시 새로운 다자간협상이 나타나게 될 때 지칭되는 말이다. 예컨대, 동경라운드 이후 UR을 향하여 가는 과정에서는 UR이 뉴라운드라고 지칭되었다. UR이 끝나고 WTO가 출범한 후에 뉴라운드는 도하개발아젠다로 귀결되었다. 또한 WTO가 출범한 후에는 '신통상의제'라고 하여 이전의 무역자유화라는 주제 이외의 여러 가지 의제들이 등장하게 되었다.

그동안 국제통상관계에 있어서 자유무역을 가로막는 직접적인 장벽들이 많이 제거됨에 따라 이제 국제무역상의 관심대상은 무역과 관련된 주변 분야에 까지 그 폭을 넓혀 가고 있다. 이러한 분야로서 국제적인 논의의 대상이 되고 있는 부문은 무역관련 환경, 경쟁, 노동, 기술, 부패관행 등이다.

1) 무역과 환경(환경라운드: Green Round)

GATT에서는 전통적으로 무역제한 문제를 수반할 수 있는 환경보호와 관련된 GATT 규정들을 제한적이고 엄격하게 해석하여 왔다. 왜냐하면 GATT에서는 인류의 생활수준을 향상시키고, 완전고용의 달성과 실질소득 및 유효수요의 지속적인 확대를 추구하며, 지구상에 존재하는 자원의 효율적 이용을 도모하고, 끝으로 재화의 생산과 교환을 확대하기 위하여 무역을 증진시키는 것을 그 목적으로 하고 있기 때문이다. 따라서 환경보호나 자원보존이라는 취지에서 상당한 정당성이 있더라도 GATT는 일반적으로 이를 허용하지 않아 왔다. 그러나 우루과이라운드에서 미국의 주장이 반영되어 1994년 '무역과 환경에 관한 협정'을 채택한 이래 WTO체제에서는 이 문제에 대하여 매우 적극적인 태도를 보이고 있다. WTO협정 전문에서 환경보존과 유지, 지속가능한 발전의 개념을 규정하고 여러 가지 WTO 부속협정 중에 이 문제를 중요하게 다루고 있다.

이런 배경의 환경라운드는 지구환경 보전을 위해 환경을 무역과 연계시키려는 다자간 협상이다. 이는 환경 기준의 국제적 표준화를 통해 기준 미달 상품의 무역 규제 등을 국제 규범화하는 내용으로, 환경 기준이 낮은 나라에서는 추가적인 생산비 부담 요인으로 작용한다. 이에 따라 국제환경규제는 산업구조 변동과 무역장벽으로서 가능성을 지니고 있으며, 선진국과 개발도상국간에 지구환경을 보전하기 위하여 협력한다는 기본적인 원칙에는 합의하면서도 지구환경 보전에 대한 책임과 재정부담 그리고 기술이전 등에는 입장을 달리하고 있어 선진국과 개발도상국간의 쟁점으로 부각되고 있다. 사실상 선진국들은 무역에서의 환경관련문제 도입에 적극적인 반면, 개발도상국들은 이것이 자국상품의 수출에 미칠 부정적인 영향을 감안하여 소극적인 입장을 보이고 있다.

향후 WTO 무역환경위원회에서는 환경관련 각종 규제를 강화하려는 선진국 그룹과 무역자유화를 통하여 선진국 시장으로의 진출을 확대하려는 개도국 간에 무역규범을 재해석하고 보완하는 문제를 둘러싸고 열띤 논쟁이 전개될 것이다. 새롭게 형성되는 환경관련 무역규범은 국제환경협약 등에 의한 환경규범과 조화를 이룰 것으로 예상된다. 그리고 WTO 환경규범은 국제무역에 상당한 영향을 줄 것으로 예상되고 있다. 환경보호 목적의 무역규제는 일부 원자재의 확보나 제품의 원가와 경쟁력에 영향을 주어 무역의 흐름을 변화시킬 수도 있을 것이다.

2) 무역과 노동(노동라운드: Blue Round)

노동라운드는 국제적으로 인정되는 기본적인 노동기준을 정하여 이러한 기준보다 낮은 노동조건 하에서 생산된 제품이나 동제품의 생산국가에 대해서는 무역제재를 취할 수 있도록 다자간 무역 규범화하고자 하는 것이 논의의 핵심이다. 노동기준은 임금, 근로시간, 작업장의 환경, 노사관계, 노동차별, 아동노동 등 근로자의 노동공급환경의 전반을 포함하는 개념이다. 이는 1994년 6월 국제노동기구(International Labour Organization; ILO) 총회에서 무역과 노동기준 연계문제가 정식의제로 채택되어 각국의 비상한 관심을 불러일으키면서 활발한 논의가 이루어지기 시작하였다. 그러나 노동기준은 시대와 국가에 따라 다를 수밖에 없기 때문에 절대적인 기준을 정하기가 어렵다.

무역과 노동조건의 관계에 있어서 국제경제상의 실질적인 문제는 근로조건의 차이로 인하여 국가 간 제품생산비용이 다르게 되고 이에 따라 상품의 국제경쟁력이 달라진다는 데에 있다. 이러한 선진국 측 주장의 근거는 근로자의 기본적인 인권을 침해하여 부당하게 낮은 노동비용으로 생산된 제품의 수출은 공정무역의 원리에 어긋나며 따라서 세계무역질서를 왜곡시킨다는 주장이다. 또한 자유무역주의의 목적이 전 세계적인 생활수준의 향상에 있는 만큼, WTO 회원국들은 근로자에게 최소한의 권리와 노동환경을 보장해 준다는 인도적 차원에서도 무역과 노동기준의 연계가 필요하다는 주장이다. 이에 대하여 후발 개도국들은 노동기준과 인권보호로 위장된 새로운 보호무역주의 시작이라고 강력히 반발하고 있다.

국제무역에서의 노동조건의 문제는 한편으로는 인권과 노동조건이라는 정치적인 성격을 가지고 있고, 다른 한편으로는 국가간 상품 경쟁력의 변화라는 경제적인 성격을 동시에 가지고 있다. 그래서 이 무역과 노동조건의 연계는 선진국과 개발도상국간의 이해가 크게 대립되는 문제이다. 특히 문제는 개발도상국들의 국내사정과 밀접한 관련을 가지고 있고, 선진국이 개발도상국 국내 문제에 대한 것을 요구하는 성격을 갖기 때문에 개발도상국의 반발이 작지 않다.

무역과 노동의 연계는 경제적인 요소뿐만 아니라 정치·사회적인 요소를 내포하고 있기 때문에 신중한 접근이 필요하다. 무역과 노동기준 연계논의가 앞으로 자유무역 체제의 틀 안에서 공정한 거래의 목적을 달성시키려는 본래의 목적을 이루기 위해서는 선진국·개도국 모두의 입장을 반영할 수 있도록 하는 방안 등을 감안하여 ILO가 주축이 도어 강구하는 것이 필요하다.

3) 무역과 경쟁정책(경쟁라운드: Competition Round)

경쟁정책(competition policy)은 공정한 경쟁을 저해하는 요인들을 규제하여 기업의 공정한 경제활동을 보장하는 여러 가지 정책수단 및 법체계를 통칭하는 포괄적인 의미이다. 경쟁정책에 대한 필요성은 자유롭고 공정환 경쟁환경이 조성된 시장에서 기업이 자유로운 경쟁활동을 통하여 자원의 효율적 활용을 달성할 수 있을 때 경제후생의 극대화가 이루어질 수 있다는 이론에 근거하고 있다.

국제무역에 있어서의 경쟁정책에 대한 국제적인 논의는 1947년 ITO의 하바나헌장 때부터 있었다. 그러나 ITO가 발효되지 못하였고 경쟁정책에 대한 규정이 없는 GATT에서는 이를 대상으로 하는 논의가 오랜 기간 동안 없었다. GATT협정 내에 공정한 경쟁과 관련되는 조항들은 여러 곳에 산재해 있고, 우루과이라운드에서 경쟁에 관한 문제가 긴급수입제한조치협정, 서비스무역일반협정, 무역관련지적재산권협정, 정부조달협정 등에서 부분적으로 반영되었다. 그러나 보다 더 높은 차원의 경쟁관련 규범의 필요성에 대한 인식이 확산됨에 따라 1994년 4월 WTO 마라케시 각료회의에서 미국, EU 등은 경쟁정책을 차기의 다자간무역협상 과제로 주장하였으며, 이에 따라 1996년 12월에 개최된 제1차 WTO 각료회의에서 「무역정책과 경쟁정책에 관한 작업반」이 설치되어 이에 대한 검토를 하게 되었다.

무역정책과 경쟁정책 모두 시장을 바탕으로 자원의 효율적인 분배가 생활수준의 향상을 도모한다는 유사한 기본목표를 가지고 있지만, 목표달성을 위한 정책수단이 상이하기 때문에 두 정책 간 불협화음이 발생할 수 있다. 경쟁정책의 규범화는 독점·카르텔, 경쟁법 적용 예외, 반덤핑, 지적재산권과 정부보조금 등에 대한 내용을 다루게 될 것이다.

WTO 차원에서 다자간협상이 이루어진다면 회원국 간의 합의를 도출하는데 국가 간의 법적·제도적 차이, 국가 간의 정치적인 이해관계의 상충, 집행체제에 대한 국가 간의 차이 등으로 협상이 개시된다 해도 실제 어떠한 형태로 발전하게 될지 예측하기 어렵고 따라서 국제규범화에 이르기까지는 상당한 시간이 걸릴 것으로 예상된다.

4) 무역과 기술(기술라운드: Technology Round)

무역과 기술연계는 공정한 무역을 위해서는 가격경쟁에 영향을 미치는 민간산업 부문의 기술개발에 대한 정부의 R&D 보조금을 당연히 규제해야 한다는 것이다. 이러한 기술라운드는 개별국가의 기술개발정책이 여타국에 큰 영향을 미치고 있으며, 이것이 국가 간 마찰요인이 될 수 있다는 인식 하에 OECD를 중심으로 하는 국제기술규범 제정에 대한 논의와, UR협정에서 제시된 기술개발과 관련된 규정, 환경문제로 가시화되고 있는 환경기술관련 규범 등과 같은 국제기술규범 제정 움직임을 총칭하는 것이다.

국제기술규범 제정문제는 지난 1991년 프랑스 파리에서 열렸던 OECD 각료회의에서 처음으로 거론되었고, 그 영향이 1993년 12월 13일 타결된 UR협정문에도 반영되었다. 기술라운드의 핵심은 기술개발에 있어 모든 국가가 같은 비율로 정부보조금을 지원할 경우에만, 국가 간 공정무역이 가능하므로 정부의 기술개발 관련 보조금 지원을 규제해야 한다는 것이다. 따라서 직·간접으로 가격경쟁에 영향을 주는 정부의 기술관련 보조금을 공통적으로 규제해 공정무역을 보장해야 한다는 주장이다.

기술라운드가 추구하고 있는 규범과 규제로는 ① 다자간 협상을 통하여 지적소유권 보호를 국제기술규범으로 제정하고, ② 각국 정부가 '전략적 산업'을 선별하여 집중 육성하는 데 대한 제도적 규제장치를 마련하며, ③ 각국 정부의 민간기업에 대한 연구개발보조금 지원을 제한하고, ④ 국제기술규격 및 인증제도를 엄격화하며, ⑤ 연구개발 활동을 위한 과학기술 인력의 자유로운 이동을 보장하는 것 등이다. 결국 기술라운드란 한 마디로 개발도상국 내의 기업들이 자국 정부의 연구개발비 지원을 받아 저렴하게 생산된 제품을 선진국으로 덤핑 수출하는 경우 선진국에서 이것을 규제하기 위한 것이다.

5) 무역과 부패(부패라운드: Corruption Round)

무역과 부패는 국가 간의 무역에 있어서 관행시 되고 있는 뇌물수수와 부패를 없애 국가 간에 공정한 무역질서를 확립하려는 다자간 노력을 일컫는다. 국제거래에는 부정·부패행위가 많이 발생하고 있을 뿐만 아니라 상당부분 관행화되어 있다. 건설, 우주항공, 통신, 방위산업과 같은 대형의 국제계약이나 입찰 등에 있어서 개발도상국은 물론이고 선진국에서도 커미션이나 리베이트를 제공하는 관행이 널리 퍼져 있다.

1994년 5월 OECD에서는 「국제상거래에서의 뇌물공여에 관한 OECD 이사회권고」가 채택되어 회원국으로 하여금 국제상거래와 관련하여 외국공무원에 대한 뇌물공여를 금지시키기 위한 효과적인 조치를 취할 것을 권고하였고, 이 권고는 1997년 5월 다시 개정권고의 채택으로 발전되었다. WTO 차원에서의 논의는 GATT 시절부터 미국의 논의 제의가 있었으나 다른 국가들로부터 호응이 없었다. 그러나 1996년 WTO 제1차 각료회의에서 논의되었으나 ASEAN을 비롯한 개발도상국들의 반대로 논의의 제로 채택되지 못하였다. 개발도상국들이 반대하는 이유는 무역과 부패의 연계논의가 통상압력이나 내정간섭으로 발전할 수 있는 우려 때문이다. 그러나 이 회의에서 정부조달투명성 측면으로 논의가 발전되었다.

1. 다자주의가 의미하는 것은 무엇인가?

2. WTO 체제의 의의와 원칙을 설명하시오.

3. 우루과이라운드의 출범배경에 대해 약술하시오.

4. DDA 협상의 결렬원인에 대해 약술하시오.

5. 무역과 환경이 연계되는 이유는 무엇인가?

6. WTO 체제의 예외규정에 대해 설명하시오.

06

외국환이론과 국제수지

이 장의 주요용어

외국환·송금환·추심환·환율·현물환율·선물환율·교차환율·재정환율·고정환율제
도·변동환율제도·관리변동환율제도·국제수지·경상수지·자본수지·준비자산증감계정

제1절 외국환의 이론

1. 외국환의 의의

무역거래가 이루어지게 되면 반드시 대금결제가 수반되게 되는데 이 결제에는 금, 현금통화, 외국환 등이 그 수단으로 사용된다. 금은 소재가치를 가지고 있는 가장 확실한 결제수단이기는 하지만, 그 수송이 번잡하고 불편하여 금 자체를 운반하는 데에 드는 비용이 많기 때문에 오늘날에는 금으로 결제되는 부분은 그다지 많지 않다. 현금통화는 주로 국제적으로 통용력이 있는 주요국 통화(미달러, 유럽연합의 유로화 등)가 주로 이용되고 있으나, 현금통화의 사용에는 많은 비용과 위험이 따르기 때문에 일부 한정거래에서만 사용되고 있다. 따라서 국제무역거래의 대금결제에 있어서 금과 현금통화는 주로 사용되지 않고 대부분의 결제는 외국환이 이용된다.

외국환은 환(exchange)의 일종이다. 따라서 외국환을 이해하기 위해서는 먼저 환의 의미부터 파악해야 한다. 환이란 격지자간의 채권·채무관계를 청산하기 위하여 현금을 직접수반하지 않고, 제3자(특히 은행)를 통한 지급위탁의 방법에 의하여 결제하는 수단을 말한다. 따라서 외국환이라 함은 국가와 국가 간에 재화·용역·자본의 거래로 인하여 발생되는 대차관계의 결제수단이 되는 것으로서 주로 외국환은행을 통해 결제되는 모든 수단을 말한다.

환은 거래 당사자가 국내에 있느냐 혹은 외국에 있느냐에 따라 내국환(domestic exchange)과 외국환(foreign exchange)으로 구분할 수 있다. 내국환은 환거래의 당사자가 동일한 국내에 있을 경우의 환을 의미하며, 외국환은 환거래 당사자의 일방이 외국에 있을 경우의 환을 말한다.

외국환과 내국환은 다음과 같이 동일한 점이 존재한다.

첫째, 격지자간의 채권·채무관계를 현금의 직접 수송 없이 결제하는 수단이다.

둘째, 다수의 환거래 당사자가 존재한다.

셋째, 은행이라는 금융 중개기관을 이용한다.

반면 외국환은 위와 같이 내국환과 동일한 점이 존재하지만 다음과 같은 점에서 차이가 있다.

첫째, 외환은 환거래를 하는 당사자가 서로 다른 나라에 떨어져 있어 당사자 간의 외환수급이 국가 간의 대차관계를 발생시키고 그 결과는 국제수지에 나타난다.

둘째, 서로 다른 화폐단위를 사용하고 있어서 환율의 문제가 발생한다.

셋째, 국가 간 경제여건 등이 변함에 따라 환시세가 변하므로 환위험이 발생할 수 있다.

넷째, 결제가 진행되는 과정에서는 어느 정도 시간이 소요되기 때문에 이자문제가 발생한다.

다섯째, 외국환은 내국환의 경우와는 달리 중앙은행을 통한 청산제도 대신에 국제금융 및 외환시장이 그 역할을 대행한다.

2. 외국환의 종류

외국환에는 보통 우편환, 전신환 그리고 환어음 등이 있으며 무역결제에 주로 사용되고 있는 것은 환어음이다. 외국환은 보통 다음과 같은 형태로 분류할 수 있다.

1) 송금환과 추심환

외국환에 의한 국제간의 대차결제가 이루어지려면 반드시 국제간에 자금의 수수가 있어야 한다. 이와 같은 자금을 수수하는 방법으로는 채무자가 채권자 앞으로 자금을 송금하는 방법과 채권자가 채무자 앞으로 대금을 역으로 청구하는 방법이 있는데, 전자를 순환 또는 송금환이라 하고, 후자를 역환 또는 추심환이라고 한다.

(1) 송금환

송금환(remittance by drawee)에는 송금수표, 우편환, 전신환 등의 방법이 있다.

송금수표(Demand Draft; D/D)는 송금인으로부터 송금의뢰를 받은 송금은행이 송금수표를 만들어 송금인에게 교부하면 송금인이 직접 수취인에게 송부하고, 동 송금수표의 수취인은 송금수표 상에 표시된 지급은행에 제시하고, 송금대금의 지급을 요청하면 지급은행은 송금수표발행에서 보내온 송금수표발행통지서와 대조한 후 수취인에게 동 송금대전을 지급하는 방식이다.

우편환(Mail Transfer; M/T)은 송금인이 자국의 외국환은행(송금은행)에 송금대금을 입금시켜서 송금을 의뢰하면, 송금은행이 수취인 소재지의 환거래 은행(correspondent bank)에 대하여 지정수취인에게 송금대전을 지급하여 줄 것을 위탁하는 지급지시서(payment order)를 우편으로 송부하는 송금방법이다.

전신환(Telegraphic Transfer; T/T)은 지급지시서를 우편으로 송부하는 것이 아니라 전신으로 송부하는 방식을 말한다.

(2) 추심환

채권자가 은행을 통해 환어음으로 채무자로부터 대금을 회수하는 방식이다. 통상 무역거래에서는 채무자(수입업자)를 어음지급인으로 하는 환어음을 수출업자가 발행하여 거래은행에 이를 매입의뢰하거나 추심을 의뢰하여 대금지급을 받는 역환방식에 의해 결제된다. 무역거래에 이용되는 추심환은 화환신용장이나 화환추심방식(D/A, D/P) 등이 있다. 화환신용장과 화환추심에 대해서는 제13장을 참조하면 된다.

2) 매도환과 매입환

외환을 매매하는 중개기관인 외국환은행의 입장에서 외국환을 매각하는 것을 매도환(selling exchange)이라 하고, 반대로 외국환을 매입하는 것을 매입환(buying exchange)이라고 한다. 매도환의 대표적인 예는 외국환은행이 수입업자의 수입환어음을 결제하는 것이고, 매입환의 대표적인 예는 외국환은행이 수출업자의 수출환어음을 매입하는 것이다.

3) 현물환과 선물환

외환거래가 매매계약과 동시에 결정되어 매매계약이 당일의 환율로 거래하는 외환을 현물환(spot exchange)이라고 하며, 일정기간 후에 일정량을 일정률로 거래할 것을 미리 약정하고 실제거래는 일정기간이 지나서야 이루어질 때의 외환을 선물환(forward exchange)이라고 한다.

환율

1. 환율의 의의

환율(foreign exchange rate)은 한 나라의 통화가치(가격)를 다른 나라의 통화로 표시한 것으로서 양국 통화간의 교환비율을 말한다. 일국에서 거래되는 재화나 용역의 가격을 그 나라의 국내통화로 표시하는 것처럼 외국통화의 가격도 국내통화로도 표시할 수 있는데, 일국 통화의 가격을 다른 나라의 통화단위로 나타낸 것을 환율이라 한다. 예컨대 우리나라 화폐와 미국 화폐를 교환할 때 가장 중요한 것은 화폐를 교환할 때 적용되는 교환비율인 환율이다.

2. 환율의 표시방법

환율은 어떤 나라의 화폐를 기준으로 나타내느냐에 따라 자국통화표시환율과 외국통화표시환율 두 가지로 구분할 수 있다.

1) 자국통화표시환율

자국통화표시환율(rate in home currency)은 자국통화를 기준으로 표시하는 방법으로 직접표시환율이라고도 한다. 외국통화 1단위와 교환될 수 있는 자국통화 단위수로서 환율을 표시하는 방법이며, 외국통화의 양이 고정되어 있을 때 자국통화의 변동하는 양으로 환율을 타나내는 방법이다. 예컨대 우리나라의 경우 US$1=₩1,000으로 표시하는 환율표시방법이다.

2) 외국통화표시환율

외국통화표시환율(rate in foreign currency)은 자국통화 1단위와 교환될 수 있는 외국통화의 단위수로서 환율을 표시하는 방법이다. 자국통화의 양이 고정되어 있을 때 외국통화의 변동하는 양으로 환율을 나타내는 방법으로, 자국통화 1단위로 외국통화를 얼마나 교환할 수 있는가를 표시하는 방법으로 간접표시환율 또는 수취환율이라한다. 예컨대 우리나라의 경우 원화의 대미달러화 환율을 ₩1=US$1/1000로 표시할수 있다.

3. 환율의 종류

외환시장에서 환율이 고시되는 방법에 따라 매입환율과 매도환율로 나뉘고, 외환거래가 이루어지는 형태에 따라 현물환율과 선물환율로 나뉘며, 외환거래의 대상에 따라 대고객환율과 대은행환율로 나뉜다.

1) 매입환율과 매도환율

외환시장에서 매도환율과 매입환율의 두 가지 환율이 동시에 고시되는데, 매도환율과 매입환율은 은행입장에서 환율을 고시하는 방법이다. 매도환율(offer rate)은 외국환은행이 외환을 필요로 하는 고객에게 외환을 판매할 때 적용하는 환율이며, 매입환율(bid rate)은 외국환은행이 외환을 소지하고 있는 고객들로부터 외환을 구입할 때적용되는 환율이다.

매도율과 매입율의 격차를 스프레드(spread)라고 하며, 매매율의 차인 스프레드는 은행의 입장에서 보면 외환거래 수익의 원천이 되며 고객의 입장에서 보면 거래비용의성격이 된다.

2) 현물환율과 선물환율

외환시장에서 거래가 이루어지는 형태에 따라 현물환거래(spot transaction)와 선물환거래(forward transaction)로 구분할 수 있는데 현물환거래에 적용되는 환율을 현물환율(spot exchange rate), 선물환거래에 적용되는 환율을 선물환율(forward exchange rate)이라 한다.

현물환거래는 외환거래 계약 후 통상 2영업일 이내에 혹은 거래와 동시에 외환의결제가 이루어지는 거래이며, 선물환거래는 외환매매계약 체결일로부터 일정기간(통상 2영업일) 경과 후 특정일에 외환을 결제하기로 약정한 거래를 말한다. 선물환거래는 일정시점에서 외환매매 당사자 간에 특정통화의 거래규모와 환율을 결정한 후 미래의 특정일에 외환의 결제가 이루어지는 거래이다.

3) 대고객환율과 은행간환율

환율은 거래의 대상에 따라 대고객환율과 대은행환율로 나눌 수 있다. 대고객환율 (customer rate)은 은행이 고객과의 소규모 거래에 적용하는 환율을 말하며, 외환의 매매대상이 고객인 경우에 적용되는 환율이다. 대은행환율(inter-bank rate)은 통상적으로 외환시장에서의 환율로서 은행 간 거래에 적용되는 환율을 말하며, 외환의 매매대상이 은행인 경우에 적용되는 환율이다.

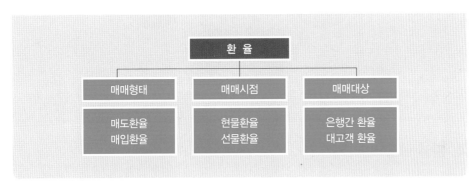

그림 6-1
환율의 종류

4) 교차환율과 재정환율

교차환율(cross rate)은 자국통화가 개입되지 않은 외국통화간의 환율을 말한다. 예컨대 우리나라 입장에서는 원화가 개입되지 않은 외화상호간의 환율로서 뉴욕소재 은행이 독일 마르크를 대가로 프랑스 프랑화를 매매할 때 사용되는 환율이 교차환율이다.

재정환율(arbitrage rate)은 한 나라의 통화와 한 외국통화간의 환율을 기준환율(basis rate)로 정하고, 기준이 된 외국통화와 다른 외국통화간의 교차환율과 기준환율과의 관계로부터 재정하여 산출되는 환율을 뜻한다. 즉, 기준환율과 교차환율에서 산출된 자국통화와 제3국 통화간의 환율을 말한다. 한국의 경우 미국 달러화 이외의 외국통화와 원화간의 환율은 모두 재정환율에 해당된다. 원화와 달러간의 기준환율은 외환시장에서 직접 결정되지만, 한국 원화와 여타국 통화(유로화, 엔화 등)와의 환율은 기준환율과 국제외환시장에서 결정되는 교차환율에 의해 산출되어 진다.

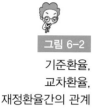

그림 6-2

기준환율,
교차환율,
재정환율간의 관계

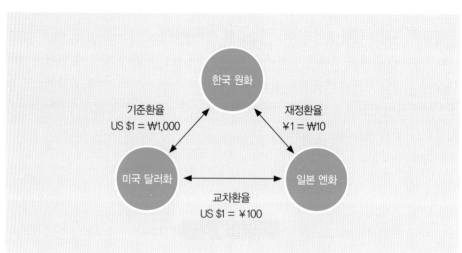

4. 환율제도의 의의

1) 환율제도

환율제도는 환율이 어떤 방법에 의하여 결정되느냐에 따라 크게 고정환율제도와 변동환율제도로 구분할 수 있다. 고정환율제도는 정부가 환율을 일정범위내로 고정시켜 환율을 안정시키는 제도이며, 변동환율제도는 정부가 환율결정에 개입하지 않고 외환시장의 수요·공급의 원리에 따라 환율이 자유롭게 결정되도록 하는 제도이다. 최근 대부분의 국가들이 변동환율제도를 채택하고 있으나 현실적으로 완전한 자유변동환율제도를 택하고 있는 나라는 없다.

(1) 고정환율제도

고정환율제도(fixed or pegged exchange rate system)는 정부가 특정통화에 대한 환율을 일정수준으로 고정시키고, 이의 유지를 위해 중앙은행이 외환시장에 개입하는 제도를 말한다. 그러나 실제로는 균형환율 또는 중심환율을 기준으로 상하 소폭적인 범위 내에서 환율의 변동을 허용하는 것이 일반적이다. 실제환율이 균형환율의 범위를 벗어날 경우 중앙은행이 시장개입을 하여 환율변동 폭을 고정시킨다.

이 제도의 장점은 첫째, 기업경영의 정책수행에 유리하다. 환율과 관련된 의사결정이 필요한 기업들은 정확한 환율을 예측하여 경영활동을 할 수 있다. 이에 따라 불확실성이 감소하고 환율변동에 따른 손실도 방지할 수 있기 때문에 기업경영의 안정화에 기여한다.

둘째, 국제단기자본의 투기성 이동을 규제할 수 있다. 환율이 고정되어 있으면 국제간에 환율차이를 노린 투기적 단기자본의 이동을 방지할 수 있으며, 이를 통하여 국제금융시장의 안정화를 꾀할 수 있다.

반면 고정환율제도의 단점으로는 첫째, 국제수지 불균형 시 자동적으로 조정할 능력이 없다. 국제수지의 안정을 시도하기 위하여 국내의 안정을 희생시키거나 완전고용을 위하여 국제수지 불균형을 감수하여야 하는 상황도 발생한다.

둘째, 자국통화의 과대 또는 과소평가를 초래하기 쉬우므로 자원배분을 왜곡시키고 경제적 후생을 감소시킬 우려가 있다.

(2) 변동환율제도

변동환율제도(floating exchange rate system)는 일정한 범위 내에서 환율을 유지하는 것이 아니라 환율이 기본적으로 외환시장에서 외환의 수요와 공급에 의해 결정되도록 하는 제도를 말한다. 특히 중앙은행이 외환시장에 전혀 개입하지 않고 오직 외환의 수급에 의하여 환율이 자유롭게 결정되는 제도이다.

이 제도의 장점은 첫째, 국제수지 불균형을 환율조정이라는 수단을 통해 자동적으로 조정할 수 있다. 따라서 재정금융정책을 무리하게 실시할 필요성이 없다

둘째, 국제간에 이동하는 인플레이션과 디플레이션의 파급을 효과적으로 방지할 수 있어 대내경제정책을 우선적으로 그리고 독자적으로 수행할 수 있게 해준다.

셋째, 국제수지의 조정책임이 국제수지 적자국뿐만 아니라 흑자국에도 공동으로 부담되므로 과도한 외환보유가 필요 없다.

반면, 변동환율제도의 단점으로는 첫째, 환율변동에 대한 불확실성 때문에 국제교역이 저해될 뿐만 아니라 국내에서도 경영상의 불안이 초래될 수 있다.

둘째, 물가상승이 환율인상을, 환율인상이 물가상승을 초래하여 이른바 물가와 환율의 악순환을 초래할 가능성이 있다.

(3) 관리변동환율제도

관리변동환율제도(managed floating exchange rate system)는 고정환율제도와 자유변동환율제도의 절충된 형태로서 기본적으로는 변동환율제도를 유지한다. 외환시장의 불균형을 초래할 수 있는 환투기 등과 같은 요인을 제거할 목적으로 정부가 개입하는 제도이다. 오늘날 대부분의 국가에서는 관리변동환율제도를 채택하고 있다.

2) 우리나라의 환율제도

우리나라는 1945년 10월 1일 미군정 당국에 의해 처음으로 미화 1달러당 15원으로 공식 환율이 결정되어 1964년 4월까지 고정환율제도를 채택하였다. 이후 1964년 5월부터 1980년 1월까지 단일변동환율제도를 채택하였으나 실제는 미달러화에 연동된 고정환율제로 운용되었다. 이에 따라 물가의 상승에도 불구하고 환율이 고정되어 있어서 원화의 대외가치가 실질적으로 높게 책정되는 등 환율이 국제수지를 조정하는 기능을 수행하지 못하였다.

1980년 2월부터 환율제도를 복수통화바스켓 방식으로 전환하였다. 이는 실질적인 변동환율제도였다. 1990년 2월 말까지 복수통화바스켓제도가 운용되었던 시기에는 환율의 결정에 여러 국가의 통화가치가 반영되어 환율의 상대적 안정을 꾀할 수 있었다. 정부도 환율을 어느 정도 조정할 수 있어 국제수지 조정에 기여할 수 있었지만, 환율이 국내외환시장의 수요와 공급을 반영하지 못한다는 문제가 있었다.

1990년 3월부터 1997년 12월 15일까지는 시장평균환율제도가 시행되었다. 시장평균환율제도는 국내 외환시장에서 외국환은행들이 미달러화를 사고팔아 형성되는 시세를 거래량으로 가중 평균해 다음 날의 환율을 결정하는 제도이다.

1997년 12월 16일부터 정부는 환율변동 폭을 완전히 폐지하였으며, 외화의 수요와 공급에 의해 환율이 결정되는 자유변동환율제도로 변경 시행되고 있다. 이는 한국의 금융 및 외환시장의 불안으로 야기된 금융·외환위기를 극복하기 위해 IMF로부터 긴급 금융지원을 받는 동시에 시행하게 되었다.

국제수지

1. 국제수지와 국제수지표

1) 국제수지의 의의

국제수지(balance of payments)란 일정기간 동안 한 나라의 거주자와 외국의 거주자사이에서 이루어 졌던 모든 경제적 거래를 체계적으로 분류하여 기록한 것을 말한다. 여기서 일정기간이란 국제수지표가 어느 한 시점에서의 대차상황을 기록한 스톡(stock)의 개념이 아니고, 일정한 기간 중에 발생한 거래를 집계한 플로우(flow)의 개념임을 의미한다.

국제수지는 한 나라의 경제적인 상태와 경제활동의 내용을 측정하는 자료가 됨은 물론이고 환율의 안정이나 또는 그 나라의 경제정책 등에 대한 문제점까지도 밝혀 낼 수 있다는 데 있어서 그 중요성이 있다. 국제수지 정의에서 나타나는 몇 가지 특징을 다음의 세 가지로 나누어 설명할 수 있다.

첫째, 국제수지는 경제적 이익이 있는 거주자와 외국에 있는 비거주자간의 거래를 의미한다. 외국에 있는 자국의 관광객, 외교관 및 정부기관은 거주자에 해당되지만, 외국소재 자국기업의 지점이나 자회사는 비거주자로 분류된다.

둘째, 국제수지는 일정시점에서 거래결과를 측정하는 것이 아니라 1년이나 분기와 같이 특정기간 동안에 발생된 거래결과를 측정한다.

셋째, 국제수지상의 경제적 거래는 국가 간 상품, 서비스, 금융자산 등을 교역한 결과를 의미한다.

2) 국제수지표의 의의

한 나라의 국제수지는 국제수지표에 기록된다. 국제수지표는 한 국가에서 일정기간 동안 거주자와 비거주자간에 발생한 경제거래의 체계적인 기록이다. 이는 기업의 회계장부와 같이 국가경제의 살림살이 내용을 복식부기 원리로 기록한 회계일람 표이다. 국제수지표는 통상 미국달러로 작성되고 있으며, 작성하는 대상기간은 통상적으로 1년을 기준으로 하고 있으나 국가에 따라서는 6개월, 3개월, 1개월 단위로 작성한다. 현재 우리나라는 한국은행이 국제수지표를 월별로 작성하여 익월 말일 경에 발표하고 있다.

국제수지표에서 거래계정은 일국의 해외자산과 해외부채의 변동, 수출입변화, 화폐공급량과 해외거래의 관계 등을 보여준다. 그래서 국제수지계정에는 특정기간 동안 한 국가가 다른 국가들과 교역한 재화와 서비스의 거래, 금융자산의 거래, 부의 이전활동 등이 기록된다. 일반적으로 계정(account)이라는 단어는 회계상 거래내역을 기록하는 최소단위를 나타낸다.

2. 국제수지표의 구성

국제수지표의 체계는 모든 국제거래를 크게 2가지로 분류하는 것이 일반적이다. 현재 미국은 국제수지계정을 경상계정, 자본계정, 투자계정으로 구분하고 있지만, 우리나라에서는 국제수지계정을 경상계정과 자본계정으로 나눈다. 세부적으로 국제수지표의 내용을 정리하면 다음과 같다.

1) 경상수지

일반적으로 국제수지라 하면 경상수지를 의미할 만큼 국제수지에 있어서 경상수지는 가장 중요시 되는 부분이다. 그 이유는 경상거래가 국민소득, 고용 등 경제 각 분야에 미치는 영향이 크기 때문이다. 경상수지의 구성항목은 상품수지, 서비스수지, 소득수지 및 경상이전수지의 4개 항목으로 구성된다.

상품수지는 일반상품, 가공용 재화, 운수조달 재화, 재화수리 및 비화폐용 금의 다섯 가지 형태로 세분화하여 기록함으로써 어느 부문이 흑자 혹은 적자를 기록하였는지 그 변화추이를 한눈에 파악할 수 있도록 되어 있다.

서비스수지는 운수, 여행, 통신서비스, 보험서비스, 특허권 사용료, 사업서비스, 정부서비스, 기타서비스 등의 8개 항목의 지급과 수취항목으로 세분되어 있다.

소득수지는 외국인 노동자에게 지급되거나 내국인 해외근로자가 수취하는 급료 및 임금항목과 금융자산 또는 부채에 관련된 배당, 이자 등 투자소득 수입 및 지급을 기록하는 투자소득수지로 양분된다. 그리고 투자소득수지는 더욱 세분되어 직접투자소득, 건설투자소득 및 기타투자소득으로 구분된다.

경상이전수지는 거주자와 비거주자 사이에 아무런 대가없이 제공되는 거래의 차이를 말하며 증여, 원조 등이 주요 내용이다. 여기에는 송금, 구호를 위한 식량, 의약품 등의 무상원조, 국제기구에 대한 출연금 등이 계상된다.

2) 자본수지

자본수지는 국제간 비실물거래의 활동이 기록된다. 국가간 자금이동의 결과와 실물거래의 결과인 해외투자 소득이 기술된다. 그리고 자본수지는 자본의 성격에 따라 투자수지와 기타 자본수지의 두 가지 형태로 구분된다. 투자수지는 통화당국의 준비자산증감을 제외한 민간기업, 금융기관, 정부의 대외금융자산 또는 부채의 소유권 변동과 관련된 거래상황을 나타낸다. 기타자본수지는 자본이전과 특허권 등 기타자산의 거래상황을 나타낸다. 투자수지와 기타자본수지에 대해 자세히 서술하면 다음과 같다.

(1) 투자수지

투자수지는 투자되는 자금의 형태에 따라 직접투자와 증권(포트폴리오)투자, 그리고 직접투자와 증권투자에 해당하지 않는 모든 금융거래를 의미하는 기타투자로 나뉜다.

직접투자는 한 경제권의 거주자인 직접투자자가 영속적인 이익을 취득하기 위하여 다른 경제권의 기업에 대하여 행하는 대외투자를 기록한 것이다. 그리고 직접투자는 기업을 운영·통제하는 투자자본을 의미하는 것으로 한 나라의 거주자인 직접투자자가 계속적인 이익을 취득하기 위하여 다른 나라에 있는 기업에 행하는 대외투자를 말한다. 이는 투자자와 투자기업간의 장기적인 관계가 설정되어야 하며, 투자기업에 대하여 투자자의 영향력이 큰 경우를 지칭한다.

증권투자는 기업에 대한 영속적인 이해관계보다는 투자수익을 목적으로 하는 대외투자로서 주식 및 채권에 대한 투자를 포함한다.

기타투자는 대출 및 차입, 무역관련 신용, 예금 및 현금 등 직접투자와 증권투자에 포함되지 않은 외국과의 모든 금융거래가 포함된다.

(2) 기타자본수지

기타자본수지는 자본이전과 특허권 등 기타자산의 거래를 기록한다. 자본이전은 해외이주비, 투자보조금 지급 등 고정자산 취득과 관련한 현금이전을 계상한다. 특허권 등 기타자산의 거래는 특허권, 저작권, 상표권 등 비생산무형자산 및 토지, 지하자원 등 비생산유형자산의 취득 및 처분에 따른 거래를 기록하게 된다.

3) 준비자산증감계정

준비자산증감계정은 경상계정과 자본계정의 거래과정에서 수반된 종합수지의 불균형 또는 외환의 과부족을 보충하기 위한 통화당국(중앙은행)이 관리하는 외화준비자산의 증감이 기록된다. 만약 종합수지가 적자가 되면 통화당국은 보유외환으로 이 적자를 보충하거나 해외로부터 외환을 차입한다. 그러면 준비자산증감계정 상의 외화준비자산은 증가된다. 반대로 종합수지가 흑자가 되면 통화당국은 보유외환을 증가시키거나 해외 외환차입금을 상환한다. 그러면 준비자산증감계정 상의 외환준비자산은 감소된다. 이와 마찬가지로 한 나라에 있어서도 외국에 상품이나 서비스를 팔아서 벌어들인 돈이 외국으로부터 상품이나 서비스를 사는데 사용한 돈보다 많게 되면(경상수지 흑자) 여유자금을 다른 나라에 빌려주거나 빚을 갚는데 사용하며(자본수지 적자), 반대로 외국과의 경상거래 결과 벌어들인 돈보다 지급한 돈이 많게 되면(경상수지 적자) 부족한 자금을 외국으로부터 빌려오게 된다(자본수지 흑자). 이러한 과정을 통해 국제수지는 균형을 이룬다.

국제수지표상에서 준비자산증감란이 양수이면 한국은행의 준비자산이 그만큼 감소된 것을, 음수이면 준비자산이 그만큼 증가한 것을 뜻한다.

4) 오차 및 누락

오차 및 누락계정에는 기록의 누락, 오차의 시정 등이 기록된다. 예를 들어 국제수지표를 작성하기 위해 미국달러로 환산 시 적용되는 환율의 차이 등과 같은 통계자료 간의 불일치 및 수출입과 대금결제의 시점상의 차이 등과 같은 통계상의 시점차이가 존재하므로 통계상 불일치되는 것들은 오차 및 누락계정에서 조정된다.

계 정 구 분	차 변	대 변
Ⅰ. 경상계정		
〈상품거래〉	상품의 수입	상품의 수출
〈서비스거래〉	서비스의 수입	서비스의 수출
〈소득거래〉	해외소득 지급	국내소득 수취
〈이전거래〉	이전지출	이전수입
Ⅱ. 자본계정		
〈투자거래〉	내국인 해외투자	외국인 국내투자
〈자본거래〉	자본유출(해외로 자본이전)	자본유입(국내로 자본이전)
Ⅲ. 오차 및 누락		
Ⅳ. 준비자산증감계정	통화당국의 외화보유 및 대외자산의 증가 (대외부채감소)	통화당국의 외화보유 및 대외자산의 감소 (대외부채증가)

표 6-1
국제수지표

3. 국제수지의 균형과 불균형

국제수지는 일반적으로 복식부기의 원리에 의하여 작성되기 때문에 수취와 지급의 각 합계는 항상 일치하게 마련이다. 그러나 국제수지 계정 상 나타난 균형은 어디까지나 사후에 처리된 통계적인 기록에 불과한 것으로 한 나라가 실물 면에서 국제수지가 균형을 이룬다는 말과는 근본적으로 다른 것이다. 그럼 국제수지의 균형에 대해 미드(J. E. Meade)와 마하룹(F. Machlup)의 이론을 인용하여 자세히 살펴보기로 한다.

1) Meade의 균형개념

미드(J. E. Meade)는 한 나라의 모든 대외거래를 자율적 거래와 보정적 거래로 구분하고 국제수지의 균형이란 거래의 균형 상태를 국제수지의 균형으로 보고 있다.

자율적 거래(autonomous transaction)는 국가 간의 가격·소득·이자율 등 경제적 요인의 차이에 따라 발생하는 거래를 말하는데, 이는 국제수지표의 여타 항목과는 독립적으로 발생되는 거래이다. 자율적 거래의 대표적인 항목으로는 재화 및 용역의 수출입을 들 수 있다. 수입상품의 가격이 국내가격보다 높으면 수입은 억제되는 반면 수출은 증가하게 되는데, 이처럼 수출입은 상품가격의 국제간 차이에 따라 변동하기 때문에 자율적 거래로 분류된다.

보정적 거래(accommodating transaction)는 자율적 거래를 뒷받침하기 위한 보조적 거래이다. 보정적 거래의 대표적인 항목은 정부보유의 금이나 외환보유액 등 국제준비자산 증감이다. 예를 들어 국제수지 적자로 인해 정부보유의 외환보유액이 감소되는 경우 이를 충당하기 위하여 국제금융시장 등을 통해 차입한다면, 이는 자율적 거래에 수반하여 발생되는 보정적 거래라 할 수 있다.

이와 같이 한 나라의 모든 대외거래를 자율적 거래와 보정적 거래로 분류할 때 이를 이용하여 국제수지의 균형 또는 불균형의 이론적 판단기준을 설정할 수 있다. 자율적 거래 계정들의 수취(대변)와 지급(차변)의 총액이 일치하는 상태를 국제수지의 균형이라 한다. 그리고 국제수지의 불균형은 다시 국제수지 흑자 또는 적자로 구분되는데, 만일 자율적 거래의 수취총액이 지급총액을 초과하면 국제수지 흑자라고 하고, 그 반대로 지급총액이 수취총액을 초과하는 경우는 국제수지 적자라고 한다.

여기서 유의할 점은 이와 같은 판단기준은 이론적 기준으로서 사전적(ex-ante) 개념이라는 것이다. 따라서 실제의 판단기준으로서 국제수지표상의 어느 항목까지가 자율적 거래이고, 어느 항목들이 보정적 거래인가를 구분하는 문제가 제기된다. 사실상 국제수지표를 이용하여 자율적 거래와 보정적 거래를 획일적으로 명확하게 구분하기는 어렵다. 따라서 일반적으로 국제수지표의 위쪽에 위치하는 계정일수록 자율적 거래에 가깝다고 할 수 있고, 아래쪽에 위치하는 계정일수록 보정적 거래에 가깝다고 말할 수 있다.

2) Machlup의 균형개념

마하룹(F. Machlup)은 국제수지 균형의 정의를 다음과 같이 세 가지 개념을 통해 설명하고 있다.

첫째, 시장개념 상의 균형(market balance)으로서 외환의 수요와 공급이 일치하는 점이 바로 국제수지 균형 상태로 보는 관점이다.

둘째, 계획개념 상의 균형(program balance)으로서 장래의 일정 기간 중에 기대되거나 계획된 외환의 수입(공급)과 지출(수요)을 수입원천과 지출원천별로 분류·집계한 외환수급 계획을 말한다. 이 외환수급 계획은 회계연도가 시작되기 전에 작성되는 사전적인 기록이다.

셋째, 계정개념 상의 균형(accounting balance)으로서 이는 국제수지표 상의 특정한 계정항목을 골라서 균형·불균형을 판정하려는 것이다. 이는 사후적으로 현실적 통계에서 집계한 국제수지표를 통해 판정하는 것이다.

이상의 세 가지 가운데 현실적으로 국제수지의 개념으로서 채택되고 있는 것은 마하룹이 말하는 세 번째의 계정개념으로서의 균형이다.

4. 국제수지의 조정

국제수지가 적자가 되든 흑자가 되든 일반 불균형 상태에 이르게 되면 바람직하지 않게 되므로 각국은 국제수지 균형을 위해 여러 가지 정책을 시행한다. 이와 같이 국제수지가 불균형이 되었을 때 균형을 이루기 위하여 정책을 실시하게 되는데 이를 국제수지의 조정이라 하며, 이를 위해서 자동조정과 조정정책의 두 가지 방안이 활용되고 있다.

1) 국제수지의 자동조정

자동조정(automatic adjustment)은 한 나라의 국제수지가 불균형에 처한 경우 이는 자국의 다른 경제변수에 영향을 미치게 됨으로써 시간의 흐름에 따라 자국의 국제수지가 자동적으로 균형을 회복하게 되는 것을 말한다. 변동환율제도 하에서는 국제수지의 불균형이 생기면 환율의 신축적인 변동에 의하여 자동적으로 국제수지의 균형이 이루어지게 된다.

예를 들어 일국의 국제수지 적자 상태인 외환의 공급부족(수출 감소)과 초과수요(수입 증가)인 상태를 가정하자. 이런 경제적 상황일 경우 환율은 인상될 것이고 환율의 인상은 자국 수출상품의 대외경쟁력을 상승시켜 수출증가(수입 감소)로 이어지며, 이는 궁극적으로 국제수지 적자를 회복하게 된다. 반면 무역수지 흑자인 경우에는 반대현상에 의해 균형에 도달하게 된다. 그러나 고정환율제도 하에서는 환율이 고정되어 있거나 그 변동 폭이 제한되어 있으므로 환율 이외에 물가수준이나 국민소득의 변동에 의하여 조정된다.

2) 국제수지의 조정정책

국제수지의 불균형을 시장기구의 자유로운 조정에만 맡길 경우 국제수지의 자동조정 과정에서 결정되는 물가와 소득 그리고 통화량은 그 나라의 경제에 바람직하지 않는 방향으로 변화될 수 있다. 따라서 정부가 직접 개입하여 국제수지 불균형을 시정하게 되는데 이때의 정책을 국제수지 조정정책이라 한다. 국제수지 조정정책은 매우 다양하고 복잡하기 때문에 국제수지 불균형은 한 가지 정책수단만으로 해결되지 않고 여러 정책들이 복합적으로 사용된다.

(1) 외환정책

외환정책은 통화당국이 외환시장에 개입하여 제한된 범위 내에서 인위적으로 환시세를 조정함으로써 국제수지를 조정하는 정책이다. 즉, 환율을 조정하게 되면 이는 곧 바로 수출입 가격에 영향을 주고 이에 따른 수출입량의 변동을 통해 국제수지가 조정되는 것이다.

(2) 재정 · 금융정책

재정정책은 조세나 재정지출의 증감을 통해 국제수지를 조정하는 정책으로서, 국제수지가 적자인 경우 조세증가, 재정지출 감소로 민간부문의 총수요를 감소시키고 이는 수입을 감소시켜 국제수지가 균형을 이루게 된다.

금융정책은 이자나 지급준비율의 조정을 통해 국제수지를 조정하는 정책으로 국제수지가 흑자인 경우 금리를 인하시키면, 구매력이 증대되고 이는 수입을 증대시켜 국제수지가 균형을 이루게 된다.

(3) 무역정책

수입관세, 수입할당제, 수출보조금, 외환통제 등의 무역정책을 통한 수입규제는 인위적으로 대외지불을 억제하고 외환수취를 촉진함으로써 국제수지를 개선시킨다.

1. 외국환의 종류에 대해 설명하시오.

2. 우리나라의 환율제도에 대해 서술하시오.

3. 교차환율과 재정환율에 대해 설명하시오.

4. 국제수지 불균형의 경우 조정정책에 대해 약술하시오.

5. 고정환율제도와 변동환율제도의 장·단점에 대해 설명하시오.

INTERNATIONAL TRADE

국제경영

국제경영의 이해

이 장의 주요용어

국제경영 · 기업국제화 · 국가기업 · 국제기업 · 다국적기업 · 초국적기업 · 초국가기업 ·
국제경영전략

국제경영의 기초

1. 국제경영의 개념

국제경영(international business)이란 기업이 국경을 넘어 이루어지는 사업을 관리하고 운영하는 것을 의미한다. 즉, 기업이 국경을 초월하여 경영활동을 수행함에 따라 정립된 학문으로서 일반적으로 국경선을 넘어서 또는 2국 이상에서 동시에 일어나는 경영활동이라고 정의를 내릴 수 있다. 국경을 넘는 사업대상으로는 재화, 서비스, 자본, 노동, 기술이전, 인력관리 등 무역과 관련한 모든 거래 및 경영관리까지 포함된다.

제2차 세계대전 이후 과학기술의 급속한 발전은 세계 각국의 경제·사회 및 그 구성원인 기업들로 하여금 그들의 활동범위를 확대하게 되었다. 특히 교통과 통신수단의 경이적인 발달은 정보 및 지식의 국가 간 교류를 활발하게 하여 소비자의 기호와 욕구를 세계적으로 동질화시키고, 세계를 단일 생활권으로 글로벌화 함으로써 기업들은 국경선을 초월하여 전세계를 활동무대로 국제경영을 본격적으로 수행하게 되었다.

21세기 기업경영은 전세계를 하나의 시장으로 인식하고 경영활동을 활발하게 전개하고 있다. 사실 오늘날의 거의 모든 기업은 직·간접적으로 국제경영 활동과 관련되어 있다고 해도 과언이 아니다. 세계경제의 개방화와 글로벌화가 진전되면서 수출과 해외생산과 같이 직접적이고 가시적인 국제경영 활동에 참여하지 않더라도 해외시장의 동향이나 외국기업의 활동에 직·간접적으로 노출되어 있다는 점은 오늘날 대부분의 기업은 국제경영 활동과 관련되어 있다고 보아야 할 것이다.

2. 국제경영의 특성

국제경영은 국경을 넘는 사업 활동으로서 수출입과는 달리 그 거래의 대상도 재화, 서비스, 자본, 기술, 인력 등의 제 재원이 포괄적인 형태로 이동되며 또한 정치·

경제·사회·문화적인 환경이 상이한 2국 이상에서 동시에 경영활동을 함에 따라 제환경이 동질적인 요소보다 이질적인 면이 더 많다. 따라서 국제경영은 국내경영과의 기본원칙은 동일하게 적용될지 모르나 그것을 적용하는 방법이나, 그 과정에서 만나게 될 복잡성 및 부담감의 강도는 매우 다를 수 있다. 따라서 원활한 국제경영을 위해서는 국내경영과는 다른 특성을 이해하는 것이 중요하다. 국제경영이 국내경영과 다른 점은 다음과 같다.

첫째, 기업이 본국과는 상이한 경영환경 하에서 경영활동을 한다는 점이다. 해외 시장환경은 기업들이 그동안 익숙해 있던 국내환경과는 매우 다르다. 정치, 법률, 경제, 문화, 사회 등의 거시적 환경요인과 경영활동에 직접 영향을 주는 기술수준, 노동여건, 산업여건, 유통구조, 경쟁관계 등의 미시적 환경요인으로 대별되는 이러한 경영환경은 기업이 진출해서 활동하는 국가 수가 많을수록 더욱더 복잡해지며 다른 성격의 문제와 위험이 야기된다. 경영환경은 기업에게 기회인 동시에 제약요인으로 작용하므로 이에 대한 깊은 이해가 필요하다.

둘째, 국제경영은 재화와 용역, 더 나아가 자본, 기술, 인력 등 생산요소 및 경영자원의 국가 간 이전을 전제로 하고 있다. 이러한 이전은 수출, 라이선싱, 직접투자 등과 같은 진입방식 중 무엇을 택하느냐에 따라 그 대상과 성격이 달라진다. 그리고 과거보다는 많이 완화되기는 하였으나 아직까지 국가 간에 존재하고 있는 국경선은 이러한 상품 및 화폐는 물론 경영자산의 이동을 법적으로 제약하고 있으며, 수송문제나 환거래에 따른 위험 등이 추가적으로 존재한다. 따라서 이전방식에 대한 이해는 물론 이전방식의 결정에 영향을 주는 제반 요인들에 대한 종합적인 검토가 필요하다.

셋째, 국제경영활동은 다수국을 대상으로 하여 동시에 이루어지기 때문에 이들 활동을 조정·통합할 필요가 있다. 국제기업의 이점은 각국에서 동시에 수행되고 있는 활동을 기업전체의 이익을 위해 조정·통합함으로써 시너지효과를 얻는데 있다. 그러나 현실적으로는 각국이 지니고 있는 환경의 이질성이 해외자회사로 하여금 현지적응을 위한 독자적인 활동을 하도록 요구하고 있다. 달리 말해 기업은 이러한 국가별로 이질적인 환경 하에 경영자원과 역량을 범세계적으로 가장 잘 배분하고 활용하여 이익을 극대화해야 한다. 그러므로 기업은 이질적인 환경에 대한 적응과 동시에 범세계적인 조정과 통합을 통한 효율성 추구가 요구되는 이러한 문제에 대해 최적의 해결책을 마련해야 하는 중요한 과제를 안고 있다.

넷째, 국제경영에서는 해당국의 통화와 환율의 문제를 고려해야 한다. 통화간의 환율은 급변하는 각종 경제적 여건에 따라 변동되기 때문에 국제경영자는 환율변동에 대처할 수 있는 전략도 개발해야 한다. 환율변동에 잘못 대응하게 되면 큰 위험에 직면할 수 있지만, 반대로 환율변동에 잘 대처한 기업은 국제사업 활동의 수익성을 증대시킬 수 있는 기회를 맞이할 수 있다.

3. 국제경영의 전략과 관리

국제기업은 세계 여러 나라의 다양한 국제환경 속에서 사업을 수행하기 때문에 상이한 환경에 대한 분석 및 이해와 더불어 효과적인 관리와 전략의 수립이 필수적이다. 이 경우 현지자회사의 입장에서 뿐만 아니라 국제기업 본사의 관점에서 국제경영전략 및 관리를 이해하는 것이 필요하다. 여러 국가를 대상으로 국제경영활동이 동시에 이루어지기 때문에 국가 간 자원과 활용을 어떻게 배치하고 이들을 효과적으로 조정할 것인가의 문제가 중요해진다.

국제경영전략으로는 해외시장진입전략, 국제사업전략, 국제경쟁전략, 국제제휴전략, 국제협상전략, 글로벌전략 등을 들 수 있고, 국제경영관리로는 국제마케팅관리, 국제생산관리, 국재재무관리, 국제인사관리, 국제조직 및 통제관리 등을 들 수 있다.

표 7-1
국제경영전략
및 관리

국제경영전략	국제경영관리
해외시장진입전략	국제마케팅관리
국제사업전략	국제생산관리
국제경쟁전략	국제재무관리
국제제휴전략	국제인사관리
국제협상전략	국제조직관리
글로벌전략	국제통제관리

제2절 기업의 국제화

1. 기업국제화의 정의

기업의 국제화(internationalization of the firm)는 기업의 경영활동이 국내시장에서 출발하여 세계의 여러 나라로 확대되어 가는 과정을 말하며, 동시에 기업이 경쟁력을 향상시켜 세계 일류수준의 기업으로 변화되어 가는 과정을 의미한다. 일반적으로 본사를 일국 또는 특정국가에 두고 있는 기업이 영업활동의 범위를 국제적으로 확대시켜 나가는 과정을 기업의 국제화라고 한다. 한 단계 더 나아가 기업이 더욱 국제화함으로써 특정국가에 속하지 않고 전 세계시장을 하나의 시장으로 파악하고 기업 활동을 최적입지에서 수행하게 된다.

기업의 국제화는 기업이 점진적으로 활동을 확대하여 국제적 개입을 증가시키는 과정이라 할 수 있는데 국제적 개입의 증가는 두 가지 방향으로 나눌 수 있다. 그 하나는 어느 특정국가 시장을 대상으로 기업이 활동영역을 증가하는 수직적 확장이 있을 수 있고, 다른 하나는 기업이 거래대상국을 추가하면서 활동무대를 넓히는 수평적 확장이 있을 수 있다.

2. 기업국제화의 결정요인

1) 단계별 결정요인

기업국제화의 단계에 따라 영향을 미치는 단계별 결정요인으로는 모든 단계에서 공통적으로 영향을 미치는 공통적 요인과, 특정 단계 또는 다음 단계로의 이행과정 중 영향을 미치는 개별적 요인으로 나눌 수 있다.

(1) 공통적 결정요인

그라이너(L. E. Greiner)는 기업의 국제화에 공통적으로 영향을 미치는 요인으로 기업 조직의 능력을 중요시한 반면, 요한슨과 비더샤임-폴(J. Johanson and F. Wiedersheim-Paul)은 사회·문화·심리적 거리감이나 현지시장의 규모를 중요시하였다. 그리고 빌키(W. J. Bilkey)는 기업특유의 비교우위, 경영관리자의 기업목표 달성 의지, 예상되는 수출의 기업목표 기여도, 수출에 대한 조직참여 정도 등을 중요시하였다. 카부스길과 네빈(S. T. Cavusgil and J. R. Nevin)은 빌키와 워렌이 제시한 네 변수간의 상호작용을, 요한슨과 발네(J. Johanson and J. E. Vahlne)는 기존시장에 대한 위협, 시장기회, 기업내부능력 및 경험, 성장의지 등을 중요시하였다. 데비드슨과 해리건(W. H. Davidson and R. Harrigan)은 제품 및 시장의 특성, 시장진출 순서 및 시기를, 보르첼과 보르첼(L. H. Wortzel and H. V. Worzel)은 제품에 대한 경험, 마케팅 필요조건, 제품의 유통구조, 무역장벽 등을 강조하였다.

(2) 개별적 결정요인

카부스길과 네빈(S. T. Cavusgil and J. R. Nevin)은 선진국 기업의 국제화 과정을 5단계로 나누어 각 단계별 국제화의 결정요인을 제시하고 있다. 이들의 주장에 의하면 기업국제화의 결정요인은 기업국제화의 정도에 따라 단계별로 다르기 때문에 각 개별단계에서의 공통적인 최적 결정변수는 존재하지 않는다. 개별 이행의 주된 결정요인은 당해 기업이 위치해 있는 국제화단계에서 개별기업의 능력과 경험에 따라 달라진다.

표 7-2

기업국제화의 개별적 결정요인

단 계	결정요인
1단계 : 국내마케팅단계	제품의 성격 현재 영업활동의 성격 해외시장 정보의 부족
2단계 : 수출이전단계	외부로부터의 자극 최고경영자의 적극적인 자세 등 내부로부터의 자극
3단계 : 시험적 진출단계	국제마케팅 활동에 대한 경영자의 태도 심리적 거리감
4단계 : 적극적 진출단계	수출활동의 결과로 얻어진 수출에 대한 기대감 소요자본의 확보가능성 경영자의 태도
5단계 : 국제기업단계	마케팅믹스능력 / 장애요인의 극복능력 수출기회의 파악 / 수출활동의 유지 및 확대

한편, 보르첼(L. H. Wortzel and H. V. Wortzel)은 위 다섯 단계 중 3단계에서 5단계까지의 결정요인을 제시하였다. 3단계에서 4단계로의 이행에 있어서는 시장요인과 제품요인이 중요하다고 주장하였다. 기업 간의 경쟁심화로 보다 적극적인 외국시장진출이 요구되기 때문이다. 제품요인으로는 제품 간의 품질경쟁강화 등이 중요한 변수라고 주장하였다. 4단계에서 5단계로의 이행에 있어서는 시장요인으로서 현지시장의 방어 및 확대, 제품요인으로서 자사상표 사용의 필요성, 기업요인으로서 경영자의 성장의지 등이 중요하다. 그러나 카부스길과 마찬가지로 산업별 또는 국가별 최적결정요인은 있을 수 없다고 주장하였다.

2) 환경적 결정요인

기업의 국제화를 촉진하는 환경적 결정요인으로는 〈그림 7-1〉에 제시된 바와 같이 시장요인, 비용요인, 경쟁요인, 기업요인 등으로 구분할 수 있다.

그림 7-1

기업국제화의 결정요인

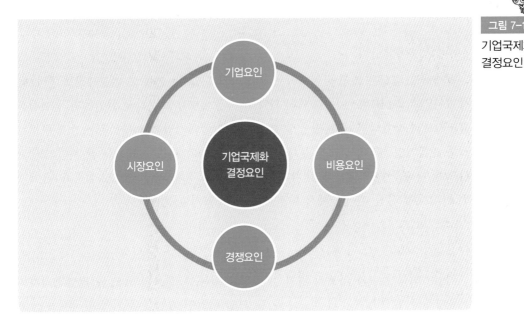

(1) 시장요인

국가 간 1인당 소득의 격차가 좁혀지고 그 결과로 생활방식과 소비자 기호가 유사하게 통일되어 가고 있는 데에는 정보통신기술의 영향이 크다. 특히 위성 케이블 TV

와 CNN 같은 전세계적인 네트워크를 가진 미디어의 영향으로 소비자들의 의식구조 등이 비슷하게 나아가고 있는 것이다.

그리고 해외여행의 증가로 전세계적으로 글로벌 브랜드를 선호하는 소비자들이 늘어나기 시작했으며, 글로벌 브랜드의 시장위력이 전세계적으로 커지게 되었다. 이에 따라 기업들도 글로벌 광고를 늘리고 유통망을 전세계적으로 운영하는 등 글로벌 마케팅을 적극 도입하였다. 이와 같은 글로벌마케팅의 도입이 이제는 역으로 시장 및 산업의 글로벌화를 더욱 촉진하고 있다.

(2) 비용요인

규모의 경제를 위한 노력이 계속되어 기술혁신이 가속화되고 있다는 점이 기업의 국제화를 촉진시키는 주요한 요인이 된다. 생산 면에서 저임금의 노동력을 보유한 중국, 인도 및 태국 등의 신흥공업국가들이 등장하고 제품수명에 비해 제품 개발비용이 급증하게 됨에 따라 비용을 줄이기 위한 글로벌 생산방식에 대한 요구가 점점 증대하게 되었다.

(3) 경쟁요인

범세계적 경쟁은 기업의 국제화를 촉진시키고 있다. 관세 및 비관세장벽 등 보호 장벽이 점차 제거되고 자유무역이 확대되면서 세계시장은 각국 기업들의 경쟁심을 불러일으키고 있다. 기존시장을 잃지 않으려는 국내기업들과 새로운 시장을 확보하려는 외국기업들과의 경쟁은 불가피한 실정이다. 세계시장점유율은 곧 기업의 영토라고 할 수 있는데 영토를 많이 차지할수록 규모의 경제, 상호지원 및 상승효과, 세계적 이미지 제고 등 여러 면에서 이점을 누릴 수 있기 때문이다.

(4) 기업요인

기업조직의 능력과 국제적 경험, 제품과 산업특성, 회사의 규모 및 경영관리자의 목표달성의지, 기업특유의 비교우위 등 기업 내적인 요인들은 기업의 국제화를 촉진시키는 주요한 요인이 된다. 특히 경영자의 의식구조는 기업국제화의 가장 중요한 요인으로 작용하고 있다. 즉, 최고경영층의 기업국제화에 대한 강한 욕구가 있느냐 없느냐에 따라 많은 기업들이 국제화의 추진여부가 결정되는 것으로 나타나고 있다. 더욱이 이러한 기업내적인 요인들은 외부요인과는 달리 국제화를 추진하면서 어느 정도 수정을 가할 수가 있기 때문에 기업국제화를 결정하는데 있어서 중요한 역할을 하게 된다.

3. 기업국제화의 과정

기업의 국제화 과정은 국가마다 특수한 환경이 있기 때문에 어느 국가에나 적용될 수 있는 동일한 모델을 제시하기란 어려운 일이다. 시장규모가 크고 기업의 역사가 길며 경영전략이 이미 다양화되어 있는 선진국에서는 기업의 국제화가 쉽지만 그 반대여건에 직면하고 있는 개도국에서는 기업의 국제화가 어렵다. 따라서 선·후진국 간에 기업의 국제화 단계가 다를 수밖에 없다. 여기서는 일반적으로 많이 알려진 펄뮤터(H. Perlmutter)와 로빈슨(R. D. Robinson)의 견해를 설명하기로 한다.

1) 펄뮤터의 기업국제화 과정

차크라바티와 펄뮤터(B. Chakravarthy and H. Perlmutter)는 국제화에 따른 기업의 변화를 본국중심기업(ethnocentric firm), 현지중심기업(polycentric firm), 지역중심기업(regiocentric firm) 그리고 세계중심기업(geocentric firm) 등 네 가지 범주화하였다. 이를 영어의 머리글자를 따서 'EPRG profile'이라 부른다.

표 7-3

펄뮤터의
기업국제화 과정

	본국시장 중심기업	현지시장 중심기업	지역시장 중심기업	세계시장 중심기업
목표	수익	공적 수용	수익 및 공적 수용	수익 및 공적 수용
전략	범세계적 통합전략	국별 반응전략	지역통합 및 국별 반응전략	범세계적 통합전략 및 국별 반응전략
조직	계층적인 제품사업부	계층적인 제품사업부	매트릭스를 통한 제품 및 지역조직	네트워크조직
관리 (목표설정방향)	상 → 하	하 → 상	지역과 자회사간 상호타협	모든 수준에서 협상
(커뮤니케이션)	계층적	거의 없음	수직적 및 수평적	수직적 및 수평적
(자원의 배분)	본사결정	자회사 결정	지역본사가 자율배분	범세계적 배분

자료: B. Chakravarthy and H. Perlmutter (1985).

2) 로빈슨의 기업국제화 과정

로빈슨(R. D. Robinson)은 기업의 해외활동 및 세계적 자원배분의 정도, 소유국가, 경영관리 특성 등을 기준으로 기업국제화 과정을 5단계로 구분하여 단계별 기업의 명칭을 각각 부여하였다. 〈표 7-4〉에 제시된 바와 같이 기업은 국가기업(national firm), 국제기업(international firm), 다국적기업(multinational firm), 초국적기업(transnational firm), 초국가기업(supernational firm)으로 발전하면서 국제화를 이루어 나간다고 설명하고 있다.

표 7-4

로빈슨의 기업 국제화 과정

	해외사업 내용	해외사업 비교	소유국가	경영관리 주체
국가기업	상품수출 및 기술제휴	국내산업의 일환	본사국	본사국 모기업
국제기업	상품수출 및 현지생산판매	상호의존성과 독립성이 공존	본사국	본사국 모기업
다국적기업	상품수출 및 현지생산판매	국내 해외 동등화	다수국	본사국 모기업
초국적기업	상품수출 및 현지생산판매	국내 해외 일체화	다수국	다수국
초국가기업	상품수출 및 현지생산판매	국내 해외 일체화	국제기구	국제기구

자료: R. D. Robinson (1973).

4. 기업국제화의 이점

기업국제화를 수행하는 기업은 국내기업에 비하여 기업의 성장과 생존이라는 면에서 유리한가? 이러한 의문에 대하여 이익기회의 측면에서 긍정적인 답을 제시할 수가 있다. 이는 모든 산업에 일률적으로 적용시킬 수 있는 것은 아니다. 기업국제화는 기업 또는 산업에 따라서 정도의 차이는 있지만 일반적으로 국내기업에 비해 다음과 같은 이점이 있다.

① 규모·범위·학습의 경제효과 등 경제성을 창출할 수 있다는 점
② 추가적 성장기회를 제공할 수 있다는 점
③ 위험을 분산할 수 있다는 점
④ 무역규제를 회피할 수 있다는 점

⑤ 정부영향력을 배제할 수 있다는 점
⑥ 노하우와 기술의 습득이 가능하다는 점
⑦ 기업 및 제품이미지를 제고할 수 있다는 점 등을 들 수 있다.

결국 국제화가 고도화된 기업일수록 국내기업에 비해 전 세계적인 이익기회를 발견하는데 있어서 유리하다고 할 수 있다. 또한 다국적기업은 해외 자회사와의 연결을 통해 지구 전체를 조감할 수 있는 시야를 가질 수 있으므로 각국에 산재한 이익기회를 포착할 수가 있을 것이다.

5. 기업국제화의 동기

1) 판매의 증대

기업은 국내시장에서 매출에 더하여 해외시장에서 매출을 추가하게 되면 더 많은 이윤을 확보할 수 있다. 세계화로 국가간 상품이동의 장벽이 낮아지고 전세계 소비자들의 기호가 동질화되어 감에 따라 상품의 해외시장 출시가 점점 쉬워지고 있다. 국내의 시장에 비해 해외시장은 훨씬 더 크기 때문에 대량으로 판매할 수 있는 기회와 이로 인한 규모의 경제를 가져 올 수 있다. 또 자국에 비교우위가 있는 상품의 경우에는 국내시장에서보다 해외시장에서 더 높은 가격을 받을 수 있어 해외시장에서 더 큰 이익을 누릴 수도 있다.

2) 자원의 획득

기업은 국내 보다 해외에서 더 유리하게 경영자원을 획득할 수 있는 경우가 많다. 세계에는 다양한 국가가 있으므로 외국에는 자국에 비하여 노동력이 풍부한 국가도 있고 자본이 풍부한 국가도 있다. 그리고 기술수준이 높은 국가도 있고 기타 다양한 자원마다 우위에 있는 국가가 있다. 기업이 필요로 하는 자원에서 최적의 국가에 진출함으로써 자원을 유리하게 확보할 수 있는 것이다. 기업이 일반적으로 외국에 진출함으로써 확보하고자 하는 자원은 값싸고 양질의 노동력, 낮은 비용의 자금, 첨단기술 그리고 유리한 생산 및 물류입지 등이다.

3) 위험의 분산

여러 국가에서 사업을 하게 되면 한 국가에서 사업을 하는 것보다 더 안정적으로 사업 활동을 할 수 있다. 한 나라에서만 사업을 하는 기업의 경우는 국내 경제상황이나 경기의 변동에 따라 매출이나 이익에서 큰 기복을 갖게 되지만, 여러 국가에서 사업을 하는 기업은 국가나 지역마다 경제상황이나 경기가 다르게 변동하기 때문에 이러한 기복을 줄일 수 있다. 여러 국가에 걸쳐 사업을 하는 기업은 이렇게 국가마다 다르게 변동하는 경제상황을 활용하여 경기활황 지역은 영업활동을 늘리고, 경기침체 지역은 영업활동을 줄임으로써 이익은 늘리고 손실은 줄일 수 있다.

제3절 다국적기업

1. 다국적기업의 개념

다국적기업(multinational corporation, multinational enterprises)은 세계 각지에 자회사·지사·합병회사·공장 등을 확보하고, 생산 및 판매활동을 국제적 규모로 수행하는 기업을 의미하며 세계기업(world enterprise)이라고도 한다. 다국적기업이란 용어를 최초로 사용한 사람은 릴리엔탈(D. E. Lilienthal)로서 그는 다국적기업이란 1개 이상의 국가에서 기업 활동을 하고, 1개 국가에 본사를 두고 있으면서 다른 나라의 법률 및 관습 하에서 경영활동을 하고 또 존재하는 기업이라고 하였다.

다국적기업은 해외직접투자의 특수한 형태로서 단순히 해외에 지점 또는 자회사를 두고 있는 것이 아니라, 현지국적을 취득한 현지법인으로서의 제조공장 또는 판매회사를 가지고 있다. 그리고 현지의 실정과 모회사의 전략에 따라 움직이고 공통적인 풀(pool)에서 자본·인적 자원 및 기술 자원을 공급하는 국제적인 조직망을 가지는 기업조직 또는 그 기업조직의 일환이다. 다국적기업이라는 형태로 미국의 대기업이 해외진출 특히 유럽 여러 나라로 진출하게 되자, 선진 제국 사이에 치열한 시장 쟁탈전을 벌이게 되었으며, 그 과정에서 자본의 국제적인 집중이 급속도로 진행되었다.

　반면, 오늘날 일부 소규모 기업을 제외하고는 거의 대부분의 기업들이 해외직접투자를 하고 따라서 거의 모든 기업을 다국적기업으로 부를 수 있기 때문에 일반기업과 다국적기업을 구분하는 것이 무의미해지고 있다. 이에 따라 많은 학자들은 일반적으로 해외직접투자를 한 기업 중에서 일정 기준을 갖춘 기업을 다국적기업으로 정하여 일반기업과 구분하고 있다. 예를 들면 국제화 정도(해외법인 수, 주주의 국적, 최고경영진의 국적 등), 국제화 성과(해외매출액 비중, 해외자산 비중, 해외종업원 수 비중 등), 국제화 행태(경영관점이나 사고방식) 등을 측정기준으로 다국적기업의 여부를 판단하고 있다. 하지만 어떠한 기업을 다국적기업으로 간주해야 하는가에 대해서는 학자마다 그 기준이 다르고, 각각의 기준마다 한계가 있기 때문에 통일된 기준은 없다. 일반적으로 해외 현지법인의 수(미국의 하버드대학 다국적기업 연구 프로젝트에서는 대기업으로서 해외 제조법인이 6개 이상일 경우를 다국적기업으로 간주하였음), 해외자산 규모(UN무역개발회의 UNCTAD가 세계 100대 초국적 기업의 순위를 정하는 기준), 총 매출액(포춘이 글로벌 500대 기업의 순위를 정하는 기준) 등을 가지고 다국적기업의 순위를 정하기도 한다.

(단위: 백만 달러)

순위	기업명	매출액
1	Walmart	523,964
2	Sinopec Group	407,009
3	State Grid	383,906
4	China National Petroleum	379,130
5	Royal Dutch Shell	352,106
6	Saudi Aramco	329,784
7	Volkswagen	282,760
8	BP	282,616
9	Amazon.com	280,522
10	Toyota Motor	275,288
19	Samsung Electronics	197,705
84	Hyundai Motor	90,740
97	SK Holding	86,163

표 7-5

포춘지 선정 글로벌 500대 기업 순위(2020년)

자료: Fortune (https://fortune.com/global500).

2. 다국적기업의 특성

　다국적기업은 자회사를 전세계적으로 설립·운영함으로써 양적인 확대를 도모함과 동시에 해외자회사의 신설을 계기로 하여 기업배치전략이나 기존의 각 사업 단위

간의 관리활동 등을 통해 상호간의 연대를 점차 유기적으로 전환해 나가며 질적인 변화를 추구하는 경영활동을 하고 있다.

다국적기업은 시장 확보뿐만 아니라 현지의 자금, 노동력, 생산자원 등을 이용하려는 것이 일반적인 현상이며 다국적기업은 ① 원료독점에서 기술독점으로, ② 식민지·종속국 중심에서 선진국 중심으로, ③ 이윤송금주의에서 재투자주의로, ④ 재외주의에서 현지법인주의로 전환되어 전개되고 있는 것이 최근의 추세이다. 이러한 다국적기업의 일반적인 특성은 다음과 같다.

첫째, 다국적기업은 그의 기업활동을 상이한 경제발전단계에 있는 다수의 국가에서 행하며 경영활동의 목표가 세계 지향적이며, 광범한 제품분야와 다양한 사업분야에 걸쳐 다각화된 기업활동을 전개하고 있다.

둘째, 다국적기업은 연구개발·생산·판매 및 서비스 등의 경영전략에 관한 제반 의사결정을 국경 내지 국가라는 개념을 초월하여 종합적·통일적으로 수립하는 경향이 있다.

셋째, 다국적기업은 해외자회사의 운영에 현지인을 참여시키고 다국적기업의 자산 중 상당부분은 국제경영에 투자되고 있으며, 과실도 본국 송금이 아니며 현지기업에의 재투자를 원칙으로 하고 있다.

넷째, 다국적기업은 일반적으로 각국에서 선출된 외국전문가와 본사 소재국의 경영진으로 구성되는 다국 간 경영문제협의 및 조정기구인 외국인본부를 설치하여 운영하고 있으며, 특히 개발도상국에 대한 국제경제협력체제 구축과 그를 통한 세계경제의 공동발전에 공헌하고 있다.

다섯째, 기업 소유권의 다국적 구성으로서 다국적기업의 주식은 상이한 국적을 갖는 사람들에게 의하여 분산되어 소유하고 있다.

여섯째, 다국적기업의 조직구조는 세계 지향적인 시장위주 또는 제품 계열 위주의 분권조직을 갖춘 독립적인 이윤센터의 기업조직으로 개편하는 조직구조의 분권화를 형성하고 있다.

3. 다국적기업의 동기

다국적기업의 해외진출이 어느 특정한 요인에 따라 이루어진다는 것은 드문 일이지만, 대부분 다음과 같은 요인들이 복합적으로 작용함으로써 이루어진다.

그림 7-2

다국적기업의
동기

1) 무역장벽의 회비

현지국이 명목상으로는 무역자유화 정책을 실시한다 하더라도 실질적으로 자국
산업을 보호하기 위해 관세 및 비관세장벽을 높여 무역제한조치를 실시한다. 다국
적기업은 관세와 비관세장벽의 회피하기 위해 현지국에서의 기업활동이 필요하다.

2) 지역특성의 활용

세계의 각 지역의 특성을 이용하여 보다 효율적인 경영을 할 수 있다. 다국적기업
은 세계에서 가장 싸게 만들 수 있는 곳에서 생산을 하고, 세계에서 가장 비싸게 팔
수 있는 곳에서 판매를 하며, 가장 저렴한 비용으로 차입할 수 있는 지역에서 자본을
조달하며, 양질의 기술인력이 있는 곳에서 제품개발을 하며, 이익을 극대화할 수 있
는 지역에다 자원과 자산을 이전하는 등 국내기업으로서는 가질 수 없는 이점을 누리
기 위해 현지국으로 진출한다.

3) 현지국 정부의 장려책

개발도상국은 고질적인 자본부족과 기술수준 등에 의해 경제개발을 자립적으로

달성하기 어려우므로 정부는 다국적기업에 조세나 법제상의 혜택을 베풀어 다국적기업을 통한 경제개발을 추진하려는 경향이 있다. 특히 다국적기업은 현지정부의 외자도입 진흥책, 조세우대조치, 저리융자, 보조금 혹은 보증제도 등과 같은 형태의 투자 유치정책에 대응하는 경우가 대부분이다.

4) 시장개척 및 확대

다국적기업은 현지국의 시장이 잠재력이 있고 그 규모가 클 때 그 시장을 확보 내지 확대하기 위하여 현지국에 진출하게 된다. 이러한 형태를 시장지향형 진출이라고 한다.

4. 다국적기업의 효과

다국적기업은 본국과 현지국 경제에는 물론 세계경제에까지 많은 영향을 미침으로써 국제경제 질서의 재편성을 초래하고 있다. 즉, 다국적기업은 세계 경제적 차원에서 물적 및 인적자원을 개발하고 우수한 제품을 생산함으로써 국제적인 자원배분을 보다 효율화하여 세계전체의 생산량과 후생을 증대시킨다는 긍정적인 측면이 있다. 반면 다국적기업은 스스로 세계시장을 불완전하게 만듦으로써 오히려 자원의 최적배분을 저해하고, 또한 독과점적 시장지배력을 통해 경제의 효율성을 감소시킨다는 부정적인 견해도 있다.

1) 본국에 미치는 영향

(1) 긍정적인 영향

본국에 미치는 긍정적인 영향으로는 첫째, 국민소득의 증대이다. 해외에서의 사업이 기업의 이윤을 향상시키고, 기업의 이윤증대는 주주와 기업 종사자들의 소득을 증대시키기 때문에 해외에서의 소득을 감안하면 국민소득이 증가된다. 둘째, 해외자회사로부터의 과실송금과 로열티 수입 등으로 국제수지가 개선된다. 특히 해외투자 수입의 본국송금, 관련산업의 수출증가로 인한 외환유입 등은 국제수지에 긍정적인 효과를 가져 올 수 있다. 셋째, 자원의 효율적 이용으로 높은 수익성을 실현할 수 있다.

기업이 필요로 하는 천연자원과 원자재가 풍부한 현지에 진출하여 이를 직접 개발 조달함으로써 안정적인 공급기반을 마련할 수 있고, 노동력이 풍부한 지역에 진출함으로써 생산비용을 절감할 수 있다.

(2) 부정적인 여향

본국에 미치는 부정적인 영향으로는 첫째, 자본의 유출로 생산직의 실업이 늘어나 고용수준이 저하된다. 둘째, 해외투자는 본국의 국제수지를 개선할 수도 있고 악화시킬 수도 있는데, 자본의 해외유출은 자본수지를 악화시키고 해외생산으로 수출이 줄게 되면 무역수지를 악화시킨다. 셋째, 현지국과 충돌이 발생할 경우 본국에게 정치외교적인 부담을 안겨줄 수 있다. 예를 들어 국가가 외화자금이 부족할 때 기업이 해외자금유출을 해야 하는 경우, 본국이 경제제재조치를 행하고 있는 국가에 대해서 기업이 사업진행을 하는 경우, 조세회피지역을 이용하여 본국의 세금을 회피하는 경우 등 다양한 경우에 본국과 다국적기업간에 마찰과 갈등이 발생할 수 있다.

2) 현지국에 미치는 영향

(1) 긍정적인 영향

현지국에 미치는 긍정적인 영향으로는 첫째, 다국적기업의 자본, 기술, 경영노하우 등을 공급함으로써 현지국의 경제성장과 안정에 기여할 수 있다. 다국적기업의 현지진출은 현지에 자본과 투자를 증대시키며, 특히 개발도상국의 경우는 만성적인 자본부족을 완화시켜 줄 수 있다. 다국적기업의 현지투자는 생산 및 고용을 증가시켜 현지국의 경제성장에 기여한다. 둘째, 다국적기업의 직접투자에 따른 자본유입으로 국제수지가 개선될 수 있다. 그리고 다국적기업에 의한 현지생산이 현지국의 수입을 감소시켜 국제수지를 개선시키게 된다. 셋째, 다국적기업의 진입에 자극을 받아 현지기업들의 경영합리화가 개선될 수 있다.

(2) 부정적인 영향

현지국에 미치는 부정적인 영향으로는 첫째, 다국적기업의 경제적 우위가 현저하여 현지기업이 경쟁에서 살아남지 못할 경우 비효율을 초래할 수 있다. 다국적기업은 기술, 자금, 경영관리 등 여러 측면에서 강한 경쟁력을 갖춘 경우가 많기 때문에 경쟁력이 약한 현지기업은 시장을 빼앗기거나 자생적으로 육성될 수 있는 기반을 상실할 수가 있다. 둘째, 다국적기업의 자본유입으로 장기적으로는 원리금 상환, 이익과 배당금의 송금, 기술이전에 대한 대가지급 등으로 국제수지가 악화될 수 있다. 셋째, 본국의 법률을 현지국에 연장 및 적용함으로써 현지국의 주권을 침해할 수 있다. 외국기업이 현지국의 경제정책을 따라주지 않을 경우에는 그만큼 현지국 정부의 경제 관리력이 약화된다. 특히 현지국이 개발도상의 약소국이고 다국적기업이 그 국가 내에서 큰 영향력을 행사할 수 있는 경우에는 국가의 경제주권이 위협받는 경우도 발생하게 된다. 다국적기업은 기업의 이권을 위해서 정부관리에게 뇌물을 제공하거나 정치인에게 정치자금을 제공하기도 하고 경우에 따라서는 본국의 힘을 빌리기도 한다.

1. 국제경영에 대해 정의하시오.

2. 기업의 국제경영 활동은 어떤 필요성에 의해 이루어지는지 설명하시오.

3. 국제경영과 국내경영과의 차이점을 설명하시오.

4. 기업국제화의 동기를 설명하시오.

5. 다국적기업의 정의와 해외진출동기에 대해 설명하시오.

6. 다국적기업이 본국 및 현지국에 미치는 영향에 대해 약술하시오.

해외직접투자

이 장의 주요용어

해외직접투자 · 수직적 투자 · 수평적 투자 · 단기투자 · 장기투자 · 독점적 우위이론 ·
내부화이론 · 절충이론 · 고지마이론 · 과점적 반응이론

제1절 해외직접투자의 이해

1. 해외직접투자의 의의

1) 해외직접투자의 개념

일반적으로 해외투자는 투자자의 경영참가 여부에 따라 해외직접투자와 해외간접투자로 구분하는데, 투자현지에 경영참가를 목적으로 자본, 생산시설, 경영기술 등 생산요소를 현지에 이전시키는 것을 해외직접투자라고 하며, 경영에 참가하지 않고 단순히 이자, 주식배당 등 투자과실의 획득을 목적으로 하는 투자를 해외간접투자라고 한다. 따라서 해외직접투자(Foreign Direct Investment; FDI)는 기업이 보유하고 있는 생산요소 및 경영자원을 하나의 패키지 형태로 해외이전하여 직접 경영활동을 전개하는 형태의 시장진입 방식이라 정의할 수 있다. 해외직접투자는 해외시장 진입방법의 하나로 설명되고 있지만, 해외직접투자가 시장진입 방법으로서의 의미만 있는 것은 물론 아니다. 투자 대상국이 시장으로서의 의미보다는 부품 혹은 완제품의 생산과 조립, 즉 조달 기지로서의 의미가 더 큰 경우도 많기 때문이다. 범세계적 조달, 혹은 범세계적 생산을 위한 해외직접투자의 경우 시장진입방법의 하나로서, 다시 말해 수출이나 라이선싱과 비교되어 선택되는 대안으로서 설명하려는 시도는 적절치 못하며, 오히려 생산의 입지결정 측면에서 접근해야 할 것이다.

투자하는 기업입장에서 볼 때 해외직접투자의 요체는 자본참여와 함께 경영활동에 직접 참여하고 통제권을 행사한다는 점이다. 따라서 투자에 대한 이익의 기회와 권한을 갖게 되지만 그만큼 책임과 투자손실의 위험이 수반되는 것은 물론이다. 해외직접투자의 경우 투자기업 당사자는 물론이고 투자 대상국과 본국에도 다양한 형태의 영향을 미친다. 대규모 자본의 유출입과 기술, 인력, 경영의 국가간 이전이 양국의 경제, 사회, 문화에 상당한 정도의 파급효과를 미치는 것이다. 각국 정부가 자국 기업의 해외투자, 외국기업의 자국 내 직접투자에 대해 각종 정책 수단을 통해 규제를 가하거나 유인을 제공하는 것은 바로 이 때문이다.

2) 해외직접투자의 특징

해외직접투자는 국제기업들이 해외에 진출하는 전략으로 채택하고 있는 일반적인 방법으로써 그 특징은 다음과 같다.

첫째, 해외직접투자는 단순히 투기 동기 면에서 이자, 배당금 및 자본이득을 목적으로 하는 유가증권과는 달리 투자자가 해외기업의 경영에 직접 참가하여 이윤을 획득하기 위한 투자이다.

둘째, 해외직접투자는 그 구체적 형태면에서 단순한 화폐적 형태의 자본이동뿐만 아니라 유형 및 무형의 경영자원과 특허, 노하우는 물론이고 마케팅기법 등을 포함한 광범위한 이전을 의미하고 있다는 점에서 수출이나 라이선싱과 구별된다. 한편 직접투자에 필요한 자본은 반드시 모기업의 거주지 국가로부터 이전될 필요는 없으며, 필요자금을 현지국의 자본시장에서 조달할 수도 있다. 그러나 해외직접투자의 기본성격이 이윤동기에 의한 현지기업의 실질적 지배에 있으므로 그 기본속성은 자본수출에 있고 여기에 기타 유형·무형의 여러 경영자원의 수출이 복합되어 있다 하겠다.

셋째, 해외직접투자는 특정한 몇 개국에 집중되어 있다. 즉, 세계의 국가 중에서 미국의 해외직접투자가 절대적인 비중을 차지하고 있으며, 그 다음으로 일본, 영국, 독일 등과 같은 선진공업국들을 중심으로 한 투자가 행하여지고 있다.

넷째, 해외직접투자가 몇몇 산업에 집중되어 있는 것도 세계적인 특징의 하나이다. 미국, 영국, 독일 등 선진국들의 다국적기업들은 제조업에 가장 많은 직접투자를 하고 있으며 그 다음에는 석유와 광업 순이다. 업종별로는 석유, 자동차 및 기타 수송기기, 화학, 기계, 컴퓨터, 철강 및 비철강, 식료품, 의약품 등의 산업에 집중되어 투자가 일어났는데 최근에는 생명공학, 정밀화학, 우주항공 등 첨단산업에 대한 해외직접투자가 급격히 늘어나고 있으며 고부가가치 자본투자 방향으로 전환되고 있다.

다섯째, 해외직접투자는 자본의 수출인 동시에 기업의 수출로서 한 국가의 기업이 국내지향 및 해외지향의 경영에서 현지지향 및 세계지향의 경영으로 전환하기 위한 필요조건이다. 이를 기업의 일반적인 성장과정에서 보면 기업은 생성초기단계에서는 국내시장 개척에 주력하나, 기업이 성장하면서 국내판매에서 발생되는 제 문제, 즉 시장의 제한성, 경쟁의 심화 등을 해소하기 위하여 수출에 의한 해외시장개척을 도모하게 된다. 이러한 해외시장개척에 의해 기업은 수출확대기에 돌입하나 이 시기가 지나면 수입국의 제반 여건변화, 제3국과의 경쟁심화 등의 이유로 인하여 현지생산에 의한 시장기반 확보 및 생산원가 절감을 추구하게 된다.

2. 해외직접투자의 분류

해외직접투자에 대한 분류는 투자기준에 따른 분류와 결합형태에 따른 분류 그리고 설립형태에 따른 분류로 구분할 수 있다. 그리고 투자기준에 따른 분류는 다시 투자주체에 의한 분류와 투자기간에 의한 분류로 나누어지고, 결합형태에 따른 분류는 수직적 투자와 수평적 투자로 나눌 수 있다. 그리고 설립형태에 따른 분류는 신설투자와 인수·합병에 의한 투자로 구분할 수 있다.

1) 투자기준에 따른 분류

(1) 투자주체에 따른 분류

해외직접투자를 투자주체에 따라 분류하면 민간투자와 공공투자로 구분할 수 있다. 민간투자는 영리를 목적으로 경영활동을 수행하는 기업체가 투자의 주체인 형태이다. 따라서 투자에 대한 집행과 그 결과에 대한 모든 사항이 기업 스스로에 귀속되는 것으로 영리를 추구하는 모든 일반기업들이 이 범주에 포함되며 대부분의 해외직접투자가 여기에 속한다. 반면 공공투자는 국가의 공공이익 증진과 내국민의 복지향상, 편익제공 등을 목적으로 투자가 수행되거나, 국가와 국가의 경제협력을 통한 상호이익을 도모하는 것으로 개별기업의 사적인 영리 추구가 목적이 아닌 공공성이 짙은 투자의 형태이다.

(2) 투자기간에 따른 분류

해외직접투자를 투자기간에 따라 분류하면 단기투자와 장기투자로 구분할 수 있다. 단기투자는 해외투자로 비롯된 경영활동상의 모든 투자가 단기간(주로 1년 이내)에 모든 과정이 완결되는 투자형태를 말한다. 즉, 투자에 직접 수반되는 자금의 송금은 물론 대지구입, 건물공사와 기계설비 등의 고정자산 투자가 1년 이내에 걸쳐 완성되고 곧이어 정상적인 영업 등의 경영활동이 진행되는 것으로 주로 민간 개별기업들이 수행하는 일반적 해외직접투자의 형태이다. 반면, 장기투자는 각종 투자가 장기간(1년 이상)에 걸쳐 진행되는 투자를 말한다. 이러한 장기투자는 투자의 규모가 크고 공공성이 짙은 투자를 비롯하여 설비 및 장치산업의 투자와 같이 투자금액이 거대한 형태가 보편적이라 할 수 있다. 일례로 장기투자는 해외자원을 개발하는 투자와 경제협력 투자 등 기간이 장기간에 걸쳐 수행되는 산업에 투자하는 형태이다.

구분	단기투자	장기투자
기간	1년 이내	1년 이상
투자요인	• 기존의 동일한 사업의 관련 투자 • 소규모 다국적기업의 일반적 투자 • 생산설비, 기술, 판매와 경영관리 기업의 숙련성 요구 • 자금소요가 적고 자금조달을 스스로의 책임 하에 진행 • 투자의 리스크가 비교적 적음	• 기존사업보다는 신규사업의 투자 • 투자의 규모가 크고 공공성이 강한 투자 • 자금의 소요가 크고 정책자금 등 타인자금 의존도가 높음 • 투자의 기업이 기업자신과 정부의 정책결정과 관련성이 높음 • 투자의 리스크가 비교적 높음
투자방법	단독투자의 형태	합작투자의 형태

표 8-1

단기투자와 장기투자의 비교

2) 결합형태에 따른 분류

해외직접투자 시 여러 가지 결합 형태로 분류할 수 있다. 이러한 형태는 기업의 조직문화, 해외산업의 특성, 산업 구조적 특성, 현지기업의 형태에 따라 차이가 있으며 여기서는 모회사와 자회사의 결합형태에 따라 수직적 투자, 수평적 투자, 다각적 투자로 구분하기로 한다.

(1) 수직적 해외직접투자

수직적 해외직접투자(vertical FDI)는 한 제품을 생산함에 있어서 생산공정을 수직적 계열화하여 여러 국가에 배치하고 이 공정들이 서로 유기적으로 연결되도록 함으로써 원가상의 우위나 생산의 효율성을 높이기 위한 투자방법이다. 이와 같이 수직적 투자가 이루어지는 이유는 각 생산공정별로 지역국가에 따라 요소집약도가 다르기 때문이며, 생산공정을 각 공정별로 적합한 요소가 풍부한 나라에 분산시켜 이로 인한 생산효율성을 추구하게 된다.

수직적 해외직접투자에는 두 가지 유형이 있는데, 그 하나는 기존의 국내 생산라인에 원료를 공급하기 위한 해외직접투자(후방통합에 의한 FDI)이다. 제지, 석유, 광산개발 등의 자원개발 투자에서 자주 볼 수 있는 유형의 해외직접투자로서 원자재의 안정적 공급을 보장해 줄 수 있고 원가를 절감할 수 있다는 장점을 가지고 있다. 수직적 해외직접투자의 두 번째 유형은 기존의 제품을 사용하거나 판매하는 사업에 대한 해외직접투자(전방통합에 의한 FDI)이다. 이러한 유형의 해외직접투자는 해외에 자신의 제품을 판매할 수 있는 확고한 기지를 확보해 두는 것과 마찬가지이기 때문에 해외시장개척시 매우 유리한 방식이라고 할 수 있다.

(2) 수평적 해외직접투자

수평적 해외직접투자(horizontal FDI)는 생산공정을 수직적으로 계열화하는 것이 아니라 본국의 모회사가 가지고 있는 생산기능을 여러 국가로 확대시키는 투자유형을 의미한다. 즉, 해외직접투자를 통하여 모회사가 생산하는 제품과 같은 동일상품을 생산하는 여러 개의 해외 생산공장을 설립하는 것이다.

수평적 해외직접투자는 국내 및 해외시장에서 동시에 생산이 이루어지기 때문에 규모의 경제 효과를 얻을 수 있는 이점이 있으며, 생산을 지역적으로 분산시킴으로써 수송비 및 물적유통비를 절감할 수 있다. 그리고 현지시장 근처에서 마케팅활동을 수행함으로써 지역적 수요에 맞는 마케팅 활동을 수행하여 효율성을 제고시킬 수 있는 이점을 가지고 있다.

수평적 해외직접투자의 예로는 세계 각국에서 동일한 제품을 생산·판매하기 위해 해외에 투자하여 범세계적으로 사업 활동을 전개하고 있는 Coca Cola, IBM, GM, 삼성, LG, 현대자동차 등과 같은 다국적기업들을 꼽을 수 있다.

(3) 다각적 해외직접투자

다각적 해외직접투자(conglomerate FDI)는 기존의 국내생산라인과 상이한 라인을 해외에 확대하는 투자로서 생산 및 수요의 측면에서 밀접한 관계가 없는 분야에 진출하여 다양한 사업 활동을 전개하기 위한 해외직접투자를 말한다. 이러한 다각적 해외직접투자는 기존의 사업단위와 직·간접적으로 관련이 있는 사업을 해외직접투자를 통해 다각화하는 관련산업에 대한 다각적 투자와 전혀 관련이 없는 사업을 다각화하는 비관련산업에 대한 다각적 투자로 구분해 볼 수 있다.

일례로 다국적기업 Unilever사는 범세계적인 사업활동을 전개하는데 스코틀랜드와 칠레에서는 양어와 섬유업을, 인도에서는 의류제조업을, 태국과 콜롬비아에서는 팜유농장을 그리고 아프리카와 인도에서는 커피와 차 농장 등을 각각 보유하거나 운영하고 있다.

3) 설립형태에 따른 분류

(1) 신설투자

신설투자(greenfield investment)는 기업이 이전에 없던 생산시설을 현지에 새롭게 설립하여 진출하는 방식이다. 진출기업 자신이 직접 해외시장 개입의 규모와 생산시설을 통제 할 수 없기 때문에 비용이 훨씬 더 적게 소요된다. 진출기업이 피인수기업의 문제점까지 떠맡게 될 위험도 없으며, 가장 최신의 생산기술 및 경영기법을 활용할 수 있다. 또한 생산활동, 고용, 경쟁을 증대시켜 주기 때문에 피투자국으로부터 환영을 받을 수 있다.

(2) 인수 · 합병에 의한 투자

직접투자는 새로운 기업을 설립하는 형태로도 이루어지지만 기존 기업을 인수 · 합병하는 경우도 많다. 인수 · 합병에 의한 직접투자의 개념은 현지국에 기존 기업의 경영권을 확보하는 것이다. 인수(acquisition)는 기존 피인수기업을 그대로 존속시키면서 경영권을 확보하는 것이고, 합병(merger)은 현지국의 다른 기업을 흡수하여 두 개 이상의 기업이 하나의 기업이 되는 것을 의미한다.

3. 해외직접투자의 제이론

1) 독점적 우위이론

독점적 우위이론(monopolistic advantage theory)은 어느 기업이 다른 기업이 갖지 못한 그 기업 특유의 우위요소를 갖고 있을 때 해외직접투자를 하게 된다는 이론으로 하이머(S. H. Hymer), 킨들버거(C. P. Kindleberger), 케이브스(R. E. Caves) 등에 의해 제기 되었다.

현지국에 직접 진출하여 경영활동을 수행할 때 진출기업이라 할 수 있는 외국기업은 현지기업에 비해 여러 가지 불리한 점들이 있다. 그럼에도 불구하고 이들이 현지 투자로 사업 활동을 할 때에는 그러한 불리한 점을 극복할 수 있는 어떤 우위적 요소가 있기 때문이다. 즉, 외국기업이 해외사업 활동에서 정상적인 활동을 하기 위해서는 현지기업에 비해 외국기업으로 갖는 필연적인 불이익(일명 외국비용)을 보전할 수 있는 기업 특유의 우위요소가 있어야 한다. 예컨대 저렴한 자본조달 능력, 상표, 기술에 관한 노하우, 마케팅 능력, 우수한 경영기법 등이 있다. 기업이 이미 확보하고 있는 이러한 자원을 외국의 다른 시장에서도 사용하면 비용은 발생되지 않으면서 수익을 얻을 수 있기 때문에 해외직접투자를 하게 되는 것이다.

외국기업이 현지국 기업에 비해서 가지는 독점적 우위요소는 ① 제품시장의 불완전성과 관련된 것들로서 제품차별화 능력과 특수한 마케팅기술, ② 생산요소시장의 불완전성과 관련된 것으로서 특허 및 비공개기술의 보유, 기술획득 및 자본조달상의 우위, ③ 규모의 경제와 관련된 것으로 수직적 통합과 수평적 통합능력, ④ 정부규제와 관련된 것으로서 조세 및 관세, 금리 및 환율정책 등이다.

표 8-2 독점적 우위요인	독점적 우위요인	독점적 우위의 구체적 요인
	제품시장의 불완전성	제품차별화, 특수한 마케팅기술, 재판매가격유지제도, 관리가격
	요소시장의 불완전성	특허 및 비공개기술, 기술획득 및 자본조달상의 우위, 경영자 능력의 차이
	규모의 경제	수직적 통합요인으로서의 외부경제, 수평적 통합요인으로서의 내부경제
	정부의 규제	조세 및 관세, 금리 및 환율정책, 특정산업의 수출입 규제

자료: C. P. Kindleberger (1969).

반면, 어느 기업이 기업특유의 우위요소를 가지고 있다고 하더라도 모두 다 해외직접투자를 행하는 것은 아니기 때문에 이 이론은 해외직접투자의 필요조건은 되지만 충분조건은 되지 못한다. 즉, 이 이론은 기업특유의 우위요소(firm-specific advantage)를 왜 해외직접투자라는 자금 부담이 많아 위험이 큰 사업형태를 통하여 진출하는가에 대하여 언급하지 못하는 한계가 있다. 이에 대한 답은 다음에 제시되는 내부화이론에서 찾을 수 있다.

2) 내부화이론

내부화이론(internalization theory)은 시장을 통하여 기업 외부에서 이루어지는 해외사업 거래를 기업조직내로 내부화하기 위하여 해외직접투자를 하게 된다는 것이다. 내부화이론은 원래 코오스(R. H. Coase)의 연구로부터 시작되어 윌리암슨(O. E. Williamson)에 의해 체계적으로 계승 진행되었고, 이를 바탕으로 버클리(P. J. Buckley)와 카슨(M. Casson)은 해외직접투자에 내부화의 개념을 처음 도입하였으며, 그 후 러그만(A. M. Rugman)은 내부화이론을 더욱 심화 발전시켜 이를 해외직접투자 현상을 설명하는 일반이론이라고까지 하였다.

국제기업이 시장의 불완전성으로 인한 거래비용을 회피하기 위하여 만일 기업 내에서 낮은 비용으로 거래를 이룰 수만 있다면 기업이 시장기능을 대신하여 그 거래를 내부화하게 된다. 그리고 내부화란 외부시장의 불완전성에 대응하여 거래비용을 회피하거나 감소시키기 위하여 내부시장을 창조하는 과정으로서 국제기업의 제 자원을 외부시장 기능을 통한 거래비용이 매우 큰 경우에 시장을 통한 외부거래를 택하기보다는 자회사를 설립하여 기업 내부의 거래로 대체하여 비용을 절감할 수 있기 때문에 내부화를 하게 되고 이러한 과정에서 해외직접투자가 발생하게 된다.

내부화이론은 중간재 시장의 불완전성, 지식 및 기술시장의 불완전성, 자본시장의 불완전성에 대하여 기업이 어떻게 대응하는가를 설명하는 것으로써 시장의 불완전성만 가정한다면 어느 경우의 해외직접투자에도 적용될 수 있는 이점을 가지고 있다. 하지만 시장불완전성에 의한 내부화동기 요인의 존재만으로 해외직접투자가 발생한다는 것은 그 동기설명이 다소 추상적이라는 비판도 있다.

3) 절충이론

절충이론(eclectic theory)은 해외직접투자에 관한 기존의 이론을 합하여 만든 이론으로 더닝(J. Dunning)에 의하여 제기되었다. 기존의 이론들이 해외직접투자의 한 측면만을 설명하고 있다는 점을 감안하여 이들을 종합하려는 시도로 볼 수 있다. 즉, 해외직접투자를 포괄적으로 설명하기 위해서는 첫째, 외국비용에도 불구하고 어떻게 직접투자가 가능한가? 둘째, 기업이 보유하고 있는 경쟁우위를 왜 시장이 아닌 기업 내부조직, 즉 직접투자를 통해 활용하는가? 셋째, 직접투자의 대상이 되는 현지국은 어디인가, 즉 어디로 진출하는가? 등에 대한 답을 종합적으로 제시할 수 있어야 한다는 것이다. 이 이론에 의하면 기업의 해외직접투자 결정은 기업특유의 우위, 입지특유의 우위, 내부화 우위라는 세 가지의 요인을 종합적으로 설명한다.

기업특유의 우위(ownership advantage)는 기업이 장기간의 투자를 통해 축적한 지식기반자산으로 일정 기간 동안 독점적으로 활용할 수 있는 기술이나 마케팅 노하우 또는 경영기법을 의미한다. 기업이 해외에 진출하여 외국비용을 극복하고 성공적으로 해외사업 활동을 수행하기 위해서는 현지기업이 가지지 못한 어떤 독점적 우위요소를 소유해야 한다.

입지특유의 우위(location-specific advantage)는 특정 입지가 다른 입지에 비해 지니고 있는 이점으로서 기업이 왜 특정 입지를 선택하는지 설명해 준다. 즉, 투자를 받아들이는데 있어서 특정 투자대상 현지국이 갖는 장점을 말한다. 이러한 입지요소의 예로서는 노동, 에너지, 원재료 등 투입요소의 가격 저렴성과 품질의 우수성, 사회간접자본의 발전 정도, 시장의 크기와 성장잠재력, 정부의 지원 등이 있다.

내부화의 우위(internalization advantage)는 기업이 자사가 보유하고 있는 우위요소를 외부시장을 통하여 이용하기보다는 내부화하여 직접 활용함으로써 얻을 수 있는 우위요소를 말한다.

표 8-3	우위요소	절충이론의 구체적 내용
절충이론의 우위요소	기업특유의 우위	• 특허기술 및 상표 • 생산관리, 조직, 마케팅시스템, R&D능력, 인적자원의 축적과 경험 • 노동, 원료, 금융정보 등의 투자자원에 대한 접근 및 획득능력 • 목표시장 접근 능력 • 시장진입 통제 • 생산, 구매, 마케팅, 자금조달의 유리 • 정보, 투입요소, 시장 등에 대한 유리한 접근 • 요소부존, 시장 등 국제적 차이 활용 능력 • 위험분산 능력
	입지특유의 우위	• 투입물과 시장의 공간적 분산 • 투입물의 가격, 품질 생산성 • 운송, 통신비용 • 정부간섭 • 수입규제, 세금유리, 투자유인, 투자환경, 정치적 안전성 • 경제 하부구조, 사회간접자본 발달정도 • 언어, 문화, 국민성의 이질감 • 연구개발, 생산, 마케팅 등의 경제성
	내부화의 우위	• 거래자 선정, 협상조정 등의 시장거래비용 회피 • 독점적 관리확보에 따르는 소유권비용의 회피 • 거래제품의 가치 및 성질 등에 대한 거래불확실성의 극복 • 외부적 가격차별화 불인정/내부시장능력 • 내부거래를 통한 제품의 품질 보장 • 상호의존적 활동에 의한 비용절감 • 쿼터, 관세, 가격통제, 조세차별 등의 정부간섭회피 • 유통 및 판로 통제의 용이

자료: J. H. Dunning (1980).

절충이론은 앞서 제시된 세 요소의 글자를 따서 'OLI paradigm'이라고도 하는데, 독점적 우위이론의 독점적 우위와 내부화이론의 내부화 우위에다 입지특유 우위를 추가한 것이다. 이 이론은 해외직접투자에 대한 여러 주요 이론들의 설명력을 가진 이론으로 평가되고 있지만, 독자적인 설명력을 가진 이론이라기보다는 문자 그대로 여러 이론의 절충에 불과하다는 비판을 받고 있다.

4) 고지마이론

고지마(Kojima)의 이론에 의하면 해외직접투자는 투자국에서 이미 비교열위에 있거나, 비교열위화 되고 있는 한계산업을 중심으로 투자하되 현지국에서는 현재적 또는 잠재적인 비교우위를 갖는 산업으로부터 순차적으로 투자가 이루어져야 한다는 것이다. 이를 비교우위 원리 또는 내용에 따라서는 한계적 산업진출론 이라고도 한다.

고지마에 따르면 해외직접투자의 형태는 미국형과 일본형으로 구분할 수 있으며, 세계경제의 후생증가 측면에서 일본형 해외투자가 바람직하다는 주장을 하였다. 미국형 직접투자는 독과점적 산업에서 독점기업들 간의 경쟁 활동의 결과로 발생되며, 이러한 직접투자의 결과는 오히려 상품교역량을 줄어들게 함으로써 후생수준을 감소시키게 된다는 것으로서 이들 형태의 직접투자는 규제되어야만 한다. 이와는 달리 일본형 직접투자는 대개 일본이 비교우위를 상실해가는 산업(피투자국의 경우에는 비교경쟁력이 우위에 있는 산업)에서 많이 발생하게 된다. 직접투자의 결과 일본기업과 해외투자 자회사간의 중간재 등의 국제간 무역을 증가시키는 역할을 하게 되며, 이러한 직접투자 활동을 통해서 피투자국의 경제발전을 가져오기 위한 역할도 담당하게 된다는 것이다. 따라서 일본형 해외직접투자는 국제무역을 증진시킨다는 관점에서 투자국이나 피투자국 정부에 의하여 모두 장려되어야 하며 보호받을 필요성이 있다고 주장한다.

이러한 고지마의 이론은 미국형 투자와 직접투자이론에 대한 정면적 공격과 일본형 해외직접투자를 옹호한다는 점에서 많은 논란을 불러 일으켰다. 이에 대하여 메이슨(Mason) 등은 다음과 같은 점들을 들어서 고지마의 주장을 반박하고 있다. 첫째, 미국기업과 일본기업들 간의 외형상 해외투자 형태의 차이는 미국과 일본의 산업구성 차이에 근거하며, 일본기업들도 첨단산업 등 미국과 같은 사업에서는 미국기업과 같은 투자형태를 보이고 있다. 둘째, 미국형 직접투자의 경우 상품의 국제무역을 대체하기는 하지만 기술, 자본 등 관련요소의 국가간 이동을 촉진함으로써 복지증진효과를 보이게 된다. 셋째, 일본형 해외투자의 경우 중간재 등의 국제무역을 증진시키기는 하지만, 대부분 중간재의 독점적 공급과 그에 따른 과다보상으로 피투자기업과 국가의 복지를 감소시키게 된다.

5) 과점적 반응이론

과점적 반응이론(oligopolistic reaction theory)은 합리성에 기초한 경제적 분석보다는 기업의 행동적인 반응, 전략적인 반응으로 해외직접투자를 설명하려는 이론으로서 니커보커(F. Knickerbocker)가 제시하였다.

과점산업의 기업들은 경쟁기업의 행동에 민감하며 선도기업이 신시장 개척 또는 새로운 원료공급지 확보를 위해 해외로 진출하면 다른 후발기업들도 선도기업과의 경쟁에서 뒤지지 않기 위해서 선도기업을 따라 해외로 진출한다. 즉, 어느 한 기업이 해외에 직접투자를 하게 되면 동 업종의 경쟁기업도 같은 국가에 자회사를 설치하는 방어적 투자를 하게 된다. 이것이 바로 해외직접투자를 설명하는 과점적 반응이론이다. 이때 동종 산업의 기업들이 특정 투자대상국에 집중적으로 몰리는 현상이 나타나기도 하는데 이를 밴드왜건효과(band wagon effect)라 한다. 그러나 이 이론은 방어적 투자 행동만을 설명하고 있기 때문에 선도기업의 최초 해외직접투자가 왜 일어나는지에 대한 설명을 하지 못하는 것이 단점이다.

제2절 해외직접투자의 동기와 유형

1. 해외직접투자의 동기

1) 전략적 동기(strategic motives)

기업이 전략적인 목적으로 해외직접투자를 추구하는 경우 그 동기에 따라 시장지향형, 생산효율지향형, 자원지향형, 지식지향형 그리고 위험회피지향형 등 다섯 가지로 구분될 수 있다.

첫째, 시장지향형(type of market seekers) 투자는 기존의 시장과 판매망을 유지하면서 제3국의 신수출 시장을 개척하기 위하여 현지에 진출하여 생산하는 것이다.

둘째, 생산효율지향형(type of production-efficiency seekers) 투자는 생산성에 비하여 생산요소의 가격이 상대적으로 저렴한 지역에 진출코자 하는 것으로 노동집약적 산업에서 이러한 동기로 투자가 많이 이루어지고 있다. 이러한 예로 우리나라를 비롯한 세계의 전자업체들이 임금이 저렴하고 풍부한 양질의 노동력을 보유한 동남아, 중남미 등의 현지로 전자제품 조립을 위해 진출하는 경우를 들 수 있다.

셋째, 자원지향형(type of raw material seekers) 투자는 각종 생산원료가 풍부하고 저렴한 지역을 찾아 투자하는 것으로 당해 생산물은 현지수요에 충당하거나 투자국 또는 제3국에 재수출되며, 원유·광업·농업·임업 등의 자원개발투자와 관련된다. 미국의 중동지역 석유투자 및 부존자원이 부족한 일본의 해외직접투자가 좋은 예이다.

넷째, 지식지향형(type of knowledge seekers) 투자는 외국의 선진기술이나 경영관리기법을 습득하기 위한 동기에서 투자를 하는 것으로 유럽계 회사들이 때때로 미국계 회사들을 현상 그대로 인수하는 경우는 이런 동기 때문이다.

다섯째, 위험회피형(type of local risk overcome) 투자는 투자지역에서의 정치·경제적 위험이 없는 국가나 지역으로 진출하려는 것으로 이러한 위험이 높은 지역에 진출하여 투자를 할 경우, 수용 및 몰수의 위험이 높아 기업의 목표를 달성할 수 없기 때문에 현지의 위험도가 낮고 수익성이 높은 지역으로 진출하려는 것이다.

이상의 다섯 가지 전략적 동기는 상호보완적이며 해외직접투자는 한 가지 이상의 동기가 결합되어 이루어진다.

2) 행동적 동기(non-economical motives)

기업의 해외직접투자는 외부환경 또는 조직내부에서 최고경영층의 개인적 경영철학이나 목표에 따라 혹은 기업의 조직구성원이나 그룹에 대한 공약 등의 이유에서 이루어지기도 한다. 이러한 행동적 동기를 유발하는 외적 요인을 아하로니(Y. Aharoni)는 1차 요인과 2차 요인으로 구분하였다.

(1) 1차 요인

1차 요인으로 ① 외국정부, 자사제품의 해외대리점 및 고객 등의 권유, ② 자사제품의 판매시장 상실에 대한 우려, ③ 선도적 역할수행 효과기대, ④ 국내시장에서의 외국기업과 경쟁예상 등을 들 수 있다.

(2) 2차 요인

2차 요인으로 ① 생산요소 및 개발제품의 시장창조, ② 노후화된 기계 등의 생산설비의 재이용, ③ 노하우의 자본화·연구개발 및 기타 고정비의 분산, ④ 수용국과 무역관계협정을 맺고 있는 제3국 시장에 우회진출 등을 포함하고 있다.

위에서 언급한 행동적 동기의 입장에서 보면 해외직접투자는 특정한 동기나 기회가 주어졌을 때 기존의 원칙에 얽매이지 않고, 새로운 동기로 인한 의사결정으로 정해지는 경우도 있음을 알 수 있다.

3) 경제적 동기(economical motives)

경제적 동기는 국제기업이 이윤을 추구하는 과정을 경제적 관점에서 고려한 것으로서 해외직접투자는 각국의 실물자산, 생산요소, 금융 등 국내시장이 불완전 상태에 있기 때문에 이루어지고 있다. 일반적으로 실물자산시장이 불완전한 것은 현지 정부의 국내시장 보호정책이나 독점기업들의 경쟁 때문에 형성된다. 현지가 불완전한 시장일지라도 충분한 잠재적 수요가 있다고 판단되면 경영활동 범위에 제한이 없는 국제기업들은 예외 없이 진출하여 해외직접투자를 감행한다.

이러한 불완전한 현지시장에 진출하여 해외투자는 이루어지는데 그 이유는 국제기업이 ① 규모의 경제, ② 전문적 경영관리기법, ③ 제품 및 생산요소시장에 대한 충분한 지식, ④ 전문적 기술, ⑤ 충분한 자금공급능력 등과 같은 여러 요소를 보유하기 때문이다.

2. 해외직접투자의 유형

국제기업이 실시하는 해외직접투자의 유형은 투자목적별 유형과 소유형태별 유형으로 나누어 설명될 수 있다.

1) 투자목적별 유형

(1) 자원지향형 해외직접투자

자원지향형(source-seeker) 해외직접투자는 원유·광물과 같은 지하자원과 임산·수산자원 등을 개발하기 위해서 현지에 직접투자를 하는 경우를 말한다. 이는 자원편재 현상을 극복하고 자원의 안정적인 공급과 가격 안정을 기하기 위하여 자원보유국에 진출하여 자원을 개발·수입하려는 투자이다.

자원개발을 위해 투자하는 이유로는 ① 투자기업 자체의 본사 생산 활동을 지원하며, ② 본국의 다른 기업체에게 판매하기 위하여, ③ 제3국의 시장에 대한 판매 등으로 구분할 수 있다. 다국적기업들이 중동 산유국, 인도네시아, 브라질 등 자원이 풍부한 국가들에 대한 투자를 하는데 이는 자원지향형 해외직접투자의 전형적인 예라 할 수 있다.

(2) 시장지향형 해외직접투자

시장지향형(market-seeker) 해외직접투자는 새로운 해외시장을 개척하기 위한 목적으로 특정 수입국이나 지역시장의 중심지가 되는 국가에 직접 투자하여 현지 생산 및 마케팅 활동을 전개하는 것을 말한다. 특히 수출을 통하여 현지 시장의 개척이라는 성과를 어느 정도 이루게 되면, 한 단계 발전하여 현지시장이나 지역 시장의 중심지가 되는 국가에 직접 진출하여 현지 생산 활동을 수행하는 것이 기업 발전에 유리하다.

그리고 수출 전략만으로는 더 이상 현지의 보호장벽을 극복할 수 없는 경우 시장지향적 직접투자라는 전략을 수행하여 지속적인 이윤을 획득할 수 있다. 삼성전자가 미국이나 포르투갈 등 여러 국가에 TV 등의 전자제품을 현지 생산하기 위해 직접투자를 한 경우가 이러한 유형의 해외직접투자이다.

(3) 생산요소지향형 해외직접투자

생산요소지향형(factor-seeker) 해외직접투자는 기업들이 국가간 이동성이 제한 또는 불가능한 노동·토지 등 생산요소의 가격이 자국보다 상대적으로 저렴한 국가에 진출하여 현지 생산 활동을 전개하는 것을 말한다. 특히 현지의 저렴한 임금과 양질의 노동력을 이용하기 위하여 투자하는 것으로서 한국기업이 1980년대 중반 이후부터 국내 인건비 상승 등의 원인으로 현지의 저렴한 노동력을 활용하기 위해 필리핀, 인도네시아, 베트남, 중국 등의 국가에 직접투자를 확대하고 있다.

(4) 수출지향형 해외직접투자

수출지향형(export-seeker) 해외직접투자는 수출용 제품을 생산하기 위해 특정국가에 투자하는 것을 말한다. 즉, 현지시장을 침투·장악하려는데 목적이 있는 시장지향형 해외직접투자와는 정반대로, 생산한 제품을 본사국 시장 및 제3국 시장에 수출하기 위하여 특정국가에 생산시설을 투자하는 것이다.

미국, 일본 등의 고임금 국가의 다국적기업들은 노동집약적인 부품이나 완제품 등을 낮은 원가로 해외생산 기지에서 생산하지 않고서는 본국 시장에서 조차 경쟁하기가 어렵고, 제3국으로 수출할 수 있는 경쟁마저도 상실할 수 있기 때문에 수출지향형 해외직접투자를 많이 하고 있다.

2) 소유형태별 유형

소유형태별 해외직접투자의 유형에는 단독투자와 합작투자 형태로 구분된다. 단독투자는 본사가 자회사의 의결권을 보유하고 있으며 경영활동에 대한 관리·감독이 명확히 구축되어 있는 경우이다. 그러나 경영위험이 분산되지 못하고 현지국 정부와의 갈등위험이 항시 존재하게 된다.

합작투자는 다른 국적을 지닌 2개 이상의 기업체, 개인 또는 정부기관이 특정목적을 달성하기 위해 공동의 사업체를 형성하는 것이다. 기업체 운영에 대한 공동소유권을 지니고 있으며 단독투자에 비해 현지 자회사에 대한 통제보다는 현지 파트너십을 필요로 하는 경우 더 많이 활용된다.

합작투자의 장점은 첫째, 현지국 정부의 외국기업에 대한 차별대우를 현지 기업과의 합작투자로 극복할 수 있다. 둘째, 현지 소비자들의 외국기업에 대한 반감을 합작투자를 통해 줄일 수 있다. 셋째, 현지기업의 기존 판매망을 이용할 수 있어 비용을 절약할 수 있다. 넷째, 현지에만 존재하는 특수한 경제적·문화적 환경을 이에 익숙한 현지기업을 이용하여 극복할 수 있다. 다섯째, 대부분 현지국 정부들이 합작투자를 선호하여 자본조달, 세금, 이전거래 등에 각종 혜택을 부여하고 있어 이를 이용할 수 있다.

반면 합작투자의 단점은 첫째, 단독투자의 경우와는 달리 합작선과 이익을 나누어야 하는 등 서로 다른 국적을 가진 합작선간의 이해상충요인이 항시 존재한다. 둘째, 경영통제권의 약화는 물론 기술과 노하우 등이 기업외부로 유출될 수 있다.

제3절 해외직접투자의 경제적 효과

해외직접투자는 개별 기업 활동의 일환이지만 이러한 활동은 해당 기업의 본국은 물론 현지국에 정치적·경제적·사회적 제 부문에 걸쳐 많은 영향을 미친다. 이러한 영향은 긍정적일 수도 있으며 부정적일 수도 있다. 따라서 본국으로서든 현지국으로서든 각국 정부의 해외직접투자의 긍정적 영향이나 효과를 극대화하고 부정적 영향을 최소화하기를 원한다. 그리고 이를 위해 각종 규제나 정책수단을 활용한다. 여기서는 해외직접투자가 현지국과 수용국에 미칠 수 있는 영향에 대해 경제적 부분을 중심으로 살펴본다.

1. 현지국에 미치는 영향

(1) 고용효과

해외직접투자는 현지국 생산시설의 투자증대에 의해 직접적인 고용창출효과가 나타난다. 또한 간접적인 고용창출효과로서 외국인 직접투자의 유입으로 현지국의 수출증대 등을 통한 경제성장의 결과 거시경제적 고용효과가 창출된다. 뿐만 아니라 투자기업과 현지기업간의 관계에 의한 전·후방 파급효과에 의한 고용창출효과가 나타나는데 이러한 경우 직접고용 창출효과보다 더 크다. 최근 삼성전자의 영국 진출이나 현대자동차의 미국 앨라배마주 진출에 현지 정부로부터 각종 인센티브가 제공되고 지역사회의 커다란 환영을 받았던 것은 현지의 고용창출효과에 거는 기대가 컸기 때문이다.

(2) 국제수지효과

해외직접투자가 현지국의 국제수지에 미치는 영향은 단기적 측면과 장기적 측면에서 각기 다른 효과가 나타난다. 우선 단기적 측면에서는 초기 투자자본의 유입으로 투자국의 국제수지 개선에 즉각적으로 긍정적 효과를 가져 온다. 그러나 장기적으로 원리금의 상환, 이익배당과 로열티 등의 상환, 현지투자기업에 의한 외국으로부터의 자본재, 중간재, 원자재의 수입 증가 등으로 국제수지는 악화될 수 있다.

(3) 경제성장효과

외국기업의 국내진출은 유휴 생산자원의 활용, 국내 잠재시장의 창출, 수출시장 개척 등을 통해 현지국의 경제성장에 긍정적 기여를 할 수 있다. 아울러 이러한 효과는 해당 산업뿐만 아니라 전후방 산업에 파급되어 나타날 수 있다.

(4) 기술이전효과

해외직접투자는 자본만의 이동이 아니라 엔지니어링상의 기술, 경영관리상의 기술, 인적자원 등 경영자원이 일괄적으로 함께 이전되기 때문에 해외직접투자를 받아들이는 현지국은 그러한 경영자원을 이전 받게 된다. 특히, 수용국이 개발도상국일 경우 국제기업으로부터 새로운 기술이나 효율적인 경영기법을 습득하여 당해산업의 기술수준 및 생산성을 향상시킬 수 있는 기회를 얻을 수 있게 된다.

2. 투자국(본국)에 미치는 영향

(1) 고용효과

고용효과에 관해서는 많은 논쟁이 있다. 즉, 투자기업 측면에서는 고용증대 효과를 강조하고, 노조의 입장에서는 국내투자 대신 해외투자를 행함으로서 나타날 가능성이 있는 고용감소 효과를 주장하고 있다. 특히, 해외직접투자가 투자국의 고용기회를 창출하느냐 또는 감소시키느냐 하는 문제는 미국에서 일어난 미노동총동맹산별회의의 죠지 미니(G. Meany) 전 회장과 미국상공회의소를 중심으로 한 기업측과의 의견대립을 야기시키기도 하였다. 미노동총동맹산별회의는 미국기업이 해외에 진출하는 것은 미국 내에 실업을 만들어 낼뿐만 아니라 해외의 미국계 자회사의 대미수출이 미국 내 산업을 압박하여 실업을 증폭시키고 있다고 주장하는 반면, 상공회의소 등 기업측은 이에 반하여 국제화는 미국 내의 고용을 증대시키고 있다고 주장하였다.

해외직접투자를 국내유휴 경영자원과 자본의 해외이전 현상으로 파악한다면 현지

자회사에 대한 수출유발 효과가 나타나기 때문에 국내의 생산활동 증가에 의하여 고용창출 효과가 나타날 수 있다. 또한 해외자회사의 운영에 따른 전문 관리직의 고용이 증가하게 된다. 이러한 현상은 해외직접투자에 따른 본국의 고용증대효과를 창출하는 긍정적 효과를 얻을 수 있다.

반면 자국의 수출시장이 다국적기업의 자회사에 의해 점유되기 때문에 국내생산 활동이 위축될 뿐만 아니라, 해외직접투자로 인해 생산거점은 인건비가 저렴한 국가로 이동됨으로써 국내공장이 폐쇄되기 때문에 본국의 고용이 감소하게 된다. 이러한 이유 때문에 투자국의 노조에서는 해외직접투자 현상을 일자리 수출이라고 강력히 반대하고 있다.

(2) 국제수지효과

해외직접투자가 국제수지 측면에서 본국에 미치는 영향은 상당부분 현지국에 미치는 영향과 반대로 설명되어 진다. 즉, 단기적 측면에서는 자본의 해외유출과 현지투자기업으로부터의 경쟁제품 수입으로 인해 일시적으로 부정적인 영향이 나타나지만, 장기적 측면에서는 시장 확보에 따른 수출증대와 과실송금 등을 통해 투자국의 국제수지에 긍정적인 영향을 미치게 된다.

해외직접투자로 인해 현지법인의 사업 활동이 투자 본국에 미치는 효과를 국제수지효과라고 하며, 크게 재무효과와 무역효과로 분류할 수 있다. 먼저 재무효과는 순수한 자금의 흐름으로 인한 효과를 의미한다. 투자를 함으로써 현지법인의 순이익 중 배당금, 투자원금과 대부금, 대부금 이자, 기술제공의 대가인 로열티, 본국 파견 직원의 임금, 기타 수수료 등의 송금을 예로 들 수 있다.

무역효과는 상품의 수출입에 따른 효과를 의미한다. 현지생산에 필요한 자본재·중간재·원자재 등의 수출, 현지법인의 마케팅·서비스 활동에 필요한 관련 상품의 수출, 현지국의 소득증가로 유발된 수입수요 증대로 인한 본국의 수출증가가 있다. 또한 해외생산에 따른 국내생산 감소로 인한 원자재 등의 수입감소로 인한 무역효과를 얻을 수 있다.

(3) 산업구조조정효과

해외직접투자가 수출입을 유발하고 국내투자를 대체하는 효과가 있으므로 국내산업구조가 변동된다. 즉, 국내 사양산업이 해외로 이전되고 첨단기술 도입을 통한 신산업의 육성으로 산업구조가 고도화될 수 있다. 그러나 해외투자로 인한 국내생산 위축속도가 산업구조 고도화 속도를 능가할 경우에는 산업공동화 현상이 발생할 수도 있다.

1. 해외직접투자의 개념과 특징을 설명하시오.

2. 해외직접투자의 동기에 대해 설명하시오.

3. 독점우위 이론에 대하여 설명하시오.

4. 해외직접투자를 설명하는 더닝의 절충이론이 갖는 강점은 무엇인가?

5. 국제합작투자의 개념과 장 · 단점을 설명하시오.

6. 해외직접투자가 투자대상국에 미치는 경제적 효과에 대해 서술하시오.

7. 해외직접투자가 투자국(본국)에 미치는 경제적 효과에 대해 서술하시오.

8. 기업특유의 우위가 어떻게 형성되는지 설명하시오.

해외시장 진입전략

이 장의 주요용어

시장세분화 · 지리적 세분화 · 인구통계적 세분화 · 심리적 세분화 · 포지셔닝 · 간접수출 ·
직접수출 · 국제계약 · 국제라이선싱 · 국제프랜차이징 · 국제관리계약 · 국제계약생산 · 턴키
프로젝트

해외시장 세분화

1. 시장세분화의 개념

기업이 해외시장 진출을 하기 전에 먼저 해야 할 일은 해외시장을 나누는 일이다. 해외시장진출 기업들은 소비자들의 다양한 욕구를 충족시킨다는 것은 현실적으로 불가능할 뿐만 아니라 효과적이지도 않다. 또한 서로 다른 특성을 가진 소비자들을 대상으로 동일한 마케팅전략을 전개하는 것도 바람직하지 않다.

해외시장은 국가간의 여러 환경적 차이 때문에 국내시장보다 다양한 소비자들로 구성되어 있지만, 특정제품이나 마케팅전략에 비슷한 반응을 보이는 집단이 있는데 이렇게 비슷한 반응을 보일 수 있는 고객이나 시장을 하나의 집단으로 묶는 과정을 시장세분화(market segmentation)라 한다. 즉, 시장세분화는 특정 기준에 의해 전체의 시장을 몇 개의 동질적인 집단으로 나누는 과정이며, 국제기업은 해외표적시장을 찾아내기 위해서 시장세분화를 실시한다.

과거 국제기업들이 해외시장을 세분화할 때 국가단위를 세분화의 분류기준으로 삼는 '국가별세분화'를 일반적으로 추구해왔다. 그러나 최근 서로 다른 나라에 속하지만 동질적인 욕구와 구매행동을 보이는 소비자들이 전세계적으로 세분시장을 형성함에 따라 국가별세분화보다는 시장간세분화(inter-market segmentation)가 더 유용하다는 인식이 대두되고 있다. 시장간세분화는 개별 국가시장을 동질적 시장으로 인식하지 않고 여러 개의 세분시장으로 보고 국가를 초월하여 전세계시장을 동질적인 특정 세분시장으로 집단화하는 것이다.

국제기업은 시장세분화를 통하여 다음과 같은 이익을 얻을 수 있다. 첫째, 국제기업은 시장세분화를 통해 각 세분시장에 적합한 마케팅믹스를 제공함으로써 기업의 한정된 마케팅자원을 보다 효율적으로 이용할 수 있다. 둘째, 국제기업은 기존제품에 대해 만족하지 못하는 세분시장을 발견함으로써 새로운 마케팅기회를 포착할 수 있다. 셋째, 국제기업은 각 세분시장에 알맞은 마케팅전략을 수립하여 실행함으로써 표적시장 내 소비자들의 욕구를 충족시켜 줄 수 있다. 넷째, 국제기업은 세분화를 통해 목표시장을 확실하게 설정할 수 있다. 즉, 국제마케팅 담당자는 기업의 경제적 강점과 약점을 고려하여 유리한 세분시장을 선택할 수 있게 된다.

2. 시장세분화의 기준

일반적으로 많이 이용되는 세분화 기준으로는 지리적 기준, 인구통계적 기준, 심리적 기준, 행동적 기준 등이 있다. 마케팅 대상품목의 특성에 맞게 여러 가지 지표들을 동시에 고려할수록 더욱 효과적인 시장세분화가 가능하다고 할 수 있다.

1) 지리적 세분화

지리적 세분화(geographic segmentation)는 전체시장을 지리적 위치에 따라 세분화하는 것이다. 국제기업은 지리에 따라 소비자들의 기본적 욕구와 선호의 차이를 인식하여 차별적인 마케팅 활동을 전개해야 한다. 해외시장 세분화에 지리적 기준이 이용되는 이유는 첫째, 지리적으로 근접해 있다는 것은 동일 집단에 속한 국가들을 관리하기 쉽다는 것을 의미한다. 둘째, 동일한 지역에 속한 국가들은 공통된 문화적 특성을 가진다. 셋째, 지역경제공동체가 대부분 지역 내의 국가들을 하나의 경제블록으로 묶어 놓고 있다. 따라서 동일한 마케팅전략을 그 경제공동체에 속하는 모든 국가들에게 적용할 수 있게 된다.

그러나 이와 같은 이점에도 불구하고 지리적 해외시장 세분화가 반드시 효과적인 것은 아니다. 그 이유는 국가들이 지역적으로 근접해 있다는 것이 동일한 시장기회를 자동적으로 제공해주는 것이 아니기 때문이다. 따라서 해외시장을 지역적으로 세분화하는 것이 국제마케팅에 최선의 대안인 것은 아니다.

2) 인구통계적 세분화

인구통계적 세분화(demographic segmentation)는 연령, 성별, 직업, 소득, 종교, 인종 등과 같은 인구통계적 변수를 기준으로 시장을 세분화하는 것이다. 이러한 인구통계적 변수가 소비자집단을 세분화하는 기준으로 널리 이용되는 이유는 첫째, 소비자의 욕구와 선호 그리고 제품사용빈도 등이 인구통계적 변수와 밀접한 관련성을 가지고 있기 때문이다. 둘째, 인구통계적 변수가 다른 유형의 변수보다 시장규모를 측정하는데 용이하다는 점이다.

인구통계적 시장세분화는 세계적인 인구특성의 변화, 예를 들어 독신성인의 증가, 자녀수의 감소, 직장여성의 증가, 소득수준 및 생활수준의 증대 등으로 인해 국제마케팅의 중요한 과제로 떠오르고 있다.

3) 심리적 세분화

심리적 세분화(psychographic segmentation)는 소비자들을 생활양식, 사회계층, 개성 등의 기준으로 시장을 세분화하는 것을 말한다. 인구통계적 변수만으로는 사람들의 태도, 생활양식을 분류할 수 없을 경우가 있으므로 이러한 방법에 의해 시장을 세분화할 필요성이 점차적으로 증가하고 있다. 그러나 연령, 소득과 같이 객관적이고 측정이 용이한 인구통계적 특성과는 달리 심리적 변수는 추상적이기 때문에 시장규모의 측정이 곤란하고 세분시장에의 접근가능성을 찾기가 어렵다.

4) 행동적 세분화

행동적 세분화(behavioral segmentation)는 제품이나 제품속성에 대해 소비자가 가지고 있는 지식이나 태도, 용도, 반응에 따라 시장을 세분화하는 것을 말한다. 일반적으로 행동적 세분화는 국제기업이 판매하는 제품과 직접적인 관련이 있고, 기업이 실행하는 전략에 대한 소비자들의 반응과 관련이 있기 때문에 많은 국제마케팅 담당자들이 가장 효율적인 세분화변수라 믿고 있다.

표 9-1 시장세분화의 주요 기준변수

표 9-1 시장세분화의 주요 기준변수	
변 수	분류방법
지리적 변수	
지역	북부, 중부, 남부, 동부, 서부
인구밀도	도시, 교외, 농어촌
기후	북부, 남부, 동부, 서부
심리적 변수	
사회계층	상류층, 중류층, 하류층
라이프스타일	보수형, 진보형, 성취형, 합리형
개성	강제적, 사교적, 권위적, 야심적

변 수	분류방법
인구통계적 변수	
연령	20대, 30대, 40대, 50대
성별	남, 여
가족수 · 생활주기	대가족, 소가족, 미혼, 신혼, 중년부부
소득	저소득층 중소득층, 고소득층
직업	전문직, 공무원, 사무직, 판매원
학력	대학원졸, 대졸, 고졸, 중졸, 초졸
종교	가톨릭, 불교, 기독교, 무교
인종	백인, 흑인, 동양인, 서양인
구매행동 변수	
구매 · 사용시기	규칙적, 불규칙적, 특수적
추구하는 편익	기능, 품질, 경제성, 디자인, 서비스
사용경험	비사용자, 최초사용자, 잠재적사용자, 기사용자
사용량	소량, 보통, 대량
상표충성도	전무, 보통, 강함, 절대적
구매준비단계	무지, 인지, 관심, 바람

3. 시장세분화의 전제조건

시장세분화 전략을 성공적으로 수행하기 위해서는 시장 전반과 각 세분시장에서 몇 가지 요건이 충족되어야 한다. 즉, 효과적인 시장세분화가 되기 위해서는 측정 가능성, 접근가능성, 실질성, 안정성, 차별적 반응성 등의 요건이 충족되어야 한다.

1) 측정가능성

측정가능성(measurability)은 세분시장별 규모와 구매력을 측정할 수 있는 정도를 말한다. 각 세분시장이 용이하게 자료를 수집할 수 있는 구체적 변수들에 의하여 정의되면 측정가능성은 높아진다. 소득과 연령 같은 인구통계 변수가 그 예이다. 기업은 이러한 변수에 관한 자료를 이용하여 시장규모와 시장잠재력을 추정할 수 있는 것이다.

2) 접근가능성

접근가능성(accessibility)은 세분시장의 잠재고객들에게 용이하게 접근할 수 있는지를 가리킨다. 세분화된 시장에 마케팅활동을 실시할 수 없으면 그 세분화는 또한 효용이 없어진다. 따라서 세분화된 시장 자체가 경쟁기업들에 의해서 독점화되거나 또는 광고를 할 수 없을 경우에는 효용이 없어지는 것이다.

3) 실질성

실질성(substantiality)은 마케팅프로그램을 적용할 때 경제성이 보장될 수 있도록 매출액과 이익이 충분히 커야 함을 의미한다. 세분화된 집단과 전체 모집단이 분리된 마케팅활동을 할 수 없을 만큼 규모가 작으면 경제성이 없어진다. 따라서 모든 세분화의 정밀도는 이러한 수익성을 고려하여야 하는 것이다.

4) 안정성

안정성(stability)은 제품범주나 시장의 성숙에 따라 각 세분시장 간의 차이가 소멸되지 않고 유지되는 정도를 말한다. 차별화된 제품이나 커뮤니케이션 캠페인 또는 국제유통전략의 개발에는 상당한 자원과 시간이 소요되는 경우가 많다. 따라서 표적으로 선정되는 세분시장은 비교적 장기간 사업기회를 제공할 수 있어야 한다.

5) 차별적 반응성

차별적 반응성(actionability)은 각 세분시장이 상이한 마케팅믹스 조합에 대하여 상이한 반응을 보이는 정도를 말한다. 같은 세분시장에 속한 소비자들끼리는 최대한 비슷하여야 하고, 서로 다른 세분시장에 속한 소비자들끼리는 최대한 달라야 한다. 한 세분시장이 동질적이지 않다면 하나의 시장으로 인식한다는 것 자체가 모순이며, 각 세분시장이 여러 가지 제품 또는 마케팅 커뮤니케이션에 대하여 상이하게 반응하지 않는다면 시장세분화를 할 이유가 없다.

해외표적시장 선정 및 포지셔닝

1. 해외표적시장 선정

1) 표적시장선정 기준

해외시장을 적절한 기준으로 세분화한 다음에는 세분화된 여러 세분시장들을 평가하고, 얼마나 많은 세분시장과 어떤 세분시장을 표적으로 할 것인가를 결정해야 한다. 국제기업이 세분시장을 평가하고 표적시장으로 선정하는 데에는 다음과 같은 세가지 기준이 필요하다.

(1) 세분시장의 규모와 성장률

국제기업은 제일 먼저 상이한 여러 세분시장의 현재 매출액, 성장률, 그리고 예상되는 수익률에 대한 자료를 수집하고 분석해야 한다. 즉, 국제기업이 선택할 수 있는 세분시장은 충분한 규모와 높은 성장률을 보이고 있는 시장이어야 한다. 일반적으로 기업들은 시장규모가 큰 시장에 진입하기를 원한다. 아무리 세분시장이 매력적이라 하더라도 그 규모가 작거나 혹은 앞으로 시장규모가 커질 가능성이 없다면 굳이 그러한 세분시장에 진입할 필요가 없다. 이런 의미에서 세분시장의 규모와 성장률을 파악하는 것은 국제기업이 진입할 세분시장의 경제성을 평가하는 것이다.

실제로는 시장규모가 큰 시장이 반드시 기업의 수익을 보장해주지는 않는다. 그러므로 적절한 규모의 시장선택이 중요하며 여기서 적절한 규모란 상대적인 문제이다. 소규모의 기업은 규모가 큰 세분시장을 감당하기에는 기술이나 자원이 부족하며, 또한 규모가 큰 세분시장은 기업 간 경쟁이 치열하기 때문에 소규모 기업이 성공할 가능성이 낮을 수 있다. 따라서 이러한 기업들은 잠재적으로 높은 수익률을 얻을 수 있는 보다 작고, 덜 빠르게 성장하는 시장을 표적시장으로 선정해야 한다.

(2) 세분시장의 구조적 매력도

적절한 규모와 성장가능성이 높은 세분시장 중 수익성의 관점에서 구조적 매력도가 있는 것이 국제기업의 표적시장으로서 적합하다. 아무리 세분시장의 규모가 크고, 높은 성장률을 가지고 있다 하더라도 수익성 측면에서 매력적이지 못한 시장일 수도 있기 때문에 장기적인 수익성에 영향을 주는 구조적 요인들을 고려해 보아야 한다.

일반적으로 그러한 구조적 요인 중에서 가장 큰 영향을 미치는 요인은 세분시장에 있어서의 경쟁상황이다. 경쟁에 관한 고려 없이 세분시장을 평가하여 표적시장을 선정하는 경우는 포지셔닝에서 경쟁제품과 경쟁적 우위 획득이 어려워진다. 그러므로 자사제품이 표적세분시장에서 경쟁제품과 경쟁하여 승리할 수 있는가 하는 측면을 반드시 세분시장의 평가시 분석해야 한다. 포터(Michael E. Poter)는 전체시장 또는 전체시장내의 어떤 세분시장이 본질적인 장기적 매력도를 결정하는 요인으로 ① 기존 기업들 간의 경쟁, ② 새로운 진출기업의 위협, ③ 대체품의 위협, ④ 공급자의 교섭력, ⑤ 구매자의 교섭력 등을 다섯 가지를 규명하였다.

그림 9-1
산업의 경쟁요인

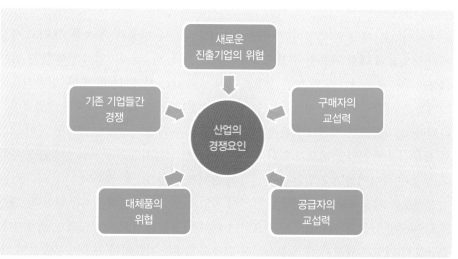

자료: M. E. Porter (1980).

(3) 기업의 목표와 자원

어떤 세분시장이 적정한 규모로 최적으로 성장하고 또한 구조적으로 매력적이라고 하더라도, 국제기업은 그 세분시장과 관련하여 자사의 목표와 재원을 고려하여 시장의 매력도를 평가해야 한다. 어떤 매력적인 세분시장이 기업의 주요 목표와 부합되지 않는 다면 기업은 그 세분시장을 목표시장으로 선정하지 않을 수도 있다. 그리고 세분시장이 기업의 목표와 적합하다 해도 기업이 그 세분시장에서 성공하는데 필요한 기술과 자원을 보유하고 있는가를 고려해야 한다. 그러므로 국제기업이 세분시장에서 성공하기 위해서는 경쟁사보다 우월한 기술과 재원을 동원해서 그 시장에서 경쟁우위를 가질 수 있는 세분시장에 진출해야 한다.

2) 표적시장선정의 유형

국제기업은 상이한 세분시장을 평가한 후 자사에게 가장 적합한 세분시장을 표적시장으로 선정하게 된다. 이러한 표적시장은 전체시장이 될 수도 있고 복수 이상의 세분시장이 될 수도 있으며, 때로는 전체시장 중 단 하나의 세분시장만이 될 수도 있다. 국제기업이 해외시장에 진입할 표적시장과 그 범위를 결정하는 방법에는 〈그림 9-2〉와 같이 다섯 가지 유형이 있다. 다음의 그림에서 P는 제품을 M은 시장을 의미한다.

그림 9-2

표적시장
선정 유형

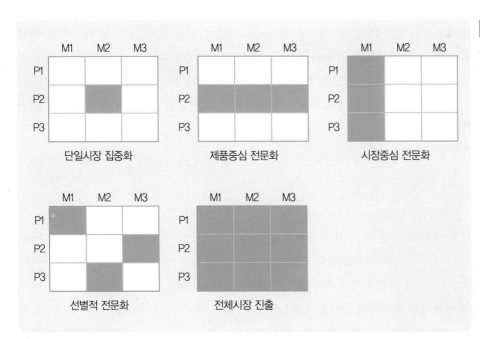

자료: D. F. Abell (1980).

(1) 단일시장 집중화

단일시장 집중화(single segment concentration)는 국제기업이 하나의 세분시장만을 표적으로 삼아 마케팅노력을 집중하는 형태이다. 이는 기업의 자원이 극히 한정적이고, 경쟁사의 능력과 비교하여 상대적으로 모두 열위에 있는 경우 특정 하나의 시장에만 모든 노력을 집중하는 전략방안이다.

(2) 제품중심 전문화

제품중심 전문화(product specialization)는 국제기업이 특정제품에 한정하여 전문화하고 시장의 다양한 고객을 대상으로 마케팅 노력을 집중하는 형태이다. 이런 경우 단일 제품이지만 품목, 색상, 디자인을 다양화함으로써 소비자 선택의 폭을 확대할 수 있다. 특히 제품은 기술적으로 고도의 수준이며 부가가치가 높은 경우에 이러한 전략방안을 이용하게 된다. 이런 전략을 통해 기업은 그 전문적인 제품분야에서 강력한 명성을 구축할 수 있지만, 만일 그 제품 보다 새로운 기술개발이 이루어졌을 때 심각한 위험이 발생한다.

(3) 시장중심 전문화

시장중심 전문화(market specialization)는 국제기업이 특정 고객집단만을 대상으로 다양한 제품을 판매하는데 집중하는 전략방안이다. 그러나 이 경우의 제품은 상호 관련된 제품 속성을 가지고 있으며, 설비 또는 자본집약적 산업의 경우가 대부분이다. 이 전략은 특정 소비자 집단에게 제품을 제공하는데 전문화함으로써 강력한 명성을 획득할 수 있다.

(4) 선별적 전문화

선별적 전문화(selective specialization)는 세분시장 중에서 객관적이며 기업의 목표 및 재원과 조화되는 몇 개의 세분시장에 진입하는 전략방안이다. 즉, 제품별로 가장 매력적인 세분시장을 선정하여 각 세분시장 별로 서로 다른 믹스전략을 취하여 접근하는 방법이다. 각 세분시장간에는 제품과 전략이 다르기 때문에 거의 시너지효과가 낮으며 제품개발비와 마케팅비용이 상당히 수반된다. 복수 세분시장을 추구하는 이 전략은 기업의 위험을 다양화한다는 점에 이점이 있다.

(5) 전체시장 진출

시장 세분화를 하였으나 모든 시장에서 상대적인 우위를 보유하고 있는 경우, 전체시장을 대상으로 다양한 제품을 통하여 접근하고자 하는 전략방안이다. 이 전략은 모든 소비자 집단들이 필요로 하는 모든 제품을 그 전체 소비자 집단에게 제공하려고 하는 것이며 대기업만이 수행할 수 있는 전략이다.

2. 해외시장 포지셔닝

1) 포지셔닝의 의미

포지셔닝(positioning)은 소비자들의 마음속에 경쟁제품과 비교하여 자사제품의 확고한 이미지를 심어 주는 과정을 의미한다. 즉, 국제기업은 표적시장이 선정 되면 표적시장 내에 있는 고객들의 마음속에 자사제품이 경쟁제품에 비해 유리하고 독특한 위치를 차지할 수 있도록 노력해야 한다. 우리에게 잘 알려진 유명상표들은 그 이름만 들으면 떠올리게 되는 독특한 이미지를 구축하고 있다. 예를 들어 벤츠나 BMW는 고급차의 대명사로, 볼보는 안전성이 뛰어난 차로, 소니는 신뢰성으로, 구찌는 독특한 디자인의 이미지를 가지고 있다. 소비자들은 특징 없는 평범한 제품들 중의 하나를 선택하지는 않으며, 구매에 중요한 제품속성에서 경쟁제품들을 앞서는 제품을 구매하는 것이다.

특정제품의 위치는 그 제품이 소비자들의 마음속에서 경쟁제품에 비교하여 차지하는 장소를 말한다. 한 제품의 위치는 소비자들의 주관적 인식과 평가에 의하여 이루어지는 것이다. 소비자들은 한 제품에 대해 경쟁제품들에 비하여 어떠하다는 지각, 인상, 느낌 등을 가지게 되는데 이러한 것들이 결합되어 그 제품의 위치가 결정된다. 국제마케팅담당자는 자사의 경쟁우위가 강화되도록 자사 제품의 위치를 계획하고, 이와 같이 계획된 위치가 소비자들의 마음속에 구축되도록 마케팅믹스를 설계해야 한다.

해외시장에서 제품 포지셔닝은 보통 다음의 사항에 대해 중점을 두고 설계되어 진다. 첫째, 제품의 특성에 대한 분석이 이루어져야 한다. 제품의 특성은 보통 크기, 색상, 상표, 품질, 가격, 기능, 형태 등으로 나타날 수 있는데 제품에 따라 중요시 여겨지는 특성이 다르다. 둘째, 제품의 여러 특성 중에서 표적시장 내의 소비자가 구매조건으로 가장 중요시 여길 제품의 특성을 파악해야 한다. 셋째, 표적시장에서 중요시 여겨지는 제품의 특성에 근거해 표적시장 내의 주요 경쟁사 제품의 위치를 파악해야 한다.

2) 포지셔닝 절차

포지셔닝에 관한 의사결정은 기업이 처한 상황여건에 따라 각기 상이하지만 일반적으로 〈그림 9-3〉과 같은 단계를 거친다.

그림 9-3
포지셔닝의
절차

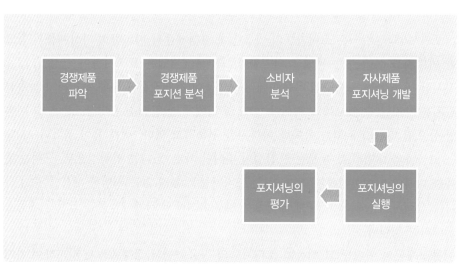

(1) 경쟁제품 파악

포지셔닝은 경쟁제품에 비해 자사제품의 위치를 차별적으로 지각하도록 하는 것이므로 효과적인 포지셔닝이 되기 위해서는 경쟁제품을 명확히 결정하여 구체적으로 파악해야 한다. 이를 위해 국제기업은 먼저 누구를 경쟁자로 볼 것인가를 규명해야 한다. 즉, 어떤 제품들이 현재 우리와 동일한 세분시장을 표적으로 하고 있으며, 향후 추가 진입이 예상되는 경쟁자들은 누구인지에 대한 정보가 수집되어야 한다. 그리고 표적시장 내 다수의 제품들이 있을 경우에는 경쟁력이 상대적으로 강한 일부 제품들을 주된 경쟁상대로 결정하기도 한다.

(2) 경쟁제품 포지션 분석

구체적인 경쟁제품에 대한 파악이 이루어지면 이러한 경쟁제품들이 소비자들에게 어떻게 포지션 되어 있는지를 파악해야 한다. 이 때 요인분석이나 다차원척도법 등의 통계적 분석방법을 활용하여 포지셔닝 맵을 작성하면 경쟁제품에 대한 소비자들의 인식도를 파악할 수 있다. 만일 소비자들이 중시하는 특정한 속성에서 현재 적절하게 포지션 된 제품이 없다거나 호의적인 이미지를 구축한 제품이 없다면, 이는 바로 그 시장에 진입할 수 있는 좋은 기회가 된다는 것을 의미한다.

(3) 표적시장 내 소비자 분석

포지셔닝에서 궁극적 의사결정은 포지셔닝 맵 상에서 자사 제품의 위치를 어떤 곳으로 할 것인지 정하는 것이다. 이 결정을 하기 위해서는 포지셔닝 맵 상 어떤 위치가 소비자에게 선호되는가를 알아야 한다. 많은 경우 소비자에 따라 선호하는 위치가 다르다. 따라서 중요한 것은 포지셔닝 맵 상 선호 위치가 유사한 고객별로 집단화하는 것이다. 이러한 집단 구분에 유용하게 사용되는 방법은 일부 소비자에게 가장 중시되는 제품속성 또는 혜택을 파악한 다음 동일한 또는 유사한 속성을 중시하는 소비자들을 확인하는 것이다.

(4) 자사제품의 포지셔닝 개발

경쟁제품의 포지션을 정확히 파악한 후 자사제품의 포지셔닝을 개발해야 하는데, 이를 결정하는 데는 두 가지 선택방안이 있을 수 있다. 그 하나는 경쟁제품의 포지션에 근접하여 경쟁제품이 차지하고 있는 소비자들을 탈취하려고 하는 것이다. 다른 하나의 방안은 경쟁기업들이 아직 진입하지 않은 시장에 자리를 잡는 것이다. 이와 같이 한 기업이 표적시장에서 경쟁자에 비해 유리한 포지션을 차지하기 위해서는 국제마케팅 담당자는 자사제품에 대해 소비자들이 어떤 지각 또는 연상을 갖도록 할 것인가를 결정해야 한다. 이러한 포지셔닝의 개발은 소비자분석과 경쟁제품 포지션 분석에 의한 정보를 토대로 하여 경쟁자에 비해 소비자의 욕구를 더 적절하게 충족시킴으로써 자사제품이 경쟁적 우위를 차지할 수 있도록 자사제품의 포지션을 결정하는 과정이다.

이러한 과정을 통해 자사제품의 적절한 포지션이 결정되면 목표 포지션에 도달하기 위한 구체적인 접근 방법이 필요하다. 이러한 목표 포지션에 효율적으로 접근하는 방법에는 제품의 속성, 이미지, 사용상황, 제품사용자, 경쟁제품에 의한 포지셔닝 방법 등이 있다.

(5) 포지셔닝의 실행

국제기업이 일단 하나의 포지션을 개발한 후에는 표적시장의 소비자들을 대상으로 적절하게 의사소통하며, 또 그 내용을 적절히 전달해 줄 수 있는 강력한 조치를 취하여야 한다. 자사의 제품이 경쟁제품에 비하여 차별적 특성을 갖는다 하더라도 문제는 소비자들에 의하여 그렇게 받아들여져야 한다. 그러므로 기업은 광고 등 커뮤니케이션 노력에 의하여 소비자들의 지각 속에 자사제품을 정확히 포지션 하여야 한다.

(6) 포지셔닝의 평가

국제기업은 커뮤니케이션 활동에 의해 포지셔닝 개념이 소비자들에게 제대로 심어졌는지를 조사하고 그렇지 못하다면 이를 시정하도록 하여야 한다. 뿐만 아니라 표적시장내 소비자의 욕구와 경쟁을 포함한 여러 가지 환경적 요인은 끊임없이 변화하므로 계속적인 감시가 필요하고 적절한 포지셔닝을 수정해 나가야 한다. 이를 위해 소비자 분석 및 경쟁제품 포지셔닝 조사가 주기적으로 실시되어야 한다.

제3절 해외시장 진입방법

해외시장 진입을 위한 일정한 평가기준에 따라 진출할 목표시장이 선정되면, 기업은 적절한 해외시장 진입방법을 결정해야 한다. 해외시장 진입방법은 제품을 포함한 기업의 모든 자원을 해외로 이전시키는 방식으로서 수출, 국제계약형태, 직접투자방식으로 대별될 수 있다.

그림 9-4

해외시장
진입방법의
유형

1. 수출

국제화 초기단계에 있는 기업들은 해외시장에 대한 지식이 부족하고, 해외고객의 수요에 대해 잘 알지 못하며, 정치적 위험과 문화적 차이를 관리하는 능력이 결여되어 있기 때문에 해외시장으로 진입하는데 많은 위험이 존재한다. 수출을 활용한 해외시장 진입은 이러한 기업들에게 해외시장 지식획득의 기회를 제공할 뿐만 아니라 해외시장에서의 경쟁능력을 함양해 준다.

수출은 기본적으로 제품을 국제간에 이동시키는 방법을 의미하며, 기업이 수출활동을 전개하게 되는 동기에는 여러 가지가 있을 수 있다. 첫째, 국내시장이 협소한 나라들의 기업이 대량생산을 통한 규모의 경제로 효율적인 생산 활동을 전개하기 위해 적극적으로 해외시장의 진출을 꾀하는 수가 있다. 특히 고정투자의 비중이 높은 산업에서는 간접비의 흡수를 통한 원가 절감의 효과도 기대할 수 있어 매우 바람직하다.

둘째, 국내시장에 판매하는 것보다는 수출을 통해서 더 많은 이익을 올릴 수 있다거나 경쟁조건 등의 측면에서 해외시장이 보다 유리한 경우 이러한 특수한 시장기회를 활용하기 위해 수출하는 경우도 있다.

셋째, 과잉생산품을 처분하거나 유휴생산시설을 활용하기 위함이다. 비록 수동적인 성격을 지니는 수출활동이지만, 많은 기업들이 이러한 이유로 해외시장에 처음으로 눈을 돌리게 되는 경우도 있다.

넷째, 특정한 해외 시장국에서의 자기 제품에 대한 시장잠재력을 시험하기 위한 수단으로서 수출이 활용될 수도 있다. 이러한 경우 시장잠재성이 풍부한 것으로 판단되면 기존의 해외경험을 토대로 수출을 확대하거나 해외직접투자와 같이 보다 적극적인 방법으로 해외시장에 나서게 될 수도 있다.

기업이 이러한 수출을 통해 해외시장에 진출하기 위해서는 여러 가지 수출형태 또는 수출경로 중에서 하나를 선택해야 하며, 이러한 주요 수출경로는 〈그림 9-5〉와 같다. 수출은 고도화의 정도에 따라 크게 간접수출과 직접수출로 구분할 수 있다.

그림 9-5

주요 수출
경로

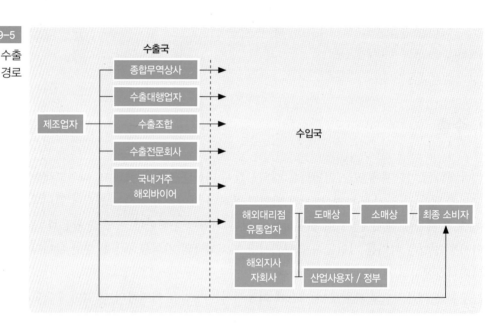

1) 간접수출

간접수출(indirect export)은 제조기업이 수출중간상을 통해서 제품을 해외소비자들에게 수출하는 것을 의미한다. 간접수출은 제품을 생산한 기업이 납기에 맞추어 제품을 수출중간상에게 공급하기만 하면 의무가 종료되기 때문에 국내시장에 제품을 판매하는 경우와 크게 다르지 않다.

간접수출은 통상 수출경험이 없거나 수출 전문인력을 이용할 수 없는 경우, 그리고 생산규모나 재정능력 면에서 직접수출을 할 수 없는 경우에 주로 이용된다. 간접수출의 경우 주로 이용할 수 있는 경로에는 무역상사(international trading company), 수출상(export merchant), 외국바이어(resident foreign buyer) 등을 꼽을 수 있는데 크게 수출상(export merchant)

과 수출대리점(export agent)으로 구분할 수 있다.

수출상은 국내 제조기업과 해외 수입업자의 중간에서 국내 제조기업으로부터 제품을 구입하여 해외의 수입업자에게 판매함으로써 매매차익을 취하는 중간상을 의미한다. 그리고 수출대리점은 수출상과는 달리 단순히 제품의 수출을 중개하거나 알선해주고 수수료를 취하는 중간수출상을 말한다. 대표적인 수출대리점으로는 중개업자나 판매대리점을 들 수 있다.

간접수출의 장점으로는 추가적인 인력이나 고정자본을 투입하지 않고도 수출판매 이익을 향유할 수 있으며, 제품의 소유권이 제품을 판매하는 시점에서 수출중간상에게 이전되기 때문에 클레임이나 환율변동에 따른 위험을 피할 수 있다. 그리고 세계적인 정보망과 판매망을 구축하고 있는 대행업자의 정보를 획득할 수 있으며, 그들의 전문지식 활용을 통한 상품판매의 안정성을 추구할 수 있다.

반면, 간접수출의 단점으로는 제조기업은 제품을 수출중간상에게 판매한 이후 수출에 대한 통제권을 상실하고, 해외고객과의 직접적인 접촉이 불가능하기 때문에 고객의 욕구나 반응을 파악할 없고 그에 따라 적절한 대응책을 강구하기가 어렵다. 이에 따라 해외시장에서 기업 및 제품 이미지가 손상될 수도 있으며 잠재적 시장기회를 상실하는 결과를 초래할 수도 있다.

2) 직접수출

직접수출(direct export)은 제조기업이 국내의 수출중간상을 경유하지 않고 제품을 해외 최종소비자에게 직접적으로 수출하는 경우로서 간접수출에 비해 시장개입의 범위가 넓고 수출업무도 훨씬 더 복잡해진다. 직접수출은 본사의 수출전담부서나 계열무역회사를 통해 직접 수입업자나 최종소비자에게 제품을 수출하게 되므로 수출과 연관된 제반 업무와 기능의 대부분을 타인에게 위임하지 않고 직접 수행하는 수출방법이다.

직접수출의 이용경로는 크게 현지대리점(foreign agent)이나 유통업자(distributer)를 이용하는 방법과 현지판매지사나 자회사를 설립하여 운영하는 방법이 있다. 현지대리점은 현지에서 국내 제조기업을 대신하는 독립적인 중간업자를 의미하며, 제조기업의 제품을 단순히 다른 중간상이나 최종소비자에게 전달해 주는 역할만을 수행한다. 그리고 유통업자는 제조업체로부터 자신의 위험과 비용 하에 제품을 구입하여 일정한 마진을 붙여다른 중간상이나 최종소비자에게 재판매하는 업자를 말한다. 또한 제조업체가 해외유통회사에 의존하지 않고 독자적인 판매를 하는 방법으로 현지판매지사나 자회사를 설립 운영할 수 있는데, 이런 경우 제조기업은 지사 및 자회사를 유지하는데 필요한 추가적인 비용을 부담해야 한다.

직접수출의 장점은 해외지점이나 거래처를 통해 최신의 정보를 신속하고 정확하게 입수할 수 있기 때문에 해외시장의 수요를 신속ㆍ정확하게 예측하고 대처방안을 강구할 수 있다. 그리고 간접수출에 비해 제조업체가 직접 유통경로의 선택, 가격, 광고전략, 제품의 서비스에 관한 해외마케팅 활동을 수행함으로써 통제권을 강화하고 판매를 증대시킬 수 있다.

반면 직접수출의 단점은 수출과 관련된 제반 업무를 직접 담당해야 하기 때문에 수출전문가의 육성이나 고용에 많은 비용이 소요된다. 그리고 해외마케팅담당 현지지점이나 해외자회사를 운영해야 할 경우 판매조직에 대한 투자가 요구되는 등 높은 초기 비용과 위험부담을 안게 된다.

표 9-2 직ㆍ간접 수출의 비교		간접수출	직접수출
	이용경로	• 수출상 • 수출대리점	• 현지대리점/유통업자 • 현지판매지사/자회사
	장 점	• 안정적 수출가능 • 위험과 분쟁회피 • 해외시장관리의 직접비용 감소 • 전문인력 및 조직재편성 불필요	• 시장정보 접근 • 해외고객 관리 • 직접마케팅을 통한 이익추구 • 자사수출상품 관리 강화
	단 점	• 해외마케팅 통제권 상실 • 해외고객과의 접촉 제한 • 기업이미지 제고 어려움	• 무역 전문인력 및 전담부서 운영을 통한 비용부담 • 수출분쟁 발생으로 위험비용증가

2. 국제계약

국제계약형태의 진입방법은 무형자산인 공업소유권ㆍ상표권ㆍ물질특허권ㆍ저작권 등의 지적소유권(intellectual property)과 컴퓨터 소프트웨어 등의 기술적 노하우(technical know-how), 경영관리 및 마케팅을 포함한 경영적 노하우(managerial know-how) 등의 경영자산을 하나의 제품으로 취급하여 일정한 계약을 체결함으로써 해외시장에 진입하는 방식이다. 국제계약은 국제기업이 현지국에 직접 진출하여 경영활동을 하는 전 단계에서 주로 이용되는 방식으로서 주로 기업이 현지에 직접 진출하여 경영활동을 수행하는데 여의치 않을 때 그 대안으로 활용하고 있다.

1) 국제라이선싱

국제라이선싱(international licensing)은 특정기업(licensor)이 보유하고 있는 특허·상표·상호·노하우 등을 외국에 있는 기업(licensee)에게 일정한 조건으로 사용토록 하고, 그에 대한 대가로 로열티를 지급하는 조건으로 당사자 간에 계약체결 하는 것을 말한다.

라이선싱은 다음과 같은 목적으로 해외사업 운영에 사용된다. 첫째, 목표시장에 수출이나 직접투자에 대한 무역장벽이 존재할 경우 라이선싱은 해외시장 진입을 위한 하나의 대안이 된다. 둘째, 국내에서 이미 사용된 특허·상표·상호·노하우 등의 무형자산을 해외에 이전시킴으로써 추가적인 이윤의 확보가 가능하다. 셋째, 상품을 국가 간에 직접 이동시키는 비용이 너무 많이 소요되는 경우 라이선싱은 효율적인 해외사업 운영방법이 된다. 넷째, 해외시장에 보다 적극적으로 개입하기 위한 발판을 마련하기 위해 라이선싱이 활용되기도 한다. 다섯째, 해외자회사와의 형식적인 라이선싱을 통해서 현지국에서 외환규제 시에도 본국으로의 과실송금이 어느 정도 가능하다.

라이센서 입장에서는 적은 위험과 비용으로 해외시장에 쉽게 침투할 수 있다는 장점이 있고, 라이선시의 입장에서는 유명제품의 상표를 활용할 수 있다는 장점이 있으나, 라이선시가 대개 후진국이므로 후진국 스스로가 기술개발을 통해 생산능력과 자발적인 기술수준의 향상을 꾀하지 못함으로써 기술적인 면에서 선진국에 예속을 당하게 되는 문제가 발생할 수 있다.

2) 국제프랜차이징

국제프랜차이징(international franchising)은 라이선싱의 한 형태로서 특정기업(franchisor)이 갖고 있는 상표나 상호의 사용권을 다른 개인이나 기업(franchisee)에게 허가해 주고 사업체의 조직과 경영방법의 이전을 통해 계속적으로 기업의 운영까지도 지원해 주는 국제경영방식이다. 프랜차이지는 프랜차이저의 정책과 운영절차에 따라야 하며 프랜차이저는 프랜차이지에게 설비, 간판, 촉진물, 제품과 기타 원재료 등을 공급하는 한편, 훈련, 재정, 기술, 회계, 상품계획, 일반적인 관리 면에서도 지원한다. 또한 기업의 이름을 알리고 제품이나 서비스를 사전에 판매하기 위한 촉진 및 광고 지원도 한다.

프랜차이징은 기업의 제품성격상 완제품 형태로는 해외시장국에 수출될 수 없는 경우로서 생산공정 내지 관리시스템이 쉽게 상대방에게 이전될 수 있는 경우에 활용가치가 높다. 이 방식은 때로는 후에 합작투자 내지 단독투자를 하기 위한 과도기적 진출방식으로 활용되기도 한다. 프랜차이징은 피자헛이나 맥도널드와 같은 음식점과 호텔, 주유소 등의 서비스 업종에서 주로 이용된다.

3) 국제관리계약

국제관리계약(international management contract)은 국제경영계약이고도 하며 특정기업(경영회사)이 일정기간 동안에 현지국에 있는 특정기업(소유회사)의 일상적인 운영을 할 수 있는 권리를 계약하는 것이다. 이는 계약을 통해 현지국 기업의 일상적인 영업활동을 관리할 권한을 부여받고 관리적 노하우의 경영서비스를 제공하는데 대해 일정한 대가를 수취하는 방식이다. 그러므로 관리계약은 양 파트너 중 한 파트너는 운영시설을 보유하고, 다른 파트너는 경영을 담당하는 형태이므로 기업의 소유와 경영을 분리하여 전문경영인에게 기업경영을 위임하는 오늘날의 세계적 경영현실을 국제경영에 적용시킨 것이다.

이러한 계약 하에서는 기업에 대한 중요한 의사결정(새로운 자본투자, 배당정책의 결정, 기업정책의 변경 또는 소유권 변경 등)에 대해서는 참여하지 못하는 것이 일반적이다. 국제관리계약은 경영층의 특수한 지식이나 경험이 요구되는 전문서비스 업종에서 자주 이용되고 있으며, 때로는 현지국에서 일정비율 이상의 주식보유를 허용하지 않는 경우 현지 합작선과의 합작투자로 설립된 기업의 경영권을 장악하기 위한 수단으로 활용되기도 한다.

4) 국제계약생산

국제계약생산(international contract manufacturing)은 국제라이선싱과 해외직접투자의 중간적 성격을 띠는 것으로 진출대상국의 제조업체에게 일정한 계약조건 하에 제품을 생산하도록 하여 이를 현지국 시장이나 제3국 시장에 판매하는 방식이다. 즉, 국제기업이 진출 대상국에 있는 기존의 다른 제조업체에게 일정한 계약조건 하에서 제조기술을 제공하면서 동시에 특정제품의 생산을 주문하여 그 주문 생산된 제품을 공급받아 현지시장이나 제3국의 시장에다 재판매하는 방식이다.

이러한 국제계약생산은 현지시장의 규모가 직접투자형태로 진출하기에는 너무 협소하거나 수출을 통한 진출이 현지국의 높은 수입장벽으로 인하여 사실상 곤란할 때 매우 유용한 방식이다. 이른바 OEM(Original Equipment Manufacturing)방식이라고 하여 우리나라에서 생산되어 수출되는 공산품의 일부가 외국 수입업자의 상표가 붙어 세계시장에서 판매되고 있는데 이것도 일종의 국제계약생산이라고 할 수 있다.

5) 턴키 프로젝트

턴키 프로젝트(turnkey project)는 플랜트 수출(plant export)이라고도 하며, 특정기업이 외국으로부터 공장이나 기타 산업시스템을 발주 받아 이를 설계·건설하여 가동직전의 단계에서 시운전에 필요한 키를 넘겨준다는 의미로 보통 기초운영까지도 담당한 후 프로젝트를 완공하여 해외발주자에게 제공하는 방식이다.

오늘날 많은 국가의 정부·공공기관·기업들은 각종 사회간접자본을 비롯하여 다양한 제조공장 및 생산설비 등을 건설 또는 설치하는 것과 같은 크고 작은 사업들을 외국인 기업체들에게 국제입찰을 거친 후 계약을 통해 발주하고 있다. 이에 따라 선진국의 다국적 건설업체는 물론 우리나라의 대형종합건설업체들도 고속도로·철도·공공건물·호텔·상하수도시설·항만시설·통신시설·공업단지 등의 다양한 건설프로젝트를 해외에서 수주 및 시공해 주는 형태의 국제경영활동에 개입하고 있다.

턴키운영방식에서 한 단계 더 나아가 발주자가 당해 사업을 독자적으로 영위할 수 있도록 경영관리나 근로자 훈련과 같은 서비스를 제공할 경우도 있는데 이를 턴키 플러스(turnkey plus)라고 한다.

3. 해외직접투자

해외투자는 경영에의 참가여부를 기준으로 간접투자와 직접투자로 나누어진다. 해외간접투자는 외국기업의 증권취득이나 대부에 한정하거나, 재산의 보전이나 배당의 취득을 목적으로 하는 해외투자이다. 반면 해외직접투자는 투자기업이 외국기업의 주식의 일부 또는 전부를 취득하여 경영권을 직접 행사하거나 해외현지에 단독소유의 법인을 직접 설립하여 경영권을 행사하기 위한 투자이다. 해외직접투자에는 합작투자와 단독투자가 있으며 이에 대한 자세한 설명은 제8장을 참조하면 된다.

1. 해외시장세분화의 개념 및 이점에 대해 설명하시오.

2. 행동적 세분화의 대표적인 변수에 대해 설명하시오.

3. 해외표적시장의 선정기준에 대해 설명하시오.

4. 제품 포지셔닝의 과정에 대해 약술하시오.

5. 간접수출과 직접수출의 장·단점을 설명하시오.

6. 해외시장 진입방법 중 계약진입방법에 대해 설명하시오.

Chapter

10

국제마케팅

이 장의 주요용어

국제마케팅 · 수출마케팅 · 다국적마케팅 · 글로벌마케팅 · 핵심제품 · 유형제품 · 확장제품 ·
표준화 · 적응화 · 원가중심가격결정 · 경쟁중심가격결정 · 팩터 · 회색시장 · 판매촉진

제1절 국제마케팅의 이해

1. 국제마케팅의 개념

국제마케팅(international marketing)의 개념을 이해하기 위해서는 먼저 마케팅의 개념에 대한 이해가 필요하다. 왜냐하면 국제마케팅의 체계와 기본원리가 마케팅에서 비롯되었기 때문이다. 마케팅에 대한 정의는 학자에 따라 다양하지만 미국마케팅협회(AMA: American Marketing Association)에서 제시한 정의에 의하면 마케팅은 '개인 및 조직의 목표를 충족시키고 교환을 창출하기 위해 아이디어, 재화, 용역의 개념화, 가격, 촉진 및 유통을 계획하고 수행하는 과정'이다. 이러한 정의에 기초하여 국제마케팅의 개념을 '개인이나 조직의 목표를 충족시키는 교환을 창출하기 위해 해외시장에 개입하고 아이디어, 재화, 용역의 개념화, 가격, 촉진 및 유통을 국제적으로 계획하고 수행하는 과정'이라 정의할 수 있다.

국제마케팅은 2국 이상의 국가에 있어서 소비자 혹은 사용자에게 제품 혹은 서비스를 유통시키는 기업활동이라고 할 수 있으며, 마케팅 제 활동이 국내뿐만 아니라 복수국가에서 전개된다는 점이 가장 큰 특징이다. 이러한 점에서 본다면 국제마케팅 역시 기업활동임에 틀림없다. 그러나 기업활동이 그 기업이 속해 있는 국가의 국민경제적 영역에서만 연관되는 것이 아니라 타국의 국민경제적 영역에까지 확대되는 것이 그 특색인 것이다.

기업이 둘 또는 그 이상의 국가시장에서 마케팅을 수행할 때 국제마케팅과 국내마케팅 간에 어떠한 차이점이 있는가 하는 질문이 제기된다. 이 두 개념 간에는 중요한 차이점이 존재하는가 하면, 동시에 기본적인 유사점도 존재한다. 국제마케팅은 일련의 마케팅과정과 이념 그리고 목적은 고객만족을 통한 수요의 창출 및 증대에 있다는 점에서는 국내마케팅과 동일하다. 그러나 국제마케팅과 국내마케팅의 중요한 차이점은 정치·경제·사회·문화 등의 제 환경이 서로 상이한 곳에서 마케팅 활동을 수행한다는 점이다. 따라서 마케팅 활동에 영향을 미치는 환경조건인 정치·경제·사회·문화 및 경쟁요소 등의 외부 환경조건이 상이할 경우에 기업이 어떻게 대응해야 할 것인가 하는 점이 기본적인 차이점이다.

2. 국제마케팅의 유형

국제마케팅의 유형은 수출마케팅, 해외마케팅, 다국적마케팅, 글로벌마케팅으로 분류할 수 있다. 이러한 유형의 차이는 기업의 해외시장진입 정도와 밀접하게 관련되어 있으나 국제마케팅이나 국내마케팅 둘 다 제품, 가격, 유통, 촉진 등과 같은 기업의 통제 가능 요소에 대한 마케팅 활동의 본질적인 측면은 동일하다.

일반적으로 기업의 형태는 국내기업, 수출기업, 다국적기업, 글로벌기업 등의 유형으로 나누어 볼 수 있는데, 이러한 기업들의 전략과 마케팅, 운영스타일은 나름대로의 특성을 갖게 된다. 국내시장중심 마케팅에서 글로벌마케팅으로 전환되는 과정 역시 국내기업, 수출기업, 다국적기업, 글로벌기업으로 성장함에 따라 단계적으로 이루어지는 것이다.

국경을 넘어 이루어지는 국제마케팅은 대개 국내마케팅에서 수출마케팅으로 시작하여 해외마케팅과 다국적마케팅을 거쳐 글로벌마케팅으로 발전하는 것으로 설명된다. 따라서 이러한 마케팅개념과 용어들은 제각기 별개로 존재하는 것이 아니라, 기업이 국제화됨에 따라 연속선상에서 발전적으로 변화해 나가는 현상을 편의상 구분한 것이라 할 수 있다. 또한 이러한 발전단계는 모든 기업에 일률적으로 적용되는 것은 아니다. 최근 시장의 글로벌화 현상에 따라 내수시장에서 처음부터 글로벌마케팅으로 시작하는 기업도 있다. 구체적인 국제마케팅의 각 유형별 특성을 살펴보면 다음과 같다.

1) 수출마케팅

수출마케팅(export marketing)은 기업이 본국에서 생산된 제품을 가지고 해외시장에서 마케팅 기회를 추구하는 것을 말한다. 수출마케팅은 기본적으로 본국이 중심이 되어 해외시장을 향해 마케팅활동을 수행하는 것으로서, 본국에서 생산된 제품을 해외시장에 공급하는 것을 주목적으로 한다. 따라서 수출마케팅의 주된 초점은 국내시장에서의 마케팅 경험과 제품을 해외시장에서 얼마나 효과적으로 활용하느냐 하는데 있다. 특히 가격경쟁력, 품질관리, 납기일 준수 등이 핵심 성공요인으로 작용한다. 수출마케팅 전략은 가장 전통적이며, 해외시장 개입수준이 가장 낮은 국제마케팅 유형이지만 대다수 기업에 있어서 중요한 역할을 담당한다.

수출마케팅은 ① 표적시장 환경의 이해와 모든 마케팅 도구의 사용, ② 마케팅조사의 사용과 시장잠재력의 확인, ③ 마케팅 믹스의 요건에 관한 사항, ④ 조직·계획수립 및 통제에 관한 것을 필요로 한다. 즉, 수출마케팅은 자국에서 생산된 제품 및 서비스에 대한 해외시장에서의 통합적 마케팅을 의미한다.

2) 해외마케팅

해외마케팅(overseas marketing)은 수출마케팅보다 진일보한 개념으로서 기업이 현지시장의 내부 또는 외부에 있는 해외생산기지로부터 해외시장에 침투하는 것을 의미하며, 외국에서의 마케팅활동에 초점을 맞추고 특히 해외자회사의 현지마케팅이 주가 된다. 일명 외국마케팅(foreign marketing)이라고도 하며 기술제휴를 비롯한 합작투자 등 주로 해외에서의 현지생산, 또는 현지판매에 관련된 해외사업 활동 등에 관한 마케팅을 포함한다.

해외마케팅은 현지시장의 특성과 고객활동을 고려하여 현지에서 제품을 생산하고 판매하는 현지고객 중심적 마케팅이기 때문에 국제마케팅 관리자는 현지의 마케팅 환경을 면밀히 분석하고 이에 적합한 마케팅전략을 수립하여 실행해야 한다.

3) 다국적마케팅

다국적마케팅(multinational marketing)은 여러 국가에 생산이나 판매 기지를 설치하여 전체적인 기업목표를 달성하도록 관리하는 다국적기업의 마케팅활동을 말한다. 이러한 다국적마케팅은 보다 많은 해외시장 개입과 막대한 투자를 행하며, 현지 소비자의 특성에 보다 많이 적응하는 특성을 가지고 있다. 특히, 다국적마케팅의 중점은 현지시장 및 환경에 적응시키는데 있다.

다국적마케팅 관리자들이 직면하는 주요 관심사는 마케팅전략을 개별 국가시장에 맞게 어떻게 적응시키느냐 하는 것이다. 이를 통해 현지화를 극대화 할 수 있고 마케팅전략을 다양화 할 수 있다. 이와 같은 현지화 노력은 때로는 마케팅 비용이 증대하고 해외시장 간에 마케팅프로그램이 중복되는 등 기업자원의 효율성을 떨어뜨리는 결과를 초래하기도 하지만, 반면에 현지시장의 특성과 요구에 맞는 차별화된 마케팅전략을 채택함으로써 현지 소비자로부터 좋은 반응을 이끌어낼 수 있으며 매출증대도 기대할 수 있는 장점도 있다.

4) 글로벌마케팅

글로벌마케팅(global marketing)은 전세계를 하나의 단일 또는 몇 개의 표준화된 시장으로 간주하여 완전한 일관성과 그에 따른 저비용으로 운영하며, 전세계적으로 동일제품을 동일한 방법으로 제조하고 판매하는 글로벌기업의 마케팅활동을 말한다.

최근 각국의 소비자들의 기호가 유사해지고 시장개방이 가속화되면서 시장의 글로벌화가 급속히 진행되고 있다. 또한 기술 및 물류 또는 기타 주요 경영기능에 대한 대규모 투자로 인하여 기업이 시장지배 범위를 확대하지 않을 수 없는 상황이 제기 되고 있다. 이러한 촉진요인들에 따라 국제마케팅 활동도 글로벌마케팅으로 급속히 변해가고 있다.

글로벌마케팅을 추구함으로서 얻을 수 있는 이점으로는 첫째, 전세계적으로 자기제품에 대한 통일된 이미지를 소비자들에게 심어줄 수 있으며 둘째, 글로벌 원형을 개발하여 이를 해외시장의 특성에 맞춰 약간씩 수정하는 전략을 활용함으로써 마케팅비용을 대폭 줄일 수 있다. 셋째, 해외시장간의 조정 및 통합이 강조되면서 전세계적 관점에서 자원의 효율적 이용이 가능하다는 점이다. 반면에 단점으로서는 현지 소비자 기호 및 시장 특성에 부응하는 차별화된 마케팅 활동을 수행하지 못함으로써 현지 소비자들부터 부정적인 반응을 받을 수 있다는 점을 들 수 있다.

제2절 국제마케팅조사

1. 국제마케팅조사의 의의

국제마케팅조사(international marketing research)는 해외시장의 환경 및 동향에 대한 모든 자료를 수집·분석·평가하는 활동을 말한다. 즉, 국제마케팅조사는 기업이 당면한 특정 마케팅활동의 의사결정에 필요한 정보를 제공하기 위하여 자료를 수집하고 분석하는 것이며, 이를 통하여 마케팅관리자에게 마케팅활동에 필요한 제반정보를 정확하고 체계적으로 제공함으로써 의사결정의 성공확률을 높여주는 하나의 과정이라 할 수 있다. 마케팅조사를 통해 수집되는 정보는 객관적이어야 하며 최근의 시장상황을 반영해야 하고, 또한 현재 담당자가 처한 문제를 해결하는데 필요한 내용을 포함하고 있어야 한다.

국제마케팅조사는 국제마케팅전략의 의사결정과정에서 보면 시장기회를 확인·평가하고 각 시장계층을 비교분석하는 단계에서부터 시작하여 목표설정·시장참가·전체 마케팅전략의 수립에 이르기까지 각 단계마다 의사결정 전략의 수립 이전에 반드시 수행되어야 할 단계이며, 각 시안의 실행과 전체 마케팅 효과분석에 따라그 성과를 평가한 다음 피드백 단계에 이르기까지 반복해서 수행되어야 할 단계이다.

국제마케팅조사의 활용수준은 기업의 국제화수준에 따라 다르다. 해외시장 진출 초기에 있는 기업들은 대다수가 간접수출에 의한 방법으로 국제화를 추진하게 되므로 해외시장에 대한 조사의 필요성을 거의 느끼지 못하거나 수행능력이 없다. 그러나 기업이 점차 직접수출을 하게 되고 현지법인의 설립 등을 통해 국제화가 증가함에 따라 국제화되는 조직의 효율성을 추구하게 되고 사업의 성공을 위한 보다 적극적인 국제마케팅조사를 행하게 되는 것이다.

국제마케팅조사의 필요성은 해외시장환경의 다양성 때문에 더욱 커진다. 각기 다른 시장환경인 경제개발수준, 언어, 태도 등의 거시적인 환경차이 뿐만 아니라 각종의 마케팅활동에 대한 정부의 규제 등과 같이 기업활동에 직접적인 영향을 미치는 미시적 환경의 차이가 이러한 시장에서 활동하고자 하는 모든 기업들로 하여금 이들 환경요소에 대한 정확한 이해를 어렵게 하고 있기 때문이다. 따라서 해외시장환경의 다양성 때문에 발생할 수 있는 부적절한 전략 수립을 피하고 시장기회의 상실을 방지하기 위한 차원에서 국제마케팅조사가 필요하다 할 수 있다.

2. 국제마케팅조사의 내용

국제마케팅조사를 통해 파악되어야 할 주요 내용은 해외시장환경조사, 고객조사, 상품조사, 유통경로조사, 판매촉진조사, 가격조사 등으로 나누어진다.

우선 해외시장환경조사의 내용에는 상대국의 정치 및 경제적 상황 그리고 인구, 인구증가율, 문화 및 교육수준, 사회간접자본 확충과 같은 사회 일반적 요인이 포함되어 있다.

고객조사로는 직접적인 거래선과 고객 및 최종수요자를 포함하는 두 개의 개념이 있다. 거래선 조사로는 소비재 수출의 경우 해외거래선은 수입업자·판매업자·딜러 등이고, 생산재 수출의 경우는 상대국 내의 수입업자일 경우와 생산재를 사용하는 사용자 및 실수요자인 경우가 많다. 기술수출에 있어서의 해외거래선은 상대국 내에 있는 기술제휴·플랜트제공·기업제휴를 수행하는 상대기업이다. 최종수요자 조사에 있어서 최종수요자란 수출업자 측에서 보면, 현재적 최종수요자와 잠재적 최종수요자로 구분할 수 있다. 현재적 최종수요자란 보통 생산재수출인 경우에 수입업자 등을 통하지 않고 사용자를 직접 거래선으로 하여 수출할 때의 사용자나 기술제공 또는 기업제휴를 받는 상대기업이다. 그리고 잠재적 최종수요자란 소비재의 최종수요자인 일반대중과 생산재 수출의 경우 수입업자를 통하거나 대리점을 통하여 수출할 때의 소규모 사용자이다. 결론적으로 고객조사는 거래선 및 최종수요자를 포함한 고객에 관한 조사로서 고객층의 조사, 고객의 이미지 조사, 고객의 동기조사, 거래선의 조사 등이 있다.

상품조사의 경우 주요내용은 ① 당해상품에 대한 현재의 수요와 전망, ② 당해상품의 특허 및 공업소유권관계, ③ 당해상품의 시황, 환시세 등의 움직임, ④ 현지국의 생산량·수입량·수출량 현황 및 전망, ⑤ 현지국의 기존 수입선의 수량별 현황 및 전망, ⑥ 현지국의 생산품과 수입품의 품질비교, ⑦ 현지국의 주요 제품의 색상·디자인·규격·포장, ⑧ 경쟁품·대체품·유사품의 유무와 품질 등을 들 수 있다.

유통경로조사에 있어서는 시장기구조사, 거래관습조사, 서비스조사, 직·간접거래관계조사 등을 들 수 있다. 시장기구조사는 당해상품의 시장구성 및 기구, 판매점·특약점·소매상·체인스토아·슈퍼마켓·백화점 등에 대한 조사이며, 생산재는 생산기업체의 업태별 유동구조를 조사한다.

판매촉진조사는 수출상품 및 현지생산품의 판매방법, 판매정책, 제품계획 등을 위시한 판매전략을 효과적으로 수행하기 위하여 필요한 조사를 실시하는 것이다. 판매촉진조사의 내용으로는 경쟁사정 및 판매원조사와 해외시장 광고조사가 있다.

가격조사의 주요내용은 ① 당해상품의 가격추이, ② 현지생산품과 수입품의 가격비교, ③ 시장별·소득계층별 가격구조, ④ 관련상품과 대체상품의 가격, ⑤ 계절과 유행에 따른 가격변동 추이 등이 주요 조사 내용이다.

3. 국제마케팅조사의 절차

국제마케팅조사는 〈그림 10-1〉과 같은 절차로 진행이 되는데, 조사가 효율적으로 수행되기 위해서는 각 단계별로 효과적인 관리가 이루어져야 한다.

그림 10-1
국제마케팅
조사의 절차

| 문제의 인식 | 조사의 설계 | 자료의 수집 | 자료분석/해석 |

1) 문제의 인식

문제의 인식은 국제마케팅조사의 방향을 제시하는 단계로서 마케팅활동을 수행하는데 발생하는 문제점을 해결하고 기회를 포착하기 위해서 매우 중요한 단계이다. 문제인식을 잘 못하게 되면 완벽한 조사를 실시하였다고 하더라도 조사결과는 국제마케팅관리에 아무런 도움도 주지 못할 뿐만 아니라 새로운 문제점을 야기시킨다. 그리고 너무 광범위한 문제인식은 오랜 조사기간이 소요되어 의사결정시기를 놓칠 수 있으며, 너무 협소하게 인식된 조사문제는 필요한 자료를 누락시켜서 잘못된 조사결과를 발생시킨다.

따라서 올바른 문제인식을 위해서는 조사를 통해 해결하여야 할 마케팅문제 자체와 그러한 마케팅문제가 야기된 배경에 대한 분석이 병행되어야 한다.

2) 조사의 설계

문제의 인식이 되면 문제 해결을 위해 조사활동을 어떻게 수행할 것인지 조사계획을 수립해야 한다. 조사의 설계는 규정된 문제에 대한 검토, 조사방법, 정보수집의 원칙, 표본추출, 자료수집절차, 자료 분석기법, 조사일정, 예산편성, 조사설계에 대한 평가과정 등을 실시하는 단계이다. 시장조사의 설계는 조사의 구체적인 진행방향을 제시하는 청사진의 역할을 한다.

3) 자료의 수집

조사자료는 1차자료(primary data)와 2차자료(secondary data)로 구분되는데, 1차자료는 당면한 조사목적을 위하여 조사자가 직접 수집한 자료를 말하며, 2차자료는 조사자가 아닌 다른 주체에 의해서 이미 수집된 자료이다. 1차자료는 자료의 정확성, 적합성, 시의적절성에서 2차자료보다 우수하지만 자료의 수집에 많은 비용과 시간이 투입된다는 단점이 있다. 반면에 2차자료는 1차자료보다 비용이 저렴하고 신속하게 수집될 수 있지만, 조사목적과 정확하게 부합되지 않거나 시의 적절하지 않은 경우가 많다. 2차자료가 마케팅의사결정에 적절한 정보를 제공하지 못할 경우 1차차료의 수집이 요구된다. 1차자료의 수집은 전략적 의사결정상 매우 중요하며 특히 신제품을 검증하거나 가격민감도를 평가하는 등의 많은 전술적 마케팅의사결정에 있어서 필수적 과정이다.

1차자료의 수집방법에는 관찰조사, 면접조사, 설문조사, 실험조사, 현지조사 등이 있다. 1차자료 수집에 있어서 가장 큰 문제점은 대부분의 사람들이 설문 등에 관한 응답을 기피한다는 점이다. 그리고 표본추출의 문제점을 들 수 있다. 정확한 마케팅조사를 위해서는 대상시장 전체의 특성을 제대로 반영하여야 하지만, 이를 위해서 전체 대상자 모두를 접촉하는 것은 시간과 비용 측면에서 불가능하거나 불필요하다. 따라서 전체 대상집단을 대표한다고 생각되는 표본들을 대상으로 조사하게 되는데, 많은 국가들에 있어서 이러한 전체 대상자들에 관한 기초자료가 없을 뿐만 아니라, 있다 하더라도 신빙성이 크게 떨어지기 때문에 대표성을 띤 적절한 표본추출에 어려움이 제기된다.

4) 자료의 분석 및 해석

국제마케팅 조사자가 수집한 2차자료와 1차자료에는 앞서 제시한 바와 같이 여러 가지 문제점들이 있다. 따라서 조사자는 그러한 것들을 고려하여 자료를 분석함으로써 국제마케팅 관리자에게 필요한 정보를 제공할 수 있을 것이다. 해외시장에서 수집한 자료의 문제점을 극복하고 중요한 시장정보를 제공하기 위해서는 다음과 같은 사항에 주의해야 한다.

우선, 조사자는 조사대상 시장의 문화에 대하여 많은 이해가 필요하다. 조사결과를 분석하기 위해서는 현지의 사회관습, 견해, 단어의 의미, 태도, 기업관행 등에 관해 명확하게 이해하고 있어야 한다. 다음으로 조사자는 조사결과를 적용시킬 창조적인 능력이 필요하다. 국제마케팅조사는 어려운 여건 하에서 수행되므로 조사자의 연구능력, 의지력, 인내력 등이 필요하다. 일반적으로 예상되는 가정과 결과가 상충되더라도 조사결과를 따를 수 있어야 한다.

자료의 분석은 수집된 자료의 편집 및 코딩과정을 거친 후 회귀분석·분산분석·판별분석·요인분석·군집분석·다차원척도법 등의 통계적 기법을 이용하여 이루어진다. 편집은 완전하고 일관성 있는 자료를 확보하기 위한 것으로 자료의 정정·보완·삭제 등이 이루어진다. 코딩은 자료의 분석을 용이하게 하기 위해서 관찰된 내용에 일정한 숫자를 부여하는 과정이다.

통계적 분석은 조사목적과 자료를 얻기 위해 이용한 표본추출방법, 자료수집방법, 측정방법 등을 고려하여 선택한다. 통계적 분석방법은 그에 맞는 자료의 형태가 요구되므로 조사설계를 계획할 때부터 수집할 자료의 성격과 분석방법을 일관성 있게 결정하여야 한다.

자료의 분석이 행해진 후에는 이러한 결과에 대한 의미 있는 해석이 이루어져야 한다. 이 때 주의할 점은 분석자의 통계기법에 대한 이해의 차이나 분석관점의 차이에 따라 결과가 달라질 수 있으므로 분석자의 통계기법과 경영문제에 대한 명확한 이해가 선행되어야 한다.

제3절 국제마케팅믹스

1. 국제제품전략

1) 국제제품전략의 의의

제품이란 소비자의 기본적 욕구나 필요성을 충족시켜 주는 효용을 가지고 있는 것으로 시장에 출시되어 소비자의 관심이나 사용 또는 소비의 대상이 될 수 있는 모든 사업적인 재화를 의미한다. 제품의 구성요소는 크게 핵심제품, 유형제품, 확장제품의 세 가지로 나눌 수 있다.

핵심제품(core product)은 가장 기본적인 제품수준으로서 소비자가 구매하고자 하는 본질적인 내용, 즉 소비자가 얻게 되는 기본적인 혜택이나 서비스를 말한다. 이는 소비자가 원하는 기본적인 욕구를 진실로 충족시켜 줄 수 있는가 하는 차원에서 생각할 수 있는 제품의 개념이다.

유형제품(tangible product)은 핵심제품을 실제제품으로 형상화한 것으로 핵심제품의 가치나 효용증대에 결정적으로 기여할 수 있는 제품으로 소비자들이 구매하게 되는 실체적 제품을 말한다. 즉, 품질수준, 특성, 디자인, 상표명, 포장 등을 핵심제품이 소구하는 방향대로 형상화하면 비로소 유형적인 제품의 모습을 갖추게 되는 것이다.

확장제품(augmented product)은 실제제품에 추가하여 제공되는 서비스나 기타 혜택을 말하는 것으로 첨가제품이라고도 한다. 여기에는 설치, 보증, 배달 및 고객에게 신뢰를 주기 위한 애프터서비스 등이 속한다. 글로벌기업이 현지 시장에서 애프터서비스 시스템을 갖추는 것은 제품 생산만큼이나 막대한 투자가 들어가는 것이기 때문에 어려운 일이다. 하지만 소비자들은 유형제품 그 이상의 것을 충족되었을 때 비로소 제품에 만족을 하므로 글로벌기업이 간과해서는 안될 부분이다.

이러한 제품개념을 활용하여 다국적 소비자들의 기호가 어떻게 다르며 구매시 어떤 요소를 상대적으로 중요시하는가를 파악하여 이를 제품전략에 반영해야 한다. 국제제품전략을 통하여 소비자들의 제품에 대한 요구를 불러일으킬 수 있으며, 국제마케팅의 목적인 제품의 판매극대화를 달성할 수 있다.

그림 10-2

제품의
구성요소

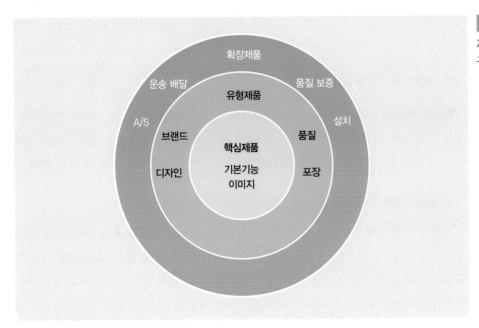

2) 국제제품전략 방안

국제제품전략(international product strategy)의 방안에는 일반적으로 두 가지 기본 방안이 있는데, 그 하나는 표준화 제품전략이고 다른 하나는 적응화 제품전략이다. 마케팅

활동 영역이 지리적으로 확장됨에 따라 기업은 자사의 제품을 그대로 해외시장에 진출시킬 것인가, 아니면 이질적인 해외시장의 요구에 일치시켜 그 이질적인 시장에서만 합당한 제품으로 변경 혹은 개량하여 해외시장에 도입할 것인가 하는 이른바 제품의 표준화 문제와 제품의 차별화 문제가 대두된다.

(1) 제품의 표준화전략

제품의 표준화(standardization) 전략은 국내에서 판매하던 제품을 아무 것도 변경하지 않고 그대로 해외시장에 판매하는 전략을 말한다. 예를 들어 Coca-Cola, McDonald's, Sony와 같은 기업들은 전세계 어디에나 똑같은 표준화된 제품을 판매하고 있다. 국제기업들이 제품을 표준화하는 이유는 다음과 같다.

① 생산에 있어서의 규모의 경제

표준화된 제품을 대량으로 생산하여 전세계 시장에 도입시키게 되면 규모의 경제를 실현할 수 있다. 물론 이 경우 공장의 최적규모는 전세계 수요를 충당하는 수준이어야 한다.

② 제품연구개발의 경제성

표준화제품의 세계적인 도입은 연구개발 비용을 여러 가지 제품에 분산하여 투자하지 않아도 되기 때문에 그 제품에 대한 연구개발의 경제성이 크게 증대된다. 따라서 신제품개발에 따른 비용을 절감하고 집중적인 연구개발을 가능하게 해 준다.

③ 마케팅활동의 경제성

시장국별로 마케팅활동을 할 경우에도 표준화된 제품을 사용하면 규모의 경제 달성이 가능하다. 판매카탈로그를 비롯하여 판매원 훈련, 광고 등도 표준화할 수 있기 때문에 제품을 현지에 적응시키는 경우보다 훨씬 더 경제적이다. 그 밖에 요구되는 최소한의 서비스수준, 재고관리 등도 표준화된 제품일 경우가 훨씬 쉽다. 더구나 광고언어와 광고 사용매체가 몇몇 국가에 있어서 동일하다면 한번 제작한 광고는 부수적인 효과를 유발할 수 있다.

④ 소비자의 상표충성도

표준화제품이 세계적인 도입은 어떤 특정제품의 상표명성도를 높이게 된다. 따라서 전세계의 소비자들은 그 제품에 대한 상표충성도를 갖게 된다. 특히 소비자가 여행할 때 자주 구매하는 제품인 경우에는 제품을 표준화함으로써 소비자의 충성도를 높일 수 있다.

⑤ 제품생산국의 이미지 활용

특정제품들은 그 제품의 생산국이 가지고 있는 좋은 이미지 때문에 해외시장에서 혜택을 누리는 경우가 있다. 반대로 제품자체는 좋은 품질이나 생산국의 이미지나 나빠서 안 팔리는 경우도 있다. 따라서 특정국 기업체가 생산국의 이미지를 활용할 수 있는 위치에 있다면 포장, 목록, 상품명을 포함한 제품을 표준화하는 것이 좋다.

⑥ 기술의 영향

일반적으로 기술수준이 높은 제품일수록 국제적으로 표준화되는 경향이 강하다. 국제기업환경의 차이는 주로 인간이 중심이 되는 문화적 차이에 기인하기 때문에 국가간의 물리적, 화학적 차이가 거의 없는 것처럼 기술도 국경을 넘더라도 변하지 않는 것이 보통이다.

(2) 제품의 적응화전략

제품의 적응화(adaptation)전략은 해외시장의 고객기호, 소득수준, 기타 환경 등에 알맞게 국내제품을 수정하는 것을 말한다. 해외생산의 경우 기존시장에서의 제품과 다르게 만드는 것도 적응화로 볼 수 있으나 이 경우는 차별화와 같은 의미로 해석된다. 제품적응화는 제품표준화보다 시장수용성이 더 크기 때문에 매출액은 훨씬 더 증대되지만, 그것이 과연 이익과 직결될 것인가는 제품적응에 소요되는 비용에 따라서 달라진다. 국제기업들이 제품을 적응화하는 이유는 다음과 같다.

① 제품사용조건의 차이

특정제품이 비록 여러 나라에서 유사한 기능을 모두 만족시킬 수 있도록 만들어졌다고 하더라도 제품이 사용되는 조건은 국가나 지역에 따라 크게 다를 수 있다. 예를 들어 지역에 따라 기후나 습도, 또는 온도상의 차이가 클 때 기업은 자사제품을 이에 알맞게 수정 또는 개량하여야 한다.

② 시장여건의 차이

소비내구재와 같은 제품의 경우에는 각 시장의 소득수준에 따라 그 크기나 특성, 포장까지도 현지에 맞게 적용시켜야 하고, 식품이나 유행 등도 각 시장 소비자들의 기호에 맞게 적용시킬 필요가 있다.

③ 정부의 영향

특정제품은 현지 정부에 의해 수입이 금지되기도 하고, 현지국의 정책이 제품의 디자인 등에 직접적으로 영향을 미치기도 한다. 또 식료품이나 약품의 경우에는 제품, 포장, 상표 등에 대한 현지 정부의 규제 때문에 현지시장의 요구에 맞게 적응시켜야 하는 경우도 있다.

3) 국제제품전 략의 유형

표준화와 적응화의 개념을 실제로 기업이 시장을 지리적으로 확산시켜 나가기 위한 전략에 적용하면 크게 세 가지로 나눌 수 있다. 첫째, 국내에서 마케팅하고 있는 제품을 그대로 해외시장에 적용하는 표준화를 들 수 있으며, 둘째 현지의 요구를 반영하기 위하여 국내제품을 적합하게 수정하는 적응화가 있다. 마지막으로 현지 소비자들의 요구를 바탕으로 아예 제품을 새롭게 만들어 내는 개발전략을 들 수 있다.

키간(W. J. Keegan)은 '표준화제품 대 차별화제품'이라는 문제를 제품기능 또는 욕구충

그림 10-3
국제제품
전략의 유형

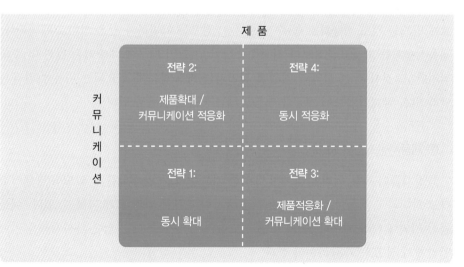

족과 촉진전략이라는 관점, 즉 기업이 사용할 수 있는 제품전략을 마케팅활동이 지리적으로 확대됨에 따라 제품과 커뮤니케이션의 표준화와 차별화의 조합을 통해 국제제품전략을 다섯 가지의 유형으로 나누었다.

(1) 제품-커뮤니케이션 확대전략

제품-커뮤니케이션 확대전략(product-communication extension strategy)은 자국과 동일한 제품과 동일한 마케팅 커뮤니케이션 수단을 해외시장에 적용시키는 전략으로서, 가장 쉽고 경제성 높은 마케팅 전략으로 많이 이용되고 있다. 이 전략은 동일한 제품을 대량생산함으로써 제품개발비와 생산비용을 절감시키는 규모의 경제를 실현시킬 수 있고, 동시에 광고비와 같은 커뮤니케이션 비용을 줄임으로써 이윤을 늘릴 수 있다. 반면, 시장의 욕구에 적절하게 반응하지 못하기 때문에 잠재 수요를 포함한 수요 확대의 기회를 상실하기 쉽다.

(2) 제품확대-커뮤니케이션 적응화전략

제품확대-커뮤니케이션 적응화전략(product extension-communication adaption strategy)은 현지국 시장에서 자사제품의 용도나 사용목적이 다른 경우에 사용하는 전략으로서 제품개발이나 생산 및 재고 유지에 투입되는 비용을 절감할 수 있으나, 새로운 용도의 개발에 필요한 광고나 판매촉진비용 등이 발생하게 된다. 제품 자체의 다양한 기능을 확인하고 시장 환경에 따른 마케팅 커뮤니케이션의 재형성에 대한 필요성을 의미하는 것이다.

(3) 제품적응화-커뮤니케이션 확대전략

제품적응화-커뮤니케이션 확대전략(product adaption-communication extension strategy)은 현지국 시장에서 현지 제품과는 다른 제품으로부터 현 제품이 효용이나 욕구를 획득하게 될 때 사용되는 전략이다. 이 전략은 생활문화 환경이나 관습 등으로 인해 자국시장과 비슷한 욕구나 효용을 다른 제품으로부터 얻을 경우 유용한 전략이다.

(4) 제품-커뮤니케이션 적응화전략

제품-커뮤니케이션 적응화전략(product-communication adaption strategy)은 커뮤니케이션 적

응화전략과 제품 적응화전략을 결합한 것으로서 자국시장과의 현저한 환경상의 차이로 인하여 어떠한 제품이나 마케팅 수단을 표준화시킬 수 없을 때 이용되는 전략이다.

(5) 제품혁신전략

제품혁신전략(product innovation strategy)은 적응화전략으로 시장욕구를 충족시킬 수 없을 때 제품을 새로이 개발하여 시장에 진입하는 전략이다. 사실상 표준화 및 차별화전략은 국제시장 기회에 대하여 대응하지 못할 수도 있고, 소비자들이 현존 또는 차별화된 제품을 구매하려는 구매력을 소유하지 않은 경우 시장상황에 반응할 수 없다. 따라서 어떠한 전략보다도 제품 개발전략은 비용이 많이 드나 잠재수요의 개척이라는 측면에서 볼 때 가장 유용한 전략일 수 있다. 그 때문에 기존시장의 수요 및 소비형태의 철저한 분석이 더욱 요청되는 것이다.

2. 국제가격전략

1) 국제가격전략의 의의

가격은 제공되는 제품이나 용역의 대가로 요구되는 화폐적 가치를 의미한다. 즉, 투입된 연구개발비용, 생산비, 마케팅비용 등을 회수하고 기업의 성장에 필요한 이익을 확보하기 위한 직접적인 마케팅 수단이다.

국제가격전략은 국제기업의 목표를 달성하기 위하여 가격분야에서 취하는 기업차원의 모든 조치 및 행위를 의미한다. 국제제품 가격은 소비자의 가치변화와 경쟁에 민감하게 반응하고 해당기업의 경쟁력과 시장점유율, 그리고 매출액 및 이익에 결정적인 영향을 미치기 때문에 국제마케팅 활동을 성공적으로 수행하는데 있어서 가장 중요하게 고려해야 할 요소라 할 수 있다. 또 4P 중 제품(product), 유통(place), 촉진(promotion)과 달리 수요 및 공급의 변화에 즉각적으로 부응할 수 있도록 변경이 용이하다는 점에서 높은 전략적 중요성을 갖는다.

해외시장에서의 가격결정은 〈그림 10-4〉와 같이 기업목표, 비용, 수요, 경쟁, 환경제한에 영향을 받는다.

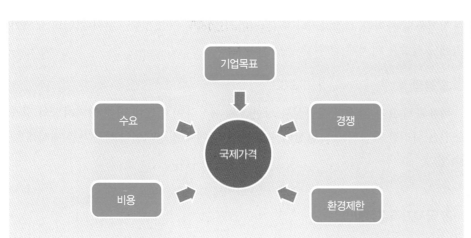

그림 10-4

국제가격
전략의
영향요인

① 기업목표

해외시장에서 가격결정은 기업의 전략적인 목표에 의하여 많은 영향을 받는다. 국제기업의 목표가 시장침투, 시장대응, 단기적 이익, 시장점유율, 특정 제품계열의 판매촉진, 현상유지 등에 따라 가격결정은 달라진다.

② 수요

수요는 기업이 판매하고자 하는 제품에 대한 소비자들의 지불능력과 직결된다는 점에서 가격결정의 상한선을 어느 정도 시사해 준다. 수요에 영향을 주는 요인으로는 구매력, 기호, 습관, 대체재 등이 있으나 이들 요인들이 각 국가 시장별로 다르기 때문에 똑같은 제품이라도 시장별로 가격을 달리 책정할 필요가 있다.

③ 비용

제반의 비용 또한 가격의 결정 특히, 최저가격의 결정에 있어 매우 큰 영향력을 행사한다. 해외시장에서는 지역에 따라 비용구조에 차이가 날 수도 있으므로 가격결정에는 생산비용뿐 아니라 마케팅비용이나 운송을 비롯한 유통비용까지를 모두 포함하여 고려해야 한다.

④ 환경제한

국제가격에 영향을 미치는 환경제한 요인으로 유통경로와 정부의 정책이 있다. 유통경로상의 업체에 대한 마진이나 경로의 길이가 나라별로 다르기 때문에 최종소비자가격뿐만 아니라 공장도가격, 수출가격 등에도 영향을 받게 된다. 그리고 정부가 특정제품의 가격을 결정하거나 혹은 전반적인 세금을 조정함으로써 기업의 국제가격에도 영향을 미치게 된다.

⑤ 경쟁

비용과 수요가 가격의 하한선과 상한선을 제시하여 주는데 비해 해외시장의 경쟁조건은 이러한 상한선과 하한선의 중간 어느 점에서 결정되어야 하는가를 제시해 줄 수 있다.

2) 국제가격결정방법

(1) 원가중심가격결정

원가중심가격결정은 제품의 생산원가에 일정한 이윤을 가산하여 가격을 산정하는 방법으로서 이 방법에는 원가가산법과 이윤가산법이 있다. 원가가산법(cost plus pricing)은 건축물과 같이 사전에 총원가를 알 수 없을 때 추후에 확정된 총원가에다 일정률의 이윤을 가산하여 결정하는 방법이다. 이윤가산법(mark-up pricing)은 사전에 확정된 원가에다 일정률의 이윤을 가산하여 가격을 결정하는 방법이다.

원가중심가격결정은 회사가 손실을 입지 않는 범위 내에서 수용될 수 있는 최저가격의 결정을 가능하게 하지만, 산정된 비용에 일정한 이윤을 첨가하여 가격을 결정하므로 어떤 원가를 기준으로 하여 가격을 결정하는가에 따라 가격이 크게 달라진다. 특히 국제가격결정에 있어서는 국내가격결정과는 달리 원가의 개념이 달라지므로 원가의 어디까지를 가격결정에 반영하고, 어느 부분을 소비자에게, 얼마 정도를 기업에서 부담할 것인가를 결정해야 한다. 또한 원가의 범위가 국내가격결정의 경우보다 훨씬 커지게 되므로 원가를 결정할 기준이 있어야 한다.

원가중심가격결정의 장점은 ① 판매자의 입장에서 수요보다 원가의 측정이 쉽고 확실성이 높다는 점, ② 동종 산업내의 모든 기업들이 이 방법을 사용한다면 가격이 비슷해져 가격경쟁이 축소될 수 있다는 점, ③ 비교적 가격책정이 쉽고 사회적으로 공정성이 있다는 점 등이다.

반면, 단점으로는 ① 목표시장의 수요와 경쟁여건을 전혀 고려하지 못한 점, ② 가격이 왜곡된 원가를 기초로 결정될 수 있다는 점, ③ 가격은 마케팅변수를 고정시킴으로써 다른 전체적인 마케팅전략의 목표를 등한시하였다는 점, ④ 이윤가산율도 산업과 기업에 따라 다르며 결정기준도 일정하지 않다는 점 등이다.

(2) 목표중심가격결정

목표중심가격결정은 국제기업이 해외시장에서 추구하고자 하는 목표를 기준으로 국제가격을 산정하는 방법으로서 여기에는 침투가격전략과 초기고가전략이 있다.

침투가격전략(penetration pricing)은 기업이 단시간내 국제시장 성장을 촉진하고 시장점유율을 확보하기 위하여 국제가격을 낮게 책정하는 방법을 말한다. 이 전략은 낮은 가격을 경쟁력으로 하여 국제시장에서의 지위를 확보하기 위한 방법으로서 낮은 가격을 이용하여 해외시장에 침투하고자 하는 경우에 많이 활용된다. 제품에 대한 높은 수요가 있을 때는 특히 경쟁자가 나타날 가능성이 많은데 이런 경우 저가격전략을 택하면 경쟁자를 쉽게 뿌리칠 수 있다.

초기고가전략(skimming pricing)은 제품이 해외시장에 도입되는 초기단계에서 국제가격을 가능한 높게 책정하여 가격이 높음에도 불구하고 기꺼이 구매하고자 하는 고소득층 소비자들에게 제품을 판매하고, 점차 수요가 확대되면 가격을 인하하여 그 다음 소득수준의 소비자들에게 제품을 판매하기 위한 가격결정방법이다. 이 전략이 유리한 경우는 ① 제품의 질과 이미지가 좋을 때, ② 수요의 가격탄력성이 비탄력적일 때, ③ 거액의 생산비를 조기에 회수하려 할 때, ④ 제품이 특허로 보호를 받던가 모방이 어려울 때이다.

(3) 수요중심가격결정

수요중심가격결정은 인식가치에 따른 가격결정이라고도 하며 시장의 수요변화, 수요의 가격탄력성, 소비자의 심리상태 등을 반영하여 가격을 결정하는 방법이다. 이는 해당시장 상황이 잘 파악되어 있는 경우, 현재의 제품수요량과 예측되는 수요지속기간에 따라 시장원리에 의해 가격을 결정하는 방법이다. 물론 구매자의 인식가치가 증가할수록 가격은 상대적으로 상승한다. 그러나 실제에 있어서 수요중심가격결정은 고객, 제품모형, 판매점, 판매시점 등의 상황에 따라 차별화되어 나타난다. 따라서 이러한 가격결정의 중요한 초점은 해당 시장상황을 얼마나 정확히 파악할 수 있느냐 하는 것이다.

(4) 경쟁중심가격결정

경쟁중심가격결정은 경쟁기업의 가격전략을 의식하고 경쟁기업의 제품가격을 중심으로 가격을 책정하는 방법이다. 이 가격결정은 원가구조변동, 수요변화 등의 요인을 무시하고 경쟁기업의 가격을 최대의 기준으로 삼는 방법이다. 제품의 동질성이 매우 높은 시장에서 경쟁사가 가격을 인하할 경우에 이에 대처할 수 있는 방안은 경쟁사의 가격변경에 추종하는 길밖에 없다. 반면에 경쟁사가 동질적 제품시장에서 가격을 인상하면 다른 기업들은 그것에 대응할 수도 있고 대응하지 않을 수도 있다.

(5) 경험곡선가격결정

경험곡선가격결정은 국제가격을 기업의 추정된 단위당 원가에 맞추어 결정하는 방법이다. 통상 특정제품의 단위당 원가는 시간의 경과와 함께 누적생산량이 증대됨에 따라 낮아지게 된다. 이 방법에 따르면 초기에는 제품가격을 단위당 원가보다 낮게 책정함으로써 경쟁기업들에 비해 시장점유율을 상대적으로 확대할 수 있으며, 확대된 시장점유율은 판매증대 및 생산효율성 증대를 가져와 이것이 다시 원가를 낮추게 된다. 결국 누적생산량이 일정 수준에 도달하게 되면 단위당 원가는 제품가격보다 낮아지게 되며, 이러한 방식이 계속되면 기업은 경쟁기업보다 낮은 가격수준을 유지하면서 동시에 적당한 이윤을 누릴 수 있게 된다.

3) 국제이전가격결정

이전가격(transfer price)은 국제기업이 전체적인 이익을 극대화하거나 또는 전사적 목표를 효율적으로 달성하기 위해 필요에 따라 본사와 해외 자회사, 또는 해외자회사 간에 거래되는 제품 또는 서비스 가격을 정상적인 국제가격보다 높게 또는 낮게 책정하는 인위적인 가격조작을 의미한다. 오늘날 대기업은 국제적인 조직구조를 바탕으로 경영활동을 전개하므로 부품, 완제품, 기술 등의 기업내부거래가 발생하고 있으며, 이에 따라 이전가격의 책정이 중요한 문제로 부각된다.

이전가격정책은 국제마케팅의 시너지효과를 실현시키기 위한 가장 적당한 전략 중의 하나이다. 이전가격의 결정에는 본사와 지사, 본국의 정부와 현지국 정부 등 여러 이해관계자의 이해가 같이 관련되는데, 물론 이들의 이해관계가 상충되는 경우도 흔하게 발생한다. 일반적으로 이전가격은 다음의 몇 가지 목적을 위하여 결정되는 것으로 알려져 있다.

① 세금의 극소화

이전가격 정책목표 중 가장 많이 추구하는 형태이다. 국제기업의 경우 세금이 적은 나라에서는 이익을 확대하고 높은 세율의 나라에서는 이익을 극소화함으로써 전 세계적인 이익을 극대화시킬 수 있다. 즉, 국가간 세율이 다를 경우 세율이 높은 국가에 있는 기업에 비해 낮은 국가에 있는 기업이 더 많은 이익이 날 수 있는 방향으로 상품 이동 시 정상가격보다 낮게 책정하고 세율이 높은 국가로 이동할 경우에는 높게 책정한다.

② 관세의 극소화

관세가 높은 국가로 상품이 이동할 경우 이전가격을 낮게 책정한다. 그러나 이런 경우 덤핑문제를 야기할 가능성이 있다.

③ 현지국의 이익 및 배당 송금 규제

자회사가 소재하고 있는 현지국에서 이익 및 배당의 송금에 대해 규제를 가할 경우 자회사로 이전되는 상품 및 서비스의 가격을 높게 책정하여 자회사의 이익 또는 배당이 본국에 송금되는 것과 동일한 효과를 가져 올 수 있다.

④ 자회사의 경쟁력 강화

자회사의 경쟁력 확보가 중요할 때 자회사로 이동하는 상품, 서비스의 가격을 낮게 책정하여 현지국에서 경쟁기업에 대처할 수 있다.

⑤ 현지국의 환율변동 및 인플레이션에 대처

현지국에서 환율변동이나 인플레이션이 발생하게 되면 자회사 소재국의 통화가치가 하락하게 된다. 이 경우 자회사로 상품 또는 서비스가 이전되는 경우 이들 가격을 높게 책정하면 자회사로부터 가능한 많은 화폐자산을 본국으로 이동시킬 수 있다.

3. 국제유통전략

1) 국제유통전략의 의의

국제유통(international place)은 일반적으로 한 국가의 생산자로부터 중간유통업자를 거쳐 다른 국가의 최종소비자에게 제품이 전달되는 일련의 단계적인 과정을 말한다. 특히 해외시장 국별로 시장유형과 경로의 대안성이 다르기 때문에 경로문제에 대한 해결책이 시장별로 상당히 다르다.

유통경로는 제품이나 서비스를 생산자로부터 최종소비자에게 전달하는 도구를 사용함으로써 마케팅전략에서 중요한 역할을 수행하고 있다. 소비자가 만족할 수 있는 제품을 생산하는 것도 중요하지만, 이러한 제품의 생산만으로는 소비자의 욕구를 만족시키고 기업의 목표를 달성하는 것은 불가능하다. 이를 성취하기 위해서는 제품이 표적시장의 소비자들에게 적절한 시간 내에, 접근 가능한 장소에, 적절한 수량만큼 제공함으로써 효용을 창출하는 것이 바로 유통경로인 것이다. 국제유통경로의 기능은 일반적으로 해외소비자들에게 제품을 전달하는 것 이상으로 다음과 같은 기능을 가지고 있다.

① 제조업자와 소비자를 연계시켜 교환을 가능하게 해주고, 운송ㆍ보관 등을 통해 재화나 서비스의 실체를 이동시켜 주며, 광고ㆍ정보수집ㆍ위험부담 등을 통하여 기업의 마케팅활동을 보조한다.

② 기업들이 외국에서 접하게 되는 이질적인 문화나 환경에 적응할 수 있도록 해주고 각국 소비자들에게 당해 기업들을 홍보해 주는 역할도 수행한다.

③ 소비자들에게 제품을 적절한 시기에 제공함으로써 제품의 시간효용을 증대시키고 소비자들에게 제품을 쉽게 구할 수 있도록 적절한 위치에 있게 함으로써 제품의 공간효율을 증대시킨다.

2) 국제유통경로의 설정

국제유통경로가 기업의 전체적인 마케팅 목표에 부합되기 위해서는 고객, 제품 및 중간상 특성, 그리고 환경요인 등이 고려되어야 한다.

(1) 소비자

소비자들은 유통경로전략을 수립하는데 중요한 영향을 미친다. 국가마다 고객의 수, 지역적 유통경로, 소득, 구매습관 등이 다양하기 때문에 국가마다 판매기법과 유통경로도 달라져야 한다. 일반적으로 고객들의 수가 많으면 많을수록 시장발전수준에 관계없이 중개상들의 욕구도 그만큼 더 다양해진다. 제품의 소비자가 아주 많다면 소비유통경로로 혹은 통신판매형태로 판매될 수밖에 없다. 소규모 소매상들이 많은 경우 도매상들을 경유하여 소규모 소매상들과 거래하는 것이 유통비용이 더 저렴한 반면, 대규모 소매상들과는 직접 판매하는 것이 더 효과적이다. 이러한 일반적인 개념은 경제발전수준에 관계없이 모든 국가에 적용될 수 있다.

(2) 제품특성

표준화의 정도, 부패가능성, A/S정도, 단가 등의 요인이 유통경로 구축에 중요한 영향을 미친다. 예를 들어 단가가 비싼 제품의 경우에는 자사의 판매요원을 이용한 직판조직을 통해 판매하고, 낮은 단가의 제품은 주로 대리점 조직을 통해 판매한다. 그리고 부패성 제품들은 대개 유통경로상의 제품상태가 최종소비자들이 구입했을 때 만족감을 느낄 수 있도록 직접적인 마케팅을 필요로 한다.

(3) 중간상 특성

국제기업이 유통경로를 선택할 때 간과해서는 안 될 중요한 사항 중 하나는 중간상들은 거래 시 제조업체의 이익보다는 자신의 이익을 극대화하기 위해 노력한다는 점이다. 중간상들은 고객수요가 많은 제품만 주문하고 적극적인 판촉이 필요한 제품은 취급하기를 회피하는 경향이 있다. 이러한 중간상들의 반응은 해외시장에 처음 진출하는 기업에게는 매우 심각한 문제가 된다. 따라서 신제품을 판매하는 경우나 자사 제품의 현재 시장점유율이 높지 않을 경우에는 중간상들의 회피 경향을 피하기 위해 처음에는 비용이 많이 드는 직판조직을 이용하여 시장점유율을 확보한 다음에 보다 경제적인 간접 유통경로를 선택하는 것이 바람직하다.

(4) 환경요인

해외시장의 유통경로 결정 시 경제·사회·정치적 환경이 국제적으로 매우 다양하기 때문에 그 환경요인에 맞는 유통경로를 선택해야 한다. 유사한 경제발전단계에 있는 여러 국가들의 식료품 유통시스템을 비교해 보면, 한 국가의 시장 환경이 유통경로에 얼마나 영향을 미치는가를 알 수 있다.

고소득국가인 미국에 있어서는 대형냉장고, 승용차를 보유하고 있기 때문에 주로 슈퍼마켓에서 일주일분의 식료품을 한 번에 구입하는 경우가 많다. 슈퍼마켓은 대량구매체제를 갖고 있기 때문에 재래식 식료품점보다도 더 낮은 가격으로 식료품 구입자들의 욕구를 충족시킬 수 있으며, 고소득 수준의 소비자들에게 흥미를 끄는 소규모 식료품점보다도 더 다양한 상품의 선택권을 제공할 수 있다. 반면, 소득수준이 상대적으로 낮으며 대형냉장고 및 승용차 보유율이 낮은 나라의 경우에는 일반적으로 매일매일 구입하는 전통적인 유통경로가 지배적이다.

3) 국제유통경로의 유형

(1) 직접유통경로

직접유통경로는 자사의 판매회사나 판매요원을 통해 소비자에게 직접 전달하는 형태이다. 일반적으로 판매규모가 크고 시장이 집중되어 있는 경우 수익성과 안전성을 확보하기 위하여 이 형태를 취한다.

(2) 간접유통경로

간접유통경로는 중간상 혹은 대리상을 거쳐 소비자에게 전달하는 형태이다. 중간상은 자기의 명의와 계산으로 판매활동을 하므로 구입가격과 판매가격의 차이가 곧 영업이익이 되며, 대리상은 제조업자나 수출 및 수입업자의 위탁을 받아 당해 위탁자의 명의와 계산으로 거래를 하며 판매대금의 일정비율을 수수료 형태로 수취하게 된다.

간접유통경로의 중간상에는 수입업자, 제조업자, 유통업자, 딜러, 도매상과 소매상 등이 있다.

① 수입업자

수입업자(importer)는 자신의 위험부담과 계산으로 제품을 수입하여 현지의 도매업자나 소매상에게 판매한다. 제품에 대한 전문지식을 필요로 하기 때문에 주로 특정 제품계열만 전문적으로 취급하는 수입업자가 많다.

② 유통업자

유통업자(distributor)는 독립적인 중간상의 대표적인 형태로서 특정국에서 독점적인 판매권을 향유하며, 해외제조기업과 긴밀한 유대관계를 맺고 있다.

③ 딜러

딜러(dealer)는 특정 제품의 매매에 있어서 공급업자와 지속적인 관계를 유지하면서 산업재 또는 내구성 소비재를 소비자에게 직접 판매하는 중간상이다. 딜러는 공급업체와의 지속적인 관계를 바탕으로 특정지역에서 제조업체의 제품을 독점적으로 판매할 권한을 가지므로 취급품목도 단일 제조업체의 제품으로 한정하는 것이 보통이다.

④ 도매상과 소매상

도매상(wholesaler)과 소매상(retailer)은 보다 낮은 단계의 유통경로 구성원들에 대한 재유통이나 최종 소비자를 대상으로 유통 업무를 수행한다.

⑤ 제조업자

제조업자(manufacturer)는 OEM방식으로 수입하거나 Knock Down방식으로 수입하여 자사의 기존 판매망이나 도·소매 유통경로를 통해 판매한다.

⑥ 정부

각국 정부(government)는 수행하는 사회서비스에 필요한 물자들을 대부분 직접 조달하기 때문에 국제마케팅 담당자는 현지정부 또는 공공기관과 거래하는 경우도 있다.

반면, 간접유통경로의 대리상에는 중개업자, 대리점, 팩터 등이 있다.

① 중개업자

중개업자(broker)는 일차산품이나 음식료품을 전문적으로 취급하며, 그 대가로 일정액의 중개수수료를 취득한다. 이들은 현지 고객들에 대한 정보가 밝기 때문에 이들을 활용하면 적은 비용으로 해외시장에 신속히 침투할 수 있는 이점을 가지고 있다.

② 대리점

대리점은 특정도시 또는 지역에 소재하며 목표 시장국 또는 인접국 제조업체의 제품에 대한 판매권을 향유하는 유통기구이다. 이들은 광범위한 시장을 커버할 수 있는 이점 때문에 각종 소비재의 유통에 널리 이용된다.

③ 팩터

팩터(factor)는 수출업자가 맡긴 제품의 판매알선과 함께 구매자의 지급보증업무까지 수행하여 수출업체와 수입업자의 중간에서 신용위험을 덜어주는 기능을 한다. 그러므로 팩터는 일정액의 판매수수료 이외에 지급보증의 대가로 지급보증수수료까지 추가로 수취한다.

4) 회색시장

국제기업이 세계시장에 표준화된 제품을 동시에 마케팅하면서 시장간 가격차이가 심하면 이른바 회색시장이 발생하게 된다. 회색시장(grey market)은 해외시장간의 가격차이에 편승하여 특정 기업의 제품을 저가시장에서 구입해서 이를 고가시장에서 정상적인 유통경로 구성원들이 내놓은 가격보다 낮은 가격에 판매함으로써 이익을 추구하는 유통업체들로 구성된 시장을 말한다.

회색시장은 합법적인 경로구성원들 간의 매상을 떨어뜨리는 한편, 기업의 유통 및 가격전략에 혼란을 초래하기 때문에 국제기업들은 이에 대한 깊은 관심을 기울여야 한다. 회색시장에서 취급하는 제품도 처음에는 카메라, 시계, 향수 등에 한정되었으나 최근에는 자동차, 타이어 등에 이르기까지 매우 다양하다. 이러한 회색시장이 형성되는 이유는 다음과 같다.

첫째, 기업들이 표준화된 제품을 여러 개의 해외시장에 동시에 판매하고 있다. 이와 같이 세계적 제품의 수와 종류가 증가함에 따라 기업이 여러 시장에 대한 조정을 한다는 것이 불가능하기 때문에 회색시장이 발생한다.

둘째, 기업이 한번 설정된 가격을 환율이 변동할 때마다 매번 바꾸기는 어렵기 때문에 회색시장 업체들은 이러한 가격불균형을 활용한다.

셋째, 기업이 제품차별화 없이 가격차별전략을 사용하는 경우 회색시장을 발생시킨다.

넷째, 예상 밖의 초과공급 상황에 놓인 시장국의 유통업체들이 투자금액의 신속한 회수를 위해 정상가격보다 낮은 가격에 초과공급분을 처분하려고 하는데 이런 경우에도 회색시장을 만들어 낸다.

4. 국제촉진전략

1) 국제촉진전략의 의의

국제촉진(international promotion)은 국제기업이 목표시장 고객으로부터 제품에 대한 호의적인 반응을 얻기 위해서 행하는 커뮤니케이션 활동을 말한다. 즉, 기업과 제품에 대한 정보를 유통경로 구성원이나 최종고객에게 제공하여 궁극적으로 그들로 하여금 제품을 구매하도록 하기 위한 마케팅 노력의 일체를 의미한다.

최근 세계시장의 글로벌화가 빠르게 진행되어 국경 없는 무한경쟁시대가 됨에 따라 국제마케팅활동의 일환인 국제촉진활동의 중요성이 그 어느 때보다도 강조되고 있다. 따라서 치열한 경쟁을 하고 있는 세계시장에서 국제경쟁력의 우위를 점하기 위해서 기업들은 무엇보다도 효과적인 촉진활동을 전개하지 않으면 안된다. 이러한 국제촉진이 절대적으로 필요한 이유는 오늘날 국제시장의 특색이 제품차별화에 의한 소비자행동의 비합리적인 측면, 시장정보의 불안정성 등 불투명한 해외시장 정황만이 깔린 불완전경쟁시장에 있기 때문이며, 또 그러한 시장상황 하에서는 독특한 기능을 지닌 국제마케팅믹스로서의 국제촉진 없이 국제마케팅 목적이 달성될 수 없기 때문이다. 더불어 일국의 생산자와 해외의 소비자 간의 물리적 거리가 확대되고 잠재고객의 증대, 그리고 국제적인 유통기관으로서의 도·소매적인 중간상의 발달은 더욱 국제촉진의 의의를 증대시킨다고 할 수 있다.

2) 국제촉진전략의 고려요소

문화적·사회적 환경이 상이한 여러 해외시장에서의 국제촉진은 국내촉진에 비하여 여러 장애요인이 많으므로 국제마케팅 담당자는 다음과 같은 점을 고려하여야 한다.

(1) 언어장벽

언어의 차이는 광고를 통한 효율적인 커뮤니케이션에 있어서 심각한 장애요인 중의 하나이다. 특히 언어에 대한 부주의가 많은 번역상의 오류로 나타나고, 그 결과 국제마케팅에 부정적인 영향을 미치는 경우가 많이 있다. 이는 나라마다 다른 언어의 사용과 한 나라에도 많은 방언이 존재하기 때문에 국제마케팅 담당자는 언어의 차이에 대한 충분한 지식이 있어야 한다.

(2) 커뮤니케이션매체

현지국 고객에게 메시지가 정확하게 전달되기 위해서는 매체와 광고대행사를 올바로 선정하여야 하는데, 해외시장 매체는 국가에 따라 매우 다양하며 믿을 만한 광고대행사를 찾기도 쉽지 않다. 커뮤니케이션매체는 크게 인적매체와 비인적 매체로 구분할 수 있다. 비인적 매체에는 TV, 라디오, 신문, 유인물 등이 있는데 이들의 발전단계와 활용가능성은 국가에 따라 크게 차이가 난다.

(3) 문화의 다양성

각 나라의 문화마다 인식하는 면이 각기 다르기 때문에 의사소통이 더욱 어렵다. 문화의 차이를 분석하고 이해하기 위해서는 문화적 상대주의(cultural relativism) 관점이 필요하다. 문화적 상대주의는 '한 문화가 다른 문화의 활동에 대해 지속하거나 고상하다고 판단할 절대적인 기준이 없고 단지 다를 뿐이다'라는 관점이다. 문화에는 우열이 있는 것이 아니고 단지 가치와 규범에 대한 차이만 있을 뿐이며, 다른 문화와 접촉할 때에는 이들 문화를 인정하고 수용하자는 관점이다. 따라서 문화가 다른 사람들과 의사소통을 하거나 함께 일을 할 때 자기의 가치나 규범으로 판단하거나 이를 적용해서는 안 된다. 문화는 매우 다양할 뿐만 아니라 가치와 규범에 대한 차이가 명확하게 드러나지 않기 때문에 문화차이를 분석하는 데에는 많은 어려움이 있다. 이에 따라 국제마케팅 담당자는 이를 극복하고 효율적으로 의사소통할 수 있는 안목이 필요하다.

(4) 법적규제

각 국에는 고유한 법률 및 관습이 존재하여 이러한 법률적 환경의 차이가 국제마케팅에 있어 많은 영향을 미친다. 법적 규제와 관련하여 우선 중요한 사항은 광고에 대한 규제가 국가마다 다르다는 점이다. 특히 국가에 따라 특정제품에 대한 광고가 법적으로 제한되어 있으며, 광고내용에 대한 규제도 국가마다 다르다. 이에 따라 국제마케팅 담당자는 광고에 대한 국제적 규제내용이 상이하다는 점을 충분히 고려하여 효과적인 광고전략을 수립해야 한다.

(5) 수신자의 반응

현지국에서 메시지가 매체를 통하여 전달되었을 때 수진자의 반응을 예측하는 것은 촉진전략의 필수적 고려요소라 할 수 있다. 이를 위해서는 해외고객의 정보탐색, 태도형성 및 구매결정에 관한 충분한 지식이 필요하다.

국제기업은 해외고객들이 구매의사결정을 위하여 언제, 어떤 종류의 정보를 탐색하며 그들의 주요 정보원천은 무엇인가를 알아야 한다. 그리고 해외고객들이 여러 가지 제품 및 서비스를 어떻게 평가하고 특정제품에 대한 태도를 어떻게 형성하는 가를 아는 것은 효과적인 촉진전략 수립을 위해 매우 중요하다. 또한 해외고객의 특정제품 구매결정에 있어서 누가, 언제, 어디서, 어떻게, 왜 결정하는가에 관한 지식이 있어야 효과적인 촉진전략을 수립할 수 있다.

3) 국제촉진전략의 유형

국제촉진의 유형에는 국제광고, 판매촉진, 홍보, 인적판매 등으로 구분할 수 있는데 그에 대한 구체적인 내용은 다음과 같다.

(1) 국제광고

국제광고(international advertising)는 기업이 비용을 지불하고 비인적 매체(nonpersonal media)를 통하여 제품을 널리 알리고 구매를 촉진하기 위하여 벌이는 활동이다. 일반적으로 광고는 소비자에게 제품에 관한 정보를 제공하고, 제품구매를 설득하며 소비자가 자사제품을 기억할 수 있도록 하기 위해 수행된다. 그러나 대중에 대한 접근은 용이하지만 높은 비용을 수반하며 구매를 유도할 수 있는 즉각적인 반응을 얻기는 힘들다. 광고는 주로 소비자의 구매의사결정단계 중 문제를 인식하여 대안을 탐색·평가하는 단계에 영향을 미치므로 즉각적인 구매를 유도하기에는 무리가 있다.

국제기업이 국제광고전략(international advertising strategy)을 수행하는 데는 〈그림 10-5〉와 같이 광고목표설정, 광고예산책정, 광고메시지선정, 광고매체선정, 광고효과평가 등 다섯 가지의 중요한 의사결정과정을 거쳐야 한다.

그림 10-5
국제광고의
의사결정과정

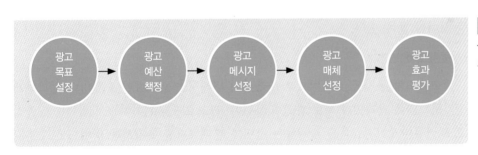

① 광고목표설정

국제광고 담당자가 국제광고 활동을 수행할 때 가장 먼저 결정해야 할 사항은 광고목표를 설정하는 것이다. 명확한 광고목표의 설정은 효과적인 광고계획을 수립하는 데 있어서 필수적인 요건이라 할 수 있다. 광고목표는 광고프로그램의 전반적인 방향을 제시해 줄 뿐만 아니라 광고효과를 측정하는 기준이 되는 만큼 명확한 광고목표가 설정되어야 한다.

② 광고예산책정

국제기업이 광고예산을 책정하는데 있어서 통일된 방법은 없으며 기업에 따라 여러 가지 다양한 방법이 사용되고 있다. 이들 가운데 광고예산을 책정하는데 가장 보편적으로 사용되는 방법에는 임의할당법, 매출액비율법, 경쟁기업기준법, 목표과업법 등 네 가지 방법이 있다.

③ 광고메시지선정

국제광고 담당자는 광고메시지를 선정하는데 있어서 먼저 메시지에 관한 여러 가지 아이디어를 수집한 후에 그 메시지를 평가해서 가장 적합한 것을 채택해야 한다. 그런 다음 목표고객들과의 관심과 흥미를 끌 수 있도록 메시지를 전달해야 하는 과업을 수행해야 한다. 국제광고 담당자의 주요 의사결정사항 중의 하나가 각 시장에 적합한 광고소구(advertising appeals)를 결정하는 일이다. 그리고 광고소구가 개발되면 광고소구를 세계적으로 표준화시킬 것인지, 적응화할 것인지를 결정해야 한다.

④ 광고매체선정

국제광고매체는 신문, 잡지, 라디오, TV, 옥외광고 등 여러 매체가 있지만 이들 매체는 독특한 특징과 효과가 있기 때문에 어느 매체를 사용하여 국제광고를 할 것인가를 결정해야 한다. 이 부분은 광고효과와 광고비에 결정적인 영향을 미치기 때문에 가장 적합한 광고매체를 선정하는 일은 국제광고의 성공을 결정짓는 중요한 요인 중 하나라 할 수 있다.

⑤ 광고효과평가

광고계획과 통제를 효과적으로 수행하기 위해서는 광고효과를 얼마나 정확하게 평가하느냐에 달려있다 해도 과언이 아니다. 광고효과를 평가하는 방법에는 일반적으로 커뮤니케이션효과를 측정하는 방법과 판매효과를 측정하는 방법으로 구분되어 진다. 그러나 국제광고의 경우 여러 제약요건으로 광고효과를 평가하는 데는 많은 어려움이 있다.

(2) 국제판매촉진

판매촉진(sales promotion)은 소비자와 유통업자의 수요를 자극하기 위해 여러 가지 단기적인 인센티브를 제공하는 활동이다. 국제광고가 시장점유율의 확보를 위한 장기적인 전략목적을 지니는 활동인데 비해 판매촉진은 단기적 전술 목적을 달성하기 위한 최선의 국제마케팅 활동이라고 할 수 있다.

이러한 판매촉진에는 쿠폰, 경품, 선물, 가격할인, 콘테스트, 설명회 등 다양한 수단들이 포함되며, 광고와는 달리 소비자의 구매의사결정과정의 구매단계에 영향을 미치므로 즉각적이고 단기적인 효과를 얻기에 용이하다.

국제판매촉진의 형태는 판매점 판매촉진과 소비자 판매촉진으로 구분되어 진다. 판매점 판매촉진은 국제기업이 해외시장에서 해외판매점의 구매를 환기시키고 자극함으로써 기업의 매출액을 증대시키는데 목적을 두고 있는 방법이다. 여기에 활용되는 수단으로는 리베이트(rebate), 판매점 콘테스트(dealer contest), 판매점 지원(dealer helps) 등이 있다. 소비자 판매촉진은 해외시장에 있는 소비자를 대상으로 자사제품에 대한 인식을 좋게 하고 구매를 촉진시키는데 목적을 두고 있는 방법이다. 여기에 활용되는 수단으로는 견본(sample), 경품(premium), 쿠폰(coupon), 무료시용(free trial) 등이 있다.

(3) 국제홍보

국제홍보(international publicity)는 기업이 소비자가 속해 있는 지역사회나 단체 등과 좋은 관계를 구축하고 유지함으로써 기업 이미지를 제고시켜 자사제품의 구매를 유도하는 활동이다. 국제기업이 추진할 수 있는 홍보는 현지국의 지역사회 활동에 참여하거나 각종 행사를 후원함으로써 현지에서 이미지를 개선해 나가는 것이다.

국제홍보가 국제광고와 다른 점은 국제광고가 유료형태이자 스폰서(sponsor)를 명시하는데 반해, 국제홍보는 무료형태가 원칙이고 스폰서를 명시하지 않는 다는 것이 다르다. 또한 국제홍보는 국제광고와는 달리 기사의 내용이나 게재의 여부는 일체 편집자의 자유선택권에 달려 있으며, 기사의 표현방식도 소비자 또는 대중의 이성에 소구해서 국제광고의 경우처럼 구매를 자극하게 되는 감정요인을 내포하지 않는다.

(4) 국제인적판매

인적판매(personal selling)는 판매자가 잠재고객과 직접 접촉하여 정보를 전달하고 자사제품에 유리한 커뮤니케이션을 전달하는 활동이다. 이러한 인적판매는 구매과정상 일정단계 이후 특히 소비자의 선호, 확신 및 구매행동을 유발시키는데 가장 효과적인 수단이다.

인적판매는 고객당 소요되는 촉진비용이 많이 소요되므로 일반적으로 대량구매를 할 수 있는 고객 혹은 해외시장에서 생산이나 재판매를 위해 제품을 구입하는 산업구매자를 상대로 하는 것이 바람직하다. 특히 제품단가가 높거나 기술적으로 복잡한 산업용품은 구매자에게 정확하고 구체적인 정보를 제공해야 최종적인 구매의사를 끌어낼 수 있기 때문에 인적판매가 중요한 촉진수단으로 활용된다.

국제기업은 최소의 비용으로 인적판매의 장점을 최대한 살리는 방향으로 판매원을 잘 관리해야 한다. 판매원의 선발로부터, 훈련, 조직, 보수, 감독 등에 이르기까지 판매원관리를 효과적으로 수행해야 할 것이다.

1. 국제마케팅조사를 행하는 이유는 무엇인가?

2. 제품 및 커뮤니케이션 믹스전략에 대해 설명하시오.

3. 침투가격전략과 초기고가전략이 무엇이며 어떤 경우에 적합한 전략인지 설명하시오.

4. 이전가격은 어떤 목적을 위해서 사용되는가?

5. 회색시장이 존재하는 이유는?

6. 국제촉진활동의 중요성에 대해서 설명하시오.

7. 국제광고의 의사결정과정에 대해서 설명하시오.

8. 국제판매촉진의 형태에 대해서 설명하시오.

INTERNATIONAL TRADE

무역실무

무역관리제도와
수출입절차

이 장의 주요용어

무역관리 · 대외무역법 · 외국환거래법 · 관세법 · 무역업고유번호 · 수출승인 · 수출통관 ·
관세환급 · 수입승인 · 수입통관

무역관리제도

1. 무역관리의 의의

무역관리(trade control)는 국가가 제도나 기구를 활용하거나 법규에 따라 수출입 거래를 규제·지원하는 것으로서 무역을 실시하는 대부분의 국가는 정도의 차이는 있을지라도 일정부분 국가가 무역에 대하여 관리·감독을 하고 있다.

예컨대 특정물품의 수입이 급증함에 따라 자국 산업이 심각한 위험에 처할 수도 있으며, 국제수지의 적자가 누적될 경우 국가는 외환수급에 위기를 맞이할 수 있다. 따라서 자국 산업의 보호와 국제수지의 균형을 위하여 수입을 규제하거나 수출촉진 정책을 필요로 하게 되며, 또한 국민의 보건·환경보호·국가안보의 유지 등을 위해서도 특정물품이나 특정국가로부터의 수출입에 국가가 직·간접적인 개입을 하지 않을 수 없는 경우가 있는 것이다. 따라서 모든 나라는 어떠한 형태로든지 자국의 무역행위에 개입하여 무역관리를 하고 있다.

특히, 대외무역의존도가 높은 우리나라의 입장에서는 수출입이 국민경제 전반에 미치는 영향이 지대하므로 정부가 나서서 외국과의 교역에 관여함으로써 질서 있고, 계획적인 교역활동이 이루어져 국민경제의 발전을 도모할 필요가 있다.

2. 무역관리의 수단

1) 법률적 관리

대외무역관리의 수단으로 법률에 의한 관리를 들 수 있다. 이는 대외무역에 직접 관련을 갖고 있는 법과 부수적으로 영향을 미치는 개별 행정법에 의한 관리로 나눌 수 있다.

우선 대외무역에 직접 관련이 있는 법으로는 대외무역법, 외국환거래법, 관세법 등이 있다. 이러한 법규에 의한 무역관리 외에도 고시와 공고가 있으며 이는 원칙적이고 기본적인 것은 법령에서 규정하고 구체적인 것은 유동적인 국제경제질서에 효율적으로 대처하기 위해 고시와 공고를 통하여 관리한다.

다음으로 법제정의 본래 목적은 무역관리가 아니었으나 그 법을 집행하는 과정에서 반사적으로 무역에 영향을 미치는 개별행정법들이 있다. 이러한 법규들은 국민보건, 위생, 환경, 문화재보호 등의 목적으로 제정된 법률이지만 운용과정에서 관련부문의 무역활동도 규제하게 된다. 이러한 개별행정법에 의한 무역관리는 대외무역 정책의 범위 내에서 법을 관장하는 소관 주무부처에 의해 관리되고 있다.

2) 행정행위에 의한 관리

법률에 위한 관리 외에도 행정청의 행정행위에 의한 대외무역의 관리도 가능하다. 여기서 행정행위(administrative act)는 학문상의 용어로서 실정법에서는 허가, 인가, 면허, 특허 또는 승인 등의 용어가 사용되고 있다. 이러한 행정청의 행정행위에 의한 무역관리로서는 수출입의 승인을 들 수 있다.

3. 무역관리의 법규

1) 대외무역법

대외무역법은 국제수지의 균형과 통상의 확대를 위해 제정한 법률로서, 1967년 1월부터 시행되어 온 무역거래법이 폐지되면서 1986년 12월에 새로이 대외무역법이 제정되었다. 이 법은 급변하는 대내외 무역환경 및 개방체제에 능동적으로 대응하고 민간주도의 자율성 제고와 질서 있는 수출로 대외신용을 제고시키고자 하는 것이 제정취지라 할 수 있다.

대외무역법은 "대외무역을 진흥하고 공정한 거래질서를 확립하며, 국제수지의 균형과 통상의 확대를 도모함으로써 국민경제의 발전에 이바지함"을 목적으로 하고 있다. 이 법은 수출입거래를 관리하기 위한 기본법, 무역에 관한 통합법 그리고 무역 및 통상에 관한 진흥법적 성격을 가지고 있다.

2) 외국환거래법

외국환거래법은 외국환거래 기타 대외거래의 자유를 보장하고 시장기능을 활성화하여 대외거래의 원활화 및 국제수지의 균형과 통화가치의 안정을 도모함으로써 국민경제의 건전한 발전에 이바지할 목적으로 제정된 법률로서, 1961년 12월 31일 제정·공포된 외환관리법이 폐지되고 1998년 9월 18일에 제정되었다.

이 법은 외국인의 국내투자환경을 개선하고 금융기관과 기업의 국내외 외환거래를 전면 자유화함으로써 국가경쟁력을 강화하는 한편, 이에 따른 부작용을 최소화하기 위하여 외자를 취급하는 금융기관에 대한 건전성 감독을 강화하고, 평상시 외자 유출입 현황의 지속적인 동향점검과 국내외 경제현황의 급격한 변동시에 효과적으로 대처할 수 있는 각종 안전장치를 강화하기 위하여 도입되어 졌다.

외국환거래법에서는 안정적인 외국환수급의 기반조성과 외환시장의 안정을 위하여, ① 기획재정부장관이 원활한 외환거래를 위하여 외국환거래에 관한 기준환율, 외국환의 매도율과 매입율 및 재정환율 등을 정할 수 있으며, ② 천재지변·전시·사변, 국내외 경제사정의 중대하고도 급격한 변동과 기타 이에 준하는 사태의 발생으로 인하여 부득이하다고 인정되는 경우에는 외국환의 지급 또는 영수와 거래의 일부 또는 전부에 대해 일시정지 시킬 수 있으며, ③ 국제수지 및 국제금융상 심각한 어려움에 처하거나 처할 우려가 있는 경우나 대한민국 국내와 국외간의 자본이동으로 인하여 통화정책·환율정책 기타 거시경제정책을 수행하는 데 있어서 심각한 지장을 초래하거나 초래할 우려가 있는 경우에는 자본거래를 하고자 하는 자로 하여금 허가를 받도록 하는 의무를 부과하도록 규정하고 있다.

3) 관세법

관세법은 수출입품에 대한 관세징수 및 통관관리를 규제하는 법으로서 1949년 제정된 이후 현재까지 60여 차례 개정 되었다. 이 법은 관세의 부과·징수 및 수출입물품의 통관을 적정하게 하여 국민경제의 발전에 기여하고 관세수입의 확보를 기함을 목적으로 하는 법률이다.

관세법의 성격에 대해서는 1-329조의 법에 규정되어 있지 않지만 전체적인 법의 흐름으로 성격을 파악할 수 있는데, ① 조세법적인 성격(1조-109조), ② 통관법적인 성격(226조-261조), ③ 준사법적인 성격(267조-282조), ④ 형사법적인 성격(281조-319조), ⑥ 소송법적인 성격(110조-132조)을 가지고 있다.

4) 기타 무역관계법규

우리나라의 대외무역관리는 앞서 제시한 대외무역법, 외국환거래법, 관세법의 3

대 기본법 이외에도 공산품품질관리법, 수출보험법, 수출산업공업단지 개발조성법, 공업단지 관리법, 무역자동화 촉진에 관한 법률, 농수산물 수출진흥법, 수출자유지역 설치법, 외자도입법, 조세감면 규제법, 상사중재법 등 많은 무역거래 관련 법규에 의해 관리되고 있다.

4. 무역관리의 방법

1) 수출입 주체의 관리

2000년 1월 1일부터 규제완화의 차원에서 무역업 신고제는 폐지되고, 무역업 신고제 대신에 무역통계 작성을 목적으로 무역업고유번호를 부여하도록 개정하였다.

산업통상자원부장관은 수출입거래가 질서 있고 효율적으로 이루어질 수 있도록 하기 위하여 그리고 수출입 통계데이터 베이스 구축을 위한 전산관리체제의 개발·운영을 위하여 무역거래자별 무역업고유번호를 부여하여 이들 무역거래자를 관리할 수 있도록 하였다. 무역업고유번호를 부여받고자 하는 자는 한국무역협회에 신청하면 되고, 무역업고유번호신청서와 사업자등록증을 함께 제출하면 즉시 발급받을 수 있다.

2) 수출입 거래형태의 관리

수출입의 거래형태 중에서 별도의 관리가 필요한 거래형태를 특정거래형태라고 하고, 이에 대하여 수출입의 인정요건을 규정하여 관리하고 있다. 대외무역법에서는 거래형태를 일반거래형태와 특정거래형태로 구분시켰는데, 일반거래형태는 우리나라 대외무역법상 특정거래형태로 분류되지 아니한 모든 수출입거래형태를 말하며, 당해 물품에 대한 수출입제한이 없으며 자유롭게 수출입을 할 수가 있다.

반면 특정거래형태는 ① 수출입의 제한을 면탈할 우려가 있거나 산업보호에 지장을 초래할 우려가 있는 거래, ② 외국에서 외국으로 물품의 이동이 있고 그 대금의 지급 또는 영수가 국내에서 이루어지는 거래로서 대금결제 상황의 확인이 곤란하다고 인정되는 거래, ③ 대금결제가 수반되지 아니하고 물품의 이동만 이루어지는 거래로서 수·위탁판매무역, 수·위탁가공무역, 임대차수입, 중계무역, 외국인도수출입, 무환수출입 등의 11가지 거래형태를 말한다.

종전의 경우에는 각각의 특정거래형태를 모두 인정대상으로 하여 각 특정거래형태 마다 인정대상의 범위를 규정하였지만, 2003년부터 이들 특정거래형태의 인정대상 범위를 전부 폐지하고 특정거래형태의 수출입 중에서 무환수출과 중계무역의 경우에만 산업통상자원부장관의 인정을 받아 수출입을 하도록 규정하였다. 그러나 동규정은 미신고시 벌칙규정이 없고 광범위한 예외규정으로 인해 그 사례가 매우 희소하며 또한 불필요한 규제 개선을 위한 목적 등으로 2014년 9월에 폐지되었다.

3) 수출입 품목의 관리

대외무역법 제10조에서는 "물품등의 수출입 및 이에 따른 대금의 영수 또는 지급은 이 법의 범위 내에서 자유롭게 이루어져야 한다."고 규정함으로써 물품의 수출입은 제한을 받지 않고 자유롭게 이행될 수 있도록 규정되어 있다.

그러나 동법 제11조에서는 산업통상자원부장관이 지정한 물품을 수출 또는 수입하고자 하는 경우에는 산업통상자원부장관의 승인을 얻어야 한다고 규정되어 있다. 즉, 산업통상자원부장관은 헌법에 따라 체결·공포된 조약과 일반적으로 승인된 국제법규에 따른 의무의 이행, 생물자원의 보호 등을 위하여 필요하다고 인정하면 물품 등의 수출 또는 수입을 제한하거나 금지할 수 있다. 수출 또는 수입이 제한 또는 금지대상물품은 동시에 수출입승인대상물품으로 다음의 물품등이 이에 해당된다.

① 헌법에 따라 체결 및 공포된 조약이나 일반적으로 승인된 국제법규에 따른 의무를 이행하기 위하여 산업통상자원부장관이 지정·고시하는 물품등
② 생물자원을 보호하기 위하여 산업통상자원부장관이 지정·고시하는 물품등
③ 교역상대국과의 경제협력을 증진하기 위하여 산업통상자원부장관이 지정·고시하는 물품등
④ 방위산업용 원료·기재, 항공기 및 그 부분품, 그 밖에 원활한 물자 수급과 과학기술의 발전 및 통상·산업정책상 필요하다고 인정하여 산업통상자원부장관이 해당 품목을 관장하는 관계 행정기관의 장과 협의를 거쳐 지정·고시하는 물품등

4) 수출입 지역의 관리

수출입은 원칙적으로 지역의 제한 없이 어떠한 국가와도 자유롭게 할 수 있지만,

예외적으로 교역상대국에 대하여 수출입의 제한 또는 금지에 관한 조치를 할 수 있다. 즉, 대외무역법 제5조에서는 ① 우리나라 또는 우리나라의 교역상대국에 전쟁·사변 또는 천재지변이 있을 경우, ② 교역상대국이 조약과 일반적으로 승인된 국제법규에서 정한 우리나라의 권익을 인정하지 아니할 경우, ③ 교역상대국이 우리나라의 무역에 대하여 부당하거나 차별적인 부담 또는 제한을 가할 경우, ④ 헌법에 따라 체결·공포된 무역에 관한 조약과 일반적으로 승인된 국제법규에서 정한 국제평화와 안전유지 등의 의무를 이행하기 위하여 필요할 경우, ⑤ 인간의 생명·건강 및 안전, 동물과 식물의 생명 및 건강, 환경보전 또는 국내 자원보호를 위하여 필요할 경우 물품등의 수출입을 제한하거나 금지할 수 있다고 규정하고 있다.

무역업고유번호신청서
APPLICATION OF TRADE BUSINESS CODE

	처리기간(Handling Time)	
	즉 시(Immediately)	

①상 호 (Name of Firm)		②무역업고유번호 (Trade Business Code)		
③주 소 (Address)			④업 종 (Business Type)	
⑤ 전 화 번 호 (Phone Number)		⑥전 자 우 편 주 소 (Email Address)		
팩 스 번 호 (Fax Number)		⑦사 업 자 등 록 번 호 (Business Registry Number)		
⑧대 표 자 성 명 (Name of Rep.)		⑨주 민 등 록 번 호 (Passport Number)		

대외무역법 시행령 제21조 및 대외무역 관리규정 제24조의 규정에 의하여
무역업고유번호를 위와 같이 신청합니다.

I hereby apply for the above-mentioned trade business code in accordance with
Article 24 of the Foreign Trade Management Regulation.

신 청 일 :   년 월 일
Date of Application   Year   Month   Day

신 청 인 :   (서명)
Applicant   Signature

사단법인 한국무역협회 회장
Chairman of Korea International Trade Association

유의사항 : 상호, 대표자, 주소, 전화번호 등 변동사항이 발생하는 경우 변동일로부터 20일 이내에
통보하거나 무역업데이타베이스에 수정입력하여야 함.

210mm × mm
일반용지 70g/㎡

제2절 수출입절차

1. 수출절차

수출절차는 일반적으로 수출계약체결, 신용장의 내도, 수출승인, 수출물품 확보, 수출통관, 선적, 대금결제, 관세환급 및 사후관리로 이어지는 형태를 취하고 있다.

1) 수출계약체결

매매계약의 체결은 해외시장조사를 통해 선정된 거래상대방에게 거래제의장(circular letter)을 보내고 거래상대방의 제품에 대한 조회(inquiry)에 대한 답신으로 수출업자는 오퍼(offer)를 보내게 된다. 수출업자의 오퍼에 대하여 거래상대방이 승낙(acceptance)을 하게 되면 거래는 성립하게 된다. 여기서 무역계약이란 수출업자가 수입업자에게 약정조건에 따라 물품을 공급하면 수입업자는 이에 대한 반대급부로 대금지급을 약속하는 국가 간의 물품매매계약을 말한다.

수출업자의 오퍼에 대하여 수입업자의 승낙으로 매매계약이 성립되면, 양 당사자는 계약성립에 대한 증거로서 합의된 사항이 기재된 매매계약서(sales contract)를 작성하여 상호 서명한 후 각각 1부씩 부관하는 것이 일반적 관례이다.

2) 신용장 수령

매매계약체결 시 대금결제조건을 신용장방식으로 결정하였다면, 수입업자는 자신의 거래은행에 신용장 발행을 요청을 하게 된다. 신용장발행은행은 신용장을 발행하여 수출국의 통지은행을 통하여 수출업자에게 통지된다.

수출업자는 신용장을 수취할 때 신용장의 내용과 계약서의 내용과 일치하는가를 확인하여야 하며 또한 무엇보다도 중요한 것은 신용장발행은행의 신용상태를 확인하는 것이다.

3) 수출승인

대부분의 수출물품이 수출승인(Export License; E/L)과는 무관할 수 있지만, 수출업자는 수출시 당해 물품이 수출승인을 받아야만 수출이 가능한지 먼저 검토하여야 한다. 만일 수출업자는 수출승인대상물품을 수출하고자 할 경우에는 해당물품에 대하여 수출이 가능하게 되도록 하는 수출승인의 절차를 거쳐 그 제한을 해제하여야만 수출할 수 있게 된다.

수출승인대상품목이 아닐 경우에는 수출승인을 받을 필요가 없으며 수출승인을 받아야 하는 승인대상품목은 수출입공고상의 수출제한 품목이다. 따라서 수출업자는 해당 물품이 수출승인대상품목에 적용되는지를 먼저 HS번호를 근거로 검토하여야 한다.

4) 수출물품 확보

수출업자가 수출하고자 하는 물품을 확보하는 방법은 크게 두 가지가 있다. 첫째, 국내시장에서 완제품을 구입하여 수출하는 방법이 있으며 둘째, 직접 제품을 생산하는 방법이 있다. 직접 제품을 생산하기 위해서는 원료를 조달하는 방법에 따라 두 가지로 나뉘는데 하나는 원자재를 국내에서 조달하여 제품을 생산할 수 있고, 다른 하나는 원자재를 수입하여 제품을 생산할 수 있다.

5) 수출통관

수출품을 생산하거나 완제품을 조달한 수출업자는 물품을 선적하기 전에 관세법이 정하는 바에 따라 수출통관수속을 하여야 한다. 수출통관수속은 수출대상물품을 세관에 수출신고 한 후 필요한 검사를 거쳐, 수출신고수리에 의한 수출신고필증을 교부받아 물품을 선적하기까지의 제반절차를 말한다.

수출신고(Export Declaration; E/D)는 대부분 관세사가 전자문서로 작성된 신고 자료를 통관시스템에 전송하면, 관세청의 통관시스템은 자동수리대상인 경우에는 그 즉시 수출신고필증을 발급하지만, 즉시수리대상인 경우에는 서류제출을 통지하고, 검사 후 수리대상인 경우에는 물품검사를 통지하게 된다. 서류제출 또는 검사 후 수리대상인 경우에는 수출업자 또는 관세사는 서류를 제출하고 통관요건심사(서류심사) 또는 물품검사를 받은 후 수출신고필증을 발급받게 된다.

6) 물품선적

수출신고필증을 받아 수출통관이 완료된 물품은 매매계약 체결시 정해진 선적일자와 운송에 관련된 계약내용에 따라 물품을 선적 한다.

7) 수출대금회수

수출물품의 선적을 완료한 수출업자는 신용장에서 요구하는 화환어음(환어음과 선적서류)을 구비하여 외국환은행(매입은행)에게 매입을 요청한다. 매입의뢰를 받은 외국환은행은 선적서류가 신용장 조건과 일치하는지 여부를 검토한 다음 환어음을 매입하여 수출대금을 수출업자에게 지급한다. 그리고 매입한 화환어음은 발행은행에 송부하여 대금을 추심하게 된다.

8) 관세환급 및 사후관리

수출대금의 회수가 끝나면 수출업자는 수출물품을 생산하기 위하여 필요한 원자재를 외국에서 수입하였다면 그 원료를 수입할 때 납부하였던 관세를 되돌려 받게 되는데 이를 관세환급(duty drawback)이라 한다.

수출절차의 가장 마지막 단계로 사후관리가 있는데 사후관리란 ① 수출승인을 받은 대로 수출되었는지의 여부, ② 수출승인대상품목이 승인을 얻지 않고 수출되었는지의 여부, ③ 특정거래형태의 수출인정을 받은 자가 인정받은 대로 수출하였는지의 여부를 확인하는 것을 말한다. 따라서 사후관리 대상 수출업자는 수출승인유효기간 내에 수출을 이행하고 이를 입증할 수 있는 서류를 수출승인기관에 제출하여야 한다.

2. 수입절차

수입절차는 수입대상물품과 거래선을 선정하여 수입계약을 체결하고, 수입승인을 받아 수입신용장 등을 개설한 후에 수입물품과 선적서류가 도착하면 수입대금을 결제하고 수입물품을 인수하여 수입통관 절차를 이행하게 된다.

1) 수입계약체결

수입업자는 수입계약을 체결하기 위하여 거래선에 구매청약(buying offer)을 행하고 거래선^(수출업자)으로부터 승낙이 있는 경우, 또는 수입업자가 거래선에 구매주문^(purchase order)을 행하고 이에 거래선으로부터 주문승낙이 있는 경우에 수입계약이 성립된다.

수출업자와 수입업자간의 매매계약은 수출업자의 거래제의에 대하여 수입업자의 승낙에 의해 매매계약이 성립되는 것이 일반적이다.

그림 11-1

수출절차

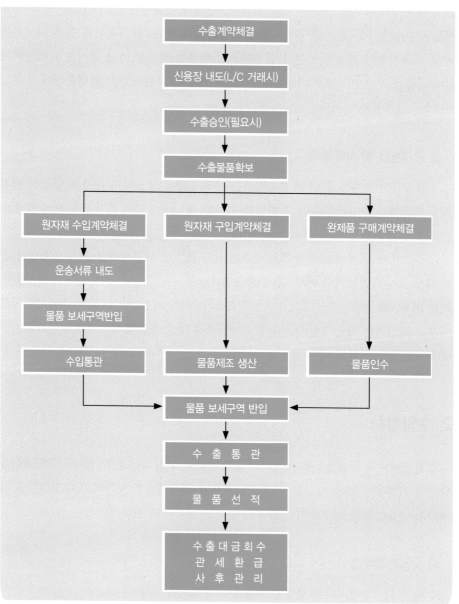

2) 수입승인

물품의 수입은 원칙적으로 자유롭게 이루어지기 때문에 대부분의 물품은 수입승인(Import License; I/L)을 받지 않고 수입할 수 있다. 그러나 특정물품의 경우에는 예외적으로 수입에 제한을 받는다. 따라서 수출입공고에서 수입이 제한되는 품목에 해당되는 경우에는 수입승인기관으로부터 수입승인을 얻어야 한다.

3) 수입신용장 발행

매매계약 시 대금결제조건이 신용장 방식인 경우에 수입업자는 자신의 거래은행에 신용장 발행을 요청한다. 즉, 수입업자는 신용장발행신청서, 외국환거래약정서, 수입승인서, 물품매도확약서 등을 자신의 거래은행인 외국환은행에 제출하여 신용장 발행을 요청할 수 있다.

발행된 신용장은 수출국에 있는 통지은행에 우편이나 전신을 통해 송부되기도 하지만, 최근에는 주로 SWIFT(Society for Worldwide International Financial Telecommunication) 방식에 의해 행해지고 있다.

4) 선적서류 내도 및 수입대금 결제

신용장을 받은 수출업자는 신용장 조건대로 선적하고 선적서류를 입수하여 자신의 거래은행(매입은행)을 통하여 매입을 의뢰하게 되며, 수출업자로부터 선적서류를 매입한 매입은행은 수입국의 신용장발행은행에게 이를 송부하여 추심하게 된다. 발행은행은 내도 된 선적서류가 신용장 조건과 일치하는 지의 여부를 심사한 후 수입업자에게 선적서류 도착통지서를 발송하게 된다.

수입업자는 도착한 서류가 신용장 조건과 일치하는지의 여부를 확인한 후 수입대금을 결제하고 선적서류를 인도 받게 된다.

5) 수입통관

물품이 수입지에 도착하게 되면 수입업자는 수입신고를 하고 수입물품에 대하여 필요한 경우에는 검사를 받아야 하며, 수입물품의 검사가 끝나면 수입품에 대한 관세를 납부해야 한다. 즉, 수입업자는 수입지에 도착한 물품을 보세구역 또는 보세구역외 장치장소에 장치한 후, 직접 또는 관세사를 통하여 세관에 수입신고(Import Declaration; I/D)를 하고, 필요한 경우 세관의 물품검사를 받은 후, 관세를 납부하고 수입신고필증을 교부받아 이를 보세구역에 제시하고, 보세구역으로부터 물품을 반출하게 된다.

6) 사후관리

수입절차의 가장 마지막 단계로 수입업자는 사후관리를 하여야 하는데, 여기서 사후관리란 ① 수입승인을 받은 대로 수입되었는지 여부, ② 수입승인대상품목이 승인을 얻지 아니하고 수입되었는지의 여부, ③ 특정거래형태의 수입인정을 받은 자가 인정받은 대로 수입하였는지의 여부를 확인하는 것을 말한다. 수입업자는 이상에 해당할 경우에는 수입승인유효기간 내에 수입을 이행하고 이를 입증할 수 있는 서류를 제출하여야 한다.

그림 11-2

수입절차

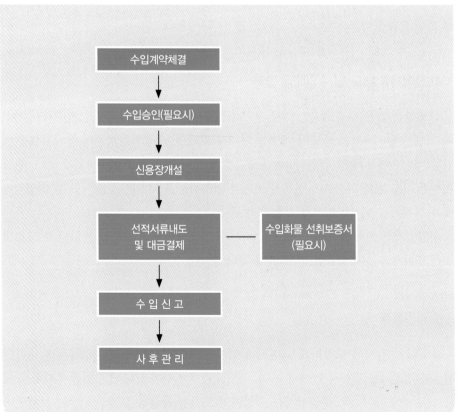

1. 무역관리의 의의 및 내용을 설명하시오.

2. 우리나라의 무역관리법규에 대해 약술하시오.

3. 대외무역법에 의한 무역관리 방법에 대해 설명하시오.

4. 수출절차에 대해 서술하시오.

5. 수입절차에 대해 서술하시오.

무역계약

이 장의 주요용어

낙성계약 · 불요식계약 · 포괄계약 · 거래조회 · 조건부오퍼 · 반대오퍼 · 견본매매 ·
표준품매매 · 과부족용인조항 · 분할선적 · 환적 · 화인 · FCA · FOB · CIF · DDP

제1절 무역계약의 의의

1. 무역계약의 개념

계약(contract)은 국내계약이나 국제계약 여부를 불문하고 둘 이상의 당사자가 채권·채무의 관계 형성을 목적으로 당사자 간 의사의 합치에 의하여 성립되는 법률행위로서 그들 간의 법률상으로 권리와 의무를 규정하는 것을 의미한다.

무역계약은 국제간에 이루어지는 매매계약으로서 매도인(seller)이 매수인(buyer)에게 물품의 소유권을 양도하여 물품을 인도할 것을 약속하고, 매수인은 이를 수령하고 그 대금을 지급할 것을 약정하는 계약이다. 일반적으로 이러한 계약은 수출업자가 수입업자에게 수출에 따른 국제매매거래조건을 제시한 청약(offer)에 대하여 수입업자가 이를 승낙(acceptance)하는 과정 또는 수입업자의 주문(order)을 수출업자가 수락(acceptance)하는 과정에 의하여 계약이 성립되어 진다.

오늘날 행하여지고 있는 무역계약의 개념은 계약에 관한 본질적 개념과 국제간에 이루어지는 물품매매가 중심이며, 무역계약은 국제물품매매계약으로 계약의 대상이 물품(goods)이며 계약당사자가 서로 다른 국가에 영업지를 갖고 체결되는 계약이다.

2. 무역계약의 법적 성격

1) 낙성계약(consensual contract)

무역계약은 일반적으로 일정한 조건에 따라서 상품을 매도하겠다는 수출업자의 의사표시(offer)에 대하여 수입업자가 이를 구매하겠다는 의사표시(acceptance)를 함으로써 계약이 성립되어진다. 즉, 낙성계약은 계약당사자의 합의만 있으면 성립되기 때문에 특별히 계약문서의 작성이나 그 교부를 계약성립의 조건으로 하지 않음을 의미한다.

2) 쌍무계약(bilateral contract)

무역계약은 매매당사자 쌍방이 서로 약속을 교환하는 계약으로서 당사자 쌍방이 서로 대가적 채무를 부담하는 계약이다. 즉, 매도인인 수출업자는 합의된 매매조건에 따라 상품을 인도할 의무가 발생하며, 매수인인 수입업자는 이에 대한 대가로 대금을 지급할 의무가 발생한다. 반면, 매도인은 매수인으로부터 대금을 지급 받을 권리가 발생하는 동시에 매수인은 매도인으로부터 상품을 인도 받을 권리가 발생한다.

3) 유상계약(remunerative contract)

유상계약은 계약 당사자가 상호 대가적 관계에 있는 급부를 목적으로 성립된 계약을 의미한다. 채무의 대가를 부담하는 계약으로서 물품의 급부에 대한 화폐의 반대 급부가 이루어짐으로써 계약의무가 이행되어진다.

4) 불요식계약(informal contract)

요식행위는 특정행위를 하는데 일정한 요건과 방식이 필요한 행위를 말하며, 이와 반대로 불요식행위는 이런 요건과 방식이 필요 없다는 것을 의미한다. 무역계약은 특별한 요식 없이 구두나 행위 또는 서명에 의하여도 의사의 합치만 확인되면 계약이 성립되어진다. 국제물품매매계약에 관한 유엔협약(United Nations Convention on Contracts for the International Sale of Goods; CISG) 제11조에서는 "매매계약은 서면으로 체결되거나 입증될 필요가 없으며, 그 형식에 대하여도 기타 하등의 요건에 구속되지 않는다. 매매계약은 증인을 포함하여 여하한 수단에 의해서도 입증될 수 있다."고 규정하고 있다.

3. 무역계약의 형태

1) 개별계약(case by case contract)

특정품목을 거래 시마다 구체적인 모든 거래조건에 대해 합의하는 방식으로 체결되는 계약으로 거래가 성립되면 품목별 거래에 대하여 계약서를 작성하고 거래가 종료(품목이 인도되고 대금결제가 종료)되면 계약이 종료되어 진다. 최초 무역거래 시나 거래가 1회로 종료되는 경우를 의미한다.

2) 포괄계약(master contract)

매매 당사자 간에 장기간 거래를 하였던 경우 혹은 동일한 상품을 계속적으로 거래를 하는 경우 매 거래 시 마다 개별적으로 계약하는 것이 피차간에 불편하므로 연간 또는 장기간 기준으로 계약을 체결하고 필요시마다 거래상품을 선적해주는 경우 이용되어지는 계약형태이다. 지정품목에 대해서 일반거래조건을 협의한 후 상호합의점에 도달하였을 경우, 그 내용을 문서화하여 교환하고 구체적인 개별거래는 포괄계약서에 정한 방법에 따라 청약(주문)과 승낙으로 개별적으로 계약조건을 확정한다.

3) 독점계약(exclusive contract)

특정품목의 수출입에 있어서 수출업자는 수입국의 지정 수입업자 외에는 동일품목을 오퍼하지 않으며, 수입업자는 수출국의 다른 수출업자로부터 동일품목을 취급하지 않겠다는 조건으로 맺는 계약을 의미한다. 따라서 수출업자는 저렴한 가격으로 오퍼를 해야 하며, 동일한 품목을 수입업자가 소재하는 다른 업자에게 오퍼하지 않아야 한다. 그리고 다른 상사의 명의나 제3자를 통하여 수입업자 소재지의 시장을 침투하지 않아야 하며 해당물품의 품질을 보장해 주어야 한다. 수입업자는 최대한으로 물품을 판매해야 하며(일정기간 동안 최소한의 판매를 보장), 수출업자 이외의 다른 상사의 물품을 취급하지 않아야 하고 가능한 가장 높은 가격을 보장해 주어야 한다.

제2절 무역계약의 성립절차

1. 해외시장조사

1) 해외시장조사의 의의

해외시장조사(overseas marketing research)는 수출 또는 수입을 위한 첫 단계로서 특정상품에 대한 수출 또는 수입 가능성에 대해 조사하는 것을 말하며, 무역업자가 신규 무역거래관계를 창설하는데 있어서 최초로 고려해야 할 문제이다. 해외시장조사는 기업의 마케팅 활동과 의사결정에 많은 영향을 미치며, 철저한 시장조사에 의거한 의사결정은 기업의 마케팅 실패위험을 크게 감소시킨다.

해외시장에 대한 조사는 국내시장에서와는 달리 지리적인 격리성, 상이한 문화, 생활습관, 종교, 상관행, 언어 등의 차이로 어려움이 많다. 그러나 외국 거래처와 무역거래를 함에 있어 위험을 최소화하고 이익을 극대화하기 위해서는, 사전에 철저한 시장조사가 필수적이며 무역업 성패를 좌우하는 중요한 과제중의 하나가 된다. 따라서 해외시장조사는 해외시장의 개척과 해외시장에서 마케팅 활동을 효율적으로 수행하는데 필요한 정보를 획득하는 작업이며, 특정시장에 있어서의 어떤 상품의 판매가능성(selling possibility) 또는 구매가능성(purchasing or buying possibility)을 조사하는 작업이다.

새로운 시장을 개척하고 거래처를 발굴하기 위해서는 시장조사가 끊임없이 이루어져야 한다. 해외시장조사는 목적시장의 정치, 경제, 사회, 문화 및 기술적 환경뿐만 아니라 해당국의 유통구조, 경쟁상대, 소비자 기호 및 행동양식 등을 조사하고 이를 분석한 후 이에 대한 대응전략을 수립해야 한다. 이러한 과정을 통해 기업은 경쟁관계에서 우위를 차지할 수 있으며 손실의 위험도 최소화 할 수 있다.

2) 해외시장조사 내용

해외시장조사는 목표시장을 선정하기 위한 작업으로서 예상 거래상대국의 지리적 조건, 사회적 조건, 생산구조 및 유통질서, 통신 및 교통시설, 운송수단, 무역량, 관세, 금융기관 및 결제방법 그리고 일반 상도덕 및 상관습 등에 대하여 조사를 하여야 한다.

조사대상국의 위치와 거리, 면적이나 기후는 어느 정도인가 하는 등의 상대국의 지리적 조건에 대한 조사가 필요하고 상대국의 인구 및 인구의 증가율, 종교 및 인종, 언어 및 교육정도, 국민총생산 및 1인당 국민소득 등에 대한 사회적인 조건에 대한 조사가 이루어져야 한다. 또한 수출하고자 하는 제품에 대한 조사대상국의 생산 및 유통구조를 파악하여야 하고, 무역은 긴밀하게 정보를 주고받아야 하므로 통신의 발달 정도와 조사대상국 내에서 이용할 수 있는 교통시설을 조사하여야 한다.

무역은 원거리 국가 간 재화의 이동이므로 조사대상국까지 제품을 운송하는데 이용할 수 있는 운송수단을 조사하여야 한다. 그리고 현재 진출하고자 하는 국가와의 무역량을 조사하여야 무역마찰을 피할 수 있고, 관세수준과 정부가 무역에 대하여 어느 정도 간섭하고 있는지, 금융기관의 신용상태와 재정상태, 일반 상도덕 및 상관습 등에 대한 조사가 이루어져야 한다. 그리고 조사대상국에서의 수출하고자 하는 상품의 수요 및 공급 상황에 대한 조사와 경쟁상품, 대체상품, 유사상품의 현황과 가격^(수입품과 현지 상품의 가격)에 대한 조사도 이루어져 한다.

위에 제시되어 있는 해외시장조사 내용을 정리하면 다음의 〈표 12-1〉과 같다.

표 12-1 해외시장조사 내용		
일반환경조사	① 조사대상국의 지리적 환경 ② 조사대상국의 정치적 환경 ③ 조사대상국의 경제적 환경 　국민소득, 노동 및 고용사정, 물가, 임금, 국제수지 등 ④ 조사대상국의 사회적 환경 　인구, 기후, 인종, 종교, 통신, 교육수준, 언어, 법률제도 등 ⑤ 조사대상국의 문화적 환경
상품조사	① 조사대상국의 수요현황 　현재 및 미래 수요량, 국산품 수요량 ② 조사대상국의 공급현황 　주요 공급선, 공급선의 상호, 현지 국산품 공급량 ③ 경쟁상품, 대체상품, 유사상품 현황, 가격 ④ 제품수명주기
고객조사	① 고객의 기호 및 취향 ② 선호하는 품질 및 상표

3) 해외시장조사 방법

해외시장조사 방법은 ① 직접조사로서 목적시장을 직접 방문하여 조사하는 방법, ② 간접조사로서 각종 무역관련 기관의 문헌을 이용하는 방법, ③ 위탁조사로서 국내외의 시장조사 전문기관에 의뢰하여 조사를 행하는 방법, ④ 인터넷을 통한 시장조사가 이루어지고 있다.

(1) 간접조사

간접조사는 공공기관이나 관련회사들이 발행하고 있는 각종 조사자료를 이용하는 조사방법이다. 국내외 경제단체 및 유관기관이 발행한 자료로서 대한무역투자진흥공사(KOTRA)나 한국무역협회(KITA)에서 발행한 무역통계, 지역별 시장동향, 국가별 수출입업자 총람의 자료를 이용하여 해외시장조사를 할 수 있다. 또는 국내 주재하고 있는 외국공관의 자료실에 비치된 각종 자료를 이용하거나 UN 무역통계연보(Yearbook of International Statistics), IMF 발간연보(International Financial Statistics), OECD 등의 일반 경제통계 자료를 이용하여 수출입동향을 조사할 수 있다.

간접조사 방법은 비용이 절약되고 단시간 내에 광범위한 정보를 수집할 수 있는 이점이 있으나, 수집된 정보의 정확성이나 신뢰성은 직접조사에 비해 떨어진다.

(2) 직접조사

직접조사는 수출기업이나 제조기업이 자사의 직원이나 해외지점 요원을 해외시장에 파견하여 정보를 수집하고 조사하는 방법이다. 거래 상대국의 시장에서 직접 출장조사하는 방법으로서 비용이 많이 드는 단점이 있는 반면에 시장 정보를 얻기 위한 가장 효과적인 방법이며, 적극적이면서도 능동적으로 시장조사가 이루어질 수 있다.

(3) 위탁조사

위탁조사는 시장조사 전문기관에 의뢰하여 특정시장이나 특정상품에 대해 조사를 의뢰하여 해외시장조사를 하는 방법이다. 해외시장 전문기관으로 대한무역투자진흥공사, 한국무역협회 등을 들 수 있다.

(4) 인터넷조사

앞서 제시된 해외시장조사 방법의 단점을 보완해 줄 수 있는 방법으로 인터넷을 통해 시장조사를 할 수 있다. 최근에는 인터넷을 활용하여 무역정보 제공기관의 홈페이지를 접속하여 해외시장조사를 하는 경우가 많다. 수출입의 통계, 무역거래관습 및 수출능력 등 수출하고자 하는 해외시장의 각종 자료와 정보는 각국의 정부기관 사이트나 기업의 웹사이트를 통하여 입수할 수 있으며, 또는 검색엔진이나 무역거래알선사이트를 이용하여 시장조사를 할 수 있다.

무역거래알선 사이트는 인터넷상에서 무역거래를 중개나 알선해 주는 인터넷 사이트로서 최소한의 시간과 경비로 세계 각국의 다양한 정보를 제공해 준다. 무역거래알선 사이트의 주요 기능으로는 오퍼등록, 검색기능, 카탈로그 작성 등의 서비스를 제공한다. 즉, 거래선 발굴을 위하여 자신의 청약을 등록하고, 거래상대방이 등록한 청약을 열람 또는 검색한 후 전자우편으로 거래조건을 상당하는 전자적 중개기능을 담당하고 있다.

대표적 거래알선 사이트로서는 대한무역투자진흥공사에서 제공하는 바이코리아 (https://www.buykorea.org), 한국무역협회에서 운영하는 트레이드코리아(https://www.tradekorea.com) 등이 있다.

2. 거래선 발굴

해외시장조사에 의하여 목적시장이 선정되면 목적시장 내의 잠재력이 있는 거래선을 발굴하여 거래관계를 확립하여야 한다. 거래선 발굴이란 목적시장에서 잠재적인 판매 또는 구매가능성을 보유하고 있는 고객이나 유망한 거래선을 선정하는 것으로서 기존의 무역거래에 있어서는 상공인명부, 자체홍보물의 제작 및 배포, 국내외 광고매체 및 정기간행물, 국내외 공공기관의 이용, 박람회 참가, 직접방문의 방법 등을 통해 발굴해 왔다. 반면 최근 전자무역의 경우 무역거래알선 사이트를 통해 효율적으로 거래선을 발굴하고 있다.

(1) 개별적인 발굴방법

새로운 목적시장을 선정하면 그 시장에서 신뢰할 수 있는 거래처를 물색하여, 그 거래처와 거래관계를 맺어야 한다. 다수의 거래후보를 물색하여 그 중에서 가장 적합한 상대를 선정하게 된다. 여기에는 첫째, 무역업자 자신이 직접 시찰하는 방법으로서 무역업자 자신이 직접 자비로 목적시장에 출장하여 당해국의 여러 수입상이나 관계기관과 접촉·교섭하여 정보를 입수하여 결정하는 방법이 있다.

둘째, 민간무역사절단의 일원으로 참가하는 방법으로서 취급상품의 견본(sample), 목록(catalog) 및 가격표(price list) 등을 휴대하고 해외의 주요지역을 순방하면서 거래처를 물색하는 방법이 있다. 전문전시회는 관련사업의 기술혁신 동향을 한눈에 파악할 수 있으며, 경쟁업체와 현장에서 마주치게 되므로 경쟁을 촉진시키는 효과가 있다.

셋째, 해외지점 또는 출장소를 이용하는 방법으로서 자사의 지점이나 출장소가 목적시장에 있는 경우에는 그 지점이나 출장소에 의뢰하여 선정하는 방법이 있다.

넷째, 간행물을 이용하는 방법으로서 상공관계 간행물을 통하여 거래처를 선정하는 방법이다. 특히 상공인명부(directory)는 각 국별로 수 없이 많이 있는데, 그 중에서 영국의 Kelly사가 편찬한 Kelly's Directory가 가장 유명하다.

다섯째, 무역거래알선 사이트를 이용하는 방법으로서 대부분의 e-마켓플레이스는 오퍼등록 및 검색기능을 기본 서비스로 포함시키고 있으며, 사이트에 따라 홈페이지 및 카탈로그 작성 등 부가기능을 제공한다. 그리고 인터넷을 통해 자사 제품의 판매 및 구매오퍼를 등록하거나 거래 상대방이 등록한 오퍼정보를 검색할 수 있으며, 홈페이지와 e-카탈로그 작성 및 검색엔진 등록을 통해 자사제품을 홍보하기 위한 기능을 갖추고 있다.

(2) 공공기관에 의뢰하는 방법

국내외 공공기관에 의뢰하여 거래처를 선정하는 방법으로서 각국의 상업회의소, 세계무역센터협회(World Trade Center Association; WTCA), 기타 외국의 무역유관기관 등에 거래알선 의뢰 서한을 발송함으로써 그들이 발행하는 기관지를 통해 업계홍보 또는 관련업자의 소개를 의뢰하여 거래선을 발굴할 수 있다. 그리고 국내의 대한무역진흥공사, 대한상공회의소, 한국무역협회, 재외공관(대사관 및 영사관) 등을 통해서도 거래선을 발굴할 수 있다. 특히 한국무역협회는 거래알선 지원사업을 위해 해외 인콰이어리 처리, 내방 바이어 상담 및 관련 정보제공 등을 위해 '거래알선실'을 운영하고 있다.

3. 거래제의

거래제의(business proposal)또는 거래권유는 해외시장조사에 의하여 선정된 목표시장 내의 거래상대방에게 거래를 희망하는 내용의 서신을 송부하는 것을 말한다. 거래를 권유하는 방법으로 거래제의장 또는 거래권유장(circular letter)이 가장 널리 이용된다. 거래권유장은 일반통지와 상품안내장으로 구분되며, 전자메일·팩스·서신 등에 의해 이루어지며 전자무역시스템을 통해서도 가능하다. 일반통지는 회사의 신설, 지점, 대리점 등의 설치 및 폐지, 조직변경, 합병, 중요한 인사이동, 기타 영업상으로 상대방에 주지시킬 필요가 있는 사항을 통지하는 것이며, 상품안내장은 기지 또는 미지의 고객으로 하여금 구매의욕을 자극하는 권유장을 의미한다.

거래제의서(letter of proposing business) 작성은 상대방에게 처음으로 보내는 서신인 만큼 예의를 갖추어 작성하여야 하며 지나친 예의는 오히려 상대방의 오해를 살 염려가 있다. 거래제의서에는 다음의 내용을 주로 포함한다.

① 상대방을 알게 된 경위와 목적
② 거래제의 업자의 업종, 취급품목, 거래국가 등
③ 거래제의 업자의 자국 내의 지위, 경험, 생산규모 및 거래규모
④ 거래제의를 하는 이유
⑤ 거래조건: 지급조건, 가격조건 등
⑥ 신용조회처: 자사의 신용을 보증해 줄 수 있는 곳의 주소, 상호 등을 반드시 기재하여야 하며, 신용조회처로는 주로 자사가 거래하는 은행, 동업자 및 상공회의소 등의 관계기관이 되는 경우가 많음

4. 거래조회

거래조회(business or trade inquiry)는 해외거래처 선정 시 상대방의 신용을 조회하는 신용조회(credit inquiry)와 구별되는 것으로서, 거래제의를 받은 상대방이 물품의 가격, 품질, 수량, 선적 등의 거래조건에 대하여 문의하는 것을 말한다. 인콰이어리는 계약체결전의 예비교섭 과정 중에서 거래교섭의 출발점이 되는 수입업자의 물품수입에 관한 최초의 의사표시이다.

거래조회는 일반거래조건의 협정이나 청약을 위한 당사자간의 거래조건에 대한 의사를 타진하는 최초의 거래교섭의 과정이기 때문에 정가표나 견본의 송부를 의뢰하거나 청약을 제시하도록 권유하는 것이다.

5. 신용조사

신용조사(credit inquiry)는 거래상대방의 계약의무의 이행능력을 사전에 조사하여 장래의 의무이행에 대한 확실성을 측정하는 것이다. 무역거래에서 거래 상대방의 신용상태를 확인하는 것은 향후 거래 가능성을 진단하고 거래시 위험요소를 사전에 예방

한다는 면에서 대단히 중요한 일이다. 신용조사는 기본적으로 다음의 세 가지 항목에 대해서 이루어져야 하는데 이를 신용조사의 기본항목 3C's라고 한다.

1) 신용조사의 내용

(1) Character

Character(상도덕)는 해당업체의 개성, 성실성, 업계의 평판, 영업태도, 계약이행에 대한 열의 등을 확인하는 항목이다. 신용조사에 있어서 Character 항목은 가장 중요시 되어야 하는 사항으로 거래 상대방의 부도덕성에서 야기되는 market claim 등을 방지하기 위함이라 할 수 있다.

(2) Capacity

Capacity(영업능력)는 해당업체의 연간 매출액, 업체의 형태(개인회사, 주식회사), 연혁, 경력(영업권), 영업능력, 유통망 등을 확인하는 항목이다. 이는 일반적으로 상대방의 손익계산서와 관련되는 사항이다.

(3) Capital

Capital(대금지불능력)은 해당업체의 재무상태 즉 수권자본과 납입자본, 자기자본과 타인자본 등을 확인하는 항목으로 이를 조사하기 위하여 일반적으로 상대방의 재무제표를 검토하게 되며, 그 대표적인 것이 대차대조표이다.

(4) 기타

위의 3C 항목 외에도 Country(국가), Currency(통화), Collateral(담보능력), Condition(선호하는 거래조건)의 항목이 신용조사에 추가될 수 있다.

2) 신용조사 방법

신용조사는 일반적으로 거래은행이나 국제적인 금융기관을 통한 은행조회(bank reference), 상대방이 제시한 조회처에 조회, 동업자 조합이나 협회 또는 현지의 상공회의소에 의뢰하는 방법, 상업흥신소와 같은 전문신용조사 기관에게 의뢰하는 방법 등이 있다. 세계적인 신용조사전문기관으로는 Dun & Bradstreet Incorp(D&B)가 있으며, 국내의 신용조사 전문기관으로는 대한무역투자진흥공사, 한국무역보험공사, 신용보증기금 등이 있다. 국내의 신용조사 전문기관은 세계적인 상업흥신소와의 업무제휴 관계로 정보를 얻기도 하고 전세계적인 지점망을 통해 직접 정보를 수집하여 신용조사를 해주고 있다. 이들 기관들은 인터넷상에서 신용조사서비스를 제공하고 있기 때문에 인터넷상에서 신용조사를 신청하거나, 유료 웹사이트를 통하여 거래상대방의 신용을 조사할 수 있다.

그림 12-1

무역계약 체결
절차

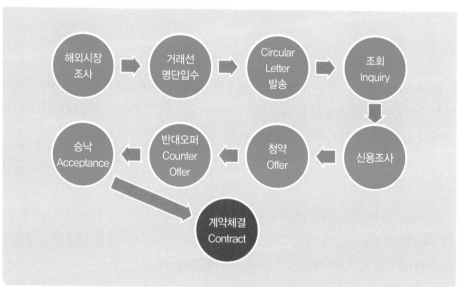

6. 오퍼 및 승낙

해외시장조사를 통하여 거래상대방을 선정하고 거래 상대방에 대한 신용조사 결과 상대방회사의 신용상태가 믿을 만하다고 판단이 되면 본격적으로 거래를 진행시킬 수 있다. 수출업자의 제품판매에 대한 의사표시에 대하여 수입업자가 관심을 보이면 수출업자는 자신의 판매제품에 대한 가격과 거래에 관련된 조건을 제시하는 오퍼(offer)를 발송하게 되고 상대방의 승낙(acceptance)에 의하여 계약은 성립하게 된다.

1) 오퍼

(1) 정의

오퍼(offer)는 청약자(offeror)가 피청약자(offeree)에게 특정한 물품을 일정한 조건에 매도 또는 매입하겠다는 의사표시를 제시하는 행위를 말한다. 즉, 청약자가 피청약자와 일정한 조건으로 계약을 체결하고 싶다는 의사표시로서 청약자가 계약을 성립시킬 목적으로 하는 일방적이고 확정적인 의사표시이다. 오퍼는 서면 혹은 구도로도 가능하지만 의사표시 내용이 확정적 의사표시이어야 한다. 오늘날 무역에서는 보통 전신이나 E-mail 또는 FAX 등에 의해 간략하게 오퍼하고, 이어 그 내용을 보다 상세히 기재한 일정한 서식을 갖춘 Offer Sheet를 송부한다.

(2) 오퍼의 종류

① 청약주체에 따른 분류

청약주체에 따라 매도청약(selling offer)과 매수청약(buying offer)으로 구분할 수 있다. 매도청약은 청약자가 피청약자에게 특정 물품을 팔겠다는 의사표시로서 매도인이 판매조건과 함께 판매의사를 제시하는 오퍼로 수출업자가 offeror가 되고, 수입업자가 offeree가 된다. 그리고 매수청약은 특정한 조건에 구매의사를 seller에게 개진하는 offer이며, 주문(order)의 성격을 가진다. 실무계에서 보통 말하는 오퍼란 매도인의 selling offer로서 일반적인 무역용어로서의 오퍼이다.

② 청약발행지에 따른 분류

청약발행지에 따라 국내오퍼(domestic offer)와 해외오퍼 혹은 국외오퍼(overseas offer)로 구분할 수 있다. 국내오퍼는 offer가 국내에서 발행한 오퍼로서 국내수출상이 외국 수입상에게 발행한 오퍼를 의미하며, 국외오퍼는 외국 수출업자가 국내 수입업자에게 직접 발행한 오퍼를 의미한다.

③ 확정력의 유무에 따른 분류

오퍼상에 모든 조건을 명시하고 그 유효기일을 규정되어 있느냐에 따라 확정오퍼(firm offer)와 자유오퍼(free offer)로 구분한다. 확정오퍼는 청약자가 가격, 품질 및 기타의 거래조건 및 유효기간이 지정되어 있으며, 유효기간 내에는 그 내용의 변경이나 취소, 철회가 불가능하며 그 유효기간 내에 피청약자가 승낙하면 계약이 유효하게 성립되는 오퍼를 말한다. 확정오퍼는 반드시 유효기간이 명시되어 있고, 가격이나 수량, 선적, 대금결제 등 여러 가지 거래조건이 확정적으로 제시되어 있으며, 유효기간이 경과되면 자동적으로 그 효력이 상실된다.

반면 자유오퍼(불확정오퍼, 무확정오퍼)는 승낙기간이 지정되어 있지 않거나 유효기일이 없는 오퍼이며, 거래조건이 확정되어 있지 않는 오퍼이므로 청약자가 그 내용을 임의로 변경, 취소, 철회가 가능하다. 이 경우 청약이 취소되기 전에 피청약자가 합리적인 기간 내에 승낙하면 계약은 성립된다.

④ 조건부오퍼

조건부오퍼(conditional offer)는 특정한 조건이 추가되는 경우이며 이에는 우선 선착순 매도조건부오퍼(offer subject to prior sale) 혹은 재고잔류조건부오퍼(offer subject to being unsold)가 있다. 이 오퍼는 매수인의 승낙이 내도했을 때 해당 물품의 재고가 있어야만 유효하다는 조건으로 발행된 오퍼이다. 먼저 승낙의 통지를 낸 자에게 매도할 것을 조건으로 하고 있어 결국 그 상품의 매진과 동시에 그 효력이 소멸하는 오퍼이다. 이 오퍼는 한정된 물량을 여러 사람에게 오퍼한 경우와 또는 매기가 활발한 물품의 경우에 흔히 이용되어 진다.

승인조건부오퍼(offer on approval) 혹은 점검후매매조건부오퍼는 오퍼와 함께 현품을 보내서 상대방이 실험 또는 사용해 보아 만족할 것을 조건으로 하는 오퍼이다. 점검 후 구매의사가 있으면 송금하고, 그렇지 않으면 현품을 반환토록 한 오퍼를 의미한다. 일종의 firm offer 성격을 갖는다 할 수 있다.

확인조건부오퍼(offer subject to confirmation)는 'subject to our final confirmation'이라는 단서가 붙은 오퍼로서 상대방의 승낙만으로 계약이 성립되지 아니하며 승낙 후에도 청약자의 최종확인이 있어야 계약이 성립하는 오퍼이다. 일종의 free offer의 성격을 갖는다 할 수 있다.

반품허용조건부오퍼(offer on sale or return)는 다량의 현물을 offer와 함께 발송하되 수입업자가 판매 후 남은 물품을 반품하기로 하는 조건으로 발행되는 오퍼이다. 서적 따위를 위탁판매의 조건으로 할 때 주로 이용되는 오퍼로서 firm offer의 일종이다.

⑤ 반대오퍼

반대오퍼(counter offer)는 대응청약이라고도 하며, 상대방의 오퍼에서 제시한 조건에 대하여 청약자에게 그 조건과는 별개의 제안을 하고, 그 변경을 승인한다면 계약을 체결하겠다는 확정적인 의사표시를 의미한다. 오퍼가 제시되면 상대방(offeree)이 이를

바로 승낙하는 경우는 드물다. 피청약자는 그 나름대로 가격수준이나 그 밖의 거래
조건을 의중에 두고 있을 것이며 가능한 그것에 접근시키려 할 것이다. 피청약자는
청약자가 제시한 원청약(original offer)의 내용 중에 일부를 수정, 예를 들어 가격을 낮춘
다던가, 선적날짜를 변경한다던가, 포장방법을 변경한다던가 또는 결제조건을 변경
한다던가 하여 반대로 오퍼를 제시하게 되는바 이러한 오퍼를 반대오퍼라 한다. 반
대오퍼의 발행자는 새로운 청약자가 되고 원청약자는 피청약자의 지위로 바뀌게 되
므로 원청약자가 이 반대오퍼를 승낙하면 계약이 성립된다.

구 분	청약의 종류	표 12-2
청약주체	매도청약(selling offer) 매수청약(buying offer)	오퍼의 종류
청약발행지	국내청약(domestic offer) 국외청약(overseas offer)	
청약의 확정력	확정청약(firm offer) 불확정청약(free offer) 반대청약(counter offer)	
특정조건	선착순매도조건부오퍼(offer subject to prior sale) 승인조건부오퍼(offer on approval) 확인조건부오퍼(offer subject to confirmation) 반품허용조건부오퍼(offer on sale or return)	

2) 승낙

(1) 정의

승낙(acceptance)은 피청약자가 청약자의 청약에 따라 계약을 성립시킬 목적으로 청
약자에게 행하는 동의의 의사표시이다. 계약은 당사자 간의 의사의 합치로 성립되
기 때문에 승낙은 청약에 대한 무조건·절대적 동의이다. 승낙은 청약의 모든 내용
에 대해서 무조건적, 확정적 의사표시(무조건 승낙, 완전한 승낙)이어야 한다. 즉, 상대방의
firm offer에 대하여 동의한다는 확정적 의사표시를 말하며 승낙에 어떠한 조건이나
이견이 있으면 승낙으로써 성립하는 것이 아니라 반대오퍼가 되므로 승낙은 무조건
적이어야 한다.

(2) 승낙의 성질

무역계약이 성립하기 위한 유효승낙이 되기 위한 조건으로서 첫째, 완전일치의 원칙 혹은 경상의 원칙을 들 수 있다. 승낙은 청약과 같이 계약의 성립요소가 되는 의사표시이므로 그 내용은 청약내용과 일치하고 있는 것을 요한다. 둘째, 무수정·절대적·최종적·무조건적이어야 한다. 승낙에 조건이 붙으면 또는 그 밖의 변경을 부가하여 승낙하면 그것은 승낙으로서의 효력을 발생시킬 수 없다. 셋째, 승낙은 청약이 그 효력을 가지고 있는 기간 내에만 할 수 있다. 청약이 도달하여 승낙할 의사가 분명할 경우에는 그 청약의 기간이 지나가지 않았을 때에 승낙에 대한 신속한 의사표시를 하여야 한다. 즉, 승낙은 규정된 기간 또는 합리적인 기간 내 이루어져야 한다.

(3) 승낙의 효력 및 취소

승낙의 효력발생시기에 대하여 각국의 법률체계 마다 효력이 발생하는 시점이 다르다. 많은 국가들이 승낙기간의 유무와 관계없이 승낙의 효력발생 시기에 대해서는 도달주의를 택하고 있지만, 일부 국가에서는 우편 또는 전보로 승낙의 통지를 하고 그것이 청약자의 지정에 반하지 아니한 경우에는 발신주의를 취하고 있다. 이에 대한 국가별 효력발생 시기는 다음의 〈표 12-3〉에 정리되어 있다.

표 12-3 승낙통지의 효력발생시기

구 분		한국법	일본법	영국법	미국법	독일법	비엔나협약
의사표시에 관한 일반원칙		도달주의	도달주의	도달주의	도달주의	도달주의	도달주의
승낙의 의사 표시 / 대화자간	대면	도달주의	도달주의	도달주의	도달주의	도달주의	도달주의
	전화	도달주의	도달주의	도달주의	발신주의	도달주의	도달주의
	텔렉스	도달주의	도달주의	도달주의	발신주의	도달주의	도달주의
	EDI	도달주의	도달주의	도달주의	도달주의	도달주의	도달주의
격지자간	우편	발신주의	발신주의	발신주의	발신주의	도달주의	도달주의
	전보	발신주의	발신주의	발신주의	발신주의	도달주의	도달주의

3) 오퍼의 기재내용

오퍼에는 품명, 규격, 원산지, 상표, 수량 및 단위, 단가 및 금액, 발행일 및 유효기간, 선적시기, 포장, 대금지급조건, 보험조건, 발행일자 및 상대방 상호, 기타 필요조건 등이 기재된다.

Trade Tower. 30F
Samsung-dong Kangnam-ku
SEOUL, KOREA
W.T.P.O. BOX 1010
CABLE : "HAWOO"SEOUL
TEL : 81-2-6000-5353

HAWOO CORPORATION

OFFER SHEET

Messrs,

Offer No. _____

Date _____

Ref. No. _____

We are pleased to offer the under-mentioning article(s) as per conditions and detalis described as follows

HS	Description	Q'ty	Unit price	Amount

Origin   :
Quality   :
packing   :
Shipment   :
Inspection   :
Payment   :

Validity   :
Remarks   :

Looking forward to your valued order for the above offer, we are

Yours faithfully,

HAWOO CORPORATION

_____

무역계약의 일반조건

1. 품질조건(terms of quality)

무역계약에서 가장 중요한 것은 거래상품의 품질(quality)이다. 무역계약 물품은 직접 확인하지 않고 매입하는 경우가 많으므로 계약상의 품질조건과 매수인에게 도착된 물품과의 품질차이가 발생하여 이에 관한 분쟁이 야기될 가능성이 높다. 실제로 무역클레임 중에서 가장 많은 비중을 차지하고 있는 것이 품질조건에 관한 것이다. 따라서 무역계약에 있어서 품질조건을 결정하는 것은 대단히 중요하며 품질조건에서는 품질결정방법, 품질결정시기, 품질증명방법 등을 유의하여야 한다.

1) 품질결정방법

(1) 견본매매

견본매매(sales by sample)는 매매의 한쪽 당사자가 제시한 견본과 같은 품질의 물품을 인도해 줄 것을 약속하고, 다른 쪽 당사자는 이를 승낙하는 방식으로 약정하는 방법이다. 제품의 품질결정을 견본에 의해서 결정되며 오늘날 무역거래에서 가장 널리 이용되고 있는 방법으로 특히 공산품 거래시 가장 일반적으로 사용된다.

견본매매의 경우 매도인은 견본과 동종, 동질, 동형의 물품을 인도할 의무가 있으며 인도된 물품의 품질이 견본과 상이할 때에는 매수인은 감가를 요구하거나 또는 물품인수를 거절할 수 있다. 매도인 입장에서는 매매계약시 "Quality to be fully equal to the sample"과 같이 표현하는 것보다는 "Quality to be about equal to the sample" 등과 같은 표현을 사용하는 것이 후일의 클레임을 예방할 수 있다. 특히 계약상품의 전부가 견본과 완전일치 한다는 것이 현실적으로 어렵거나 불가능한 특성을 가지고 있는 물품일 경우에는 후자의 표현을 사용하는 것이 바람직하다.

(2) 표준품매매

농림수산물, 광산물 등과 같은 1차산품은 자연적 조건에 따라 품질의 변화가 많은 상품으로서 견본이나 상표, 규격 등으로 품질을 결정하지 못한다. 따라서 이러한 상품의 거래에 있어서는 견본 대신에 그 상품의 표준품을 사용하여 인도하게 될 상품의 품질이 대개 이 표준품과 같은 정도의 것이라고 표시하고 계약을 성립시키는 매매방법이 표준품매매(sales by standard)이다.

특히 미수확생산물이나 제조예정품의 매매와 같이 견본을 이용할 수 없을 때 표준물품을 추상적으로 제시하거나, 표준물품을 과거 수확물의 표준물품을 기초로 계약을 체결하게 된다. 흔히 표준품도 견본이라 부르고 있으나 양자간에는 본질적 차이가 있다. 견본매매의 경우에는 인도할 화물이 정확하게 견본과 일치하지 않으면 클레임이 제기되지만, 표준품매매에서는 목적물의 중요한 성질만을 나타내는 것이기 때문에 약간의 차이는 추후 가격협상에 의하여 조정이 가능하다.

표준품매매에 있어 거래상품의 표준품질을 나타내는 방법은 다음과 같다.

① 평균중등품질조건

평균중등품질조건(Fair Average Quality; FAQ)은 곡물이나 과실 등의 농산물에 사용되는 품질조건으로 거래목적물의 품질을 출하품 가운데 평균적인 중등품질로 하는 조건이다. 선물거래인 경우는 가격을 전년도 수확물의 평균 중등품을 기준으로 하여 정하고 인도된 물품은 당해 수확기의 평균 중등품으로 한다.

② 판매적격품질조건

판매적격품질조건(Good Merchantable Quality; GMQ)은 인도상품의 품질이 현지시장에서 일반적으로 인정하는 정도의 상품으로서 상거래상 판매적격상품임을 판매자가 보증하는 조건이다. 냉동어류나 목재 등과 같이 내부가 부패되어도 외관상 구별하기 곤란한 상품의 거래에 사용되는 조건으로 냉동어류가 부패한다던지 목재의 내부가 부식하여 현물의 시장성이 없는 품질의 경우에는 그 책임을 매도인에게 부담시키는 것을 조건으로 한다.

③ 보통품질조건

보통품질조건(Usual Standard Quality; USQ)은 공인검사기관 또는 공인표준기준에 의하여 사전에 보통품질을 표준품의 품질로 결정하는 조건이다. 예컨대 우리나라에서 수출하고 있는 인삼이나 해태 및 오징어 등은 그 품질에 따라 1등품, 2등품 또는 A급, B급 등으로 구분 한다.

(3) 상표매매

상표매매(sales by trade mark or brand)는 견본을 제시할 필요 없이 생산업자의 상표(trade mark)만을 가지고 품질 수준을 결정하는 방법을 말한다. 주로 상표가 세계시장에 널리 알려진 음료(Coca Cola 등), 만년필(Parker 등), 카메라(Cannon 등), 손목시계(Omega, Rolex 등) 등과 같은 유명상표의 제품은 그 상표 자체만으로도 품질을 인정받게 되기 때문에 상표만을 가지고 품질수준을 결정할 수 있다.

(4) 명세서매매

명세서매매(sales by description)는 선박류, 철도, 차량 등 거대한 기계류나 정교한 의료기구 등과 같이 견본을 제시하기가 불가능한 거래에 이용되는 방법이다. 자재와 구조·성능·규격 등을 상세히 기록한 명세서에 의하여 이루어지는 매매방법으로 카탈로그·설명서·도해부 목록·설계도·청사진 등에 거래대상 상품의 품질, 규격, 성능 등을 자세히 명시하여, 명시된 내용과 동일한 상품을 매매할 것을 조건으로 계약이 체결된다.

(5) 규격매매

규격매매(sales by type or grade)는 국제적으로 규격이 정해져 있거나 수출국의 공적규정에 의하여 규격이 정해져 있는 상품의 경우에는 그 규격에 의하여 품질을 결정하는 방식이다. 예로 시멘트 거래에 채용되는 영국규격, 철강거래에 채용되는 미국규격, 오스트레일리아의 양모와 같이 국제관습상으로 규격이 정해지는 경우에 규격매매로 계약이 체결된다. 국제적인 규격을 정하는 기관으로는 ISO(International Organization for Standardization; 국제표준화기구)가 있으며, 우리나라의 KS(Korean Industrial Standard)나 일본의 JIS(Japan Industrial Standard) 및 영국의 BSS(British Standard Specification) 등 일종의 공인규격으로 품질을 결정하는 기준이 된다.

(6) 점검매매

점검매매(sales by inspection)는 실제 시장에서 물건을 보고 매입하는 것과 같은 방식이다. 구매자가 구매할 상품을 직접 일일이 검사해서 결정된 품질을 기준으로 매매계약을 체결하는 방법이다. 구매자가 직접 현품을 확인한 후 계약을 성립시키는 것이기 때문에 사후에 품질에 관하여 클레임을 제기할 수 없다. 무역계약은 격지에 있는 외국간의 거래이므로 점검매매 방법에 의한 거래는 그다지 많지 않다. 'sale on approval', 'on sale or return'과 같은 거래방식은 점검매매의 일종이라 할 수 있다. 'sale on approval'은 구매자의 품질승인 또는 시용을 위하여 거래대상물을 구매자에게 먼저 인도하여 점검한 후 구매자가 구매를 승인 할 경우 매매계약을 체결하는 방식으로 신제품의 선전이나 판촉에 이용되어지며, 'on sale or return'은 거래상품을 먼저 송부하고 매수인이 당해 상품을 일정기간동안 제3자에게 전매한 후 남은 잔량을 회수하는 조건이다.

2) 품질의 결정시기

무역계약을 위한 상담으로부터 계약물품의 확보 그리고 당해 물품을 운송하여 매수인에게 인도하기까지는 상당한 시일이 소요된다. 더구나 무역물품의 운송은 대부분 장거리의 해상운송을 필요로 하기 때문에 물품에 따라서는 운송도중 품질의 변화가 생기는 경우도 있다. 따라서 어느 시점의 품질을 계약상의 품질로 할 것 인지의 여부 즉, 품질의 결정시기에 대하여 미리 협정을 맺어 두는 것이 대단히 중요하다.

(1) 일반적 품질결정 조건

① 선적품질조건(shipped quality terms)

매도인이 계약물품을 선적할 시점에 계약조건에 일치하는 물품을 선적하였다는 것을 입증하는 조건으로 하는 계약방법이다. 매도인은 이의 입증을 공인(사증)기관의 품질증명서 또는 검사증명서를 발급 받아 매수인에게 제공하여야 한다. 경우에 따라서는 seller나 buyer가 지정하는 검사인에 의한 검사증명을 조건으로 하는 경우도 있다. 매도인은 운송 중에 변질되거나 해수에 의한 손실에 대하여는 책임이 없다. 따라서 품질의 변질이 잘 되지 않는 공산품에 널리 이용된다. INCOTERMS® 2020에 의할 경우 EXW, FOB, CIF 등의 규칙이 선적품질조건에 해당된다.

② 양륙품질조건(landed quality terms)

상품의 품질을 양륙시의 품질에 의하여 결정하는 조건이다. 운송도중에 변질되기 쉬운 농산물이나 분석을 해 보아야 정확한 품질을 알게 되는 광산물 등에 주로 이용되며, 매도인이 운송도중의 상품변질에 대해서 모든 책임을 져야 한다. 매수인이 인수받은 상품이 계약품질과 불일치할 경우 검정인의 검정보고서를 매도인에게 송부하고 클레임을 제기할 수 있다. 일반적으로 INCOTERMS® 2020에 의할 경우 DAP, DPU, DDP 등의 규칙이 양륙품질조건에 해당된다.

(2) 특수품질조건

곡물류의 거래에 있어서의 도착조건으로 매매한 때 선적시와 양륙시의 품질의 상이에 대하여 매매당사자 중 어느 쪽이 그 책임을 질 것인가에 대하여 다음의 세 가지 특수조건이 관용되고 있다.

① Rye Terms(R.T.)

곡물거래에서 Russia산의 호밀(Rye)거래가 이 조건으로 이루어 진데서 명명된 조건으로, 인도된 물품이 운송도중에 손상을 입었을 경우 매수인이 매도인을 상대로 가격 인하를 제기할 수 있는 조건이다.

② Tale Quale(T.Q.)

R.T.조건과는 정반대의 조건으로 선적품질조건의 일종이다. 런던 곡물거래에서 일상적으로 사용되는 조건으로 매도인이 계약조건에 부합하는 물품을 선적하였다는 것을 입증하기만 하면 운송도중의 손실에 대한 책임을 면책되는 조건이다. 운송도중의 모든 품질위험은 매수인이 부담하기 때문에 매수인에게 불리한 조건이다.

③ Sea Damaged(S.D.)

T.Q.조건과 마찬가지로 런던시장의 곡물거래에 사용되는 품질조건으로 선적품질조건의 일종이다. 반면 선적품질조건이기는 하지만 해상운송 도중에 발생한 해수의 침수, 비에 젖어 입은 손실, 증기에 의한 손실 등 이로 인한 부패, 곰팡이 발생, 발효 기타 품질손상에 대하여도 매도인이 책임을 부담하는 조건이다. 따라서 R.T.조건과 T.Q.조건의 절충형적인 성격이라 할 수 있다.

3) 품질의 증명방법

품질의 증명방법은 인도물품의 품질이 약정한 품질과 일치하는가의 여부를 증명하는 방법을 의미한다. 매도인이 자체 품질검사를 하거나 공신력 있는 품질검사기관을 통하여 검사증명서를 발급 받아야 한다. 그러나 공인된 검사기관을 통하여 품질을 인정받는 것이 일반적이다. 선적품질조건은 매도인이 품질의 이상이 없음을 공인된 검사기관을 통해서 발급 받아 매수인에게 제출하며, 양륙품질조건은 매수인이 품질의 이상유무를 공인된 검사기관을 통해 증명한다.

매매계약에 있어 이상의 품질결정방법과 품질결정시기에 관한 협상을 마무리하는 것도 중요하지만 클레임의 제기기한, 품질불량의 입증방법, 불량품 처리 등과 같은 내용들에 관하여도 충분한 검토가 있어야 한다.

2. 수량조건(terms of quantity)

수량조건은 국제거래에서 품질조건 다음으로 분쟁이 많이 일어나기 쉬운 조건이다. 따라서 수량단위, 수량결정시기, 수량과부족용인조건 등에 관한 사항을 명확하게 해두어야 하며, 계약수량과 실제수량이 불일치 할 경우의 처리문제에 대해서도 합의를 해야 한다.

1) 수량단위

무역계약에서 상품의 수량을 명시함에 있어 가장 명확하게 결정해야 할 것은 수량의 단위이다. 수량의 단위는 상품의 특성과 상관습에 따라 사용되는 수량단위가 각각 다르므로 계약 시에 계약서에 명확히 약정해 두어야 한다.

일반적으로 상품의 수량을 결정할 때 사용되는 단위에는 중량(weight), 길이(length), 용적(measurement), 개수(number) 등이 있으며, 두 가지 이상의 수량단위가 동시에 사용될 때도 있다. 중량이나 용적의 경우 나라마다 단위가 다르므로 구체적으로 수량을 결정하는 단위를 약속하여야 한다.

2) 수량결정시기

어느 시점의 수량을 계약수량으로 할 것인지에 관해서는 품질조건에서와 같이 선적수량조건과 양륙수량조건이 있다.

표 12-4 수량의 단위	중량 (weight)	농산물, 천연산물, 철강제품, 양모, 화학제품 등에 주로 사용 단위로는 lb(pound), oz, kg, ton 등 L/T(Long Ton, English Ton, Gross Ton) : 1,016kgs, 2,240lbs S/T(Short Ton, American Ton, Net Ton) : 907.6kgs, 2,000lbs M/T(Metric Ton, French Ton, Kilo Ton) : 1,000kgs, 2,204lbs
	길이 (length)	직물류, 사류(원사), 원단, 전선 등에 주로 사용 단위로는 meter, yard, foot, inch 등 1ft=1/3yd(야드)=12inch(인치)=0.30479m 1yd=0.9144m, 1yd=3ft
	용적 (measurement)	액체나 목재 등에 주로 이용 단위로는 liter, gallon, barrel, cubic meter(cbm) 등 1CBM=1㎥, 1CBM=1M/T(용적톤), 1M/T=40CFT
	개수 (number)	공산품, 전자제품과 같은 일반 상품에 주로 사용 단위로는 piece, set, dozen, gross 등 1dozen=12pieces, 1gross=12dozens(12숍pieces)=144pieces
	포장 (package)	포장단위로 판매되는 밀가루, 시멘트, 통조림, 유류 등에 주로 사용 단위로는 bale, bag, case, can, drum 등
	면적 (square)	유리, 합판, 타일 등에 주로 사용 단위로는 Square foot(sft) 등

(1) 선적수량조건

선적수량조건(shipped quantity terms)은 선적장소에서 검사한 중량이 계약물품의 인도수량으로 간주하는 조건을 의미한다. 매도인이 선적항에서 선적할 때의 수량이 계약조건에 일치할 경우에는 운송도중 발생한 증감에 대하여 책임을 지지 않는 조건이다.

통상 매도인은 선전수량을 입증하기 위해 선적지의 검정기관에서 용적중량증명서를 입수하고 이를 선전서류의 일부로서 송장과 함께 제공하는 절차를 취하는 것이 일반적이다. 만일 계약서에 이 조건에 관한 특약이 없는 한 INCOTERMS® 2020의 EXW, FOB, CIF 등의 규칙은 원칙적으로 선적수량조건이라 할 수 있다.

(2) 양륙수량조건

양륙수량조건(landed quantity terms)은 인도수량조건이라고도 하며 수입항에서 양륙시의 수량을 기준으로 하여 계약수량과의 일치여부를 확인하는 조건이다. 목적지 혹은 도착장소에서의 인도시점에서 실제중량이 약정품의 확정수량이 된다. 수량과부족이 있는 경우에는 매도인이 승인하는 검정기관의 검정증명서를 근거로 손해배상을 청구할 수 있으며, 매도인으로서는 수량부족 사실에 대한 매수인의 통지가 너무 지연되지 아니하도록 계약서에 검량기간을 명시해 두는 것이 좋다.

동 조건에 관한 당사자 간에 별도의 합의가 없는 한, INCOTERMS® 2020의 DAP, DPU, DDP 등의 규칙은 원칙적으로 양륙수량조건이라 할 수 있다.

3) 수량과부족에 관한 조건

장거리 수송 및 대량수송의 경우 곡물이나 광산물 같은 무역품의 경우에 수송도중 감량이 예상되어 계약수량과 일치시키는 것은 곤란하다. 그리고 운송도중에 감량이 생기거나 화물의 성질상 정확하게 계약수량을 선적할 수 없는 경우도 있다. 특히 벌크화물(bulk cargo)의 경우가 여기에 해당된다. 따라서 약정된 기본수량에서 약간의 과부족이 발생하더라도 이를 계약위반으로 보지 않고 클레임을 제기하지 않기로 약정하는 조건이 필요하다. 여기에는 과부족용인조항과 개산수량조건 등이 주로 이용되고 있다.

(1) 과부족용인조항

어느 정도의 과부족에 대해서는 클레임을 제기하지 않겠다고 약정하는 수량표시 방법을 과부족용인조항(more or less clause; M/L clause)이라 한다. 물품의 성질에 따라 수량과부족을 인정해야 할 경우에는 얼마만큼 허용할 것인가와 과부족의 선택권자를 누구로 할 것인가에 대하여 계약시에 명시해 두는 것이 좋다. 예를 들어 "5% more or less at seller's option"으로 계약하는 경우 5% 이내의 과부족이 발생하여도 매도인은 계약위반의 책임을 지지 않음을 의미하며, "100M/T, but 10% more or less at seller's option"으로 한다면 90M/T와 110M/T의 범위 내에서의 어느 수량을 선적하면 된다. 수량이 초과되면 그 초과부분을 인수하거나 거절하는 것은 매수인이 임의로 택할 수 있으며, 수량부족이면 부족이 계약의 중대한 위반인 경우 매수인은 그 물품을 거절하고 계약을 해제할 수 있다.

벌크화물 거래 시 M/L 조항이 없는 경우 신용장방식의 거래에서는 과부족을 인정하지 않는다는 금지조항이 없는 한 5%의 과부족이 허용되는 것으로 보며, 포장단위 또는 개별품목의 개수로 명시되어 있는 경우는 제외된다. 반면 무신용장방식 거래(D/A, D/P 등)에서는 M/L조항이 없는 경우 5%의 과부족이 허용되지 않으므로 계약상에 M/L조항을 포함시키는 것이 현명한 방안이다.

(2) 개산수량조건

개산수량조건(approximate quantity terms)은 인도수량에 약 얼마 즉, ABT(about), circa, some, approximately, around 등의 용어를 추가하여 수량을 결정하는 조건을 말한다. 개산수량조건에서의 약 얼마란 표현은 어느 정도까지의 과부족을 의미하는가에 대하여 해석상에 분쟁의 소지가 있어 M/L조항보다 못한 거래조건이다.

신용장방식의 거래 시에는 10%의 과부족을 인정하는 것으로 해석한다. 반면 무신용장방식 거래에선 계약상 구체적인 약정이 없는 경우 해석상의 문제로 분쟁의 소지 있다. 약(about)이나 대략(approximately)이라는 단어를 사용하여 수량을 표현할 경우 신용장통일규칙(UCP 600)에서 제30조 a항에 따라 10%의 수량과부족이 허용되지만 금액 또는 단가의 과부족은 허용되지 않는다.

3. 선적조건(terms of shipment)

무역계약에 있어 선적조건이란 계약물품의 선적지, 선적방법, 선적시기 및 도착지 등을 약정하는 것을 말한다.

1) 선적시기

(1) 특정월 또는 연속특정월 선적조건

특정월 선적은 "November shipment or shipment during November"와 같이 선적시기를 특정월로 지정하는 조건이다. 이 경우 매도인은 11월 1일부터 11월 30일까지의 기간 내에 선적을 이행하면 된다.

그리고 연속특정월 선적은 "May~July shipment or shipment during May, June and July"와 같이 월의 연속으로 선적시기를 정하는 방법이다. 이 경우 매도인은 5월 1일부터 7월 31일까지의 기간 내에 선적을 이행하면 되는 조건이다. 선적시기가 긴 경우는 제조물품의 생산이 상당 시일 걸리는 경우이며, 짧은 경우는 이미 제조되어 있거나 단시간에 제조가능 물품의 경우이다.

(2) 특정일 이전 선적조건

특정일 이전 선적조건은 선적기간을 예컨대 "Shipment should be made within

two months after seller's receipt of L/C"와 같이 특정기간을 표시하여 선적시기를 정하는 방법이다. 이 경우 매도인은 신용장을 수취한 날로부터 2개월 이내에 선적을 이행하면 되는 조건이다.

그리고 선적시기를 최종선적기일(latest shipping date)로 약정하는 방법이 있는데, 이 방법은 가장 많이 사용되는 방법으로서 "Shipment shall be made not later than November 30, 2020"과 같이 표현되며, 이 경우 매도인은 2020년 11월 30일보다 늦지 않게 선적을 이행하면 되는 조건이다.

(3) 즉시선적

선적시기를 특정일자로 명시하지 아니하고 즉시선적을 뜻하는 "immediate shipment", "prompt shipment", "shipment as soon as possible", "shipment without delay" 등의 용어를 사용하여 선적시기를 정하는 방법이다.

이러한 표현의 사용은 명확한 시간적 한계가 없으므로 선적시기에 대한 약정이 없는 것으로 간주하고 있다. 특히 신용장통일규칙(UCP 600) 제3조 제7문에서는 신속히(prompt), 즉시(immediately), 가능한 한 빨리(as soon as possible) 등의 표현은 선적기일의 애매성으로 인한 분쟁의 발생을 피하기 위하여 선적기한에 대한 약정이 없는 것으로 규정하고 있다.

반면 미국은 상관례 상 신용장 발행일로부터 30일 이내에 선적할 것을 요구하는 것으로 해석(shipment within 30 days after receipt L/C)되고 있으며, 영국은 관습에 의하여 계약 성립 후 2주 이내로 해석되고 있다. 해석이 일정하지 않기 때문에 이러한 표현은 애매하여 후일 분쟁의 소지가 있으므로 가급적 피하는 것이 좋다.

용 어	신용장통일규칙	영 국	미 국	유럽대륙	표 12-5
prompt	무시	2주 이내	30일 이내	3주 이내	즉시
immediately	무시	2주 이내	30일 이내	2주 이내	선적에 관한
as soon as	무시	30일 이내	30일 이내		국별 해석

2) 분할선적

분할선적(partial shipment)은 계약물품을 2회 이상으로 나누어서 선적하는 방법을 의미한다. 계약물품을 1회에 모두 선적할 수 있고, 계약물품을 수차례로 나누어 시간적

간격을 두고 선적할 수 있다. 매수인 입장에서는 한 건의 신용장상 물품이 불필요하게 분할하여 선적된다면 화물의 인수·통관 등의 절차를 여러 번 해야 하는 번거로움이 있을 수 있겠지만, ① 계약물품의 수량이나 금액이 많아 매도인이 한꺼번에 제조·생산하여 제공하기 어려운 경우, ② 지급능력이나 판매능력 또는 시장상황의 제약으로 매수인이 계약물품의 전량을 한꺼번에 인수하기 어려운 경우, ③ 선박의 배선일정 등의 운송사정으로 인하여 계약물품의 전량을 한꺼번에 선적하기 어려운 경우 등에 주로 이루어진다.

분할선적을 허용하는 경우에는 "Partial shipments are allowed"라고 표시하고 그 분할 횟수와 분할수량을 약정하여야 한다. 신용장통일규칙(UCP 600) 제40조 a항에서는 신용장에 분할선적을 금지한다는 명시가 없으면 분할선적이 허용되는 것으로 규정하고 있다. 따라서 매수인은 분할선적을 원하지 않을 경우 반드시 신용장상에 "분할금지(Partial shipments are prohibited)"라는 문언을 삽입하여야 한다.

3) 환적

환적(transhipment)은 선적항으로부터 양륙항까지의 운송과정에서 한 운송수단에서 다른 운송수단으로 화물을 양하 및 재선적 하는 것을 의미한다. 일반적으로 신용장상에 환적이 금지되어 있지 않는 한 환적이 허용되어 지며, 매수인이 환적을 원하지 않을 경우 반드시 신용장상에 "환적금지(Transhipment are prohibited)"라는 문언을 삽입하여야 한다.

4) 선적지연

선적지연(delayed shipment)은 선적기일 내에 선적을 이행하지 못하게 되는 것으로서 선적지연은 대체로 매도인 측의 과실 또는 고의에 기인하는 경우와 불가항력적 사정에 기인하는 경우가 있다. 매도인의 과실 또는 고의에 의한 선적지연은 귀책사유로서 매도인이 당연히 책임을 부담하여야 한다. 반면 불가항력에 의한 선적지연의 경우는 면책사유에 해당되며 선적을 일시 연기하거나 선적의무를 전적으로 면제받을 수 있다. 불가항력적 사정을 입증하기 위해서는 수출국 주재의 수입국 영사 또는 상공회의소 등의 증명서가 필요하다.

4. 보험조건(terms of insurance)

보험조건은 물품의 운송에 수반하여 발생하는 우발적 사고에 대하여 보험자로부터 손해보상을 받기 위하여 누가 어떠한 조건으로 보험에 부보하여야 하는지를 약정하는 조건으로서, 무역계약체결시 계약당사자는 보험부보의 의무를 결정하기 위하여 인코텀즈의 거래조건을 선택한 후 필요한 경우 보험부보조건을 약정할 수 있다. 즉, 매도인이 매수인을 위하여 보험을 부보하는 경우에만 계약당사자는 보험부보조건에 대하여 약정한다.

1) 보험부보의무

물품을 해외로 운송할 때에는 해상운송의 경우에는 해상화물보험에, 항공운송의 경우에는 항공화물보험에 부보하고 그 물품의 운송 중에 발생하는 우발적인 사고에 기인하여 손해를 입었을 때 이를 보험회사로부터 손해보상을 받을 수 있는 조치를 강구하여야 한다.

우선, 계약당사자가 운송물품을 보험에 부보하고자 약정할 때에는 보험부보의무가 매도인과 매수인 중 누구에게 있는지, 즉 보험계약자와 피보험자를 누구로 할 것인지의 여부를 결정하여야 한다. 국제물품매매에 있어서는 당사자 간 특별한 약정이 없는 한 인코텀즈의 거래규칙에 따라 보험조건이 결정된다. 즉, 보험부보의무의 약정은 인코텀즈의 거래규칙 중 어떤 거래규칙을 선택하는지에 따라 달라진다.

인코텀즈 상에 규정된 거래규칙은 매도인과 매수인의 의무사항이 규정되어 있는데 대부분의 거래규칙들이 보험계약자와 피보험자가 동일하지만, CIF규칙과 CIP규칙은 보험계약자와 피보험자가 일치하지 않는다. 이들 규칙은 매도인이 매수인을 위해 해상보험을 수배하고 보험에 부보한다. 그러나 매도인이 매수인을 위해 부보하는 보험조건의 결정으로는 충분하지 않고 부보범위 이외의 사고가 발생하여 물품의 멸실 혹은 손상이 생기면 매도인과 매수인 어느 쪽의 책임에 기인하는가 하는 분쟁이 발생하기도 한다. 따라서 이들 규칙을 거래규칙으로 사용하는 경우에는 보험조건에 대한 사전합의가 이루어져야 한다.

2) 보험담보조건

보험계약 당사자는 보험조건에 관한 약정 즉, 담보위험과 면책위험의 범위, 보험기간, 보험금액 등을 어떻게 할 것인지의 여부를 약정하여야 한다. 보험부보는 보험계약내용을 일일이 보험계약자와 정할 수 없으므로 보험회사가 정해놓은 약관에 대해서 보험계약자가 인수(수락)함으로써 계약이 성립되어 진다.

보험약관이 표준화 즉, 런던보험자협회에서 정해 놓은 약관 Institute Cargo Clause(ICC) 협회적하약관이 실무적으로 사용되어 지고 있다. 협회적하약관에는 1963년에 제정된 구협회적하약관과 이를 개정한 1982년의 신협회적하약관이 있다. 구협회적하약관에는 단독해손부담보(Free from Particular Average; FPA), 분손담보(With Average; WA), 전위험담보(All Risk; A/R)라는 기본약관과 기타 추가약관이 있으며, 신협회적하약관에는 ICC(A), ICC(B), ICC(C)라는 기본약관 외에 협회전쟁약관(Institute War Clauses) 및 협회동맹파업약관(Institute Strikes Clauses) 등의 추가약관이 있다. ICC(A)는 A/R, ICC(B)는 WA, ICC(C)는 FPA와 유사하다. 현재 미국 및 일본 등은 구협회적하약관이 주로 이용되고 있으며, 신협회적하약관은 영국에서 주로 이용하고 있다. 우리나라는 현재 구협회적하약관과 신협회적하약관을 병행해서 사용되고 있다. 보험에 관한 자세한 설명은 제15장을 참조하면 된다.

5. 결제조건(terms of payment)

결제조건은 거래대상물품의 대금지급과 관련된 사항을 약정하는 조건으로 매도인 입장에서 가장 큰 위험은 수출대금회수에 대한 위험인데 원활한 대금회수를 위하여 거래상대방의 신용도, 거래금액의 크기, 회사의 재정상태(유동성) 등을 감안하여 대금 결제조건 즉 대금결제방법과 결제수단에 대하여 결정하여야 한다.

1) 결제시기

(1) 선지급

선지급(advance payment)은 물품이 인도되기 전에 미리 대금을 지급하는 방식으로서, 이 방식은 매도인에게는 유리한 조건이지만 매수인에게는 불리한 결제조건이다. 선지급 조건은 수출업자의 신용이 두텁고 거래관계가 빈번하여 신뢰할만할 경우 사용되어 지며, 우리나라에서는 소액거래에만 제한적으로 사용되고 있다. CWO(Cash With Order)는 주문서와 함께 동시에 현금이 지급되는 대표적 선지급 결제 유형이다. 국제무역의 주도권은 매수인이 갖고 있지만 공급되는 물품이 적은 경우에 한해서 매도인이 주도권을 갖게 되므로 선지급 방식이 이용되어질 수 있다.

(2) 후지급

후지급(deferred payment)은 물품인도 후 얼마의 기간을 두고 대금을 결제하는 외상판매(sales on credit)방식으로서 이 방식은 매수인에게 유리한 결제조건이다. 물품의 선적 또는 인도나 해당 운송서류를 인도한 후 일정한 기간이 경과되어야 대금결제가 이루어지는 방식이며 주로 청산계정(Open Account; O/A), 기한부신용장, 인수인도조건(D/A)등이 해당된다.

(3) 동시지급

동시지급(concurrent payment)은 현물 또는 현물과 동일시되는 서류(B/L과 같은 운송서류)와 맞바꾸어 대금을 결제하는 방식으로서 일람출급신용장(At Sight L/C), 지급인도조건(D/P), 현금상환지급 혹은 현물상환지급(Cash on Delivery; COD), 서류상환지급(Cash against Document; CAD) 등이 해당된다. 이중 일람지급방식은 운송서류가 매수인에게 제시되면 매수인이 이를 인수함과 동시에 대금결제를 이행하는 방식이며, 추심방식의 지급인도방식(D/P)은 추심은행이 매수인의 대금지급과 동시에 관련 운송서류를 인도하는 방식이다.

(4) 혼합방식

혼합방식(mixed payment)은 선지급, 동시지급, 후지급 중 2가지 이상의 조건을 혼합하여 결제하는 방식으로 누진지급조건이 대표적이다. 예를 들어 계약 시 3분의1, 선적 시 3분의1, 도착 시 3분의1 등으로 분할하여 지급하는 방식이다.

2) 결제방식

결제방식을 어떻게 하느냐에 따라 모든 수출입절차가 달라질 수 있다. 예를 들어 결제방식이 사전송금방식일 경우 매도인은 계약물품을 제조하기 위해 소요되는 모든 비용을 미리 매수인으로부터 지급받게 되므로 비용부담을 크게 감소시킬 수 있다. 반면 결제방식이 기한부신용장일 경우 매도인은 계약물품을 제조 혹은 집하하여 매수인에게 인도를 한 후 수출대금을 결제 받아야 하므로 이에 대한 위험부담을 감수해야 하는 동시에 비용부담이 커지게 된다.

대금결제 방식으로는 현금, 송금환, 환어음, 신용장 등에 의하여 결제를 할 수 있는데, 현금과 같은 경우에는 현금자체를 수송하는데 위험과 비용이 따르므로 많이 이용되지 않고 주로 환거래방식으로 대금결제가 이루어진다. 특히 무역거래는 신용장을 근거로 하여 환어음을 발행하여 대금을 회수하는 방식이 많이 이용되어 졌는데, 최근 들어 신용장 방식보다는 전신환 방식이 많이 이용되어 지고 있는 실정이다. 대금결제의 방식에 관한 자세한 설명은 제13장을 참조하면 된다.

6. 가격조건(terms of price)

가격조건은 거래대상물품의 가격과 관련된 사항을 약정하는 조건으로서 무역계약시 계약당사자는 매매가격의 산정기준과 가격을 표시하는 통화 등을 고려하여 가격조건을 약정하여야 한다. 국제무역거래는 국내거래에서 발생되지 않는 부대비용(운송비, 보험료, 행정비용, 통관비용 등)이 필연적으로 수반되므로 부대비용의 부담자를 수출상, 수입상 중 누구로 할 것이냐는 매매당사자가 계약에서 채택하는 인코텀즈 상의 정형거래조건에 따라 달라진다. 따라서 매매당사자가 인코텀즈 상의 정형거래조건에 대한 확실한 지식이 결여되어 있다면 거래상대방에게 가격을 제시하는 것이 불가능 하다.

1) 가격표시통화

무역상품의 가격을 표시하는데 있어서 원칙적으로 수출국 통화로 표시하느냐, 수입국 통화로 표시하느냐, 또는 제3국의 통화로 표시하느냐 하는 것을 반드시 계약체결 시 약정을 하여야 한다. 표시통화 마다 교환되는 환율에 차이가 있으며 환율의 안정성도 각기 다르므로 당사자들은 환율변동에 따른 위험을 피하기 위하여 자국통화로 표시하기를 원할 것이다. 이 경우에 수출국과 수입국의 통화가 일치하면 아무런 문제가 없겠지만, 대부분의 경우는 다르기 때문에 어느 통화를 거래통화로 할 것인가를 결정해야 한다. 표시통화를 결정하는데 있어서 환율변동이 심하지 않은 안정된 통화로서 국제 융통성 및 공신력이 높은 통화를 선택하는 것이 유리하다.

가격조건의 표시방법은 단위수량에 대한 단가와 계약수량에 대한 합계금액을 기재하고 결제통화를 명기한다. 단가의 표시방법은 다음과 같다.

Unit Price: US$500 per M/T CIF Busan

2) 가격의 구성요소

무역에서의 가격에는 국내거래에서 발생하지 않는 비용으로 운송비, 보험료, 수출입을 위한 행정비용, 수출입물품에 대한 통관비용 등 많은 비용발생 요소가 있는데 이들 비용에 대한 부담을 수출업자와 수입업자 중 누구로 할 것인가가 중요한 문제이다. 즉, 매매가격에 포함될 수 있는 가격요소는 다음과 같이 매우 다양하다.

① 기초비용: 물품의 생산원가에 포장비 및 이윤을 합한 금액
② 수출행정수속비용: 수출허가, 선적전 검사, 검역, 수출통관 등에 소유되는 비용
③ 선적항까지의 내륙운송비와 운송보험료
④ 선적항에서의 제세공과금과 비용: 항구세, 부두사용료, 물품보관료, 물품운반비 등
⑤ 선적비용: 선적비, 적재비, 적부비
⑥ 목적항까지의 운송비 및 해상운임, 항공운임, 철도운임
⑦ 목적항까지의 보험료: 해상적하보험, 운송보험
⑧ 양륙비용
⑨ 목적항에서의 제세공과금과 수입통관 등 수입행정수속비용
⑩ 수입관세
⑪ 최종목적지까지의 수입국내의 내륙운송비와 운송보험료
⑫ 수출입수수료, 외환비용, 이자, 기타 부대비용과 잡비 등

가격요소들 가운데 어떤 요소들을 포함한 가격으로 매매계약을 체결할 것인지는 상관습과 당사자 간의 협상에서 여러 가지 형태로 결정되어지는데, 다양한 가격결정의 형태를 매 거래 시마다 선택한다는 것은 대단히 복잡할 뿐만 아니라 사후 분쟁의 소지를 남길 가능성도 있다. 따라서 국제거래에 있어서는 정형화된 가격조건의 형태를 국제적으로 통일화한 인코텀즈에 의거하여 결정되어 진다.

7. 포장조건(terms of packing)

포장조건에서는 포장의 방법, 포장의 종류, 포장밖에 있는 마크^(화인)에 대해 결정하여야 하며, 물품의 종류나 특성에 따라 그에 알맞은 포장을 해야 할 의무를 매도인이

부담하여야 하므로 물품이 안전하게 매수인에게 인도될 수 있도록 계약물품의 운송에 적합한 포장이 되도록 신경써야 한다.

1) 포장조건의 의의

수출포장(export packing)은 수출품의 매매·수송·하역·보관 등에 있어서 적절한 재료 및 용기 등을 이용하여 그 가치와 상태를 유지하기 위해 이에 따른 기술을 사용하여 물품을 보호하는 상태를 말한다.

포장의 주된 목적은 첫째, 화물을 보호하여 운송이나 운송과정상 안전을 도모하기 위함이 주목적이며 둘째, 화물취급상의 편의를 도모하기 위해서 이며 셋째, 상품성을 제고하여 판촉기능을 도모하기 위해 포장을 하게 된다.

송화인(매도인)은 목적지까지 안전 및 신속성을 도모할 수 있는 내항성 포장과 수화인(매수인)의 기호까지 고려하여 포장조건을 결정하여야 하며, 지나친 포장은 비용이나 운반비용이 더 많이 부과될 수 있다. 그리고 포장의 불충분이나 부적절로 인하여 운송도중 화물에 발생한 손해에 대해서는 운송인이 면책되며 해상보험에서도 보험자로부터 보상받을 수 없다.

2) 포장의 종류

포장의 종류에는 개장, 내장, 외장이 있으며 개장(unitary packing)은 물품의 최소 소매단위를 하나 하나 개별적으로 포장한 상태를 말하며, 내장(interior packing)은 낱개로 포장된 제품을 운송이나 보관 혹은 취급에 편리하도록 몇 개씩 묶어 다시 한번 포장한 상태를 말한다. 외장(outer packing)은 수송중 화물의 변질, 파손, 도난, 유실 등을 방지하고 하역에 편리하도록 몇 개의 내장을 목상자(wooden box)나 판지상자(carton box) 등으로 다시 포장한 상태를 말한다.

3) 화인

화인(shipping mark, cargo mark)은 운송화물의 식별과 취급을 용이하게 하기 위해 포장된 수출물품의 외장에 특정한 기호나 문자 등과 같은 각종 표식을 의미한다. 화인의 주요 부분은 기호 및 번호이며, 이는 선화증권, 송장 등에도 기재되어 화물과의 대조를 용이하게 한다. 화인을 확실하게 하지 않으면 화물을 취급하는데 있어 착오가 있으며, 기호와 번호가 불완전하게 표시된 포장으로 말미암아 일어나는 사고에 대하여는 매도인이 책임을 져야 한다.

화인은 다음과 같이 여러 가지 내용으로 구성되어 있는데 상호가 표시된 주화인, 목적항 및 화번 등은 반드시 표시해야 한다.

표 12-6
화인표시

주화인 (Main Mark)	다른 상품과 쉽게 식별하기 위한 기호 삼각형, 정방형, 다이아몬드형 등의 형태 안에 상호의 약자기록
부화인 (Counter Mark)	주화인의 보조로서 타 화물과 식별을 용이하게 하기 위한 것 생산자, 공급자의 약자를 보조적으로 표시
품질표시 (Quality Mark)	화물의 품질과 등급을 표시
중량표시 (Quantity Mark)	운임계산, 통관, 하역작업 등을 용이하게 하기 위함
목적항 표시 (Port Mark)	화물의 도착항 또는 목적지를 표시
원산지 표시 (Country of Origin Mark)	당해 물품의 생산국을 외장의 맨 아래에 표시
주의표시 (Care Mark)	화물취급상 주의할 점을 표시하는 것 보통 포장의 측면에 표시하기 때문에 side marks라고도 함
화번표시 (Case Number Mark)	화물의 개수 및 순서를 일련번호로 표시한 것으로서, 포장물이 여러 개인 경우 식별의 용이를 위해 사용함

그림 12-2
화인표시

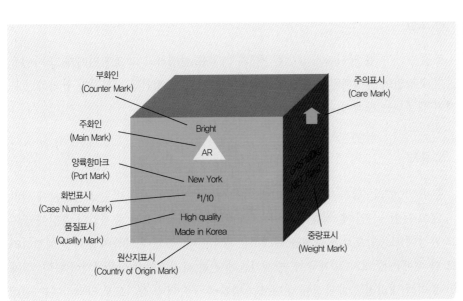

8. 분쟁해결조건(terms of dispute settlement)

무역거래에 있어서 품질, 인도시기, 수량, 포장 등에 관한 계약위반 또는 채무불이행으로 인하여 손해배상청구, 즉 클레임(claim)이 제기되며 이것이 나아가서 분쟁(dispute)으로 발전되는 경우가 많이 있다. 이러한 분쟁해결의 최선의 방법은 분쟁발생의 예방이며 또한 분쟁을 방지하기 위해서 계약조건의 해석기준이 되는 준거법조항과 클레임의 제기기간, 해결방법에 관한 조항 등을 계약체결 시 약정해 두는 것이 바람직하다. 만일의 경우 분쟁이 발생하였다면 그 분쟁을 해결할 수 있는 대안으로 당사자 간에 해결하거나 또는 제3자의 개입을 통하여 그 분쟁을 해결할 수 있는 알선·조정·중재·소송 등이 있다.

1) 알선

알선(intermediation)은 공정한 제3자나 기관이 당사자의 일방 또는 쌍방의 의뢰에 의해 사건에 개입하여 해결을 위해 도와주는 방법으로 분쟁해결을 위해 조언과 타협권유를 통한 합의를 유도한다. 알선은 합의해결이므로 법률적 구속력이 없다는 단점이 있지만, 당사자 간의 비밀이 보장되고 거래관계를 지속할 수 있는 장점이 있다. 대표적 알선기관으로 각 국의 상업회의소를 꼽을 수 있다.

2) 조정

조정(concilation)은 당사자가 공정한 제3자(조정인)를 선정하고 그 조정인에게 그 사건을 맡겨 조정인이 분쟁해결을 위한 조정안을 제시하며, 조정안을 당사자가 합의하면 분쟁이 해결되는 방식이다.

3) 중재

중재(arbitration)는 당사자 간의 합의에 의거 사법상 법률관계를 법원 소송절차에 의하지 않고 사인(私人)인 제3자를 중재인으로 선정하여 최종적으로 중재인의 판정에 맡겨 그 판정에 복종함으로써 분쟁을 해결하는 방식이다. 중재에 의하여 분쟁을 해결하려고 할 때에는 중재지, 중재규칙, 중재기관에 관한 사전합의가 이루어져야 한다. 중재인에 의해 내려진 중재판정에 대해서는 법률적 구속력을 가지므로 양당사자는 절대

복종하여야 하며 법원의 확정판결과 동일한 효력이 있다. 중재에 관련된 자세한 내용은 제16장을 참조하면 된다.

4) 소송

소송(litigation)은 분쟁을 주권국가가 운영하는 사법기관(법원)이 주체가 되는 재판에 의존하여 처리하는 방식이다. 법원의 판결에 의해 분쟁을 강제적으로 해결하는 방법으로 당사자들의 자발적인 합의에 의한 절차는 존재할 수 없다.

ABC CO., LTD

Tel :

Address   Fax :

E-mail :

SALES CONTRACT

ABC CO., LTD., as seller, hereby confirms having concluded the sales contract with you(your company), as Buyer, to sell following goods on the date and on the terms and conditions herein- after set forth. The Buyer is hereby requested to sign and return the original attached.

MESSRS	CONTRACT DATE		CONTRACT NO.
COMMODITY DESCRIPTION	QUANTITY	UNIT PRICE	AMOUNT

Time of Shipment :

Port of Shipment :

Port of Destination :

Payment :

Insurance :

Packing :

Special Terms & Conditions :

Subject to the general terms and conditions set forth on back hereof :

Accepted by   ABC CO., LTD.
(Buyer)   (Seller)

(Signature) _____   (Signature) _____
(Name & Title) _____   (Name & Title) _____

      Date   Date

GENERAL TERMS AND CONDITIONS

All business hereunder shall be transacted between Buyer and Seller on a principal to principal basis and both parties agree to the following terms and conditions :

(1) Quantity : Quantity shall be subject to a variation of 10% plus or minus at seller's option.

(2) Shipment : The date of Bill of Lading shall be taken as the conclusive date of shipment. Partial shipment and / or transshipment shall be permitted, unless otherwise stated on the face hereof. Seller shall not be responsible for non-shipment or late shipment in whole or in part by reason of Force Majeure, such as fires, floods, earthquakes, tempests, strikes, lockouts, and other industrial disputes, mobilization, war, threat of war, riots, civil commotion, hostilities, blockade, requisition vessel, and any other contingencies beyond Seller's control.

(3) Payment : Irrevocable and confirmed letters of credit negotiable at sight draft shall be established through a prime bank satisfactory to Seller immediately after conclusion of contract with validity of at least 15 days after the last day of the month of shipment for negotiation of the relative draft. The amount of such letter of credit shall be sufficient to cover the contract amount and additional charges and/or expenses to be borne by the Buyer. If Buyer fails to provide such letter of credit, Seller shall have the option of reselling the contracted goods for Buyer's account, holding the goods for Buyer's account and risk, and/or cancelling the contract and claiming for damages caused by Buyer's default.

(4) Inspection : The inspection of quantity shall be done according to the export regulation of the Republic of Korea and/or by the manufacturers which shall be considered as final. Should any specific inspector be designated by the Buyer, all additional charges thereby incurred shall be borne by the Buyer and shall be added to the invoice amount, for which the letter of credit stipulates accordingly.

(5) Packing : Packing shall be at the Seller's option. In case special instructions are necessary the same should be intimated to the Seller in time so as to enable the Seller to comply with it.

(6) Insurance : In case of CIF or CIP basis, 110% of the invoice amount, will be insured unless otherwise agreed. Any additional premium for insurance coverage over 110% of the invoice amount, if so required, shall be borne by Buyer and shall be added to the invoice amount for which the letter of credit shall stipulate accordingly.

(7) Increased Costs : If Seller's costs of performance are increased after the date of this agreement by reason of increased freight rates, taxes or other governmental charges and insurance rates including war risk, or if any variation in rates of exchange increases Seller's costs or reduces Seller's return, Buyer agrees to compensate Seller of such increased cost or loss of income.

(8) Price : The price stated in the contract is subject to change and the actual price to be paid will be that of Seller's current price list ruling at the time of dispatch of the goods. Seller shall notify Buyer in writing or by telex, cable or telegram of any revised price which shall be applied to goods still to be shipped, unless Buyer cancels in writing or by cable or telex the undelivered balance within 15 days from such notification.

(9) Any Claim : Dispute, or complaint by Buyer of whatever nature arising under this contract, shall be made in cable within 10 days after arrival of the cargo in the destination port. Full particulars of such claim shall be made in writing and forwarded by airmail so as to reach Seller within 20 days after cabling. Buyer must submit with such particulars as Public Surveyor's report when the quality and quantity of merchandise is in dispute. A claim made after the said 30-day period shall have no effect and Seller shall not be obligated to honor it. Seller shall not under any circumstance be liable for indirect or consequential damages.

(10) Trade Terms : The trade terms used herein such as CIF, CIP and FOB shall be in accordance with Incoterms 2020. In all other respects, this Contract shall be governed by and construed in accordance with the laws of Korea.

(11) Arbitration : All disputes, controversies, or differences which may arise between the parties out of or in relation to or in connection with this contract or for the breach thereof, shall be finally settled by arbitration in Seoul, Korea in accordance with the Commercial Arbitration Rules of the Korean Commercial Arbitration Board and under the Laws of Korea. The award rendered by arbitrator(s) shall be final and binding upon both parties concerned.

(12) Force Majeure : Seller shall not be responsible for nondelivery or delay in delivery resulting from causes beyond its control. In the event of such an occurrence, Seller may at its option either postpone delivery until removal of the causes, or cancel the balance of the order in the Contract.

INCOTERMS

1. INCOTERMS의 의의

인코텀즈(INCOTERMS)는 국제상거래조건(International Commercial Terms)을 의미하는 것으로 "In"과 "Co"에 "Terms"가 합성되어 만들어진 약어이며, 그 공식 명칭은 정형무역거래조건의 해석에 관한 국제규칙(International Rules for Interpretation of Trade Terms)이다. 인코텀즈는 운송계약의 조건이 아니라 매매계약의 조건이며, 강제력을 지닌 국제협약이 아니라 당사자 간의 명시적 합의에 의하여만 채택되고 적용된다는 것에 유의하여야 한다.

인코텀즈가 제정된 배경은 첫째, 무역거래 시 정형거래조건을 활용하기 위함이다. 즉, 매매거래 당사자가 부담하는 매우 다양한 의무를 거래할 때마다 일일이 열거하는 것은 실무상 복잡하고 번거로우므로 정형거래조건 활용이 필요하다. 둘째, 정형거래 관습의 상이성을 들 수 있다. 즉, 국가마다 다른 상관습과 법체계 때문에 그 해석에 통일성이 결여된다면 국가 간 혹은 당사자 간 무역분쟁의 원인이 될 수 있다. 셋째, 동일한 정형거래조건의 통일적 해석추구를 위함이다. 이는 정형무역거래조건 또는 정형무역거래관습의 해석이 상이함에 따른 불확실성을 배제하도록 통일된 국제규칙에 의한 확실성을 추구하게 된다.

인코텀즈는 국제상업회의소(ICC : International Chamber of Commerce)가 1936년에 제정하여 현재에 이르기까지 8차례의 개정을 하였다. 1936년 제정 이후 국제무역관행의 변화를 반영하여 1953년, 1967년, 1976년, 1980년, 1990년 및 2000년의 개정에 이어 2010년에 9월에 7차 개정이 행해졌으며, 그 이후 9년이 지난 2019년 9월 10일에 국제상업회의소는 Incoterms® 2020을 개정하여 발표하였으며, 이 개정규칙은 2020년 1월 1일부터 시행되고 있다.

2. INCOTERMS® 2020의 구성

Incoterms® 2020은 Incoterms® 2010의 11가지 거래규칙에서 1개의 규칙이 삭제되고 1개의 거래규칙이 신설되었다. 즉, Incoterms® 2010은 2가지 그룹인 모든 운송방식에 적용되는 규칙(EXW, FCA, CPT, CIP, DAT, DAP, DDP)과 해상 및 내륙수로운송에 적용되는 규칙(FAS, FOB, CFR, CIF) 등 11가지의 거래규칙으로 구성되어 있었다. 이 중 Incoterms® 2020의 개정에서는 기존의 분류방식은 그대로 유지되었으나 DAT규칙이 삭제되고 새롭게 DPU규칙이 신설되었다. 특히 Incoterms® 2010의 DAT규칙과 DAP규칙의 순서를 변경함과 동시에 Incoterms® 2010의 DAT규칙을 DPU규칙으로 변경함으로써 D 그룹에 해당하는 규칙은 DAP, DPU 및 DDP의 3개 규칙의 순서로 개정되었다.

이러한 개정의 주요 요인은 목적지(수입국) 터미널에서 물품을 양륙하고 인도하는 DAT규칙의 사용이 어렵다는 의견이 지속적으로 제시되었기 때문에 DAT규칙을 삭제하고, 대신 DAP규칙과 DDP규칙 사이에 DPU규칙을 신설하게 되었다.

표 12-7
Incoterms®
2020의
개정내용

Incoterms® 2010		Incoterms® 2020	
모든 운송방식에 적용되는 규칙		**모든 운송방식에 적용되는 규칙**	
EXW	Ex Works	EXW	Ex Works
FCA	Free Carrier	FCA	Free Carrier
CPT	Carriage Paid To	CPT	Carriage Paid To
CIP	Carriage and Insurance Paid to	CIP	Carriage and Insurance Paid to
DAT	Delivered at Terminal(삭제)	DAP	Delivered at Place
DAP	Delivered at Place	DPU	Delivered at Place Unloaded(신설)
DDP	Delivered Duty Paid	DDP	Delivered Duty Paid
해상 및 내수로운송에 적용되는 규칙		**해상 및 내수로운송에 적용되는 규칙**	
FAS	Free Alongside Ship	FAS	Free Alongside Ship
FOB	Free On Board	FOB	Free On Board
CFR	Cost and Freight	CFR	Cost and Freight
CIF	Cost Insurance and Freight	CIF	Cost Insurance and Freight

3. INCOTERMS® 2020의 개별규칙

1) EXW(공장인도)

EXW (insert named place of delivery) **Incoterms® 2020**

"EXW(Ex Works)"는 매도인이 수출물품을 수출통관하지 아니하고 자신의 영업장구내(예를 들면 작업장, 공장, 창고 등)에서 수거용 차량에 적재하지 아니한 상태로 매수인의 임의처분 하에 물품을 인도하는 규칙이다.

매도인이 계약물품을 약정된 일자나 기간 내에 지정된 인도장소(영업장구내)에서 매수인의 임의처분상태로 둘 때 물품의 멸실이나 손상에 대한 위험부담이 매수인에게로 이전된다. 이에 따라 매수인은 계약물품을 매도인의 작업장 구내로부터 원하는 목적지까지 운송함에 있어 이에 관련되는 모든 비용과 위험을 부담하여야 한다. 따라서 이 규칙은 매도인의 최소의무, 매수인의 최대의무 조건이라 할 수 있다.

비용부담의 분기점은 매도인은 물품을 임의처분 할 수 있는 상태로 매수인에게 인도하는 데까지 소요되는 비용을 부담하면 된다. 즉, 물품의 확보비용(생산비 또는 구매·조달비 등), 포장비, 품질·용적·수량 등 물품의 점검업무비용, 물품 인도시기 등의 통지비용 및 기타 잡비가 수출가격에 포함된다.

2) FCA(운송인인도)

FCA (insert named place of delivery) **Incoterms® 2020**

"FCA(Free Carrier)"는 매도인이 수출통관된 약정물품을 매수인이 정한 운송인(carrier)에게 인도함으로써 매수인에 대한 물품 인도의무를 완료하는 규칙이다. 여기서 "F"(Free)는 원래 "Free from all charge and responsibility"란 뜻으로서 물품을 인도한 때로부터 모든 위험과 비용에 대하여 어떠한 책임지지 않는다는 뜻으로 Free의 주체는 매도인이다.

이 규칙에서 운송인이란 운송계약에서 철도, 도로, 항공, 해상, 내수로 또는 이들의 복합방식으로 운송하는 모든 업체 또는 그 운송대리인을 지칭한다. 즉, 물품을 운송인에게 인도하는 모든 운송방식에 사용될 수 있으며, 이는 물품의 멸실 또는 손상에 대한 위험은 해당 물품이 운송인에게 인도되는 시점에서 매도인으로부터 매수인에게 이전되는 거래규칙이다. 지정된 인도장소가 매도인의 영업소 구내인 경우에는 운송인이 제공한 운송수단에 물품이 적재된 때 완료되며, 지정된 장소가 영업소 이외의 곳인 경우 물품이 매수인에 의하여 지정된 운송인의 임의처분 하에 적치되는 때에 인도의무가 완료된다.

FCA규칙에서 비용부담의 분기점은 위험부담의 분기점과 동일하다. 즉, 매도인은 EXW규칙에서 부담하여야 하는 비용(물품의 확보비용, 포장비, 품질·용적·수량 등 물품의 점검업무비용 및 기타 잡비 등)과 수출승인비용, 수출통관절차 이행비용, 인도지점까지의 내륙운송비, 물품인도완료 통지비용과 물품인도증명서류의 입수비용 등을 부담하여야 하며, 매수인은 매도인으로부터 인도받은 이후에 물품에 관련하여 발생하는 일체 비용을 부담하여야 하는 규칙이다.

3) CPT(운송비지급인도)

CPT (insert named place of destination) Incoterms® 2020

"CPT(Carriage Paid To)"는 매도인이 약정물품을 자신이 지정한 운송인에게 인도하는 때에 인도의무를 완수하고, 지정된 목적지까지 운송을 위해 소요되는 일체의 운송비를 지급하여야 하는 것을 의미하는 규칙이다.

"Carriage"는 CFR, CIF규칙에서 사용된 "Freight"와 유의어이다. 영국에서는 주로 육로운송비를 가리키는 말로 Carriage를 해로나 내수로 운임을 가리키는 말로 Freight를 사용하나, 미국에서는 항공 또는 육운에서도 Freight를 사용하고 있으며, 실무에서도 이 양자의 용어는 엄밀하게 구분되어 사용되고 있지 않다. 다만, 인코텀즈에서 구분하여 사용하고 있는 것은 CFR/CIF와 CPT/CIP를 구분하고 또한 후자의 경우 해상운송을 전제로 하지 않고 육로운송 등 모든 운송수단을 포괄하고 있다는 점을 의미하고 있는 것으로 보여 진다.

이 규칙은 보험부보에 관한 의무를 제외하고는 CIP규칙과 본질적으로 동일한 규칙이다. 위험부담의 분기점은 매도인은 물품을 계약된 운송인에게 인도하거나 혹은 첫 번째 운송인에게 물품을 인도할 때까지의 물품의 멸실 및 손상에 대한 위험을 부담하며, 매수인은 인도완료 이후의 일체의 위험을 부담한다. 즉, 앞서 제시된 FCA규칙과 동일하다.

비용부담의 분기점은 매도인은 물품을 운송인에게 인도하기까지 물품과 관련된 제비용 및 지정된 목적지점까지 물품의 운송에 소요되는 비용을 부담하여야 하며, 매수인은 매도인에 의해 물품이 인도되었을 때로부터 목적지까지 운송비를 제외한 물품에 대한 모든 비용을 부담하여야 한다.

4) CIP(운송비 · 보험료지급인도)

CIP (insert named place of destination) Incoterms® 2020

"CIP(Carriage and Insurance Paid to)"는 매도인이 지정된 목적지까지 운송계약을 체결하여 물품의 운송비와 보험료를 지급하고, 물품에 대한 모든 위험과 추가적인 비용은 물품이 선적지에서 운송인에게 인도된 때에 매수인에게 이전하는 거래규칙이다.

이 규칙의 특징은 첫째, 주운송비지급조건이며 둘째, 선적지인도조건이다. 즉, 매도인이 약정물품을 자기의 위험과 비용으로 운송인과 목적지(수입국)까지의 운송계약을 체결하고 소정의 운임을 지급하고 무사고운송서류만 발급 받으면 매도인의 의무가 선적지에서 종료된다. 셋째, 위험과 비용부담의 불일치한다. 넷째, 운송형태에 관계없이 모든 운송수단에 사용될 수 있다. 다섯째, 매도인의 부험부보의무가 있다. 부보의 범위에 관해 당사자 간의 별도 합의가 없는 경우 매도인은 협회적하약관의 A-약관에 따른 부보를 취득하여야 한다. 물론 당사자들이 원한다면 보다 낮은 수준의 부보를 하기로 합의할 수 있다.

위험부담의 분기점은 매도인은 물품을 계약된 운송인에게 인도하거나 최초 운송인에게 물품을 인도할 때까지 물품의 멸실 및 손상에 대한 위험을 부담하여야 하며, 매수인은 인도완료 이후의 일체의 위험을 부담하므로 FCA규칙과 동일하다. 그리고 비용부담에 있어서 매도인은 물품을 운송인에게 인도하기까지 물품과 관련된 비용 및 지정된 목적지점까지 물품의 운송에 소요되는 비용 및 보험료를 부담하여야 하며, 매수인은 운송인에게 물품인도 이후 발생하는 비용으로서 운송비 이외의 비용과 매도인이 부보하는 보험 이외에 추가보험을 부보하고자 하는 경우의 비용 그리고 수입에 따르는 공적 절차의 이행 및 통관절차 이행 비용 등을 부담하여야 한다.

5) DAP(목적지인도)

DAP (insert named place of destination) Incoterms® 2020

"DAP(Delivered At Place)"는 매도인이 지정된 목적지까지 물품을 운송하여 운송수단으로부터 양륙하지 아니한 상태로 매수인에게 인도하는 거래규칙이다. 즉, 수입통관하지 않는 계약물품을 지정된 목적지에 도착된 운송수단으로부터 매수인의 임의처분 상태로 놓아두면 매도인의 의무가 완료되는 규칙이다.

DAP규칙의 경우 매도인이 수출을 위한 통관절차의 이행업무 담당해야 하지만 수입국내로 물품을 수입하는데 필요한 공적절차의 이행과 통관절의 이행 그리고 수입시 부과되는 관세, 제세 및 기타 경비의 부담은 매수인이 부담해야 한다. 만일 매도인이 수입을 위한 공적절차의 이행과 통관절의 이행 그리고 수입시 부과되는 관세, 제세 및 기타 경비를 부담하기를 원할 경우에는 DDP규칙을 사용하여야 한다.

위험부담의 분기점은 물품인도를 위하여 약정된 일자에 또는 합의된 기간 내에 지정된 수입국의 목적지에 물품이 도착하는 운송수단에서 양륙되지 않은 상태로 매수인의 임의처분하에 물품을 적치할 때 물품의 멸실 또는 손상에 모든 위험이 매도인에게서 매수인에게로 이전된다. 비용부담의 분기점은 위험부담의 분기점과 동일하다.

6) DPU(도착지양하인도)

DPU (insert named place of destination) Incoterms® 2020

"DPU(Delivered at Place Unloaded)"는 매도인은 물품을 지정목적지까지 가져가서 그곳에서 물품을 양하하여 매수인의 임의처분상태로 놓아두면 매도인의 인도의무가 완료되는 규칙이다.

매도인은 자신의 비용으로 지정된 목적지까지 물품운송에 대한 계약을 체결하고, 이에 대한 물품운송에 관련된 모든 비용을 포함하여 양륙비용까지 부담해야 한다. 따라서 비용부담의 분기점은 지정된 목적지까지의 물품을 인도되면 그 이후부터 물품에 관련하여 발생하는 모든 비용은 매수인이 부담하게 된다.

그리고 위험부담의 분기점은 비용부담의 분기점과 동일하다. 즉, 지정된 목적지까지 물품을 운반하고 그 목적지에서 양륙하는데 있어서 관련된 모든 위험을 매도인이 부담하며, 그 이후 발생하는 모든 위험에 관해서는 매수인이 부담하게 된다.

DPU규칙은 매도인이 목적지에서 물품을 양하하도록 하는 유일한 인코텀즈 규칙이다. 따라서 매도인은 자신이 그러한 지정장소에서 양하를 할 수 있는 입장에 있는지를 확실히 하여야 한다. 당사자들은 매도인이 양하의 위험과 비용을 부담하기를 원하지 않는 경우에는 DPU규칙을 피하고 그 대신 DAP규칙을 사용하여야 한다.

7) DDP(관세지급인도)

DDP (insert named place of destination) Incoterms® 2020

"DDP(Delivered Duty Paid)"는 매도인이 수입통관된 물품을 수입국의 최종목적지까지 운반하여 운송수단으로부터 양하하지 아니한 상태로 매수인에게 인도하는 규칙이다. 매도인이 수입허가를 취득하고 수입통관의 절차와 이에 따른 관세, 조세 및 기타 부과금을 부담하고 물품을 지정된 목적지까지 운반하여 매수인에게 인도하는 규칙이다.

이 규칙의 특징은 첫째, 도착지인도조건이며 둘째, 매도인의 부담과중한 거래조건이다. 즉, EXW규칙이 11가지 정형거래규칙 중에서 매도인에 대한 최소한의 의무를 나타내는 반면에, DDP규칙은 매도인에 대한 최대한의 의무를 나타낸다. 셋째, 현실적 인도방식이며, 넷째, 운송방식의 관계없이 채용되는 규칙이다.

위험부담의 분기점은 물품인도를 위하여 약정된 일자에 또는 합의된 기간 내에 지정된 목적지에서 물품이 도착하는 운송수단에서 양륙되지 않은 상태로 매수인의 임의처분 하에 물품을 적치할 때 물품의 멸실 또는 손상에 대한 모든 위험이 매도인에게서 매수인에게로 이전된다.

비용부담의 분기점은 DAP규칙의 비용이외에 수입에 따른 공적인 허가나 승인, 통관절차의 이행과 수입관세 등을 포함하여 물품과 관련된 제 비용을 매도인이 부담하여야 하며, 매수인은 도착한 운송수단으로부터 물품을 양륙하는데 소요되는 비용만 부담하면 되는 규칙이다.

8) FAS(선측인도)

FAS (insert named port of shipment) Incoterms® 2020

"FAS(Free Alongside Ship)"는 매도인이 물품을 수출통관하여 지정된 선적항의 부두에서 또는 부선으로 본선의 선측에 인도될 때 매도인의 인도의무가 완료되는 규칙이다. 여기서 "본선의 선측(alongside the vessel)"이라 함은 본선이 부두에 접안하고 있든 외항에 정박하고 있는 이를 불문하고 본선이 사용하는 양하기(winch), 양하구(tackle), 기타의 선적용구가 도달할 수 있는 장소를 의미한다.

이 거래규칙은 물품을 해상운송 또는 내수로운송에 의하여 운송할 경우에만 사용되며, 매도인이 선적항에서 물품을 본선 상에 적재하는 의무를 부담하지 않는 조건이므로 원맥, 원목 등 선적비용이 많이 소요되는 대량의 산물거래에 자주 이용되어진다.

위험부담의 분기점은 매수인이 지정한 본선의 선측에 물품을 인도한 시점에 위험부담이 매도인에게서 매수인에게로 이전되며, 비용부담의 분기점은 위험부담의 분기점과 동일하다. 즉, 매도인의 비용부담은 EXW규칙에서의 비용과 수출승인 및 통관비용, 선적항까지 내륙운송, 항구세, 부두사용료 등 부두비용을 부담하며, 매수인은 본선의 선측에 물품의 인도가 완료된 이후의 모든 비용을 부담한다.

9) FOB(본선인도)

FOB ^(insert named port of shipment) Incoterms® 2020

"FOB^(Free On Board)"는 선적항에서 약정물품이 본선의 갑판에 인도될 때 매도인의 인도의무가 완료되는 규칙으로, 매도인은 그 때까지 물품의 멸실이나 손상에 대한 위험을 부담하고 매수인은 물품이 선적된 이후의 일체의 위험과 손상을 부담하는 규칙이다.

이 거래규칙은 주운임미지급조건으로 매수인이 운송계약을 체결할 의무를 부담하고 매도인은 운송계약을 체결한 매수인이 지정한 운송인에게 약정물품을 인도하여야 하는 조건이며, 운송형태에 있어서 해상운송이나 내수로 운송에서만 사용할 수 있는 규칙이다. 그리고 선적지 매매조건으로서 물품의 선적지가 계약당사자간의 물품에 대한 위험과 비용부담의 분기점이 되고, 선적지에서 물품의 인도가 이루어지며, 또 물품의 소유권도 그곳에서 이전된다.

위험부담의 분기점은 지정된 선적항에서 물품이 본선의 갑판에 인도될 때까지 물품의 멸실 또는 손상에 대한 모든 위험을 매도인이 부담하며, 본선의 갑판에 인도된 이후의 물품에 대한 모든 위험을 매수인이 부담하여야 한다. 비용부담의 분기점은 위험부담의 분기점과 동일하며 매도인은 FAS규칙에서 부담하는 비용이외에 선측에서 본선내로 선적하는 필요한 적재비^(양하기 사용료) 등을 부담하여야 한다. 반면 매수인은 물품이 본선의 갑판에 인도된 후에 갑판상으로부터 물품에 대하여 발생하는 모든 비용을 부담하여야 한다. 예컨대 본선에서 물품의 창내적부·정돈비^(stowage and trimming charge)를 비롯하여 목적항까지의 운임과 보험료, 수입관련의 비용 일체를 부담하여야 한다.

10) CFR(운임포함인도)

CFR ^(insert named port of destination) Incoterms® 2020

"CFR^(Cost and Freight)"은 매도인이 지정된 목적항까지 물품을 운반하는데 필요한 비용 및 운임을 지급하는 규칙이지만, 물품이 선적항에서 본선의 갑판에 인도된 후에 발생하는 물품의 멸실이나 손상의 위험 및 추가적 비용은 매수인이 부담해야 하는 규칙이다.

CFR규칙에서 위험이전의 분기점은 FOB규칙의 경우와 동일하다. 즉, 지정된 선적항에서 물품이 본선의 갑판에 인도될 때까지 물품의 멸실 또는 손상에 대한 모든 위험을 매도인이 부담하지만, 본선의 갑판에 인도된 이후부터는 매수인의 위험부담구간이 된다. 비용부담의 분기점은 E규칙(EXW), F규칙(FCA, FAS, FOB)과는 달리 물품에 대한 위험이전의 분기점과 비용부담의 분기점이 불일치하다. 즉, 매도인의 비용부담은 물품이 지정된 선적항에서 본선의 갑판에 인도될 때까지의 물품과 관련된 제비용과 목적항까지 물품의 운송을 위해 소요되는 일체의 비용을 부담하여 하며, 매수인은 본선에 적재된 이후에 발생하는 해상운임이외의 일체비용을 부담하여야 한다.

11) CIF(운임 · 보험료포함인도)

CIF (insert named port of destination) **Incoterms® 2020**

"CIF(Cost, Insurance and Freight)"는 계약물품이 선적항에서 본선의 갑판에 인도될 때까지 물품의 멸실이나 손상에 대한 위험을 매도인이 부담하고, 목적항까지의 운임지급의무와 보험부보 의무를 매도인이 부담하는 규칙이다.

이 거래규칙의 특성은 첫째, 주운송비지급조건으로 매도인이 목적항까지 운송계약을 체결하는 의무를 부담하고, 운송에 소요되는 일체의 비용을 부담하는 것을 의무로 하는 규칙이다. 둘째, 위험과 비용부담의 불일치하다. 셋째, 선적지인도조건으로 본선에 적재시키고 선박회사로부터 무고장선화증권을 발급받으면 매도인의 의무는 종료된다. 넷째, 당사자 간의 의무부담의 조화를 이루는 조건으로서 매도인의 선복수배 및 보험수배업무에 대한 부담과 매수인의 위험부담의 정도를 조화시킨 거래규칙이다. 다섯째, 운송형태가 해상운송이나 내수로운송으로 사용이 제한하는 규칙이다.

위험부담의 분기점은 지정된 선적항에서 본선의 갑판에 인도될 때까지 물품의 멸실 또는 손상에 대한 모든 위험을 매도인이 부담하여야 하며, 본선의 갑판에 인도된 이후부터는 매수인의 위험부담구간이 된다. 비용부담의 분기점은 CFR규칙에서 부담하는 비용이외에 보험부보에 대한 보험료까지 매도인이 부담하여야 한다. 즉, 매도인은 운송계약을 체결하고 운임과 목적항까지의 기타 비용을 지급할 뿐만 아니라 해상보험계약을 체결하고 보험료를 지급하여야 한다. 그러나 매도인은 특별한 약정이 없는 한 해상보험에서 최소한의 담보조건(협회적하약관의 C-약관)으로 계약금액의 110%를 보험금액으로 부보하면 되고, 매수인이 더 큰 담보조건을 필요로 할 때에는 매도인과 별도의 합의를 하거나 매수인 스스로 별도의 보험계약을 체결하여야 한다.

조건	위험이전 분기점	비용이전 분기점	표 12-8
EXW	매도인의 구내에서 매수인의 임의처분 상태로 인도시	위험이전시점과 같음	Incoterms® 2020의 위험·비용 분기점
FCA	매도인이 매수인이 지정한 운송인에게 물품을 인도시	위험이전시점과 같음	
CPT	운송인 등에게 물품을 인도시	매도인이 FCA규칙의 비용+지정목적지까지의 운송비 부담	
CIP	운송인 등에게 물품을 인도시	매도인이 CPT규칙의 비용+지정목적지까지의 보험료 부담	
DAP	매도인이 지정된 수입국내의 목적지점에 반입하여 도착운송수단에 실어둔 채 양하준비된 상태로 인도시	위험이전시점과 같음 (관세 미지급)	
DPU	매도인이 지정된 수입국내의 목적지점에 반입 후 물품을 양하하여 매수인의 임의처분상태로 인도시	위험이전시점과 같음 (관세 미지급)	
DDP	매도인이 지정된 수입국내의 목적지점에 반입하여 도착운송수단에 실어둔 채 양하준비된 상태로 인도시	위험이전시점과 같음 (관세 지급)	
FAS	물품이 지정선적항의 선측에 인도된 때	위험이전시점과 같음	
FOB	물품이 선적항의 본선 갑판에 인도시	위험이전시점과 같음	
CFR	물품이 선적항의 본선 갑판에 인도시	매도인이 FOB규칙의 비용 + 지정목적항까지의 운임 부담	
CIF	물품이 선적항의 본선 갑판에 인도시	매도인이 CFR규칙의 비용 + 지정목적항까지의 보험료 부담	

1. 무역계약의 의의와 법적 성격에 대해 설명하시오.

2. 무역계약의 종류에 대해 설명하시오.

3. 확정오퍼와 자유오퍼를 비교 설명하시오.

4. 무역계약의 성립절차에 대해 체계적으로 서술하시오.

5. 무역계약의 선적조건 중 선적시기에 대해 설명하시오.

6. 신용조사의 3C's에 대해 설명하시오.

7. 인코텀즈 2020의 주요 개정내용에 대해 약술하시오.

8. FOB규칙과 CIF규칙을 비교 설명하시오.

Chapter

13

무역대금결제

이 장의 주요용어

외국환 · 독립성의 원칙 · 추상성의 원칙 · 수익자 · 확인은행 · 화환신용장 · 매입신용장 ·
일람출급신용장 · 기한부신용장 · 전신환 · 서류상환방식 · 지급인도조건 · 인수인도조건 ·
상업송장 · 원산지증명서

무역대금결제의 기초

1. 무역대금결제의 의의

국간 간 무역거래에 있어서 무역계약은 매도인의 물품선적과 매수인의 대금결제로 이행되므로, 수출입계약에서는 선적조건과 더불어 대금결제조건은 그 근간이며 핵심을 이룬다. 특히 무역계약에서 결제조건의 중요성은 상당히 크다.

무역결제제도에서 핵심이 되는 결제방법에는 제시서류가 일치하는 한 개설은행에 의해 대금지급이 보장되는 신용장(Letter of Credit; L/C)방식과 지급인도조건(Documents against Payment; D/P)및 인수인도조건(Document against Acceptance; D/A)의 추심방식, 그리고 소액거래에 주로 이용되고 있는 전신환(T/T), 우편환(M/T), 송금수표(D/D)와 같은 송금(Remittance)방식 등이 있다.

어느 결제방법을 선택하느냐에 따라 모든 수출입절차가 달라질 수 있다. 예컨대 사전송금방식으로 결제조건을 약정하는 경우, 수출업자는 수출물품을 제조하기 위해 소요되는 모든 비용을 미리 수입업자로부터 지급받게 되므로 비용부담을 크게 감소시킬 수 있게 된다. 반면 추심방식(D/A)에 의한 결제방법을 택하게 되는 경우에는 수출업자가 계약물품을 수입업자에게 인도한 후 일정기간 경과한 후 물품대금을 지급받게 되므로 이에 대한 위험부담을 감수해야 하는 동시에 비용부담이 커지게 된다.

2. 외국환

국제거래에서 대금결제는 현금이 아닌 외국환(foreign exchange)에 의해 이루어진다. 환(exchange)은 격지자 간의 채권·채무관계를 직접 현금으로 결제하지 않고, 금융기관의 중개를 통한 지급위탁 방법으로 결제하는 수단을 말한다. 그리고 외국환은 추상적으로는 국제간의 대차결제수단 또는 자금이동수단이며, 실질적으로는 외국환거래에서 실제 사용되는 구체적인 수단이다.

외국환은 다음과 같은 특징이 있다. 첫째, 거래에 있어 환율문제가 발생한다. 내국환에 있어서는 거래쌍방이 동일통화로써 거래하지만, 외국환거래는 서로 다른 국가간 대차결제를 하는 것이므로 서로 다른 통화의 교환이 필요하다. 둘째, 대차관계가 발생한다. 국제적인 채권·채무의 지급결제거래로 인하여 국가간의 대차관계가 발생한다. 셋째, 외국환의 관리가 필요하다. 외국과의 수급인 국제수지와 큰 관련을 갖게 되며, 외국환의 유효한 이용은 그 나라의 산업과 경제발전의 근간이 된다. 이에 따라 외국환거래법에서는 외환의 무제한 해외유출이나 반대로 투기적인 외화(hot money)의 일시적인 유입을 방지하기 위하여 무역거래와 함께 외국환의 수급에 대해서 관리를 취하고 있다. 그 외 외국환 이론에 대한 자세한 내용은 제6장을 참조하면 된다.

3. 환어음

1) 어음

어음(draft)은 발행인이 일정한 일시에 일정한 장소에서 일정한 금액을 수취인에게 본인이 직접 지급하거나 또는 제3자로 하여금 지급케 할 뜻을 기재한 유가증권을 말한다. 어음에는 약속어음(promissory note)과 환어음(bill of exchange)으로 나눌 수 있으며, 국내거래 시에 사용하는 어음은 대부분 약속어음이고, 국제거래 시에는 환어음이 사용되어 진다. 국내거래를 할 때는 채권자가 채무자를 직접 만나서 채무변제를 요구하고 돈을 받는 것이 수월하기 때문에 약속어음을 사용하지만, 국제거래는 격지자간 거래이므로 채권자와 채무자 사이에 제3자인 금융기관이 개입하여 결제가 이루어지는 환어음을 이용한다.

어음은 다음과 같은 특징이 있다. 첫째, 어음은 요식증권이다. 즉, 증권의 기재사항이 법률에 의하여 엄격히 정하여져 있는 유가증권이다. 따라서 일정한 법적형식이 규정되어 있어서 어음발행, 배서, 보증, 인수, 지급 등 어음행위의 모든 방식이 법률의 규정에 따라야 한다. 둘째, 어음은 자유로이 양도가 가능하다. 셋째, 어음 소지인이 어음의 지급 또는 인수를 거절당하면 발행인이나 이전의 배서인에 대하여 상환청구(소구)할 수 있다. 넷째, 어음은 지급기일 이전에 현금화(할인)가 가능하다.

2) 환어음

환어음(bill of exchange)은 발행인이 제3자(지급인)에 대하여 지정된 자(수취인)에게 일정한 기일에 일정한 금액의 지급을 위탁하는 형식의 유가증권으로 일종의 지급위탁증권을 의미한다.

환어음의 당사자에는 발행인, 지급인, 수취인이 있으며 그 외 어음관계에 개입하는 자로서 배서인, 인수인, 보증인 등도 넓은 의미에서 어음당사자에 포함되어 진다. 발행인(drawer)은 지급을 위탁하는 환어음의 발행자로 국제무역에서 수출업자인 매도인이 어음의 발행인 된다. 지급인(drawee)은 환어음이 발행되는 상대방으로서 환어음에 의한 인수·지급을 행하는 자로서 국제무역에서 보통 수입업자 또는 신용장 발행은행이 환어음의 지급인이 된다. 수취인(payee)은 환어음에 지급인으로부터 금전을 수령하는 자로 지정되어 있는 자로서 어음의 발행인이 될 수도 있고, 발행인이 지정하는 제3자인 어음매입은행 혹은 추심의뢰은행이 될 수 있다. 보통의 경우 환어음의 대금을 지급 받을 자로서 수취인은 환어음을 매입한 은행(매입은행)이 된다.

환어음은 요식증권으로서 어음채무가 유효하게 성립하기 위해 일정한 형식을 갖추어야 한다. 어음법에서 요구되는 일정한 형식은 어음이 성립하는데 반드시 기재해야 할 사항으로 어음요건 또는 필수기재사항이라 한다. 필수기재사항이 하나라도 누락되면 어음으로서의 법적 효력을 갖지 못한다. 반면, 임의기재사항은 기재사항이 누락되더라도 효력에는 영향이 없다. 환어음의 번호, 신용장 및 계약서 번호, 환어음 발행매수의 표시등이 임의기재사항에 해당되며, 필수기재사항은 ① 환어음(bill of exchange)의 표시, ② 지급인(drawee), ③ 지급기일(tenor), ④ 수취인(payee), ⑤ 지급지, ⑥ 발행일 및 발행지, ⑦ 발행인의 기명날인 또는 서명, ⑧ 무조건 위탁문언 등 이다.

환어음의 종류에는 첫째, 수취인의 기재방법에 따라 기명식 환어음, 지시식 환어음, 소지인식 환어음, 선택식소지인식 환어음으로 나누어지며, 이들 중에서 무역거래에 가장 빈번히 사용되는 것은 지시식으로 수출지의 어음매입은행 또는 추심의뢰은행의 지시식으로 하는 것이 일반적이다. 둘째, 지급시기에 따라 환어음에 표시된 지급시기에 따라 일람출급환어음(at sight bill)과 기한부환어음(usance bill)으로 나눌 수 있다. 일람출급환어음은 어음이 지급인에게 제시되는 날이 지급일이 되는 어음이며, 기한부환어음은 지급인이 어음제시를 받을 때, 우선 그것을 인수(acceptance)하고 표시된 지급만기일에 어음대금을 지급(payment)하는 어음이다. 셋째, 운송서류 첨부 여부에 따라 화환어음과 무화환어음(무담보어음)으로 나눌 수 있다.

BILL OF EXCHANGE

① NO.＿＿123456＿＿   BILL OF EXCHANGE, ② MAY 10, 2007 ③ SEOUL, KOREA

④ FOR US$53,200.－

⑤ AT×××× SIGHT OF THIS ORIGINAL BILL OF EXCHANGE(SECOND OF THE SAME TENOR

AND DATE BEING UNPAID)

PAY TO ⑥ WOORI BANK OR ORDER THE SUM OF

⑦ SAY US DOLLARS FIFTY THREE THOUSAND TWO HUNDERED ONLY ;

VALUE RECEIVED AND CHARGE THE SAME TO ACCOUNT OF ⑧ TOKYO SUPPLY LTD.＿＿＿

＿＿＿＿＿＿＿＿＿＿＿＿＿＿＿

⑨ DRAWN UNDER THE MIISUBISHI BANK, LTD. HEADOFFICE TOKYO, JAPAN＿＿＿

⑩ L/C NO. U-1041509＿＿＿＿＿＿   ⑪ DATED APRIL 17, 2007

⑫ TO THE MIISUBISHI BANK, LTD.＿＿＿＿

    HEADOFFICE, TOKYO＿＿＿＿＿＿

   ＿＿＿＿＿＿＿＿＿＿   ⑬ K. K. TRADING CO.

수출(4030011, 210×100) 외국환어음 백상지 80g/㎡

신용장방식

1. 신용장의 개념

신용장(Letter of Credit; L/C)은 용어가 의미하는 바와 같이 신용이 충분하지 못한 자의 의뢰에 의해서 신용이 높은 자가 신용을 제공한다고 쓴 서신이다. 수입업자의 거래 은행(신용장의 발행은행)이 수입업자(신용장의 발행의뢰인)의 요청과 지시에 따라서 수출업자 또는 그 지시인(신용장의 수익자)에게 계약대금을 조건부로 지급할 것을 확약하는 증서이다. 무역거래에서 대금결제의 원활을 기하기 위하여 신용장에서 요구하는 서류를 조건 과 일치되게 준비하여 제시하면, 수입업자을 대신하여 발행은행이 지급의 이행 혹은 신용장에 의하여 발행된 어음의 지급·인수를 수출업자 또는 어음 매입은행 및 선의 의 어음 소지인에게 확약하는 소장이다.

신용장은 은행의 조건부 확약이기 때문에 수출업자로서는 수입업자의 지급능력 이나 의사와 관계없이 은행의 신용을 이용할 있지만 확약은 은행이 무조건으로 지급 을 약속하는 것이 아니다. 즉, 수출업자(수익자)가 신용장조건을 만족시키고, 신용장에 서 요구하고 있는 서류를 제시할 경우에 한하여 발행은행이 수익자에게 대금을 지급 하겠다는 확약이다.

2. 신용장의 유용성

신용장은 무역업자들에게 다양한 이점을 제공하면서 국제무역을 활성화시킴은 물 론이고, 신용장의 기능에 의하여 수출업자 및 수입업자에게는 거래상의 이점을 발 생시키며 신용장거래에 참여하게 되는 은행들도 수수료나 환가료 등의 수익을 얻을 수 있다.

1) 수출업자의 이점

수출업자는 자신을 수익자로 하는 신용장이 발행되면 발행은행으로부터 수출대금의 조건부 지급확약을 받게 되므로 다음과 같은 거래상의 이점이 발생한다.

① 신용위험 배제

수출업자는 수입업자보다 높은 공신력을 가진 은행의 조건부지급 약속을 받으므로 신용위험, 대금회수불능위험을 배제시킬 수 있다. 수출업자는 신용장을 통지 받는 경우 신용장조건과 일치하는 선적서류만 제시하면 발행은행으로부터 약정된 시점에 안전하고 확실하게 대금회수를 할 수 있다. 즉, 발행은행의 신용에 기초하여 거래하기 때문에 발행은행이 파산 또는 지급불능사태가 발생하지 않는 한 수출업자는 안전하게 수출대금을 회수 할 수 있다.

② 수입업자의 계약이행 보증

수입업자가 자기의 거래은행에 의뢰하여 수출업자를 위한 신용장을 발행하도록 확약케 하는 것으로 자신의 계약이행을 보증하는 것과 같다. 일반적으로 계약을 일방적으로 취소 또는 파기할 염려가 있으나, 신용장의 경우 발행은행과 수익자^(수출업자)의 동의 없이는 취소 또는 변경이 불가능하다. 따라서 수출업자는 수입업자의 신용상태에 대하여 불안함을 느끼지 않고 주문 받은 상품을 집하하거나 원자재를 구입하여 제조하는데 전념할 수 있다.

③ 금융수혜기능

국제무역을 수행함에 있어서 무역금융을 비롯한 다양한 형태의 자금조달을 필요로 한다. 신용장의 수령으로 자국은행으로부터 기타의 차입금과는 별도로 발행은행의 신용상태에 따라서 금융의 필요성을 충족시킬 수 있다. 또한 물품을 선적한 후 수입업자에 의한 대금결제가 이루어지기 전에 선적서류나 환어음의 매입 등에 의하여 조기에 수출대금을 회수할 수 있다.

④ 환이전위험 제거

환이전위험이란 환위험의 일종으로 국가 간에 이루어지는 무역거래에서 불가항력적 사태의 발생, 경제정책의 변화, 외환사정의 급격한 악화 등에 의하여 수입국이 취하는 수입제한 또는 환제한 조치로 인하여 대금회수불능 또는 지연위험을 말한다. 신용장거래는 이러한 환이전위험의 배제기능이 있다. 즉, 수입국에서 경제정책의 변화 또는 외환사정의 급격한 악화 등에 의한 수입제한이나 외환사용의 제한조치가 실시되더라도 자국의 은행이 이미 발행한 취소불능신용장에 의한 환이전에는 영향을 미치지 않도록 예외를 인정하는 것이 보통이다. 자국정부의 외환사용제한 등의 정책에 의하여 신용장에 의한 지급약속을 이행하지 못하게 되면 수입국 또는 수입국 은행의 공신력에 손상을 미치기 때문이다.

2) 수입업자의 이점

① 다른 대금결제방식(송금방식, 추심방식) 보다 유리한 조건으로 무역계약 체결

수입업자는 은행의 신용을 배경으로 수출업자와의 계약체결 시 제품의 가격, 품질, 인도 또는 기타 모든 계약조건을 자기에게 유리한 쪽으로 체결가능하다. 이는 신용장 발행은행의 신용을 근거로 수입업자는 협상력을 강화하게 되기 때문이다.

② 금융수혜 효과

신용장으로 인하여 수입업자는 사전대금 없이 물품의 수입이 가능하다. 신용이 양호한 수입업자인 경우에 설정된 신용한도 내에서는 수입대금의 사전적 입금이나 기타의 담보를 요구하지 않으므로 수입업자는 물품수입을 위한 대금을 미리 확보하지 않아도 되므로 금융수혜를 받는 것과 같은 기능을 한다.

③ 계약조건대로 수출업자의 계약이행 보장

수출업자가 선적기일이나 유효기간 등 무역계약조건이 그대로 삽입된 신용장조건과 엄밀하게 일치하는 서류를 제시하여야만 대금지급을 받을 수 있기 때문에 수입업자의 입장에서는 수출업자의 계약이행을 보장받은 것과 다름없다.

3. 신용장거래의 특징

1) 독립성의 원칙

무역거래의 당사자들은 매매계약의 지급방식으로서 신용장에 의한 방식을 선택한다고 합의하면, 이에 따라 매매계약의 확정과 함께 매수인인 수입업자는 자신의 거래은행에 의뢰하여 신용장을 발행한다. 신용장이 일단 은행에 의하여 발행되면 그 신용장은 그 근거가 되었던 매매계약으로부터 완전 독립되어 그 자체로서 별도의 법률

관계를 형성되는데 이를 독립성의 원칙(principle of independence)이라 한다.

신용장의 관계 당사자들은 그 계약의 조건에 하등의 영향이나 구속도 받지 않는다. 즉, 신용장의 개설을 통해 무역거래의 이행과정에 참여하는 은행은 매도인과 매수인간의 매매계약과는 무관하며, 수익자와 개설은행간의 권리와 의무는 신용장상의 조건에 의해서만 결정된다.

2) 추상성의 원칙

추상성의 원칙(principle of abstraction)은 신용장의 모든 관계 당사자들은 계약물품과는 아무런 관계없이 계약물품을 상징하는 서류에 의하여 거래한다는 것을 의미한다. 즉, 신용장거래의 대상은 물품이나 서비스 또는 기타 의무이행이 아니라 수익자가 제시하는 선적서류이다. 따라서 수출업자와 수입업자간의 물품매매계약의 목적물은 물품이며, 신용장계약의 목적물은 선적서류라 할 수 있다.

신용장거래의 이행 즉 은행의 지급, 환어음의 인수 및 지급 그리고 매입은 오직 제시된 선적서류와 신용장조건과의 일치성 여부만을 근거로 결정되며, 신용장의 모든 관계 당사자는 계약물품과는 아무런 관계없이 계약물품을 상징하는 서류에 의하여 거래를 하게 된다. 따라서 은행은 매매계약서에 언급된 물품과 신용장조건이 불일치하거나 또는 물품이 인도되지 않은 경우에도 신용장에서 요구하는 서류만을 가지고 대금지급여부를 판단한다.

3) 엄밀일치의 원칙 및 상당일치의 원칙

(1) 엄밀일치의 원칙

엄밀일치의 원칙(principle of strict compliance)은 은행이 신용장 조건에 엄밀히 일치하지 않은 서류를 거절할 수 있는 권리를 가지고 있는 법률적 원칙을 의미한다. 즉, 은행에 제시된 모든 서류가 신용장조건과 문면상 엄밀히 일치하여야만 그 제시된 서류를 수리한다는 원칙이다. 은행은 서류상 미비하거나 그 조건에서 강조하고 있지 않은 중요하지 않은 부분에 이르기까지 신용장의 조건에 엄밀히 일치하지 않으면 이를 거절할 수 있다. 신용장거래가 상품거래가 아닌 서류거래이므로 서류만으로 지급여부를 결정하게 되는 까닭에 서류가 신용장 조건에 일치하여야 한다.

신용장거래에서 엄밀일치의 원칙이 준수되어야 하는 이유는 신용장거래는 매매계약 등의 근거계약과는 별개의 거래라고 하는 독립성원칙과 서류거래라는 추상성원칙에 있다.

(2) 상당일치의 원칙

상당일치의 원칙(principle of substantial compliance)은 엄밀일치의 원칙을 다소 완화한 것으로서 은행에 제시된 서류가 신용장조건과 문면상 엄밀히 일치하지 않더라도 그것이 실제적으로 신용장거래의 근본을 흔드는 중대한 사항이 아닌 사소한 것인 경우에는 수리되어야 한다는 원칙을 말한다.

신용장조건과 서류의 일치성에 대한 논쟁은 지속되고 있으며 서류수리와 관련된 신용장거래 분쟁에서 많은 판례들은 신용장조건과 엄밀일치의 원칙적용 또는 상당일치의 원칙적용에 있어서 대립되고 있는 실정이다. 하지만 신용장통일규칙(UCP 600) 제14조 d항에서는 "서류 그 자체나 국제표준은행관행에 따라 문맥을 읽는 신용장의 데이터는 그 서류나 다른 적시된 서류 또는 신용장상의 정보와 반드시 일치될 필요는 없지만 그들과 상충되지 않아야 한다."라 규정되어 있다.

4. 신용장의 당사자

신용장거래에 관여하는 자를 신용장의 당사자라고 하며 이를 기본당사자와 기타당사자로 나눌 수 있다. 기본당사자는 신용장거래의 직접적인 권리·의무를 갖게 되는 당사자로 어느 한쪽 없이는 신용장거래가 성립되지 않으며, 여기에는 발행은행, 수익자 그리고 확인은행(확인신용장의 경우)이 포함된다. 기타당사자는 간접적으로 협조하거나 대행하는 역할을 하며, 여기에는 통지은행, 매입은행, 지급은행, 인수은행, 상환은행, 양도은행 등이 포함된다. 그리고 발행의뢰인은 매매계약의 당사자이지만 신용장의 기본당사자는 아니다.

1) 기본당사자

(1) 발행은행

발행은행(issuing bank)은 개설은행(opening bank)라고도 하며 신용장 발행의뢰인의 요청과 지시에 따라 수익자(수출업자) 앞으로 신용장을 발행하고, 수익자가 제시한 선적서류와 상환으로 신용장금액을 직접 지급, 환어음의 인수를 행하거나 타은행을 통하여 지급, 인수 및 매입이 이루어질 것을 확약하는 은행을 말한다.

신용장거래에서는 발행은행의 신용을 믿고 모든 관계당사자가 거래를 하는 것이므로 발행은행의 신용과 역할은 다른 어떠한 당사자보다 한결 더 중요하다. 따라서 발행은행은 재정능력이 있어야 하며 국제적으로 널리 알려지고 평판이 있어야 한다.

(2) 수익자

수익자(beneficiary)는 신용장에 의하여 권리와 이익을 획득하는 자로서 수출업자는 신용장에 의하여 혜택을 받는 당사자라고 하여 수익자라고 한다. 수익자는 발행은행에 대하여 신용장조건에 일치하는 서류를 제시하는 경우에 대금지급청구권을 가지며, 반면 신용장에 의하여 수출대금을 지급 받기 위하여 신용장조건을 준수할 의무가 있다.

(3) 확인은행

확인은행(confirmation bank)은 발행은행의 수권 또는 요청에 따라 신용장에 확인을 추가하는 은행을 말한다. 이는 발행은행의 수권이나 요청에 따라 제3의 은행이 신용장에 의해 발행된 환어음의 지급, 인수 또는 매입을 추가로 확약하는 은행으로서 발행은행과 동일한 지위를 갖게 되는 은행이다. 확인은행은 통상적으로 수출업자의 동일한 국가에 위치하고 있다.

2) 기타당사자

(1) 발행의뢰인

발행의뢰인(applicant)은 신용장발행의무를 부담하여 자기의 거래은행에 수출업자를 수익자로 하는 신용장의 발행을 의뢰하는 자로서 매수인인 수입업자를 말한다. 발행의뢰인은 원칙적으로 수입업자에 해당하지만, 매수인의 거래처인 제3자가 발행의뢰인이 되는 경우가 있다.

(2) 통지은행

통지은행(notification bank)은 통상적으로 수익자의 소재지에 있는 발행은행의 본·지점이나 환거래 은행(correspondent bank)으로서 신용장의 발행이나 이미 발행된 신용장의 취소 및 조건변경을 수익자에게 통지해 주는 역할을 하는 은행을 말한다.

(3) 지정은행

신용장통일규칙 제2조에서는 모든 신용장은 그것이 일람출급(sight payment), 연지급 (deferred payment), 인수(acceptance) 또는 매입(negotiation) 중에서 어느 유형으로 사용될 수 있는 가를 명확히 표시하도록 되어 있다. 신용장이 발행은행에서만 사용될 수 있는 것으로 규정하고 있지 않는 한, 모든 신용장은 지급, 연지급 확약, 환어음의 인수 및 매입하도록 수권된 은행을 지정하여야 한다. 즉, 발행은행에 의하여 지정되어 그러한 권한을 수권 받은 은행을 지정은행이라 한다. 따라서 신용장의 사용 가능한 방법이 지급, 인수 그리고 매입이 있기 때문에 지정은행을 지급은행(paying bank), 인수은행 (acceptance bank) 그리고 매입은행(negotiation bank)으로 분류할 수 있다.

① 지급은행

신용장에서 매입은행에 의한 수출환어음의 매입을 인정하지 않고 특정은행이 환어음과 상환하여 수익자에게 지급할 것을 규정하고 있는 신용장을 지급신용장(straight credit)라 하는데, 이와 같은 지급신용장에 의거하여 지급을 위탁받은 은행을 지급은행 (paying bank)이라 한다. 이 은행은 발행은행으로부터 수권 받아 지급을 행하고 지급대금은 발행은행을 통하여 상환청구하면 된다.

② 인수은행

인수신용장에 의거하여 수익자가 기한부어음을 발행하여 제시할 때에 이를 인수하는 은행을 인수은행(acceptance bank)이라 한다. 기한부어음을 인수한 은행은 만기일에 어음대금을 지급할 의무가 있다.

③ 매입은행

매입신용장에 의거하여 수익자가 발행한 환어음이나 서류를 매입하는 은행을 매입은행(negotiation bank)이라 한다. 이 은행은 수익자가 제시한 선적서류가 신용장조건과 일치하는지의 여부를 점검한 후 신용장조건과 일치하는 경우에만 환어음을 매입하게 된다. 매입은행은 통상적으로 수출지에 있는 수익자의 거래은행이 된다.

(4) 상환은행

매입은행이 발행은행과 예치환거래은행이 아닌 경우 또는 신용장의 결제통화가 수출입국이 아닌 제3국의 통화인 경우, 발행은행과 자행과 예치환거래관계에 있는 제3의 은행을 지정하여 결제를 하게 되는데, 이때 결제를 행하는 은행을 상환은행 (reimbursement bank)이라 한다. 즉, 상환은행은 신용장에 의한 어음의 매입, 인수, 지급을 행한 은행에게 발행은행으로부터 위탁을 받아 발행은행을 대신하여 상환청구에 응하는 은행이다.

(5) 양도은행

'양도가능(transferable)'이란 문언이 있는 양도가능신용장의 수익자(제1수익자)가 지정은행에게 요청하여 1인 또는 그 이상의 다른 수익자(제2수익자)가 이용할 수 있도록 수익자의 권리의 신용장 금액의 일부 또는 전부에 대해 이전을 행하는 은행을 양도은행 (transferable bank)이라 한다. 즉, 신용장의 양도를 의뢰하는 자는 수익자이며 양도의뢰인의 요청에 의하여 신용장을 양도해 주는 은행이 양도은행이 된다.

5. 신용장의 종류

1) 운송서류 첨부여부에 따른 분류

(1) 화환신용장

화환신용장(documentary L/C)은 수출업자가 선적 후 신용장에서 요구하는 서류를 제시하고 은행이 이 서류와 상환하여 대금지급 하는 방식의 신용장을 말한다.

(2) 무화환신용장

무화환신용장(clean L/C)은 무담보신용장이라고도 하며, 선적서류가 수반되지 않은 것으로서 발행은행이 수익자에 의하여 발행된 환어음만으로 대금지급을 확약하는 신용장을 말한다. 선적서류는 수출업자가 수입업자에게 직송하므로 은행의 담보권 확보와 관련하여 문제가 발생할 소지가 있다.

2) 신용장 사용방법에 따른 분류

(1) 지급신용장

지급신용장(straight payment L/C)은 발행은행이 신용장에 의하여 발행된 환어음의 매입 허용여부에 대하여는 명시하지 않고, 신용장조건에 일치하는 서류가 신용장발행은 행 또는 그가 지정한 은행에 제시되면 지급할 것을 확약하는 신용장을 의미한다. 즉, 지급신용장은 지급은행이 특정되어 있으며 반드시 어음의 발행을 조건으로 하지 않는 것으로서 신용장에 의한 환어음의 매입여부에 대하여는 명시하지 않고, 단지 수익 자가 발행은행이나 발행은행이 지정하는 은행에 직접 서류를 제시하면 지급할 것을 확약하고 있는 신용장을 말한다. 이러한 지급신용장은 그 지급시기에 따라 일람지급 신용장(sight straight payment L/C)과 연지급신용장(deferred payment L/C)으로 구분된다.

(2) 인수신용장

인수신용장(acceptance L/C)은 수익자가 신용장 조건에 일치하는 선적서류와 함께 기한부환어음을 신용장에 지정되어 있는 지정은행인 인수은행에 제시하면 인수은행은 발행은행을 위하여 신용장금액을 대신 지급하고, 신용장에 정해져 있는 만기일에 대금을 발행은행에게서 받는 기한부신용장을 말한다.

(3) 매입신용장

매입신용장(negotiation L/C)은 수익자가 신용장 조건에 일치하는 선적서류와 함께 일람출급환어음 또는 기한부환어음을 매입은행에 제시하면 매입은행은 그 가액을 지급하도록 약정되어 있는 일람출급 또는 기한부신용장을 말한다. 매입신용장에는 자유매입신용장(freely negotiation L/C)과 매입제한신용장(restricted L/C)이 있다.

3) 대금지급시기에 따른 분류

(1) 일람출급신용장

일람출급신용장(sight L/C)은 매입은행 혹은 서류 송부은행으로부터 송부된 서류가 서류상의 하자가 없는 한 서류제시 즉시 대금을 지급하는 신용장을 말한다. 즉, 수익자가 일람출급환어음을 발행하거나 또는 환어음 없이 선적서류를 직접 개설은행 혹은 지정은행에 제시되면 일람 후 즉시 지급하기로 확약하는 신용장을 의미한다.

(2) 기한부신용장

기한부신용장(usance L/C)은 어음 또는 선적서류가 지급인에게 제시된 후 일정기간 이 경과한 후에 대금이 지급되는 신용장을 말한다. 동 신용장의 어음지급인은 어음에 인수문언을 기재하고 서명을 한 다음 제시인에게 반환 후 만기일에 지급해야 한다.

4) 확인유무에 따른 분류

(1) 확인신용장

발행은행이 지급, 연지급, 인수 또는 매입을 확약한 취소불능신용장에 타은행이 발행은행의 수권이나 요청에 따라 추가로 지급, 연지급, 인수를 확약하는 행위를 신용장의 확인이라고 하며, 이러한 내용이 담겨진 신용장을 확인신용장(confirmed L/C)이라고 한다.

(2) 무확인신용장

무확인신용장(unconfirmed L/C)은 확인신용장과는 달리 제3의 은행의 확약이 없는 신용장을 말한다.

5) 양도가능유무에 따른 분류

(1) 양도가능신용장

양도가능신용장(transferable L/C)은 수익자가 받은 신용장을 제3자에게 신용장금액의 전부 또는 일부를 양도가능한 신용장을 말한다. 신용장 양도는 1회에 한하여 가능하며, 이 신용장은 신용장에 "Transferable"이란 표시가 되어 있다.

(2) 양도불능신용장

양도불능신용장(non-transferable L/C)은 신용장상에 "Transferable"이란 문언이 없으며 양도가 허용되지 않는 신용장을 말한다.

6) 취소가능유무에 따른 분류

(1) 취소불능신용장

취소불능신용장(irrevocable L/C)은 신용장에 "Irrevocable"이란 명시가 있는 신용장으로 신용장조건과 일치하는 서류가 제시되면 발행은행이 대금을 지급하겠다고 확약하고, 한번 발행된 신용장은 기본관계(수익자, 발행은행, 확인은행) 당사자 전원이 동의하지 않는 한 변경이나 취소가 불가능한 신용장을 말한다. 신용장통일규칙에 의하면 "Irrevocable"이란 명시가 없어도 취소불능신용장으로 간주한다.

(2) 취소가능신용장

취소가능신용장(revocable L/C)은 발행은행에 의해 수익자에게 예고함이 없이 언제라도 취소나 조건의 변경이 가능한 신용장으로 "Revocable"의 표시가 있다.

6. 신용장의 거래과정

매입신용장에 의한 신용장거래 과정을 설명하면 〈그림 13-1〉과 같다.

① 수출업자와 수입업자는 대금결제를 신용장(매입신용장)방식으로 하는 무역계약을 체결한다.
② 수입업자는 자신의 거래은행에 신용장 발행을 의뢰한다.
③ 신용장발행은행은 수입업자(발행의뢰인)의 지시에 따라 수익자(수출업자) 앞으로 신용장을 발행하여 수출지의 통지은행에 신용장을 송부한다. 그리고 수출지의 은행이 무예치환거래은행일 경우 상환은행을 지정하여 상환수권을 부여한다.
④ 통지은행은 서명감(signature books) 또는 테스트키(test codes)를 사용하여 신용장의 진정성을 확인한 후 수출업자에게 신용장을 통지한다.
⑤ 수출업자는 계약물품을 선적시기에 맞춰 선적한 후 선적서류(선화증권, 보험증권, 상업송장 등)를 입수한다.
⑥ 수출업자는 신용장 내용에 부합되는 서류를 갖추고 상환은행을 지급인으로 하는 환어음을 발행하여 매입은행에 매입을 의뢰한다.

⑦ 매입은행은 서류를 심사하여 하자가 없으면 환어음에 첨부된 서류를 매입하고 수출대금을 선지급_(매입금액=신용장 금액×일람출급환어음 매입율)한다.

⑧ 수출업자로부터 화환어음을 매입한 매입은행은 환어음을 상환은행으로 송부하여 대금을 청구하며 기타 선적서류는 발행은행으로 송부한다.

⑨ 환어음을 받은 상환은행은 신용장발행은행의 구좌에서 차기하여 매입은행의 구좌에 대기한 후 각 은행에 차기통보 및 대기통보를 한다.

⑩, ⑪ 발행은행은 선적서류를 심사한 후 수입업자에게 제시하고 수입업자는 수입대금을 결제_(결제금액=신용장금액×수입어음 결제율)한다.

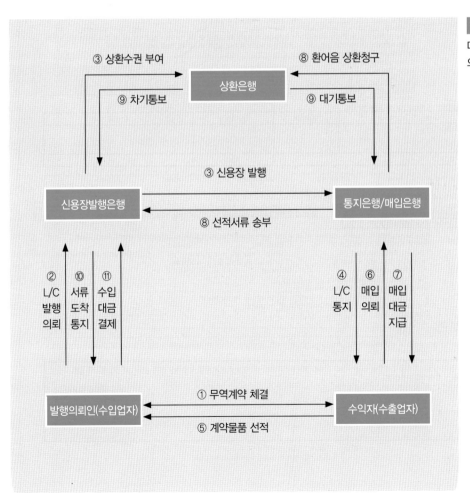

그림 13-1

매입신용장에 의한 대금결제

고객용

취소불능화환신용장발행신청서
(APPLICATION FOR IRREVOCABLE DOCUMENTARY CREDIT)
(Reopen 구분 : □ 1차발행   □ 2차발행)

To : **WOORI BANK**   1. DATE :

※ Advising Bank :	(BIC CODE :
※ 2. Credit No. :	용도구분 : (예시 : NS,ES,NU등)
3. Applicant :	
4. Beneficiary :	

5. Amount : 통화   금액   (Tolerance :   /   )
6. Expiry Date :
7. Latest date of shipment :
8. Tenor of Draft   □At Sight (□Reimburse   □Remittance)
                       □Usance   days
9. For   % of the invoice value (Usance L/C only : □ Banker's   □ Shipper's   □ Domestic)

DOCUMENTS REQUIRED (46A)

10. □   Full set of clean on board ocean bills of lading made out to the order of WOORI BANK mal
           "Freight_____and notify (□Accountee, □Other :_____
           Air Waybills consigned to WOORI BANK marked "Freight _____ and "notify Accountee"
11. □   Insurance Policy or certificate in duplicate endorsed in blank for 110% of the invoice value, stipulating that claims are payble
           in the currency of the draft and also indicating a claim setting agent in Korea. Insurance must include :
           the institute Cargo Clause
12. □   Signed commercial invoice in_____   13. □ Certificate of analysis in_____
14. □   Packing list in_____   15. □ Certificate of weight in_____
16. □   Certificate of origirn in   issued by
17. □   Inspection certificate in   issued by
18. □   Other documents(if any)
19. Description of goods and/or services(45A :)   (Price Term   )

Commodity Description		Quantity	Unit Price	Amount
(H.S CODE :)				
Country of Origin			Total	

20. Shipment From :   Shipment To :
21. Partial Shipment : □Allowed   □Prohibited   22. Transhipment :   □Allowed   □Prohibited
23. Confirmation :   □
    Confirmation charges : □Beneficiary,   □Applicant
24. Transfer :   □Allowed(Transfering Bank :   )
25. Documents must be presented within   days after the date of shipment of B/L or other transportation documents.

Additional Conditions(47A :)

□   All banking charges(including postage, advising and payment commission, negotiation and reimbursement commission)
    outside Korea are for account of   □ Beneficiary   □ Applicant
□   Stale B/L AWB acceptable   □ Charter Party B/L is acceptable   □ Third party B/L acceptable
□   Third party document acceptable   □ Combined shipment B/L is acceptable
□   T/T Reimbursement :   □ Allowed   □ Prohibited
□   Bils of lading should be issued by _____
□   (House) Air Waybills should be issued by _____
□   (   ) % More or less in quantity and amount to be acceptable
□   The number of this credit must be indicated in all documents
□   Other conditions :

※ Drawee Bank (42A) :
※ Reimbursement Bank(53A) :

Except so far as otherwise expressly stated, This Documentary credit is subject to the Uniform Customs and Practice for Documentary Credits (1993 Revision) International Chamber of Commerce Publication No. 500

위와 같이 신용장 발행을 신청함에 있어서 따로 제출한 외국환거래약정서의 해당 조항을 따를 것을 확약하며, 아울러 위 수입물품에 관한 모든 권리를 귀행에 양도하겠습니다.

		주 소		인감 및 원본확인
		신 청 인 (인)		

수입(4040031, 210×297) 수입신용장발행신청서 NCR지 2매 1조(2002. 11개정)
상기 □는 선택(V) 표시를 위한 매크로 기능 추가

수입신용장(SWIFT MT700)

Application header block :
: Input/Output Identifer   : I Outgoing Message
: Transaction Typer   : 700 issue of a documentary credit
: Transaction Priority   : n Normal
: From   : WOORI BANK, SEOUL
: To   : HANKOOK BANK
                                 HONG KONG BRANCH.   HONG KONG

Text Block :
/27 : sequence of total   : 1/1
/40A : form of documentary credit   : IRREVOCABLE
/20 : documentary credit number   : M1234 606NS00018
/31C : date of issue   : 06/06/24
/31D : date and place of expiry   : 06/08/20 HONG KONG
/50 : applicant   : KOREA TOYS CO., LTD.
                                          159-1SAMSUNGDONG KANGNAMGU, SEOUL, KOREA
/59 : beneficiary   : CHINA TOYS CO., LTD.
                                          RM 1000 CHAI WAN IND. CITY
                                          PHASE 1, 60 WING TAIRO, CHAIWAN H.K.
/32B : currency code amount   : USD 119,000.00
/39A : pct credit amount toterance   : 10/10
/41D : available with by name, address : ANY BANK
                                          BY NEGOTIATION
/42C : drafts at   : AT SIGHT
/42A : drawee   : HONG KONG FIRST BANK LTD., HONG KONG(ADDR
                                          2007, JARDINE HOUSE 1 CONNAUGHT PLACE, CENTRAL, HONG KONG)
/43P : partial shipment   : ALLOWED
/43T : transshipment   : NOT ALLOWED
/44A : on board/Disp/taking charge   : SHIDAO, CHINA
/44B : for transportion to   : BUSAN, KOREA
/44C : latest date of shipment   : 06/08/10
/45A : descr goods and/or services
      700PAIRS OF CHINESE GIANT BEAR TOY
      SIZE : MIN 1.5 METERS AT USD170.00
      F.O.B.SHIDAO.CHINA
/46A : documents required
      +SIGNED COMMERCIAL INVOICE IN QUINTUPLICATE
      +PACKING LIST IN TRIPLICATE
      +FULL SET OF CLEAN ON BOARD OCEAN BILL OF LANDING MADE OUT TO THE ORDER OF
      WOORI BANK MARKED FREIGHT COLLECT AND NOTIFY APPLICANT
      +CERTIFICATE OF ORIGIN
/47A : additional conditions
      ALL DOCUMENTS MUST BEAR OUR CREDIT NUMBER M1234 606NS00018
      T/T REIMBURSEMENT NOT ALLOWED
      OUANTITY 10PCT MORE OR LESS ALLOWED
      +THIRD PARTY DOCUMENTS ACCEPTABLE
/71B : charges   : ALL BANKING COMMISSIONS
                                          AND CHARGES INCLUDING REIMBURSEMENT
                                          CHARGES OUTSIDE KOREA ARE FOR
                                          ACCOUNT OF BENEFICIARY
/49 : confirmation instructions   : WITHOUT
/53A : reimbursement bank   : HONG KONG FIRST BANK LTD., HONG KONG(ADDR
                                          2007, JARDINE HOUSE 1 CONNAUGHT PLACE, CENTRAL,
                                          HONG KONG)
/78 : instructions to the pay/acc/neg bk
     DRAFTS MUST BE SENT TO DRAWEE BANK FOR YOUR REMBURSEMENT
     AND ALL DOCUMENTS TO US BY COURIER SERVICE IN ONE LOT
/72 : sender to receiver information   : THIS CREDIT IS SUBJECT TO U.C.P(1993 REVISION)
                                          I.C.C. PUBLICATION NO. 600

매 입 신 청 서

① 매입번호	NFD405N1257CIT
CMF번호	

계	대리	차장	부점장

(1) L/C 및 운송서류내용(DESCRIPTION)

(2) 매입대금처리내역

② BENEFICIARY:	K. K TRADING CO
ASSIGNED FROM	
L/C NO.	
③ COMMODITY	PASEBALL
④ ADVICE NO.	A-0667-404-03135
⑤ EXPORT LICENCE NO.	C1701405-80211
⑥ ISSUING BANK	THE MITSUBISHI BANK LTD.
⑦ ACCOUNTEE	TOKYO SUPPLY LTD.
⑧ INVOICE VALUE	US$3,200-(H.O.)
⑨ SHIPPING EXPIRY	2007. 4. 30
⑩ CREDIT EXPIRY	2007. 5. 10
B/L DATE	

⑪	처 리 내 역		확 인 인	
⑫ NEGO AMOUNT	US$45,200.-		계	대리
외화 계정대체				
⑬ 무역어음 대출		A		
		B		
		C		
		D		
수 입 보 증 금				
우 편 료				
환 가 료				
대 체 료				
대체지정계좌입금				

위 내용의 수출하부환어음(또는 운송서류)을 기 약정한바에 의하여 매입하여 주시고 동 수출어음 대금을 위와 같이 처리하여 주시기 바랍니다.

⑭ 2015년 5월 9일

⑮ 상호 K.K. TRADING. CO. (인)
대표이사

⑯	AT Sight
⑰	@
⑱	2007년 5월 9일

⑲ 확 인 서

은행 앞   2015 년   월   일

위 신용장(계약서)에 의한 수출환어음 또는 선적서류 매입과 관련하여 본인은 귀행에 아래와 같은 신용장(계약서)조건 과의 불일치 또는 기타 사유로 인한 하자사항을 확인하며 이로 말미암은 비용 및 손해는 수출거래약정서에 따라 부담하겠 습니다.

· (운송서류 매입일부터 Nego대금이 귀행 내규 소정일수를 경과하여 입금되는 경우에는 그 초과 일수에 대한 소정이자를 지급하겠습니다.)

※ DISCREPANCIES
1) LATE SHIPMENT
2) _____
3) _____
4) _____

상호   K. K. TRADING   (인)
대표이사

인감대조

수 입 인 지

※은행사용란

1	C M F. N O				9	우 편 요 금	*			16	자 사 실 적	*			23	기 산 기 준 일		
2	재매입여부	*			10	기 타 공 제				17	타 사 실 적	*			24	확정일코드		
3	매 입 통 화	*			11	가 격 조 건	*			18	선 물 환 율				25	확 인 구 분		
4	매 입 금 액	*			12	우 대 요 율				19	선물환급액				26	COMM. 율		
5	하 자 여 부	*			13	수출상대국	*			20	기 산 일	*			27	COMMISSON		
6	외 화 대 체				14	수 출 형 태	*			21	추심수수료	*			28	INTEREST율		
7	T E N O R				15	H S. N O.				22	USANCE기간	*			29	INTEREST		
8	본지사구분																	

◎추심시에는 *표 항목만 사용

B5-159 13(X) B-1A (210×297) KSM7102특급인쇄용70g/㎡

제3절 송금방식

수입업자가 수출업자에게 물품대금을 송금하여 결제하는 방식으로 수입업자의 물품 인도시기에 따라 단순송금방식, 대금교환도방식(물품인도방식, 서류인도방식), 청산결제방식 등으로 분류된다. 송금시기에 따라 위험부담자가 바뀌는데 사전송금이면 수입업자, 사후송금이면 수출업자가 위험을 부담한다.

1. 송금수표

송금수표(Demand Draft; D/D)는 수입업자로부터 송금의뢰를 받은 은행(송금은행)이 수출국에 소재하는 자신의 본·지점 또는 환거래은행(지급은행)을 지급인으로 하는 송금수표를 발행한 후 수입업자(송금인)에게 교부하여 주면 송금인은 수출업자(수취인)에게 그 수표를 송부하고, 수표를 송부 받은 수취인이 이를 수출지의 지급은행에 제시하면 지급은행이 송금은행에서 미리 송부되어 온 수표발행통지서와 대조하고 수취인에게 지급하는 것을 말한다.

송금수표는 지급보장이 명확치 않으며 운송 중 분실위험이 있으므로 소액의 경우에만 제한적으로 이용되고 있다. 〈그림 13-2〉는 송금수표방식에 의해 결제되는 과정을 제시하고 있다.

그림 13-2

송금수표에
의한 대금결제

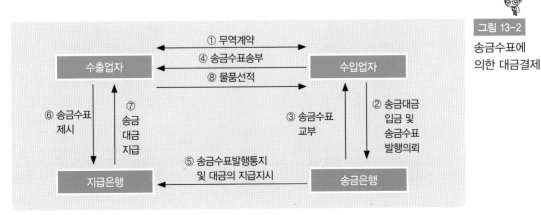

2. 우편환

우편환^(Mail Transfer ; M/T)은 송금인이 자국의 외국환은행^(송금은행)에 송금대금을 입금시켜서 송금을 의뢰하면, 송금은행이 수취인 소재지의 환거래 은행^(correspondent bank)에 대하여 지정수취인에게 송금대전을 지급하여 줄 것을 위탁하는 지급지시서^(payment order)를 우편으로 송부하는 방법이다.

지급지시서의 우송 중에 분실 또는 도난과 같은 위험은 은행이 부담하며 부본으로 지급지시가 가능하므로 송금수표보다 안전하다. 송금기간이 길어서 우송되는 동안 환율의 변동에 따른 위험이 있으며 주로 신속성을 요하지 않는 결제에 이용된다.

3. 전신환

전신환^(Telegraphic Transfer ; T/T)은 수입업자로부터 송금의뢰를 받은 은행^(송금은행)이 수출국에 소재하는 자신의 본·지점 또는 환거래은행^(지급은행)으로 하여금 일정한 금액을 수취인^(수출업자)에게 지급하도록 전신으로 지시하는 것을 말한다. 지급지시서를 우편으로 송부하는 것이 아니라 전신으로 송부하는 방식이므로 송금과정이 신속하고 편리하며, 환율변동에 따른 위험이 적고 분실이나 도난의 위험이 없기 때문에 가장 안전한 송금방식이라 할 수 있다.

그림 13-3

전신환에 의한
대금결제

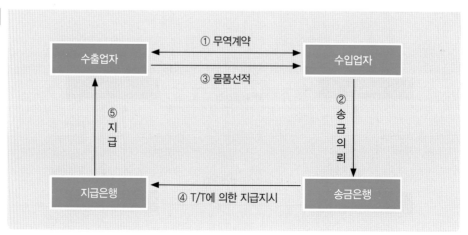

4. 현물상환방식

현물상환방식(Cash on Delivery; COD)은 수출업자가 수입국에서 수입통관을 완료하고 수입업자에게 물품을 인도할 때 대금을 수령하는 결제방식이다. 이 방식은 수출업자의 지사나 대리인이 수입국에 있는 경우에 사용 가능하며 귀금속과 같은 고가품 거래에 활용하는 결제방식이다.

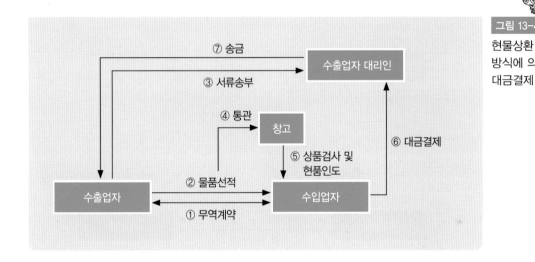

그림 13-4

현물상환 방식에 의한 대금결제

① 수출업자와 수입업자는 대금결제방법으로서 현물상환방식에 의하여 대금지급이 이루어지도록 물품매매계약을 체결한다.

② 수출업자는 수출물품을 통관한 후 선적한다.

③ 수출업자는 수입국에 있는 자신의 대리인에게 운송서류를 송부한다(선화증권 등의 운송서류는 통상적으로 수출업자 대리인 등의 지시식으로 발행된다).

④ 수입국에 있는 수출업자의 대리인은 수출업자로부터 송부 받은 운송서류를 운송인에게 제시하여 물품을 인수한 후 이 물품을 수입통관한 후 창고에 입고시킨다.

⑤ 수입업자는 수출업자의 대리인의 입회하에 물품을 검사한 후, 물품을 인도 받는다.

⑥ 물품을 인도 받은 수입업자는 수출업자의 대리인에게 대금을 결제한다.

⑦ 수출업자의 대리인은 수입업자로부터 결제 받은 대금을 수출업자에게 송금한다.

5. 서류상환방식

서류상환방식(Cash against Documents; CAD)은 수출업자가 물품을 선적한 후 수출국에서 수입업자에게 선적서류를 인도할 때 대금을 수령하는 결제방식이다. 수입업자가 수출국내 자신의 대리인이나 지사를 두고 있는 경우에 이용가능하며, 물품 포장 전에 품질을 검사하므로 수출업자의 사기를 예방할 수 있다.

그림 13-5

서류상환 방식에 의한 대금결제

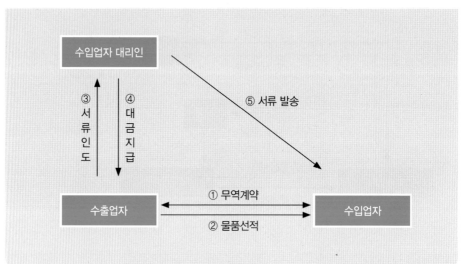

① 수출업자와 수입업자는 대금결제방법으로서 서류상환방식에 의하여 대금지급이 이루어지도록 물품매매계약을 체결한다.

② 수출업자는 수출물품을 통관한 후 이를 선적한다.

③ 수출업자는 수출국에 있는 수입업자의 대리인에게 서류를 인도한다.

④ 수입업자의 대리인은 서류와 상환으로 수출업자에게 대금을 결제한다.

⑤ 수입업자의 대리인은 수입업자에게 서류를 송부한다.

⑥ 수입업자는 자신의 대리인으로부터 송부 받은 서류를 가지고 물품의 인수 및 수입통관을 이행한다.

제4절 추심방식

1. 추심방식의 의의

추심방식은 신용장 없이 단순히 매매당사자간의 계약에 의거하여 수출업자가 물품을 선적한 후 관련서류를 첨부한 화환어음이 은행을 통하여 수입업자에게 제시하면 수입업자가 그 어음에 대한 지급 또는 인수를 하여 결제하는 방법이다. 추심방식에는 지급인도조건(Documents against Payment; D/P)과 인수인도조건(Documents against Acceptance; D/A)이 있다.

(1) 지급인도조건

지급인도조건(Documents against Payment; D/P)은 D/P at sight를 의미하는데, D/P at sight 라는 표현은 D/P Usance와 구분하기 위한 것이다. 이 조건은 수출업자가 수출물품을 선적하고 수입업자를 지급인으로 하는 일람출급화환어음을 발행하여 선적서류와 함께 거래은행(추심의뢰은행)에 추심을 의뢰하고 추심의뢰은행이 이를 수입지의 추심은행(수입업자의 거래은행) 앞으로 어음대금을 추심하면, 추심은행은 수입업자(어음지급인)에게 환어음을 제시하여 수입업자의 대금지급과 동시에 선적서류를 수입업자에게 인도하고 그 대금을 추심의뢰은행에 송금하여 수출업자가 수출대금을 영수하는 거래방식이다.

(2) 인수인도조건

인수인도조건(Documents against Acceptance; D/A)은 서류가 환어음의 인수와 상환으로만 수입업자에게 인도되는 것으로서 기간추심이라고도 한다. 즉, 수입업자는 장래의 확정된 일자에 지급해야 할 의무의 인수와 교환으로 서류를 획득할 수 있다. 이 조건은 수출업자가 수출물품을 선적하고 수입업자를 지급인으로 하는 기한부화환어음을 발행하여 선적서류와 함께 거래은행(추심의뢰은행)에 추심을 의뢰하고 추심의뢰은행이 이를 수입지의 추심은행(수입업자의 거래은행) 앞으로 어음대금을 추심하면, 추심은행은 수입업자(어음지급인)에게 환어음을 제시하여 수입업자가 어음상에 "accept"라는 표시와 함께 서명하고 환어음을 인수함과 동시에 수입업자에게 선적서류를 인도하고 어음의 만기일에 수입업자로부터 대금을 받아 추심의뢰은행에 송금하여 수출업자가 수출대금을 영수하는 거래방식이다.

2. 추심거래의 당사자

(1) 추심의뢰인

추심의뢰인은 계약물품을 선적하고 자신의 거래은행에 추심의 취급을 의뢰하는 매매계약상의 매도인을 말한다.

(2) 추심의뢰은행

추심의뢰은행은 서류송부은행이라고도 하며 추심의뢰인으로부터 추심을 의뢰 받은 은행으로 수출지에 있는 수출업자의 거래은행이다. 수출업자로부터 추심의뢰를 받고 수출업자의 대리인으로서 수입지의 환거래은행에 추심을 의뢰한다.

(3) 추심은행

추심은행은 추심의뢰은행 이외에 추심과정에 참여하는 모든 은행으로 추심의뢰은행으로부터 추심의뢰와 서류(금융서류와 상업서류)를 송부 받아 수입업자에게 서류를 제시하여 대금을 징수하는 수입지의 은행을 말한다. 만약 추심어음의 지급인이 자행의 거래자가 아닐 경우에는 서류를 지급인의 거래은행(제시은행)으로 송부하여 추심을 지시한다.

(4) 지급인

지급인은 추심지시에 따라서 추심서류가 제시되는 자로서 추심서류를 제시받고 지급하거나 또는 인수하여 만기에 지급하는 수입업자를 말한다. 지급인이 궁극적으로 추심업무에 참여하기는 하지만 당초의 당사자중 하나는 아니며, 추심통일규칙에서 다른 당사자와는 별도로 기재되어 있다.

그림 13-6
추심(D/P, D/A)
방식에 의한
대금결제

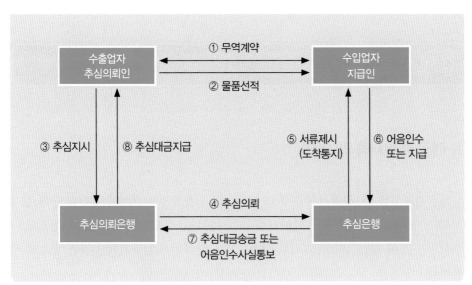

① 수출업자와 수입업자는 신용장 방식이 아닌 추심방식(D/P, D/A)의 대금결제조건으로 매매계약체결을 한다.

② 수출업자는 기한 내에 물품을 선적한다.

③ 수출업자는 수입업자를 지급인으로 하는 추심화환어음(일람출급어음, 기한부어음)을 발행하여 자신의 거래은행에 제시하면서 수입업자의 거래은행에 환어음대금을 추심의뢰 하여 줄 것을 요청한다.

④ 추심요청을 받은 은행은 추심에 필요한 모든 지시사항을 기재한 추심의뢰서를 작성하여 환어음과 선적서류를 첨부한 후 수입업자의 거래은행(추심은행)에 송부하고 수입업자 앞으로 추심해 줄 것을 요청한다.

⑤ 추심은행은 추심환어음과 선적서류를 접수하는 즉시 수입업자에게 서류 도착통보(통지서 발송)하고 환어음 대금을 지급할 것을 요청한다.

⑥ D/P의 경우 수입업자는 환어음이 제시되면 대금결제하고, 수입업자로부터 환어음의 대금을 지급 받은 추심은행은 선적서류를 수입업자에게 인도한다. D/A의 경우 수입업자는 환어음에 배서하여 인수 후 만기에 대금결제를 한다. 수입업자는 인수를 하면서 서류를 인도 받고 만기일에 어음대금 지급한다.

⑦ D/P의 경우 추심은행은 수입업자로부터 지급 받은 추심대금을 추심의뢰은행에 송금한다. D/A의 경우 추심은행은 추심의뢰은행에 어음인수통지서를 송부한다.

⑧ 수출업자의 거래은행은 수출업자에게 대금을 지급한다.

대금결제서류

1. 대금결제서류의 의의

대금결제서류 즉, 선적서류(shipping documents)는 수출물품을 선적하고 이를 근거로 작성되는 서류이다. 국제무역에 있어서 수입업자의 대금결제는 선적서류와 교환으로 이루어지는 것이 일반적이며, 그러한 선적서류는 환어음에 첨부되어야 하는 중요한 서류이다.

신용장에서 요구되는 기본서류는 상업송장(commercial invoice), 운송서류(transport document), 보험서류(insurance document)가 있으며, 수입국의 무역관련법규와 거래당사자간의 특약 등에 의하여 제시되어야 하는 기타의 선적서류에는 영사송장(consular invoice), 세관송장(custom invoice), 원산지증명서(certificate of origin), 검사증명서(inspection certificate), 포장명세서(packing list), 중량용적증명서(weight and measurement list) 등이 있다.

반면, 2002년 4월 1일부터 eUCP가 효력을 발생함에 따라 무역거래에서의 서류라는 용어에는 기존의 종이서류뿐만 아니라 전자적 기록도 포함된다.

2. 대금결제서류의 종류

1) 운송서류

국제운송은 그 운송수단에 따라서 해상운송, 항공운송, 도로운송, 철도운송, 복합운송 등으로 나누어진다. 물품운송은 운송인과 화주간의 물품(적하)운송계약에 의하여 이루어지며, 운송인은 화주로부터 물품을 수취하거나 선적하여 운송계약의 증거, 물품수령증 또는 권리증권으로의 성격을 가지는 운송서류를 발행하여 제공한다.

(1) 해상운송서류

국제해상운송에서 사용되어지는 운송서류에는 전통적으로 가장 많이 이용되고 있는 선화증권(Bill of Lading; B/L)과 일부거래에서 선화증권을 대신하여 이용되고 있는 해상운송장(Sea Waybill)이 있다.

선화증권은 해상운송인이 화주와 해상운송계약을 체결하여 물품을 선적했다는 것 또는 선적을 위하여 인수했다는 것을 나타내는 서류로서, 이 증권에 기재된 조건에 따라 운송하고 목적항에서 이 증권과 교환하여 화물을 인도하기로 약정한 유가증권이다. 선화증권에 관한 자세한 설명은 제14장을 참조하면 된다. 해상운송장(Sea waybill)은 해상운송인이 송화인에게 발행하는 서류로 유가증권이 아니고 비유통성의 운송서류이다.

(2) 항공운송서류

항공운송서류는 항공운송회사나 그 대리인이 항공운송계약에 의하여 운송화물을 수탁 받고 발행하여 화주에게 교부하는 항공화물운송장(Air Waybill)을 말한다. 이 서류는 권리증권이 아닌 단순 화물수령증으로 비유통성 운송서류이며 기명식으로 발행된다. 물품의 항공운송에 있어서 항공운송인의 청구에 따라 송화인이 작성 · 제출하는 것이 원칙이지만, 통상적으로 항공사나 항공사의 권한을 위임받은 항공화물대리점이나 혼재업자에 의해 발행된다.

(3) 복합운송서류

복합운송서류(combined or multimodal transport document)는 복합운송인이 운송계약 및 운송해야 하는 물품을 자기의 관리 하에 둔 것을 증명하고, 동 계약의 조건에 따라서 물품을 인도한다는 취지의 약속을 증명하는 서류를 말한다. 요컨대 복합운송인이 송화인과 체결한 복합운송계약 및 해당계약에 의해 운송을 약속한 물품의 수취를 증명한 서류이다.

2) 보험서류

보험서류에는 확정보험에서 사용되는 보험증권, 포괄예정보험에서 사용되는 보험증명서(certificate of insurance), 부보각서(insurance cover note) 등이 있다. 여기서 보험증권(insurance policy)은 보험계약의 성립 및 그 내용을 증명하기 위하여 보험자가 보험계약의 내용을 기재하여 발행하고 보험계약자에게 교부하는 증권으로 보험약관이 기재되어 있는 것이 통례이다. 보험증권의 작성 및 교부의무는 보험자의 주요한 의무이며, 보험계약자는 보험료를 지불해야 보험증권을 교부받을 수 있다.

3) 상업송장

일반적으로 송장(invoice)에는 적하나 피보험목적물의 선적명세가 기재되어 있는 등 그 계약이행이 증명되어 있어서 선화증권, 보험증권과 함께 기본 선적서류로 취급되어 있다. 송장에는 상업송장(commercial invoice)과 공용송장(official invoice)이 있다.

상업송장(commercial invoice)은 상거래용으로 작성되며 금액, 단가, 주문번호, 허가번호, 수량, 중량, 포장명세, 원산지, 화인, 인도조건 등 물품의 명세겸 대금청구서로서 매도인이 자신의 송장용지에 매수인 앞으로 작성하고 서명하여 매수인에게 보내는 서류이다.

공용송장(official invoice)은 영사송장(consular invoice)과 세관송장(customs invoice)나뉘어 진다. 영사송장은 수입가격을 높게 책정함에 따른 수입관세의 탈세, 덤핑, 외화도피 등을 방지하기 위하여 기재사항의 정확한 사실을 수출국 주재의 수입국 영사가 증명하는 서류로 영사의 사증(visa)을 받도록 하고 있다. 세관송장은 영사송장과 거의 같은 목적으로 작성되는 것이지만, 영사의 서명을 받을 필요가 없고 양식 뒷면에 있는 원산지란에 수출국의 국명이 기재되어 있어야 하며 반드시 지정된 양식을 사용하여야 한다. 동 서류는 관세가격의 기준을 결정할 목적, 덤핑유무를 확인하기 위한 목적, 쿼터품목의 통상기준량의 계산목적, 수입통계의 목적 등을 위하여 작성이 되며 수입업자가 수입품을 수입통관할 때에 특히 세관용으로 제출하는 송장이다.

4) 기타서류

(1) 원산지증명서

원산지증명서(certificate of origin)는 수출화물이 생산 또는 제조된 곳을 증명하는 공문서로서 물품의 생산지, 집하지, 또는 적출지에 있는 수입국 영사관 또는 이에 준하는 재외공관, 또는 이들 지역의 세관이나 관공서 혹은 상공회의소에서 필요에 따라 발행한다. 이 서류는 관세, 외환 및 무역관리상의 필요에 따라 수입국에서 요구되어 진다.

(2) 포장명세서

포장명세서(packing list)는 포장에 관한 사항을 상세히 기재한 서류로서 포장 내의 수량·순중량·총중량·용적·화인·포장의 일련번호 등을 기재한다. 이 서류는 상업송장을 보충하는 역할을 하며 포장단위별로 내용물의 목록을 모두 기재한다.

(3) 중량 및 용적증명서

중량 및 용적증명서(certificate of weight and measurement)는 공인된 전문검량업자가 개개의 물품 및 물품 전체의 총중량과 용적을 계량하고 발급해 주는 서류를 말한다. 이것은 해상운임 산정의 기초가 된다.

(4) 위생증명서

위생증명서(certificate of health)는 식료품, 약품류, 동식물 그리고 화장품 등을 수출할 경우 수출국의 공적기관에 의하여 무해임을 입증하거나 또는 수입국의 동식물검역제도에 따라 수입기준에 맞음을 확인하는 서류로서 발행되는 증명서이다.

Bill of Lading

Shipper/Exporter ABC TRADING CO. LTD. 1. PIL-DONG, JUNG-KU, SEOUL, KOREA			⑪ B/L No. ; But 1004			
② Consignee TO ORDER OF XYZ BANK						
③ Notify Party ABC IMPORT CORP. P.O.BOX 1, BOSTON, USA						
Pre-Carrage by	⑥ Place of Receipt BUSAN, KOREA					
④ Ocean Vessel WONIS JIN	⑦ Voyage No. 1234E		⑫ Flag			
⑤ Port of Loading BUSAN, KOREA	⑧ Port of Discharge BOSTON, USA	⑨ Place of Delivery BOSTON, USA	⑩ Final Destination(For the Merchant Ref.) BOSTON, USA			
⑬Container No.	⑭ Seal No. Marks & No	⑮ No. & Kinds of Containers or Packages	Description of Goods	⑰ Gross Weight	Measurement	
ISCU1104		1 CNTR	LIGHT BULBS (64,000 PCS)	4,631 KGS	58,000 CBM	
Total No. of Containers or Packages(in words)						
⑱ Freight and Charges	⑲ Revenue tons	⑳ Rate	㉑ Per	㉒ Prepaid	㉓ Collect	
㉔ Freight prepaid at	㉕ Freight payable at		㉗ Place and Date of Issue May 21, 2015, Seoul Signature			
Total prepaid in	㉖ No. of original B/L					
㉘ Laden on board vessel Date Signature May 21, 2015			㉙ ABC Shipping Co. Ltd. as agent for a carrier, zzz Liner Ltd.			

COMMERCIAL INVOICE

Shipper/Seller Hansol Automobile Tire Inc. C.P.O. Box No.7917 Seoul, Korea	⑧ No. & date of invoice HS-070613 June 13, 2015
	⑨ No. & date of L/C IMP20748 March 15, 2015
② For account & risk of Messers. Wilson & Company, Limited 50 Liberty Street New York, N. Y. 10001	⑩ L/C issuing bank CHASE LINCOLN FIRST BANK N.A.
	⑪ Remarks : Details are as per P/O No.DIC-07-03-10 Dated March 10, 2015 to be issued by Wilson & Company, Limited. Origin : Republic of Korea
③ Notify party Same as above	

④ Port of loading Busan, Korea	⑤ Final destination New York, U.S.A.	⑫ Payment Terms Letter of Credit, At sight
⑥ Carrier m.s. Brown 709E	⑦ Sailing on or about June 15, 2015	⑬ Price Term : CIF Busan, Korea

⑭ Marks & numbers of Pkg	⑮ Description of Goods	Quantity	⑰ Unit-price	⑱ Amount
"WS" IN TRIANGLE C/NO : 1-2500 USD 171,500.00 ITEM : AUTO TUBE SIZE : Q' TY :	AUTOMOBILE TUBE SIZE VALVE 500R13 TR13	50,000PCS	USD3.43	USD171,500.00

///

P.O.Box   :
E-mail   :
Telefax No. :
Telephone No. :

⑲ Signed by _____
Manager

LG Insurance Co., Ltd.
CERTIFICATE OF MARINE CARGO INSURANCE

Assured(s), etc ② THE SAMWON CORPORATION	
Certificate No. ① 002599A65334	Ref. No.③ Invoice No. DS-070228 L/C No. IOMP20748
Claim, if any, payable at : ⑥ GELLATLY HANKEY MARINE SERVICE 842 Seventh Avenue New York 10018 Tel(201)881-9412 Claims are payable in	Amount insured ④ USD 65,120.- (USD59,200 XC 110%)
Survey should be approved by ⑦ THE SAME AS ABOVE	Conditions ⑤ * INSTITUTE CARGO CLAUSE(A) 1982 * CLAIMS ARE PAYABLE IN AMERICA IN THE CURRENCY OF THE DRAFT.

⑧ Local Vessel or Conveyance	⑨ From(interior port or place of loading)
Ship or Vessel called the ⑩ KAJA-HO V-27	Sailing on or about ⑪ MARCH 3, 2015
at and from ⑫ PUSAN, KOREA	⑬ transshipped at
arrived at ⑭ NEW YORK	⑮ thence to

Goods and Merchandiese ⑯
16,000YDS OF PATCHWORK COWHIDE LEATHER

Subject to the following Clauses as per back hereof institute Cargo Clauses Institute War Clauses(Cargo) Institute War Cancellation Clauses(Cargo)
Institute Strikes Riots and Civil Commotions Clauses
Institute Air Cargo Clauses(All Risks)
Institute Classification Clauses
Special Replacement Clause(applying to machinery)
Institute Radioactive Contamination Exclusion Clauses
Co-Inssurance Clause Marks and Numbers as

Place and Date signed in ⑰ SEOUL, KOREA MARCH 2, 2015   No. of Certificates issued. ⑱ TWO
⑳ This Certificate represents and takes the place of the Policy and conveys all rights of the original policyholder (for the purpose of collecting any loss or claim) as fully as if the property was covered by a Open Policy direct to the holder of this Certificate.
This Company agrees lossed, if any, shall be payable to the order of Assured on surrender of this Certificate. Settlement under one copy shall render all otehrs null and viod.
Contrary to the wording of this form, this insurance is governed by the standard from of English Marine Insurance Policy.
In the event of loss or damage arising under this insurance, no claims will be admitted unless a survey has been held with the approval of this Compay's office or Agents specified in this Certificate.

SEE IMPORTANT INSTRUCTIONS ON REVERSE
⑲ LG Insurance Co., Ltd.

AUTHORIZED SIGNATORY

This Certificate is not valid unless the Declaration be signed by an authorized representative of the Assured.

PACKING LIST

① Shipper/Seller Hansol Automobile Tire Inc. C.P.O. Box No.7917 Seoul, Korea	⑧ No. & date of invoice HS-070613 June 13, 2015
	⑨ No. & date of L/C IMP20748 March 15, 2015
② For account & risk of Messers. Wilson & Company, Limited 50 Liberty Street New York, N. Y. 10001	⑩ Consignee CHASE LINCOLN FIRST BANK N.A.
	⑪ Remarks : Details are as per P/O No.DIC-07-03-10 Dated March 10, 2015 to be issued by Wilson & Company, Limited. Origin : Republic of Korea
③ Notify party Same as above	

④ Port of loading Busan, Korea	⑤ Final destination New York, U.S.A.	⑫ Payment Terms Letter of Credit. At sight
⑥ Carrier m.s. Brown 709E	⑦ Sailing on or about June 15, 2015	⑬ Price Term : CIF Busan, Korea

⑭ Marks & numbers of Pkg	⑮ Description of Goods	⑯ Quantity/Net wt	⑰ Gross wt	⑱ Measure
"WS" IN TRIANGLE C/NO : 1-2500 ITEM : AUTO TUBE SIZE : Q' TY :	AUTOMOBILE TUBE SIZE VALVE 500R13 TR13	50,000PCS 12,810KGS	15,370KGS	148CBM

///

P.O.Box   :
E-mail   :
Telefax No. :
Telephone No. :

⑲ Signed by _____
Manager

1. Exporter(Name, address, country) GILDONG TRADING CO. LTD 15P. SAMSUNG-DONG, KANGNAM-GU SEOUL, KOREA	ORIGINAL
2. Consignee(Name, address, country) TO ORDER OF abc BANK	**CERTIFICATE OF ORIGIN** issued by THE KOREA CHAMBER OF COMMERCE & INDUSTRY Seoul, Republic of Korea
	3. Country of Origin REPUBLIC OF KOREA
4. Transport details FROM : BUSAN, KOREA TO : NEW YORK, USA BY : SAZLING ON OR ABUT APR. 25, 2015	5. Remarks CY 875-022-4 APR. 25, 2015

6. Marks & numbers ; number and kind of packages ; description of goods	7. Quantity

◇ G.T. ◇
 	
NEW YORK
S/# : 4794FX
    GT/FXMR
E/# : 1
Q'TY : 2 DOZ.
C/# : 1-400
MADE IN
    KOREA
 	
/////////////////
 	
LADIES 55PCT RAMIE 45 PCT COTTON
SWEATERS.
CAT 845
(55% RAMIE 45% COTTON 2/17'S)
 	
STYLE NO. 4794FX GT/FXMR
 	
L/C NO. Y 178792
 	
//
	800 DOZ.
	//////////////////

| 8. Declaration by the Exporter

(Signature)

(Name) | 9. Certification

————————————————
Authorized Signatory

Certificate No. |

KOREA CHAMBER OF COMMERCE & INDUSTRY

1. 신용장의 독립성과 추상성에 대해 설명하시오.

2. 신용장이 수출업자와 수입업자에게 유리한 점을 설명하시오.

3. 신용장거래의 당사자들에 대해 약술하시오.

4. 신용장의 종류에 대해 약술하시오.

5. 추심결제방식인 D/A와 D/P에 대해 비교 설명하시오.

6. 대금결제서류의 종류에 대해 설명하시오.

7. 현물상환방식과 서류상환방식에 대해 설명하시오.

이 장의 주요용어

정기선 · 부정기선 · 용선운송계약 · 나용선계약 · 선화증권 · 지시식　선화증권 ·
무고장부선화증권 · 파손화물보상장 · 수입화물선취보증장 · 항공운송주선업자 ·
복합운송 · CFS

해상운송

1. 해상운송의 의의

국제물품운송에는 육상운송, 해상운송, 항공운송이 이용되고 있으나 이중에서 전통적으로 해상운송이 가장 많이 이용되고 있다. 해상운송(marine transportation)은 해상에서 선박이나 기타 운송수단을 사용하여 인간이나 화물을 장소·공간적으로 이동시키는 현상을 말한다. 즉, 해상에서 선박을 이용하여 사람과 화물을 운송하고 그 대가로 운임을 받는 상행위이다. 해상운송은 선박의 운송형태에 따라 정기운송과 부정기운송으로 구별되며, 이들 운송에 투입된 선박을 정기선과 부정기선이라고 한다.

해상운송은 다른 운송수단과 비교하여 다음과 같은 특성을 갖고 있다.

첫째, 해상운송은 항공기, 철도, 기타의 운송수단에 비하여 운송비가 상당히 저렴하다. 해상운송은 대량운송이 이루어지고 그에 따라 규모의 경제 효과가 발생하여 단위당 운송비가 저렴하게 되는 특징을 갖고 있다.

둘째, 대량운송이 가능하다. 선박은 철도운송보다도 훨씬 더 많은 양의 화물을 운송할 수 있기 때문에 대량운송의 표본이라 할 수 있다.

셋째, 항공운송과 마찬가지로 5대양 6대주의 해상과 대륙을 잇는 장거리 운송이 가능하다.

넷째, 자유로운 운송이 가능하다. 철도나 도로의 경우에는 일정한 통로를 통해서만 운송이 가능하지만, 해상운송은 해운이라는 천연의 통로를 자유롭게 이용할 수 있으므로 운송로의 제한을 받지 않고 세계 각국의 영해와 항구를 자유롭게 항해할 수 있다.

다섯째, 철도나 도로운송에 비해 상대적으로 국제성을 띠고 있다. 즉, 철도 및 도로의 경우에는 국내만을 주로 그 활동무대로 하여 운송하지만 해운의 경우에는 외국의 항만에 선박이 자유롭게 출입함으로써 국제성을 가지고 있다.

여섯째, 항공운송의 경우에는 운송속도가 상당히 빠르지만, 해운의 경우에는 선박을 이용하여 해상으로 운송되기 때문에 운송속도가 상당히 느리다는 것이 특징이다.

2. 해상운송의 형태

1) 정기선 운송

(1) 정기선운송의 의의

정기선(liner)은 화물의 다소에 관계없이 동일항로를 규칙·반복적으로 운항하는 선박을 말한다. 이는 사전에 작성·공표된 운임율(freight tariff)로 운임을 받고 운항일정(sailing schedule)에 따라 특정항로(route)만을 왕복 운항한다. 정기선은 운송물량의 다소에 관계없이 운송하므로 고정비용이 많이 소요되어 부정기선에 비하여 일반적으로 운임이 높은 반면, 물품의 운송계획을 명확하게 수립할 수 있어 많이 이용되고 있으며 해상운송의 주류를 이루어 가고 있다.

정기선운송의 특징은 다음과 같다. 첫째, 사전에 작성·공표된 운항일정에 의해서 특정한 항로만을 왕복운항 한다. 둘째, 불특정다수 화주의 소량화물, 여객, 우편물 등의 수송을 주요 대상으로 한다. 셋째, 고정된 항로, 운임표 등에 의하여 평등한 서비스를 제공한다.

(2) 개품운송계약

개품운송계약(contract of affreightment in a general ship)은 운송인인 선박회사가 다수의 송화인으로부터 개개 화물의 운송을 개별적으로 인수하는 계약으로서, 운송형태는 통상 선박회사가 불특정 다수의 송화인으로부터 화물운송을 위탁받아 이들 화물을 혼재하여 운송하는 형태이고 정기항로에 취항하는 정기선이 일반적으로 이용되고 있다.

구분	정기선운송	부정기선운송
운항형태	규칙성, 반복성	불규칙성
운임	공정/표정운임	변동운임(수요와 공급)
화물	불특정다수 화주의 소향화물 (공산품 등의 일반화물이나 포장화물, 컨테이너화물 등)	단일 화주의 대량의 산화물 (원유, 석탄 곡물, 시멘트, 원목, 철강 등)
화물가치	고가	저가
운송계약	개품운송계약(선화증권)	용선운송계약(용선계약서)

표 15-1

정기선운송과 부정기선운송의 비교

개품운송계약에 있어서 매매당사자 간의 특별한 합의가 없는 한 인코텀즈의 정형거래조건에 따라 운송계약을 체결할 의무가 결정된다. 즉, FOB규칙에서는 수입업자가 운송계약을 체결해야 하고, CFR 및 CIF규칙에서는 수출업자가 운송계약을 체결해야 한다.

2) 부정기선운송

(1) 부정기선의 의의

부정기선(tramper)은 정해진 항로를 규칙적으로 운항하는 정기선과는 달리 항로나 화물 또는 항해에 제약이 없으므로 화물이 있는 곳에는 어느 곳이든 항해할 수 있는 운송형태를 말한다. 부정기선운송은 화물이 있을 때 마다, 선복의 수요가 있을 때 마다 또는 화주의 요구가 있을 때만 화주와 용선계약을 체결하고 화물이나 항로에 따라 배선하므로 불규칙한 운항형태를 취한다.

일선일화주(一船一貨主)의 경우가 대부분이고 화물도 주로 원유, 석탄, 광석, 곡물, 시멘트, 원목 등 다량의 산화물(bulk cargo)을 대상으로 한다. 부정기선의 경우 운임은 정기선에 비해서 저렴하며 운송계약은 화주별로 특정의 운송조건을 반영하는 임의계약으로 이루어진다.

부정기선의 특징은 다음과 같다. 첫째, 고정된 운항일정과 항로가 없으므로 항로의 선택이 자유롭다. 둘째, 대량화물 등의 수송을 주요 대상으로 한다. 셋째, 운임이 그 당시의 수요와 공급에 의한 완전경쟁으로 운임율이 결정된다.

(2) 용선운송계약

용선운송계약(contract of sea carriage by charter party)은 송화인이 선박회사로부터 선복의 전부 또는 일부를 빌려 화물을 운송하는 경우에 체결하는 계약이며, 이는 개품운송계약과는 달리 용선계약서(Charter Party; C/P)에 의하여 정식으로 운송계약을 체결한다. 용선운송계약에는 주로 부정기선이 이용되며 용선계약의 체결은 먼저 화주가 운송인(선박회사)과 직접 교섭하는 경우도 있으나 보통은 용선중개인(chartering broker)을 통하여 교섭한다.

용선운송계약은 주로 철광석, 석탄, 곡물, 시멘트 등과 같이 운임부담력이 낮은 저가 대량화물 운송에 사용된다. 또한 지역별, 시기별로 불규칙적으로 운송되는 화물에 적합하며 요금체계가 자유경쟁인 것이 특징이다. 용선운송계약은 선복의 일부를 빌리는 일부용선계약(partial charter)과 전부를 빌리는 전부용선계약(whole charter)으로 구분되며, 전부용선계약에는 용선형태에 따라 항해용선계약, 기간용선계약, 나용선계약으로 구분된다.

① 항해용선계약(voyage charter)은 특정항구에서 특정항구까지 서로가 합의한 운송조건으로 만선화물 또는 부분화물의 운송을 운송인(선주)이 용선자(화주)에게 선복의 사용을 허용하는 계약이다. 여기서는 일정한 항해를 기초로 하며 용선자가 선박회사에게 지급하는 용선료는 적하의 톤당 금액을 기준으로 한다.

② 기간용선계약(time charter)은 일정기간을 정하여 용선하는 계약으로서 용선자(화주)가 일정기간 연속해서 대량화물을 운송할 필요가 있을 경우에 주로 이용된다. 선박회사는 선박에 설비 및 용구를 갖추고 선원을 승선시킨 상태에서 일정기간을 용선자에게 빌려준다. 계약기간 중 선박회사는 선원비 및 보험료와 같은 통상적 설비를 부담하고 용선자는 연료비, 항세 및 용선료를 부담한다.

③ 나용선계약(bareboat charter)은 용선자가 선박 이외의 선장, 선원, 장비 및 소모품에 대하여 모든 책임을 부담하는 용선계약을 말한다. 항해용선계약과 기간용선계약은 용선자에게 물품이 운송권만 부여하지만, 나용선계약에 있어서는 용선자에게 선박의 점유와 통제권을 부여하므로 선장은 법적으로 용선자의 대리인이 된다.

3. 해상운송서류와 선화증권

1) 해상운송서류의 의의

해상운송서류는 수출화물의 선적 및 선적과 관련된 여러 가지 사실을 증명하는 선화증권 등 운송인이 화주에게 제공하는 해상운송에 대한 사항이 기재되어 발행되는 서류이다. 해상운송서류에서 가장 일반적인 것이 선화증권이다. 이는 화주와 운송인 사이의 운송계약의 내용이 기재되어 있으며 운송인이 화주로부터 화물을 수령한 수령증이며 화물과 동일한 효과를 발생시키는 유가증권이다. 선화증권 외에 해상운송서류로서 복합운송의 경우에 사용되는 복합운송서류와 유가증권은 아니지만 해상운송에서 제한적으로 사용되는 해상화물운송장 등이 있다.

2) 선화증권의 의의

(1) 선화증권의 개념

선화증권(Bill of Lading; B/L)은 운송인이 물품의 수취 또는 선적을 증명함과 동시에 목적지에서 이 증권과 상환으로 물품을 인도할 것을 확약하고 그 물품의 운송조건을 기재한 유가증권이다. 즉, 운송인이 화주로부터 화물을 인도 받아 선박에 선적했다는 것을 나타내는 서류이며, 선사는 선화증권에 기재된 조건에 따라 화물을 운송하고 양륙항에서 이 증권과 교환하여 화물을 인도하기로 약정한 증권이다.

(2) 선화증권의 기능

선화증권의 기능을 다음의 세 가지로 나누어 설명할 수 있다.

첫째, 선화증권 자체가 화물 그 자체를 상징하는 권리증권이다. 선화증권을 소지한 자는 화물의 청구권과 처분권을 갖으며, 증권의 소지인은 양륙항에서 물품을 인도 받을 수 있고 소지인은 단순히 증권을 배서함으로써 운송 중의 물품 소유권을 양도할 수 있다. 선화증권을 소유하고 있는 것은 물품을 소유하고 있는 것과 법적으로 동일한 효력을 가지고 있기 때문에 소지인은 양륙항에서 물품을 인수할 수 있으며, 물품이 운송되고 있는 도중에도 선화증권을 양도함으로써 물품을 인도할 수 있다.

둘째, 선화증권은 운송계약의 증빙서류 역할을 한다. 선주와 화주간에 체결하는 운송계약은 별도의 계약서가 존재하지 않고 선화증권으로 대신하므로 선화증권은 바로 선주와 화주 간에 계약이 체결된 것을 증명하는 계약증서가 된다. 반면, 용선운송계약의 경우는 용선운송계약서가 작성되고 선화증권은 단지 화물의 수령증에 불과하게 된다.

셋째, 선화증권은 이름 그대로 해당화물이 선적(lading)되어 선사의 관리하에 있다는 영수증(receipt of goods)의 역할을 한다. 따라서 운송인은 화물수령 시 그 내용을 충분히 검토한 후 선화증권에 그 명세를 기재하고 선화증권상에 기재된 것과 동일한 화물을 화주에게 인도하여야 한다. 그렇지 않을 경우에는 운송인은 선적된 화물이 선화증권의 기재내용과 상이하였다는 증거를 제시하여야 한다. 증거를 제시하지 못하는 경우에는 수화인으로부터 손해배상청구 등의 항변을 받게 된다.

3) 선화증권의 종류

(1) 수화인 표시 유무에 따른 분류

수화인 표시 유무에 따라 기명식 선화증권, 지시식 선화증권, 소지인식 선화증권으로 구분할 수 있다. 기명식 선화증권(straight B/L)은 선화증권의 수화인(consignee)란에 특정인을 기입한 것으로서 특정인을 수화인으로 했을 경우 특정한 수화인에게만 화물의 수취권이 부여되어 양도불능이 되므로 유통증권인 선화증권의 성질을 저해한다.

지시식 선화증권(order B/L)은 수화인란에 특정인을 기입하지 않고 단순히 order of xxx bank, order of shipper 등으로 기재되어 있어 유통을 목적으로 한 증권이다. 지시식 선화증권은 화환취결시 이면에 백지배서(blank endorsement)를 함으로써 그 증권에 기재되어 있는 물품을 지배하는 권리를 이전시킬 수 있다.

소지인식 선화증권(bearer B/L) 무기명식 선화증권이라고도 하며, 수화인란에 bearer로 기재되어 있거나 공란으로 두는 것으로서 소지하고 있으면 누구라도 수화인이 될 수 있다.

(2) 하자 여부에 따른 분류

하자 여부에 따라 무고장부 선화증권과 고장부 선화증권으로 구분할 수 있다. 무고장부 선화증권(clean B/L)은 선박회사가 인수한 물품이 물품명세 또는 수량 및 포장에 하자가 없는 경우 발행되는 증권이다. 이는 증권면에 "Shipped on board in apparent good order and condition"과 같이 양호한 상태로 선적했다는 취지가 기재되어 있다.

고장부 선화증권(foul B/L)은 선적된 화물의 포장, 수량 기타의 사항에 대해서 불완전한 것이 있어 그런 표현이 B/L면에 기재되어 발행된 선화증권이다. 수출업자는 고장부 선화증권을 발급받게 되면 은행화환취결을 위해 선박회사에 파손화물보상장(Letter of Indemnity; L/I)을 제공하고 선박회사로부터 무고장부 선화증권을 교부받을 수 있다. 이때 수출업자는 차후에 파손화물에 대해 문제가 제기될 시 파손화물보상장에 근거하여 선박회사에 보상책임을 져야 한다. 그리고 수입업자에게 통보하고 차후 추가선적이나 가격공제 또는 할인 등으로 양해를 구해야 한다. 보험회사에도 파손화물보상장에 대하여 보상책임이 없기 때문에 수출업자는 이를 보험회사에 고지해야 하며 이를 고지하지 않으면 사기로 간주된다.

(3) 선적여부에 따른 분류

선적여부에 따라 선화증권을 선적선화증권과 수취선화증권으로 구분할 수 있다. 선적선화증권(shipped B/L)은 선화증권면에 "shipped on board vessel", "loaded on board vessel", "shipped on board the ship" 등으로 화물이 실제로 특정 선박에 적재되었다는 취지가 기재된 것으로 선적후 발행하는 선화증권을 말한다.

수취선화증권(received B/L)은 선적전에 화물이 선박회사가 지정한 장소에서 운송인에게 인도되어 있는 경우 화주의 의뢰에 따라 발행되는 선화증권으로 "received for shipment"라고 기재된다. 화물을 선적할 선박이 화물을 적재하기 위하여 항내에 정박 중이거나 아직 입항되지는 아니하였으나, 선박이 지정된 경우에 선박회사가 주로 화물을 자신의 부두창고 또는 부두 장치장에서 수령하고 선적전에 발행하는 증권이다. 이 증권은 나중에 실제로 선적이 이루어진 후 선적일을 기입하고 선박회사가 서명하면 선적선화증권과 동일한 효력을 가지게 된다.

(4) 유통가능성에 따른 분류

유통가능성에 따라 선화증권을 유통성 선화증권과 비유통성 선화증권으로 구분할 수 있다. 유통성 선화증권(negotiable B/L)은 증권으로 표시된 권리가 소지인 또는 증권면에 지정되어 있는 자의 지시인에게 배서 또는 교부로 자유롭게 양도될 수 있는 취지가 명시되어 있는 선화증권이다.

비유통성 선화증권(non-negotiable B/L)은 권리의 양도나 유통이 불가능한 선화증권으로서 기명식 선화증권이 여기에 해당된다. 원본 이외의 모든 선화증권 사본에는 "non-negotiable(유통불능)"이라는 도장이 찍혀 있으며, 이들 사본으로는 화물상환이 되지 않고 은행에서도 매입하지 않는다.

4) 선화증권의 위기와 극복방안

(1) 선화증권의 위기

선화증권의 위기란 선박의 고속화로 화물이 상당히 신속하게 도착되어짐에도 불구하고 선적서류는 종래 그대로 은행을 경유하여 은행의 서류심사기간을 충분히 거친 다음에 처리됨으로써 본선이 입항하고도 선화증권이 도착하지 않아 수화인이 운송품을 인도받지 못하고, 해상운송인은 물품을 인도하지 못하여 곤란하게 되는 상황을 말한다.

본선이 이미 도착하고 있는데 선화증권이 도착하지 않은 경우 서류가 도착하기를 기다리는 것은 본선의 체선비용을 고려할 때 비효율적일 뿐만 아니라, 선박회사가 이러한 체선비용을 회피하기 위하여 화물을 양륙해서 육상의 창고에 보관한다는 것도 보관료가 많이 들기 때문에 비현실적이다.

현재의 무역관습에서 운송품을 인도받기 위해서는 선화증권의 제시를 절대적 요건으로 하고 있기 때문에 양륙지에 운송서류인 선화증권보다 운송품이 먼저 도착하게 되면 수화인은 화물을 신속하게 인수할 수 없고, 운송인은 대고객 서비스향상에 역행하게 되는 결과가 된다.

(2) 극복방안

선화증권의 위기를 해결하기 위한 방안으로서 첫째, 수입화물선취보증장(Letter of Guarantee; L/G)의 사용들 수 있다. 이 서류는 화물이 이미 목적지에 도착되어 있지만 선화증권이 도착하지 않아 수입업자가 도착화물을 인수하지 못하는 경우, 수입업자와 은행의 연대보증장인 수입화물선취보증장을 발급받아 이를 제출하고 화물을 인수할 수 있는데, 수입화물선취보증장은 선박회사가 입게 될지도 모르는 손해를 보상해주겠다는 보상각서라고 할 수 있다. 반면 수입화물선취보증장은 선화증권의 위기를 해결할 수 있는 방안으로 좋은 제도이지만, 높은 발행수수료와 그에 따른 발행절차이행의 번거로움이 있다. 그리고 수입화물선취보증장 위조의 가능성으로 인해 불법의 정당하지 않는 소지인에게 물품이 인도될 수 있는 위험이 있다.

둘째, 선화증권의 편법적 사용을 들 수 있다. 이 방안은 선화증권을 매수인에게 직송하고 화환어음에 첨부하는 선적서류는 선화증권의 사본도 수리하도록 규정하거나 선화증권 원본 1통을 선장에게 탁송하는 방법을 이용할 수 있다.

셋째, 해상화물운송장(Sea-Waybill)을 사용하는 방안이다. 해상화물운송장은 서류의 제출없이도 물품의 인도·인수가 가능하며, 유통성이 없고 유가증권이 아니므로 도난이나 분실에 위험성이 없는 장점이 있다. 반면 권리증권이 아니므로 항해중 물품의 전매가 불가능하며, 담보력이 없기 때문에 수입지 은행(신용장발행은행)은 수입대금 미결제에 대한 위험이 존재한다는 단점이 있다.

넷째, 전자선화증권(electronic bill of lading)을 사용하는 방안이다. 전자선화증권은 운송인이 선화증권의 내용을 전자적 방법으로 작성하여, 저장한 후 송화인에게 전송하는 형식의 선화증권이다.

수입화물선취보증신청서
(Application For Letter of Guarantee)

□수입물품대도(T/R) 신청   □EDI형 서비스 신청)

계	결재

(Shipping Co) Korea shipping co.	⑥ 신용장(계약서)번호(L/C NO.) ： MI701905NS06260	⑦ L/G번호(L/G NO.)
	⑧ 선화증권번호 (B/L NO.)	74343043
② 송화인(Shipper) KOBNACK CO., LTD TOKYO, Japan	⑨ 선박명 (Vessel Name)	Korea Shipping Co.
	⑩ 도착(예정)일 (Arrival Date)	Jan. 24, 2015
	⑪ 항해번호 (Voyage No.)	NYPU013
③ 상업송장금액(Invoice Value) ¥600,000	⑫ 선적항 (Port of Loading)	TOKYO
	⑬ 도착항 (Port of Discharge)	PUSAN

④ 화물표시 및 번호 (Nos. & Marks)	⑤ 포장수(Packages)	⑭ 상품명세(Description of Goods)
WOOJIN PUSAN P/NO.1 Made in Japan	1set	Weather Facsimile Receiver Model　FAX-108 Maker : Furno Electric Co. Complete set

□ 본인은 위 신용장의 수입물품을 대도(T/R) 신청함에 있어 따로 제출한 외국환거래약정서 및 양도담보계약서의 모든 조항에 따를 것을 확약합니다.

□ 본인은 EDI 방식에 의한 수입물품선취보증서(L/G) 발급의 경우 소정의 서비스 이용료를 납부하고 본건이 발급된 후에는 변경 또는 취소가 불가능 함을 확약합니다.

본인은 위 신용장등에 의한 관계 선적서류가 귀행에 도착하기 전에 수입화물을 인도받기 위해 수입화물 선취보증을 신청하며 본인이 따로 제출한 수입화물 선취보증서(LETTER OF GUARANTEE)에 귀행이 서명함에 있어 다음 사항에 따를 것을 확약합니다.

1. 귀행이 수입화물 선취보증서에 서명함으로써 발생하는 위험과 책임 및 비용은 모두 본인이 부담하겠습니다.
2. 본인은 위 수입화물에 대하여는 귀행이 소유권이 있음을 확인하며 귀행이 수입화물선취보증서에 따른 보증채무를 이행하여야 할 것이 예상될 경우 또는 본인에 대하여 은행여신거래 기본약관 제7조의 사유가 발생할 경우에는 귀행의 청구를 받는 즉시 위 수입화물을 귀행에 인도하겠으며, 수입화물의 인도가 불가능할 경우에는 위 수입물품에 상당하는 대금으로 상환하겠습니다.
3. 본인은 위 수입화물에 관한 관계 선적서류를 제3자에게 담보로 제공하지 않았음을 확인하며, 또한 귀행의 서면 동의없이 이를 담보로 제공하지 않겠습니다.
4. 본인은 위 수입화물에 관한 관계 선적서류가 도착할 때에는 신용장 조건과의 불일치 등 어떠한 흠에도 불구하고 이들 서류를 반드시 인수하겠습니다.

20　년　월　일

신청인　홍　길　동　㊞
주 소　서울 강남구 삼성동 159-1
TEL.　6000 - 0114

인감 및 원본확인	

(4040051, 210×297) NCR 2매 1조(2002. 12 개정)

1. 항공운송의 의의

항공운송(air transportation)은 항공기의 항복(plane's space)에 승객, 우편 및 화물을 탑재하고 한 국가의 국제공항에서 공로로 다른 나라의 국제공항까지 운송하는 운송시스템을 말한다. 국제화물운송은 해상운송이 주류를 이루고 있지만 항공산업의 발전과 화물전세기의 등장, 상품의 고부가가치화 및 소형화, 국제분업의 가속화를 통한 운송수요가 증가하고 있는 상황이다.

다른 운송수단과 비교하여 항공운송의 특성은 다음과 같다. 첫째, 신속·정시성을 들 수 있다. 항공운송은 해상운송에 비해 운송시간이 훨씬 짧아 신속하고, 발착시간, 정시운항, 운항횟수에 의한 정시성이 서비스의 최우선으로 고려되고 있다. 이에 따라 계절유행상품이나 납기가 촉박한 상품과 같이 긴급물품의 수송에 적합한 운송수단이다.

둘째, 항공운송은 타 운송수단에 비교하여 상대적으로 안전성이 있다. 해상운송은 장기간 운송으로 인한 원형변질, 파도, 태풍 등에 기인한 충격에 의한 화물손상, 해수에 의한 침식 또는 부식의 가능성이 높은 반면 항공운송은 운항시간의 단축으로 위험의 발생률이 낮다.

셋째, 내륙지역으로의 접근성이 탁월하다. 도로나 항만 등의 미비로 항공운송이 아니면 운송할 수 없는 내륙의 오지의 경우에는 그 역할이 더 크다.

넷째, 항공운송은 경제적이다. 단순히 운임만을 비교하면 항공운임은 해상운임에 비해 훨씬 비싸기 때문에 항공운송을 기피하지만 포장비, 보험료, 기타 부대비용 등을 고려한 총비용 개념으로 볼 때 항공운송이 해상운송보다 저렴할 수 있다.

2. 항공운송사업

항공화물은 일반적으로 송화인이 항공회사와 직접 거래하기보다는 항공화물운송대리점이나 항공화물주선업자와 운송계약을 체결하는 것이 일반적인 관행으로 되어 있다.

1) 항공화물운송대리점

항공화물운송대리점(air cargo agent)은 항공사 또는 총대리점을 유상으로 항공기에 의한 화물운송계약체결을 대리하는 사업을 영위하는 자를 말한다. 항공회사의 운송약관, 규칙, 운임율, 운항예정표에 의거하여 항공화물을 유치하고 항공운송장(Air Waybill)을 발행하며, 이에 부수되는 업무를 수행하여 그 대가로 소정의 수수료를 받는다. 각각의 항공회사가 세계의 항공화물의 집화, 포장, 통관절차, 배송 등을 스스로 행하는 것은 매우 번거로운 일이다. 이에 따라 항공화물운송대리점을 통해 항공화물의 원활한 흐름이 발생한다.

항공운송대리점의 주요 기능은 수출 항공화물의 유치, 운송을 위한 준비작업(항공화물운송장의 작성, 포장작업 등), 수출입화물에 대한 통관수속의 대행, 항공화물보험의 부보업무, 항공운송 이전과 직후에 이루어지는 내륙운송의 주선 및 이행 등과 같은 부대서비스를 제공하는 것이다.

2) 항공운송주선업자

항공운송주선업자(air freight forwarder)는 혼재업자(consolidator)라고도 부르며, 타인의 수요에 응하여 유상으로 자기의 명의로서 항공사의 항공기를 이용하여 화물의 혼재 또는 운송하는 사업으로 스스로가 송화인과의 계약주체로서 독자적인 운송장, 운송약관, 요율을 가지고 운송계약을 체결하는 자를 말한다. 항공화물운송주선업은 1993년 12월 항공법이 개정되면서 삭제되고 화물유통촉진법에서 해상화물운송주선업과 함께 복합운송주선업으로 통합되었다.

항공운송주선업자는 항공사로부터 항공화물운송장(Master Air Waybill)을 발급 받게 되며, 자신은 송화인에게 혼재화물운송장(House Air Waybill)을 발행한다. 즉, 항공회사와의 운송계약에 따라 발행되는 항공화물운송장을 근거로 하여, 자체 보유한 별도의 운송약관에 따라 다수의 화주들에게 독립된 항공화물운송장인 혼재화물운송장을 발행하는 항공기 없는 항공사의 역할을 수행하고 있다.

또한 항공운송주선업자는 화주들의 여러 화물을 집화하여 혼재하는 기능을 갖는다. 항공사의 운임은 한 건으로 운송되는 화물의 중량이 커짐에 따라 적용요율은 더 낮은 것을 적용받을 수 있도록 되어 있으므로 이것을 근거로 하여 영업을 하게 된다. 특히 혼재운송을 전문으로 하는 전문혼자업자는 직접 수출업자를 상대로 영업을 하지 않고 다른 대리점의 화물만을 취급하기도 한다.

혼재화물이 목적지에 도착하면 항공회사로부터 항공운송장을 받아 혼재화물운송장별로 화물을 분류하여 수화인에게 항공화물의 도착을 통지하고 통관절차를 대행(주선)해 주며, 운임후불의 경우 수화인으로부터 운임을 징수하고 출발지의 혼재업자에게 송금하는 업무를 행한다.

구분	대리점(Agent)	혼재업자(Consolidator)
운임	항공사 Tariff 사용	자체 Tariff 사용
운송약관	항공사 약관에 준함	자체 약관에 준함
수화인	매 건당 Consignee가 됨	혼재화물인수대리점이 Consignee 가 됨
이익	수수료(운임의 5%) 취득	화주로부터의 수령금과 항공사 지급운임과의 차액
AWB	항공사 Master Air Waybill 사용	자체 House Air Waybill 사용

표 14-2
대리점과
혼재업자의
비교

3) 국제특송서비스

국제특송서비스(international courier service)는 외국의 업체와 계약을 체결하여 상업서류 및 소형·경량물품을 항공기를 이용해 문전에서 문전(door to door)까지 수취·배달해주는 서비스로서, 상업서류 및 이에 부수되는 소량화물송달 서비스를 말한다.

즉, 국제특송서비스는 ① 계약서, 기술관계서류, 각종 데이터, 은행관계 서류, 수출화물의 선적서류, 설계도, 팜플렛 등 우편법에 제한적용을 받지 않는 상업서류 및 이에 수반되는 ② 상품견본, 시험견본, 제작용 견본, 카탈로그, 인쇄물, 소량의 장식품 등의 중량 45kg 이하의 시장가치가 없는 소량, 소형, 경량의 일반화물 등의 소량화물을 급송하는 서비스이다.

3. 항공운송운임

항공운송에 있어서도 해상운송과 마찬가지로 개품운송계약 및 항공기전세계약이 있다. 개품운송계약의 경우 통상 국제항공운송협회(International Air Transport Association ; IATA)의 국제통일운임에 따르는데, 항공기전세계약운송에서는 협정운임이 없고 각 항공회사가 정부의 승인을 얻어 운임을 설정하고 있다.

항공운임에는 최저요금(minimum charge), 일반화물운임률(general cargo rates), 컨테이너 단위요금(bulk utilization charge), 특정품목운임률(specific commodity rates), 품목분류운임률(commodity classification rates) 등이 있다.

최저운임은 일정 중량에 미달되는 화물에 적용되는 것으로서, 소정의 최저중량에 적용되는 정액운임이다. 일반화물운임은 일정한 특별품목 이외의 보통화물로서 컨테이너에 적입이 안 된 화물에 적용된다. 컨테이너 단위요금은 컨테이너에 적입된 화물에 적용된다. 그리고 특정품목운임률은 특정구간운송의 특정품목에 적용되는 할인운임이다. 품목분류운임률은 일정한 지역간 또는 지역 내를 통과하는 일정품목에 적용되는 할증 또는 할인운임률로서 귀중품과 신문 등에 적용된다.

제3절 복합운송

1. 복합운송의 의의

1) 복합운송의 개념

복합운송(multimodal transport)은 특정 운송품이 하나의 운송계약 하에 서로 다른 2종류 이상의 운송수단(선박, 철도, 항공기 등)에 의해 운송구간을 결합하고 2지점 상호간을 통하여 일관된 운송서비스를 제공하는 형태를 말한다. 복합운송은 반드시 이종 운송수단의 결합에 의하여 이루어져야 하고, 복합운송인 1인에게 전운송구간의 책임을 집중시킬 수 있으며 복합운송증권이 발행된다.

복합운송이란 용어는 1949년 국제상업회의소의 국제화물 복합운송증권조약의 예비초안에서 종래의 통운송에 대립된 용어로 복합운송이란 표현이 사용되었다. 그후 복합운송이란 용어는 "combined transport"라 표기하다가 1980년 UN국제물품복합운송조약(United Nations Convention on International Multimodal Transport of Goods)에서 "multimodal transport"라고 표기하게 되었다.

2) 복합운송의 특성

복합운송은 일관운송책임(single liability)인수, 통운임(through rate)제시, 복합운송증권(combined transport bill of lading; CT B/L)의 발행, 운송방식의 다양성이라는 기본개념에 의해 특징 지워진다. 이러한 복합운송은 다음과 같은 특성을 갖는다.

첫째, 국제복합운송은 재래식방식과 비교하여 부대비용을 절감할 수 있다. 특히 운항비, 하역비, 포장비, 보관비, 해상보험료 등이 절감되는 효과를 갖는다.

둘째, 운송책임의 단일성이라는 특성이 있다. 국제복합운송의 "운송책임"에 관해서는 운송범위와 관련해 당연히 복합운송인이 화주와 체결한 복합운송계약으로 커버되는 전운송과정에 걸쳐 화물운송 상의 위험에 대해 "일원적"으로 책임을 지게 된다.

셋째, 단일운임의 설정이다. 복합운송인은 복합운송의 서비스 대가로서 각 운송구간마다 분할된 것이 아닌 전 운송구간이 단일화된 운임을 부과한다.

2. 복합운송경로

랜드 브리지(land bridge)는 해상과 육상 그리고 항공을 연결하는 가장 경제적인 복합운송경로이다. 랜드 브리지에는 해상-육상을 결합시키는 2구간 랜드 브리지(two-span land bridge)와 해상·육상·해상을 결합시키는 3구간 랜드 브리지(three-span land bridge)가 발달되어 있다.

1) 시베리아 랜드 브리지

시베리아 랜드 브리지(Siberia Land Bridge; SLB)는 부산 또는 일본 등으로부터 러시아의 나호드카(Naknodka) 또는 보스토치니(Vostochny)까지 해상운송한 후 시베리아 횡단철도에 의해 유럽 및 중동지역에 까지 운송되는 경로이다.

시베리아 철도를 이용한 대륙횡단수송은 1926년 개발되어 TSR(Trans Siberia Railroad)로 시작되었으며, 2차 대전으로 중단되었다가 1967년에 전소련대외운송공단과 일본의 운수업자가 수송계약을 체결하여 본격적인 대륙 간 수송을 개시하였다. TSR은 외화획득, 해운을 통한 태평양 및 인도양의 진출과 극동/유럽 간에 door-to-door 서비스를 수행하기 위해 시베리아 철도를 이용하는 전형적인 해륙 복합운송시스템이다.

SLB는 1971년부터 본격 개시된 이래 한국, 대만, 홍콩, 필리핀, 호주, 뉴질랜드까지로 집하지역이 확대되고 목적지도 서구, 동구, 북구뿐만 아니라 지중해, 중동, 북아프리카, 아프카니스탄, 몽고까지로 확대되어 유럽항로에 의한 해상운송에 대항하는 운송루트로 발전하였다.

〈표 14-3〉은 한국(부산)에서 유럽(로테르담)까지의 경로별 거리를 비교한 것으로 SLB가 가장 짧으며, 그 결과 운송소요일수도 다른 경로를 이용하는 것보다 며칠 빠를 뿐만 아니라 운임도 유럽운임동맹보다 약간 저렴하게 책정되어 있다.

표 14-3 경로별 거리비교	운 송 경 로	거 리(km)
	시베리아 랜드 브리지	약 13,000
	북미 대륙을 경유하는 ALB	약 20,000
	수에즈운하 경유 전구간 해상운송	약 20,700
	파나마운하 경우 전구간 해상운송	약 23,000
	케이프타운 경우 전구간 해상운송	약 27,000

2) 아메리카 랜드 브리지

아메리카 랜드 브리지(American Land Bridge; ALB)는 1850년대에 미대륙을 횡단하던 Rail Bridge의 개념에서 출발하였으며, 본래의 명칭은 Land Bridge이였으나 SLB 등을 통한 극동-유럽간 수송과 구별하기 위해서 American Land Bridge라고 부르게 되었다. 이 방식은 한국 등의 극동지역에서 미국대륙을 횡단하여 유럽까지 화물을 운송하는 방식이다. 즉, 한국과 일본 등의 극동지역의 항만에서 선적된 화물을 북미 서부해안까지는 컨테이너선에 의해 해상운송된 후, 북미대륙의 횡단철도를 이용하여 북미 동부해안의 항만까지 육상운송되고, 거기에서 다시 해상운송으로 유럽지역의 항만 또는 유럽내륙까지 컨테이너를 이용한 일관운송하는 방식이다.

3) 미니 랜드 브리지

미니 랜드 브리지(Mini Land Bridge; MLB)는 한국 등의 극동지역에서 미국 동부해안이나 멕시코만의 항만까지 화물을 운송하는 방식이다. 이는 극동에서 선박으로 시애틀, 오클랜드 등 미국서부 해안에 이르고 그 이후는 철도에 의하여 미국의 동부해안 항구에 이른다. 극동에서 파나마 운하를 경유하여 뉴욕까지 해상운송 할 때의 거리는 9,800마일(30일 소요)이나 미니 랜드 브리지를 이용할 때의 거리는 7,600마일(20일 소요)로 단축된다.

4) 차이나 랜드 브리지

차이나 랜드 브리지(China Land Bridge; CLB)는 중국대륙철도와 실크로드를 이용하여 극동지역의 한국, 일본 등에서 유럽까지 화물을 운송하는 방식이다.

3. 컨테이너운송

1) 컨테이너운송의 의의

(1) 컨테이너의 정의

컨테이너는 물적유통(physical distribution) 부문에서의 포장·운송·하역·보관 등 육로·해로·공로상의 모든 과정에서 경제성·신속성·안전성을 최대로 충족시키고 화물의 운송도중에 화물의 이적 없이 일관운송을 실현시키는 혁신적인 수송도구를 말한다.

컨테이너가 해상운송에 사용된 것은 2차 세계대전 중 미군의 군수물자 수송이 처음이었으며, 민간부분에서 컨테이너운송이 시작된 것은 1950년대 중반부터였다. 1950년대 이후 무역의 급속한 증가에 따라 전 세계 수출입물량이 기하급수적으로 증가하게 되어 재래의 운송수단으로는 이를 감당할 수 없는 시점에 이르게 되었다. 이러한 필요에 의하여 컨테이너운송이 등장하게 되었다. 컨테이너의 등장으로 Door to Door Service라는 획기적인 운송혁명을 이룩하게 되었다.

(2) 컨테이너운송의 장단점

컨테이너운송의 장점으로는 첫째, 경제성으로 물적유통관리상의 총비용이 절감된다. 컨테이너운송을 이용함으로써 운항비용, 하역비, 포장비, 보관비, 해상보험료, 내륙운송비 등이 절감된다. 또한 사무절차의 간소화, 기계화에 따른 사무비 및 인건비 등 모든 비용을 절감할 수 있다.

둘째, 신속성으로 규격화된 컨테이너의 기계화 하역과 고속엔진으로 만들어진 컨테이너선으로 일반운송에 비하여 하역이나 운송시간을 단축시킬 수 있다.

셋째, 안전성으로 모든 화물이 안전하고 견고하며 밀폐된 용기에 의해서 운반되므로 하역작업 및 운송에 있어서 파손 및 도난의 염려 등이 없어 안전하게 관련 작업을 전천후적으로 할 수 있다.

컨테이너운송의 단점으로는 첫째, 컨테이너운송을 위해서는 거대 자금이 필요하다. 컨테이너 용기 자체가 고가이며, 컨테이너수송에 필요한 부두시설, 컨테이너선 및 다량의 컨테이너 확보와 컨테이너 자체를 보관할 넓은 장소가 필요하다.

둘째, 컨테이너운송에 부적합물품이 존재한다. 즉, 컨테이너를 이용할 수 없는 화물로서 자동차, 대형터빈 등 중량화물 외에도 원유, 액화가스와 적재가 불가능한 산화물 등이 있다.

셋째, 보험요율이 높다. 컨테이너선은 주로 갑판상에 적재하게 되는데 이는 위험성이 높아 할증 보험료를 적용하고 있다. 또한 컨테이너 자체가 일종의 화물로서 보험의 대상이 된다.

2) 컨테이너의 종류

컨테이너는 크기에 따라 20피트 컨테이너(twenty-foot equivalent unit; TEU)와 40피트 컨테이너(forty-foot equivalent unit; FEU)로 구분되며, TEU는 물동량의 산출을 위한 표준적인 단위로 사용되고 있으며, 컨테이너선의 적재능력을 표시하는 기준으로도 사용된다. 또한 컨테이너는 재질에 따라 그리고 용도에 따라 분류할 수 있다.

(1) 재질에 따른 분류

① 철재 컨테이너

철재 컨테이너(steel container)는 철재를 사용하여 제작된 컨테이너로서 제조원가가 저렴하여 대부분의 컨테이너가 이에 속하나 무겁고 녹이 스는 단점이 있다.

② 알루미늄 컨테이너

알루미늄 컨테이너(aluminium container)는 알루미늄을 사용하여 제작된 컨테이너로서 가볍고 외관이 아름다우며 내구성이 좋은 장점이 있으나 제조원가가 비싼 것이 단점이다.

③ 강화플라스틱 컨테이너

강화플라스틱 컨테이너(fiber glass reinforced plastic container)는 강화플라스틱(FRP)을 합판 표면에 접착제로 붙인 컨테이너이다.

(2) 용도에 따른 분류

① 표준 컨테이너

표준 컨테이너(dry container)는 가장 일반적인 컨테이너로서 온도조절이 필요하지 않은 일반잡화를 주로 운송할 수 있도록 고안된 형태의 컨테이너이다.

② 냉동 컨테이너

냉동 컨테이너(refrigerated container)는 과일, 야채, 생선, 육류 등의 보냉이나 보열이 필요한 물품의 운송에 이용되는 컨테이너로서 규격은 표준 컨테이너와 같지만 온도조절 장치가 붙어 있어 -28°C에서 +26°C까지의 임의로 온도를 조절할 수 있다.

③ 천장개방 컨테이너

천장개방 컨테이너(open top container)는 파이프, 목재 등의 장척화물이나 기계로 등의 중량화물 등을 수송하기 위해 제작된 컨테이너로서 천장을 개폐할 수 있도록 천막용 덮개로 되어 있어서 화물을 컨테이너 윗부분으로 넣거나 하역이 가능하다.

④ 하드탑 컨테이너

하드탑 컨테이너(hard top container)는 방수성이 나쁜 천장개방 컨테이너를 보완하기 위하여 천장부분의 천막용 덮개를 견고한 천장 판넬(roof panel)로 대체한 컨테이너를 말한다.

⑤ 사주 컨테이너

사주 컨테이너(flat rack container)는 기계류, 강재, 전주, 목재 등의 화물을 운송하기 위하여 표준 컨테이너의 지붕과 벽을 제거한 것으로서 덮개와 벽면이 없이 강도가 높은 바닥(floor)과 4개의 모서리에 기둥과 버팀대만을 남겨 둔 컨테이너를 말한다.

⑥ 평면 컨테이너

평면 컨테이너(platform container)는 사주 컨테이너와 마찬가지로 중량화물이나 장척화물을 운송하기 위하여 사주 컨테이너의 네 기둥을 없앤 것과 같은 모양으로서 모서리에 밧줄을 걸 수 있는 구멍이 있는 컨테이너를 말한다.

⑦ 동물용 컨테이너

동물용 컨테이너(live stock container)는 소나 말과 같은 살아있는 동물의 수송에 편리하도록 설계되어 있는 컨테이너를 말한다.

⑧ 탱크 컨테이너

탱크 컨테이너(tank container)는 유류, 술, 화학품 등의 액체화물을 운송하기 위하여 내부에 원통형의 탱크를 끼운 컨테이너를 말한다.

3) 컨테이너터미널

컨테이너 선적과 양류에는 컨테이너의 하역시설을 갖춘 전용부두가 있는데 이를 컨테이너터미널(container terminal)이라 한다. 주로 항구에 위치하여 컨테이너 인수, 보관시설을 갖추고 해상, 육상운송을 연결시켜 주는 구역인 CY(Container Yard), CFS(Container Freight Station)가 여기에 속한다.

그림 14-1

컨테이너
터미널의 구조

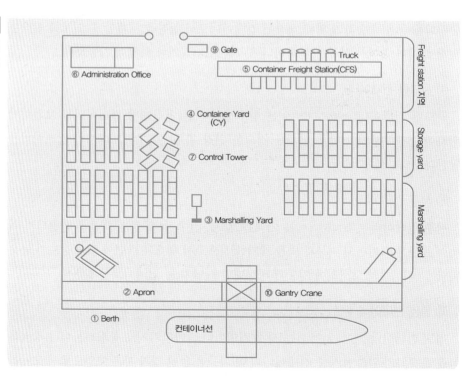

① 안벽(berth)는 선박을 접안시킬 수 있는 장소, 즉 항만 내에서 선박을 계선시킬 수 있는 시설을 갖춘 접안장소를 말한다.

② 적양장(apron)은 부두 안벽에 접한 야드의 일부분으로 바다 위의 선박과 가장 가까이 접한 곳이며 폭은 갠트리크레인이나 하역기기의 종류에 따라 결정되지만 일반적으로 약 30-50m정도이다. 여기에는 갠트리크레인이 설치되어 있어 컨테이너의 적재 및 양륙이 이루어진다.

③ 마샬링야드(marshalling yard)는 적재할 컨테이너나 양륙된 컨테이너를 정렬 및 보관하는 장소로서 적양장과 인접하고 있다.

④ 컨테이너장치장(Container Yard; CY)은 컨테이너를 인수·인도하고 보관하는 장소로서 마샬링 야드의 내륙 쪽에 위치하는 넓은 공간이다. 만재화물(Full Container Load; FCL)의 경우에는 화물의 현지장소에 선박회사측이 보내주는 컨테이너에 화주가 직접 적재하여 이를 선박회사가 지정한 특정의 화물 인수장소에 인도하는데 이러한 인도장소가 CY이다.

⑤ 컨테이너조작장(Container Freight Station; CFS)은 컨테이너 한 개에 만재하지 못하는 소량화물(Less than Container Load; LCL)을 다수의 화주로부터 인수하여 보관·분류하고 컨테이너에 적입 또는 적출 작업을 행하는 장소를 말한다.

⑥ 사무소(administration office)는 터미널의 모든 시설을 관리·운영하는 장소로서 통상적으로 터미널 입구에 설치된다.

⑦ 관제탑(control tower)는 컨테이너 야드 전체가 내려다보이는 곳에 위치하여 본선 하역작업에 대한 계획, 지시, 감독과 컨테이너 야드 내의 배치계획 등의 지시, 감독과 같이 컨테이너장치장의 작업을 통제하는 사령실이다.

⑧ 컨테이너정비소(maintenance shop)는 터미널에 있는 각종 하역기기나 운송 관련기기를 점검, 수리, 정비하기 위한 작업장소를 말한다.

⑨ 출입문(gate)는 컨테이너 한 개를 가득채운 만재화물이나 공컨테이너 등 터미널을 출입하는 컨테이너가 통과하는 출입구로서, 주로 컨테이너의 이상유무, 통관봉인(seal)의 유무, 컨테이너 중량, 컨테이너화물의 인수에 필요한 서류 등의 확인이 행해진다.

4) 컨테이너운송 형태

컨테이너화물을 컨테이너 하나에 다 채우지 못할 정도의 화물을 LCL(Less than Container Load)화물이라 하고, 컨테이너 하나에 가득 채울 수 있는 화물을 FCL(Full Container Load)화물이라 한다. 컨테이너 화물이 LCL화물인가, FCL화물인가에 따라 운송형태를 다음과 같이 나눌 수 있다.

(1) CY/CY(FCL/FCL; Door to Door)

CY/CY방식은 수출지 CY에서 수입지 CY까지 FCL형태로 운송되며 컨테이너의 장점을 최대로 살릴 수 있는 방식이다. 즉, 수출지의 공장 또는 창고에서 컨테이너에 만재한 화물(FCL)을 선적항 및 양륙항을 거쳐 최종목적지인 수입업자의 창고까지 컨테이너 개폐 없이 그대로 운송된다.

이 방식은 Door to Door System의 효과를 최대로 하는 운송방식으로 신속성, 안전성, 경제성을 최대한 충족할 수 있다. 그리고 수출업자와 수입업자가 각각 1인이므로 가장 단순한 운송방식이며, 화물의 혼재가 필요 없기 때문에 화물이 손상을 입을 염려가 없다.

그림 14-2
CY/CY방식

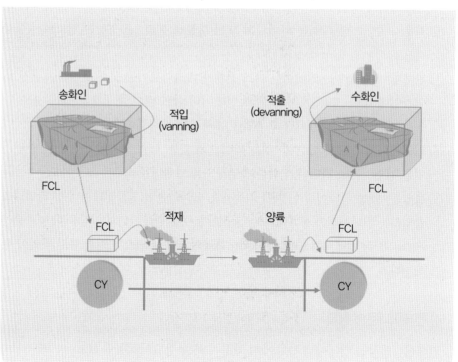

(2) CY/CFS(FCL/LCL; Door to Pier)

CY/CFS방식의 운송형태는 수출업자는 자신의 창고나 공장에서 FCL화물의 형태로 CFS를 거치지 않고 바로 수출지의 CY를 통해 수입지로 운송하고, 수입지에서는 당해 FCL화물을 다수의 수화인에게 전달하기 위한 분류작업을 위해 CFS를 거쳐 수화인에게 인도된다.

이 방식은 단일의 수출업자가 1개 수입국의 다수의 수입업자에게 일시에 화물을 운송하고자 할 때 이용되며, 화주는 선적지의 창고로부터 수입항의 CFS까지 운임을 지급하면 된다.

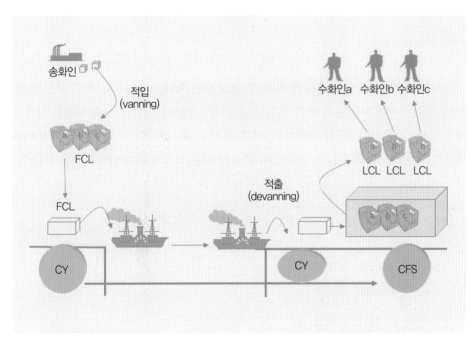

그림 14-3

CY/CFS
방식

(3) CFS/CY(LCL/FCL; Pier to Door)

CFS/CY방식의 운송형태는 선적지에서 다수의 송화인의 LCL화물을 혼재하기 위해 선적지의 CFS에서 작업을 하여 FCL화물을 만든 후, 선적항 및 양륙항을 거쳐 단일의 수화인의 공장 또는 창고에까지 운송하는 방식이다. 이 방식은 단일의 수입업자가 1개국의 여러 수출업자로부터 물품을 수입할 때 이용된다.

그림 14-4

CFS/CY 방식

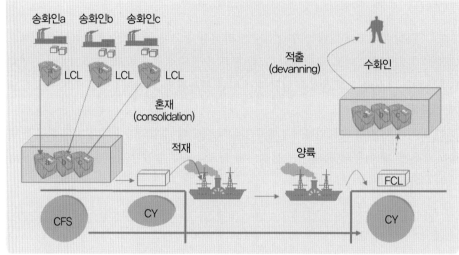

(4) CFS/CFS(LCL/LCL; Pier to Pier)

CFS/CFS방식은 컨테이너 운송의 가장 초보적인 형태로서 송화인과 수화인이 다수인 경우에 사용되는 운송방식이다. 즉, 다수의 송화인으로부터 LCL화물을 CFS에서 인도받아 컨테이너에 혼재하여 FCL화물을 만든 후, 선적항 및 양륙항을 거쳐 CFS에서 컨테이너로부터 화물을 적출하여 분류한 다음 각각의 수화인에게 인도한다.

그림 14-5

CFS/CFS 방식

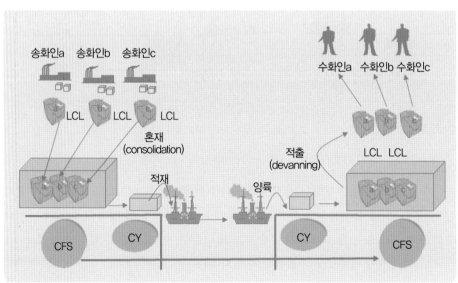

1. 선화증권의 개념과 종류에 대해 설명하시오.

2. 선화증권의 위기와 극복방안에 대해 서술하시오.

3. 컨테이너운송의 장·단점을 설명하시오.

4. 컨테이너운송의 형태에 대해 약술하시오.

5. 항공운송의 특성을 설명하시오.

6. 복합운송의 의의와 특성에 대해 설명하시오.

무역관련보험

이 장의 주요용어

신용위험 · 비상위험 · 보험자 · 피보험자 · 담보 · 부보 · 해상위험 · 위부 · 대위 ·
단독해손부담보 · 분손담보 · 단기수출보험 · 환변동보험 · 수입보험 · 수출신용보증

무역위험과 보험

무역거래는 국내의 거래와는 달리 많은 위험이 내재되어 있다. 무역거래에 위험이 산재해 있는 것은 언어와 관습, 법률 등 모든 환경이 상이한 외국과의 거래이기 때문이다. 무역거래에서 발생할 수 있는 위험을 분류해보면 다음과 같다.

1. 운송위험

무역에 관한 물품운송은 주로 해상운송에 의해 이루어져 왔다. 해상운송은 대량의 화물을 장거리로 싸게 운송하는 데 적합한 운송수단이므로 석유제품, 철강, 석탄, 모래, 석재 등의 대량화물은 주로 해상운송을 통해 운송되고 있다. 한편 항공운송은 화물의 종류나 중량과 모양 등에 따라 제한을 받는다. 따라서 항공운송은 견본이나 긴급을 요하는 물품, 운임부담이 적은 경량고가품 및 정밀도가 요구되어 해상운송에 적합하지 못한 물품의 운송으로 한정된다. 그러나 실제로는 해상운송을 중심으로 해서 항공운송과 육상운송을 결합한 복합운송이 일반화되고 있다. 이 복합운송의 운송수단 중에서 해상운송이 대부분의 구간을 차지하고 있음은 물론이다.

이상과 같은 무역거래물품의 해상운송도중에는 선박의 침몰이나 화재 등에 의해 물품이 멸실되거나 손상을 입을 위험이 있다. 이러한 운송도중의 위험을 담보하는 보험에는 전통적으로 해상보험이 있다. 해상보험은 선박보험과 적하보험으로 구성되며, 이중 선박보험은 해상운송수단인 선박을 담보하는 보험이며, 적하보험은 운송중인 화물을 담보하는 보험이다. 따라서 선박보험은 해상운송인을 위한 보험이며 적하보험은 화주인 무역업자를 위한 보험이다.

2. 신용위험

신용위험(credit risk)은 채권자의 지위에 관해서 생기는 위험으로 물품을 수출하고 수출대금을 회수하지 못하게 되는 위험이다. 무역거래에서는 매수인의 파산이나 지급 불능 혹은 화물 인수불능 등으로 인해 발생하는 경우가 많다.

수출대금 미지급의 사유에 따라 인수거절·지급불능·지급거절·지급지체로 구분된다. 인수거절(non-acceptance)은 수입업자가 물품의 인수를 거절하는 것은 물론 인수할 수 없는 상태를 함께 의미한다. 신용장 거래 등 환어음이 있는 거래에서 환어음 자체를 인수하지 않는 경우도 포함한다. 지급불능(insolvency)은 지급수단이 부족하여 수입업자가 채무를 순조롭게 변제할 수 없는 상태를 말한다. 파산이나 해산·화의 절차 또는 정리절차 개시 및 이에 준하는 상태에 있는 경우, 그리고 소송 등 법적 수단에 의하여도 채무를 변제할 수 없다는 것이 확인된 경우가 이에 속한다. 지급거절 (repudiation)은 수입업자가 채무 자체를 인정하지 않고 고의적으로 대금지급을 거절하는 것을 뜻한다. 지급지체(protracted-default)는 수입업자가 물품을 인수한 후 대금지급을 태만히 하는 경우를 말한다. 약정된 기일로부터 보통 4~6개월 이상 대금결제가 이루어지지 않는 것으로 무역거래 시에 가장 흔한 위험이다.

이러한 신용위험을 해소하기 위한 대안으로 신용장방식을 이용한 수출대금결제와 수출보험을 활용하는 방안이 있다.

3. 비상위험

비상위험(political risk)은 수입국에서의 수입금지 또는 제한조치, 외국에서의 전쟁, 내란, 스트라이크와 같은 비상사태 등 수출입계약 당사자에게 책임지울 수 없는 사유로 인하여 물품의 수출이 불가능해 지거나 또는 수출한 물품대금의 회수가 불가능하여 짐으로써 수출업자, 수출품 생산업자 또는 이들에게 융자를 해 준 금융기관이 입게 되는 손실의 위험을 말한다. 수출보험에서는 이러한 비상위험을 담보하고 있어서 수출업자나 금융기관이 입게 되는 손실을 보상하여 수출을 지원하고 있다.

4. 책임위험

최근 새롭게 등장하고 있는 무역위험 중에는 제조물책임(Product Liability; PL)에 관한 위험이 있다. 제조물책임이란 제품의 결함이 원인이 되어 타인의 생명이나 신체 또는 재산에 손해를 입힌 경우, 그와 같은 제품을 제조, 공급 또는 판매한 자가 손해를 입은 자에게 지게 되는 법률상의 손해배상책임이다. 이러한 제조물책임은 제조업자뿐만이 아니라 제품을 공급 내지 판매만 하는 무역업자도 손해배상책임을 지게 된다.

우리나라에도 2002년 7월 1일부터 제조물책임법이 시행됨에 따라 해당 제조물의 제조, 가공 또는 수입하는 업체는 제조물 결함으로 발생한 사용자의 생명, 신체 또는 재산상의 손해에 대해 손해배상의 책임을 부담하게 되었다. 이에 따라 국산 제품을 수입, 판매하는 수입업체의 경우에도 제조, 가공업체와 같은 입장에서 제조물책임법의 적용을 받게 된다. 이런 위험에 대해서는 적하보험과는 별도의 제조물책임보험 (product liability insurance)에 의해서 보험자가 인수하고 있다.

제2절 해상보험

1. 해상보험의 의의

1) 해상보험의 개념

해상보험(marine insurance)은 해상위험에 의하여 발생하는 손해를 보상할 것을 목적으로 하는 보험이다. 즉, 해상사업에 관한 사고에 직면하는 재산권을 가진 다수의 경제주체가 각자의 위험정도에 따라 합리적인 기금을 부담하여 공동준비자산을 형성한 후 해상위험 발생으로 손해를 입은 자에게 보상함으로써 그 경제상의 불안을 제거하거나 경감하는 손해보험제도를 말한다.

그림 15-1
해상보험

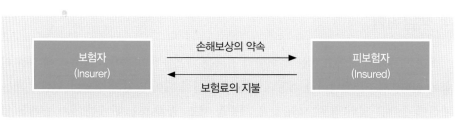

영국 해상보험법(Marine Insurance Act, 1906; MIA)에 의하면 "해상보험계약은 보험자가 해상사업에 수반되는 손해의 보상을 약속하는 계약이다"라고 정의하고 있으며, 우리나라 상법 693조에서도 "해상보험계약은 항해에 관한 사고로 인하여 생기는 손해를 보상할 것을 목적으로 하는 손해보험이다"라고 규정하고 있다.

2) 해상보험의 특성

(1) 국제성

해상보험은 상이한 국적의 기업이 참여하는 국제적 성격을 지니고 있다. 이에 따라 각국의 보험약관이나 법률 규정의 상이성으로 인한 오해 및 분쟁발생의 부작용을 낳는 모순을 안고 있다. 따라서 해상보험 관련규정의 국제적 통일을 기하기 위하여 전 세계 70% 이상이 영국법을 준거약관으로 해상보험증권에 삽입하고 있다.

(2) 해륙혼합위험 담보

해상보험에서 보상하는 손해는 해상에서의 손해뿐만 아니라 해상사업에 수반하는 손해까지 포함한다. 즉, 해상보험은 해상위험을 담보하는 보험이지만 특약 또는 상관습에 따라서 담보하는 범위를 확장하여 항해에 부수하는 내수 또는 육상위험을 담보하는 경우가 많다.

(3) 위험담보의 종합보험성

손해보험인 화재보험이나 도난보험은 원칙적으로 단일위험을 담보로 하는 것과는 달리 해상보험은 다양한 위험을 종합적으로 담보하는 종합보험성을 가진 보험이다. 해상보험은 생성초기부터 해난, 해적, 전쟁 등 일체의 해상위험을 담보하여 왔지만, 오늘날 해상보험에서는 육상보험과 항공보험도 하나의 해상보험증권으로 일괄 담보되고 있다.

3) 해상보험의 용어

(1) 보험자

보험자(insurer, underwriter)는 보험계약 체결의 당사자 중에서 보험계약을 인수하는 자를 말한다. 일반적으로 보험회사를 지칭하며 보험계약자로부터 보험료라는 보수를 얻는 대가로 항해에 관한 우연적 사고로 인하여 보험에 부보된 이익에 대한 모든 손해의 보상을 보증하는 의무를 부담하는 자이다.

(2) 보험계약자와 피보험자

보험계약자(policy holder)는 보험계약을 신청하고 보험자와 보험계약을 체결하여 보험료를 지급하는 자를 말한다. 피보험자(insured, assured)는 피보험이익의 주체로서 손해가 발생한 경우에 손해보상을 받을 수 있는 자를 말한다. 피보험자는 보험자에 대한 손해보상의 청구권을 가진다.

보험은 보통 자기를 위하여 보험계약을 하지만 타인을 위한 보험계약을 체결하는 경우가 있다. 타인을 위해 보험계약을 체결하는 경우 보험계약자와 피보험자는 다른 사람이 되는 경우 인데, 예를 들면 정형거래조건 중에서 CIF와 CIP규칙은 보험계약자가 매도인이며, 매수인이 피보험자가 된다.

(3) 담보와 부보

담보(to cover)는 보험자가 피보험자의 재산상 손해가 발생하면 그 손해를 보상한다는 약속을 말한다. 즉, 보험자가 손해발생의 가능성인 위험을 책임진다는 것을 의미한다. 이를 보상 혹은 전보(to pay)로 혼용하여 사용하고 있다.

부보(cover, insure)는 어떤 상품을 보험에 붙인다는 뜻으로 일반적으로 보험계약을 체결한다는 말을 의미한다.

(4) 피보험목적물과 피보험이익

피보험목적물(subject-matter insured)은 해상보험에서 보험을 통하여 보호되는 객체를 말하며 보험목적물이라고도 한다. 해상보험에서 피보험목적물이 될 수 있는 것은 적하, 선박, 운임 등이다.

피보험이익(insurable interest)은 보험계약을 체결할 수 있고 이로 인하여 불확실한 미래의 사고로부터 재산상 손실을 보상받을 수 있는 이익을 말한다.

(5) 보험료와 보험금

보험료(premium)는 보험자의 손해보상에 대한 약속의 반대급부로 보험계약자가 지불하는 금전을 말한다. 보험계약자의 보험료 납부의무와 보험자의 보험증권 발행의무는 동시이행조건이므로 보험료가 납부될 때까지는 보험증권발행의무가 없을 뿐 아니라 보험자의 책임이 개시되지도 않게 된다.

보험금(claim amount)은 담보위험으로 인하여 피보험자가 입은 재산상의 손해에 대해 보험자가 약관이 정한 바에 따라 지급하는 보상금을 말한다. 즉, 보험증권상에 담보되는 위험으로 인하여 경제적 손해가 발생했을 경우 손해보상금의 명목으로 지급되는 금액이 보험금이다.

(6) 보험가액과 보험금액

보험가액(insurable value)은 피보험이익의 평가액으로서 피보험이익에 대하여 발생할 수 있는 경제적 손실의 최고 한도액 또는 그 견적액을 말한다. 즉, 보험사고발생시 피보험자가 당할 수 있는 손해의 최고한도액이며 환언하면, 보험자가 보상할 최대한의 손해액으로 보험자의 보상책임에 대한 한도액을 말한다. 보험가액을 한도로 보험회사가 지급할 보험금의 한도(보험금액)를 약정하며, 보험가액은 물가의 변동, 시간의 경과, 공간의 이동 등에 의해 계속 변동된다. 따라서 보험계약을 체결할 때 당사자가 일정금액으로 협정하고 이를 변하지 않는 것으로 하는데 이를 "보험가액 불변원칙"이라 한다.

보험금액(insured amount)은 손해가 발생한 경우 보험자가 계약상 부담해야 하는 손해보상의 최고한도액을 말한다. 전손이 발생하였을 경우 보험자가 피보험자에게 지급하여야 할 금액의 최고한도로, 실제로 부보된 금액으로 보험증권에 나타난 금액이 보험금액이다. 보험금액과 보험가액이 같은 경우 전부보험(full insurance)이라 하고, 이는 보험자로부터 실손해액을 보상받게 된다. 반면 보험금액이 보험가액보다 큰 경우를 초과보험(over insurance)이라 하며, 이는 초과되는 부분이 사기에 의한 것이면 무효로 되기 때문에 보험금 지급의 계산 대상으로 되지 않는다. 그리고 보험금액이 보험가액보다 적은 경우는 일부보험(partial insurance)으로 피보험자는 보험사고로 인한 보험목적의 손해에 대하여 보험금액의 보험가액에 대한 비율에 따라 비례하여 보상을 받게 된다.

(7) 보험증권과 보험약관

보험증권(insurance policy)은 보험계약 성립내용을 명확히 하고 그 내용을 증명하기 위해 보험자가 발행하는 증서를 말한다. 보험증권은 보험계약 성립 시 혹은 성립 후에 작성하고 발행해도 무방하다.

보험약관(insurance clause)는 보험계약에 공통된 표준적 사항을 보험자가 미리 인쇄하여 둔 보험증권상의 각종 약속이나 규정을 말한다.

(8) 위부와 대위

위부(abandonment)는 추정전손의 사유로 전손에 대한 보험금을 청구하기 위하여 피보험자가 보험목적물에 대해 갖는 일체의 권리(소유권)를 보험자에게 이전하고 보험금의 전액을 청구하는 제도를 말한다. 위부를 함으로써 피보험자는 보험금액 전부를 지급청구 할 수 있으며, 보험자는 피보험목적물과 잔존하는 이익과 소유권을 양도받을 수 있다.

대위(subrogation)는 보험자가 피보험자에게 보험금을 지급한 경우에 피보험목적물에 대한 일체의 권리와 손해발생에 과실이 있는 제3자에 대한 구상권 등을 피보험자를 대신하여 보험자가 취득하는 일체의 권리행위를 말한다.

해상보험은 실손보상의 원칙이 적용되기 때문에 실손 이상의 보상을 받을 수 없으며, 피보험자가 보험자로부터 보상받고도 보험목적물을 소유하거나 제3자에 대한 손해배상청구권을 가지고 있다면 부당 이득을 취할 가능성이 있다. 따라서 대위는 실손보상 이상의 보상을 받는 것을 방지하기 위한 제도라 할 수 있다. 보험자는 자신이 지급한 보험금내에서 대위권이 행사되어야 하며, 대위를 통하여 자신이 지급한 보험금 이상을 회수하게 된다면 그 차액은 피보험자에게 반환할 의무가 있다.

2. 해상위험

1) 해상위험의 의의

해상위험(marine risks)은 해상보험의 대상이 되는 위험을 말하며, 이는 해상사업에 관한 모든 사고로서 침몰, 좌초 등 해상고유의 사고뿐 아니라 화재, 폭발, 도난 등도 포함한다. 영국해상보험법(Marine Insurance Act; MIA) 제3조에서는 "항해에 기인 또는 부수되는 위험"으로 해상위험을 하나하나 열거하고 있다. 따라서 해상위험은 항해에 관한 사고인데 그 발생장소가 반드시 해상에 국한되는 것은 아니며, 반드시 해상에서만 발생하는 사고만이 한정되는 것도 아니다. 즉, 화재나 도난과 같이 육상에서도 발생하는 해상사고도 있다. 따라서 해상사업에 부수하는 육상이나 내수로 항해에 관한 사고도 해상위험에 포함되는 것이다.

해상위험은 다음의 요건을 갖추어야 보험자로부터 보상을 받을 수 있다. 첫째, 위험은 손해위험이어야 한다. 둘째, 불가피하거나, 필연적이거나, 이미 발생한 위험, 고의적 위험은 보험대상이 되지 않으며 위험발생이 우연적이어야 한다.

2) 해상위험의 종류

(1) 해상고유의 위험

해상고유의 위험(perils of the seas)은 바다의 작용을 원인으로 해서 해상에서 발생하는 우발적인 사고 또는 재난을 말한다. 여기에는 침몰(sinking), 좌초(stranding), 충돌(collision) 및 악천후(heavy weather) 등이 있다.

침몰은 선박이 부력을 상실하고 수중에 가라앉아 항해가 불가능한 상태를 말하며, 좌초는 선박이 암초나 그 밖의 견고한 물체에 얹혀 일정기간 진퇴가 불가능한 상태를 말한다. 충돌은 선박과 타 선박간의 충돌뿐만 아니라 난파물, 암벽 등 다른 물체와 접촉을 말하며, 악천후는 화물의 해수침손이나 갑판적재화물의 풍량유실 및 악천후에 의한 곰팡이 손해 등을 말한다.

(2) 해상위험

해상위험(perils on the seas)은 해상에서 발생할 수 있는 해상고유의 위험이외의 위험으로 화재(fire), 투하(jettison), 선장 또는 선원의 악행(barratry of master and mariners), 해적(pirates), 표도(rovers), 강도(thieves) 등이 있다.

(3) 전쟁위험

전쟁위험(war perils)은 군함 등에 의한 포획이나 나포를 포함하는 국제법상의 전쟁 등을 의미한다. 군함(men-of-war), 외적(enemies), 습격 및 포획(surprisal and capture), 해상탈취 및 나포(taking at sea and seizure) 등이 있다.

3. 해상손해

1) 해상손해의 정의

해상손해(marine loss)는 항해사업에 관련된 적하·선박의 보험목적물이 해상위험으로 인하여 피보험이익의 전부 또는 일부가 멸실 또는 손상되어 피보험자가 입게 되는 재산상의 불이익이나 경제상의 부담을 초래하는 것을 말한다.

2) 해상손해의 종류

해상손해는 손해의 정도, 성격 및 손해부담자의 범위에 따라 물적손해(physical loss)와 비용손해(expenses)로 구분된다. 물적손해는 선박·화물과 같은 보험목적물의 멸실 또는 손상으로 인한 실체적인 손해를 말하며, 전손(total loss)과 분손(partial loss)으로 구분된다. 비용손해는 보험목적물의 손해와 관련하여 부수적으로 발생하는 구조비, 손해방지비용, 손해조사비용, 특별비용 등과 같이 해상위험이 발생하여 그 결과 지출되거나 또는 위험을 방지하기 위하여 지출된 비용에 관한 손해를 말한다.

(1) 물적손해

① 전손

전손(total loss)은 보험의 목적물 전부가 손상당한 것을 말하며 현실전손과 추정전손으로 구분된다. 현실전손(Actual Total Loss; ATL)은 보험의 목적물이 파괴되거나 또는 존재할 수 없을 정도로 심한 손상을 받은 경우 또는 피보험자가 보험의 목적물을 박탈당하여 회복할 수 없는 경우를 말한다. 그리고 추정전손(Construction Total Loss; CTL)은 보험의 목적물이 현실적으로는 전멸하지 않았으나, 그 손해 정도가 심하여 종래 그 목적물이 가진 용도에 사용할 수 없게 되었을 때와 그 수선 및 수리비가 수선 후 그 목적물이 갖는 시가보다 클 때를 말한다. 추정전손이 현실전손과 같이 보험자에게 보험금 전액을 청구하기 위해서는 위부행사를 해야 한다.

② 분손

분손(partial loss)은 피보험목적물이 일부만 손해를 입는 경우로서 전손이 아닌 손해는 모두 분손으로 처리된다. 분손은 단독해손과 공동해손으로 구분된다.

공동해손(General Average; G/A)은 여러 피보험목적물이 공동의 안전을 위하여 희생되었을 때 관련되는 이해관계자가 공동으로 그 손해액을 분담하는 손해이다. 예컨대 선박 및 화물이 공동의 위험에 놓여 있을 경우에 그 위험을 면하기 위하여 선박 또는 화물에 대하여 선장이 고의적으로 비상조치를 취하거나 또는 비용을 지출하는 것을 공동해손행위라 하고, 공동해손행위에 의해 생긴 손해 또는 공동해손행위의 직접적인 결과로서 발생하는 손해를 말한다.

단독해손(Particular Average; P/A)은 공동해손에 해당되지 않고 손해를 단독으로 부담하는 분손을 말한다. 이는 해손정산인이 손해액을 사정하며 주로 변질, 부패, 수량부족에 기인한다.

(2) 비용손해

① 손해방지비용

손해방지비용(sue and labor charge)은 보험계약자 혹은 피보험자에게는 손해방지의무가 있으며 손해방지의무를 이행하기 위해서 지출된 비용을 말한다. 즉, 피보험목적물에 손해가 발생하거나 또는 손해발생의 염려가 있을 때, 보험자가 보상하게 될 손해를 방지 또는 경감하기 위하여 피보험자, 그 사용인 또는 대리인이 정당하고 합리적인 조치를 취하기 위하여 지출하는 비용이다.

② 구조비

구조비(salvage charge)는 보험사고가 발생한 경우 구조계약에 근거하지 않고 구조한 자에 대해서 법률에 근거해서 지불되는 보수를 말한다. 예컨대 선박이나 화물이 위기에 처해 있을 때 부근을 지나던 제3자의 선박이 구조하는 경우 등이다. 이 임의구조자는 구조된 재화의 가액 내에서 구조보수를 청구할 권리가 있다.

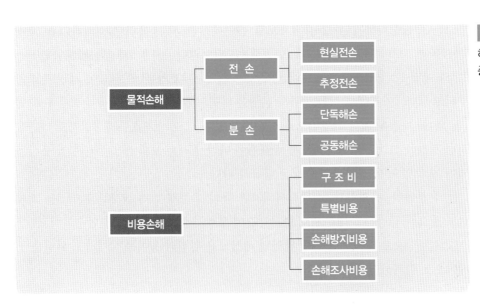

그림 15-2
해상손해의
종류

③ 특별비용

특별비용(special charge)은 피보험목적물의 안전 또는 보존을 위하여 피보험자가 지급하는 또는 피보험자를 위하여 지급한 비용으로서 공동해손 및 구조비 이외의 것을 말한다. 화물의 손해를 방지 및 경감하기 위해서 지출되는 비용이나 담보위험에 부수해서 생기는 여분의 비용인 점과, 비용의 지출자가 특별히 한정되어 있지 않는 점이 손해방지비용과 다른 점이다.

④ 손해조사비용

손해조사비용(survey fee)은 손해가 발생하였을 경우 그 손해의 원인 및 정도를 조사하는데 소요되는 비용을 말한다.

4. 해상보험 담보조건

1) 협회적하약관

해상보험에서는 1779년 Lloyd's에서 사용하기로 채택된 "Lloyd's S.G. Policy Form"이 200여 년 동안 사용되어 왔으나, 그간 동 증권양식은 중세의 고문으로 되어 있어 이해하기 어렵고 현실에 맞지 않는 점이 많았다. 이에 1912년 동 보험증권에 첨부하여 사용하기 위하여 최초의 협회적하보험약관을 제정하여 사용하기 시작하였다.

약관을 표준화하기 위해서 적하보험 분야에서는 세 종류의 협회적하약관(Institute Cargo Clause; ICC)이 제정되었다. 즉, 단독해손부담보약관(1912. 8. 1)과 분손담보약관(1921. 6. 7)의 제정에 이어, 제2차 세계대전 후에는 전위험담보약관(1951. 1. 1)이 제정되어 첨부되고 있다. 그 후에도 이들 약관의 본질은 바뀌지 않고 있으며 세 종류 모두 1963년 1월 1일에 제정된 것이 최종판으로 사용되고 있다. 그 후 1984년 4월 1일자로 약관을 전면 개정한 신약관을 시행하도록 공표됨에 따라 종래의 보험조건(구약관)과 함께 사용되어 지고 있으며, 신약관의 특징은 다음과 같다.

① 본문약관, 난외약관, 이탤릭서체약관 등의 고문체 "S.G. Policy Form"을 폐지하고 필요한 규정은 현대문으로 협회약관에 포함시킴으로써 증권을 단순화시켰다.

② 실무상으로 해석에 논란이 많았던 해상고유 위험의 용어를 삭제하고 위험을 구체적으로 열거하였다.

③ 약관의 명칭을 A/R, WA, FPA에서 A, B, C로 변경함으로써 과거에 약관의 명칭만을 보고 담보위험을 판단하던 문제점을 해소시켰으며, 그 외에도 ICC(B)와 ICC(C)의 담보 차이의 확대, 소손해 면책비율조항의 삭제, 육상운송시의 담보조항을 명시하였다.

2) 구협회적하약관

구협회적하약관에서는 단독해손부담보조건과 분손담보조건은 열거주의를 채택하고 있고, 전위험담보조건은 일체의 위험을 담보하는 포괄주의를 채택하고 있다.

(1) 단독해손부담보

단독해손부담보(Free from Particular Average; FPA)는 보통 담보되는 위험에 의해 발생한 전손과 공동해손은 보상되지만, 단독해손인 분손은 원칙적으로 담보하지 않는 약관이다. 즉, 화물적재선박 또는 부선이 침몰, 좌초, 대화재(burnt)의 주요 해난사고에 조후한 경우의 분손 및 화재, 폭발, 충돌, 타물체와의 접촉, 조난항에서의 하역 등에 합리적으로 기인하는 분손만을 담보하고 그 외의 분손은 담보하지 않는다. 그러나 공동해손(공동해손희생손해, 공동해손비용, 공동해손분담액), 전손(현실전손, 추정전손)은 담보한다.

(2) 분손담보

분손담보(With Average; WA)는 단독해손담보라고도 하며, 전손·공동해손은 물론 단독해손인 분손도 보험증권에 열거된 보통 담보하는 위험에 의한 손해인 경우 보상해 주는 조건이다. FPA조건에서 보상되는 손해에 추가해서 동조건에서는 보상의 대상이 되지 않는 단독해손, 즉 화물을 적재한 선박이나 부선이 침몰, 좌초, 대화재를 당하지 않은 경우 증권본문의 담보위험에 따른 분손 가운데 증권기재의 면책율을 초과하는 손해를 보상한다.

(3) 전위험담보

전위험담보(All Risk; A/R)는 항해에 관한 우연한 사고로 발생한 모든 손해를 보상하는 보험조건을 말한다. 즉, 법률 또는 약관에 의해 면책되는 것 이외의 모든 멸실·손상이 보상된다. 다만, 이 조건에서는 전쟁위험, 파업, 폭동위험은 보상되지 않으며 또한 화물고유의 하자 또는 성질에 의한 손해와 수송지연으로 인한 멸실이나 손상 또는 비용은 보상되지 않는다.

표 15-1			FPA	WA	A/R
전손			○	○	○
분손	단독해손 특정분손 기타분손		○ ○ ×	○ ○ △	○ ○ ○
	공동해손		○	○	○
손해방지비용, 구조비용			○	○	○

표 15-1
구협회 약관의
담보조건

3) 신협회적하약관

신협회적하약관상에서는 ICC(A), ICC(B), ICC(C)조건으로 구분하고 보험자가 담보하는 위험과 면책위험을 오늘날의 무역관행에 알맞도록 이해하기 쉽게 규정하고 있다. ICC(C)와 ICC(B)의 담보위험은 열거주의를 채택하고 있으며 반면 ICC(A)는 포괄주의를 채택하고 있다.

(1) ICC(C)

ICC(C)는 구약관의 단독해손 부담보조건(FPA)에 해당하는 조건으로서 보상범위가 가장 제한된 보험조건이다. 즉, C Clause에서는 다음에 열거하는 손해를 보상하는 조건이며 단독해손은 보상하지 않는다는 점이 특징이다.

① 화재 또는 폭발
② 본선 또는 부선의 좌초, 침몰, 전복
③ 육상 운송용구의 전복 또는 탈선
④ 본선, 부선 또는 운송용구와 물 이외의 다른 물체와의 충돌 또는 접촉
⑤ 피난항에서의 화물의 하역
⑥ 공동해손희생
⑦ 화물의 투하

ICC(C)의 면책위험은 다음의 일반면책위험과 선박 등의 불내항성에 따른 위험, 전쟁위험, 공동파업위험이 포함된다.

① 피보험자의 고의에 의한 손해
② 통상적 누손, 감량 등 자연손모
③ 포장불량에 의한 손해
④ 화물 고유의 하자 또는 성질에 의한 손해
⑤ 항해지연으로 인한 손해
⑥ 본선의 소유자, 관리자, 용선자 또는 운항자의 지불불이행으로 생긴 손해
⑦ 불법적인 행위에 의한 보험목적물의 파괴 또는 손상
⑧ 핵무기 사용으로 인한 손해

(2) ICC(B)

ICC(B)는 구약관의 분손담보조건(WA)에 해당하는 조건으로 ICC(C)의 담보위험에 다음의 위험이 추가된다. 그리고 면책위험은 ICC(C)와 동일하다.

① 지진, 화산의 분화, 낙뢰와 상당한 인과관계가 있는 보험 목적물의 멸실 및 손상
② 갑판유실로 인한 보험목적물의 멸실 및 손상
③ 본선과 기타 운송용구에의 해수, 호수, 강물의 침수로 인한 보험목적물의 멸실 및 손상
④ 선적 또는 양하작업 중의 포장단위당 전손

(3) ICC(A)

ICC(A)는 구약관 전위험조건(A/R)에 상응하는 것으로 보험자의 일반면책사항, 운송선박의 불내항성, 전쟁 및 파업에 따른 위험을 제외한 모든 위험으로부터 발생한 손해를 보험자가 보상하는 조건이다. A Clause에서의 면책위험은 B Clause 및 C Clause와 동일하나 다만, 일반면책위험중 '피보험목적 또는 그 일부에 대한 어떤 자의 불법행위에 의한 의도적인 손상 또는 파괴'를 A Clause에서는 면책으로 하지 않고 있는 점이 다르다.

제3절 무역보험

1. 무역보험의 의의

1) 무역보험의 개념

무역보험(trade insurance)은 무역을 함으로써 무역당사자들이 입게 되는 손실을 보상할 목적으로 설립된 제도이다. 무역거래상에 발생할 수 있는 리스크 중에서 수출상대방의 파산, 대금지급의 지연 또는 거절 등과 같은 수출거래에 수반되는 비상위험, 신용위험 등은 일차적으로 수출업자가 부담하여야 한다. 마찬가지로 수입업자는 해외 수출업자의 계약불이행으로 적기에 화물을 인도받지 못하거나 선지급금을 회수하지 못하는 경우에 위험을 부담하여야 한다.

이러한 위험들은 손해발생 확률의 모호성, 손해액의 거대성, 손해의 동시다발성으로 인하여 일반 민영보험에서 담보하기가 어려우므로 대부분의 국가에서는 공영보험화하여 운영되고 있다. 우리나라에서는 무역업자가 안심하고 수출 및 수입업무에 전념할 수 있게 하는 등 수출 및 수입진흥을 도모하기 위하여 한국무역보험공사가 무역보험을 운영하고 있다. 이러한 무역보험은 수출보험과 수입보험으로 구분된다.

수출보험은 수출거래에 수반되는 각종 위험 중에서 수입국의 외환거래 제한, 금지, 전쟁 등의 비상위험 및 수입업자의 계약파기, 파산, 지급불능 또는 거절 등의 신용위험과 같은 통상의 운송보험으로 담보할 수 없는 위험에 대하여 수출업자, 생산업자 또는 수출자금을 대출해 준 금융기관이 입게 되는 불의의 손실을 보상해 주는 보험이다. 그리고 수입보험은 수입업자가 해외 수출업자의 계약불이행으로 적기에 화물을 인도받지 못하거나 선지급금을 회수하지 못하는 경우에 발생하는 손실을 보상해 주거나 또는 국내 수입업자의 자금조달을 지원하는 보험을 말한다.

특히 수출보험은 해외환경변화에 따라 보험지원 대상거래의 위험측정과 적정한 위험 관리기법을 통하여 직접적인 금융지원방식보다 더욱 효과적으로 운영할 수 있다. 즉, 대외적으로는 가격보조수단인 수출금융지원에 비하여 정부의 실질적인 수출보조효과를 살리면서 수출상대국의 반발 등 무역마찰을 피할 수 있고, 대내적으로는 직접 금융지원방식에 비해 금융자원의 편중배분, 인플레이션요인 등 지원의 역기능을 해소하면서도 한정된 운영재원으로 수출금융보완기능을 충족시킬 수 있는 수출지원효과를 극대화할 수 있기 때문이다.

2) 무역보험의 기능

(1) 무역거래상의 불안제거 기능

무역보험은 무역거래에 따른 무역업자의 위험부담을 해소하여 준다는 측면에서 무역거래의 환경 및 조건을 국내 상거래의 경우와 동일한 정도로 유리하게 조성하는 데에 1차적인 기능을 가지고 있다. 특히 수출보험은 수입국에서 발생하는 비상위험 또는 신용위험 등으로 인하여 수출불능이 되거나 수출상품의 대금회수가 어렵게 되어 수출업자나 생산자 등이 입게 되는 손실을 보상함으로써 안심하고 수출활동을 할 수 있도록 하는 기능을 갖는다.

(2) 금융보완적 기능

무역보험은 수출 및 수입대금 미회수위험을 담보하므로 금융기관으로 하여금 무역금융을 공여하게 하는 금융보완적 기능을 가진다. 특히 수출금융에서는 수출대금의 회수가능성 여부가 대출심사의 중요한 기준이 되는 바, 수출보험에 의하여 이를 해결할 수 있으므로 금융기관은 수출업자에게 담보요건 등에서 보다 유리한 조건으로 과감하게 수출자금을 공급할 수 있게 된다. 또한 수출계약 상대방의 대금지급지체 등과 같은 보험사고가 발생하여 수출대금의 회수 전망이 불투명하거나 회수에 장기간이 소요되는 경우에 있어서도 수출업자가 입는 손실을 보상함으로써 기업자금의 유동성을 제고시켜 줄 수 있는 신용 공여기능도 수행한다.

(3) 무역진흥 정책수단으로서의 기능

무역보험은 수출입, 기타대외거래의 촉진 및 진흥을 위하여 정부의 지원 하에 운영됨에 따라 보험요율 등을 정함에 있어 장기적 차원에서의 수지균형을 목표로 하여 가능한 한 저율로 책정하는 한편 보상비율 등에서는 최대한 무역업자에게 유리한 형태의 보상제도를 채택하는 등 결과적으로 무역을 촉진시키는 역할을 하게 되는 무역진흥 정책수단으로서의 기능을 갖는다. 또한, 무역보험은 보험인수조건, 즉 담보하는 위험의 범위, 담보율, 보험요율 등을 수출여건에 따라 적절히 조정함으로써 무역업자의 활동을 촉진시키거나 제한할 수도 있으므로, 수출입 및 대외거래에 대한 인허가 등의 직접적 통제방식을 간접적 통제방식으로 전환시키는 기능도 갖게 된다.

(4) 해외수입업자에 대한 신용조사 기능

수출보험은 효율적인 인수 및 관리를 기하고 보험사고를 미연에 방지하기 위해 다각적으로 해외수입업자의 신용상태와 수입국의 정치경제사정에 관한 조사활동을 하게 되는 바, 이러한 해외수입업자 및 수입국에 관한 신용정보를 제공하여 수출업자로 하여금 효과적으로 활용할 수 있도록 함으로써 수출업자의 신규 수입선 확보와 수출거래 확대에 기여함과 동시에 건전한 수출거래를 유도하는 부수적 기능을 가지고 있다.

2. 무역보험의 운영종목

한국무역보험공사의 무역보험은 18개의 수출보험(수출신용보증 포함)과 1개의 수입보험으로 구성되어 있다(2020년 기준). 수출보험은 수출거래기간에 따라 단기성보험, 중장기성보험, 환변동보험, 수출신용보증 그리고 기타보험으로 구분할 수 있다.

1) 단기성보험

(1) 단기수출보험

단기수출보험은 결제기간 2년 이내의 단기수출계약을 체결한 후 수출대금을 받을 수 없게 된 때에 입게 되는 손실을 보상하는 보험(당해 물품에 발생한 손실은 제외)을 말한다. 단기수출보험은 다음과 같이 세분화하여 운영하고 있다. 첫째, 단기수출보험(선적후)는 수출자가 수출대금의 결제기간 2년 이하의 수출계약을 체결하고 물품을 수출한 후, 수입자(L/C거래의 경우 개설은행)로 부터 수출대금을 받을 수 없게 된 때에 입게 되는 손실을 보상하는 제도이다. 둘째, 단기수출보험(포페이팅)은 은행이 포페이팅 수출금융 취급 후 신용장 개설은행으로부터 만기에 수출대금을 회수하지 못하여 입게 되는 손실을 보상하는 제도이다. 셋째, 단기수출보험(농수산물패키지)는 간편한 한 개의 보험으로 농수산물 수출 시 발생하는 여러 가지 위험^(대금미회수위험, 수입국 검역위험, 클레임비용위험)을 한 번에 보장하는 농수산물 수출기업용 맞춤 상품이다. 넷째, 단기수출보험^(중소중견Plus+)는 보험계약자인 수출기업은 연간 보상한도에 대한 보험료를 납부하며, 수입자 위험, 신용장위험, 수입국위험 등 보험계약자가 선택한 담보위험으로 손실이 발생할 때 K-SURE는 책임금액 범위 내에서 손실보상을 하는 제도이다.

(2) 단체보험

단체보험은 기존 단기수출보험^(중소중견Plus+)에 단체보험 개념을 도입, 지원기관 또는 단체^(협회 등)가 제반 보험계약절차를 진행하여 일괄보험계약을 체결하고, 중소중견기업은 피보험자로서 수출대금 미회수시 보험금을 수령하는 제도이다.

(3) 수출안전망보험

수출안전망보험은 기존 단체보험 제도를 활용하여 특정단체가 보험계약자로써 수출 초보 중소기업^(연간 수출 U$10만 이하)에 대한 대금미회수 위험을 보장하는 제도이다. 지원기관 또는 단체^(협회 등)가 제반 보험계약절차를 진행하여 일괄보험계약을 체결하고, 중소기업은 피보험자로서 수출대금 미회수시 보험금을 수령하는 제도로 지원기관 또는 단체^(협회 등)가 보험료 지원한다.

(4) 서비스종합보험

서비스종합보험^(일시결제방식)은 국내에 주소를 둔 기업이 외국기업에게 운송, 관광 등의 서비스를 제공하고, 서비스 제공 상대방으로부터 서비스 대금을 지급 받지 못하게 됨으로써 발생하는 손실을 보상하는 제도이다.

2) 중장기성보험

(1) 중장기수출보험

중장기수출보험은 수출대금의 결제기간이 2년을 초과하는 중장기수출 계약을 체결한 후 수출이 불가능하게 되거나 수출대금을 받을 수 없게 된 때에 입게 되는 손실 또는 수출대금 금융계약을 체결한 후 금융기관이 대출원리금을 받을 수 없게 됨으로써 입게 되는 손실을 보상하는 보험을 말한다.

이 종목은 선박, 산업설비, 플랜트와 같은 자본재의 수출은 통상 수출가액이 거액이고 제작기간이나 수출대금의 연불기간이 장기간이다. 그리고 수입국이 대부분 정치·경제적으로 불안정한 개발도상국이기 때문에 수출불능 및 대금의 미회수위험이 높아 과감한 수출이 어려운 실정이다. 이에 따라 중장기수출보험제도를 통해 수출업자가 2년 이상의 중장기연불조건으로 자본재를 수출하는 경우 신용위험이나 비상위험으로 인해 수출불능 및 대금미회수가 발생했을 때 입는 손실을 보상해 줌으로써 중장기연불수출을 촉진할 수 있다.

(2) 해외사업금융보험

해외사업금융보험은 국내·외 금융기관이 외국인(정부, 공공단체 및 외국법인, 관련 금융기관 등)에게 수출증진이나 외화획득의 효과가 있을 것으로 예상되는 해외사업에 필요한 자금을 상환기간 2년 초과의 조건으로 공여하는 금융계약을 체결한 후, 대출원리금을 받을 수 없게 됨으로써 입게 되는 손실을 보상하는 보험을 말한다.

(3) 해외투자보험

해외투자보험은 해외투자를 한 후 투자대상국에서의 수용, 전쟁, 송금위험 등으로 인하여 그 해외투자의 원리금, 배당금 등을 회수할 수 없게 되거나 보증채무이행 등으로 입게 되는 손실을 보상하는 보험을 말한다.

일반적으로 해외투자에는 투자국 내에서의 전쟁, 혁명, 내란 등에 의한 사업 계속의 불능 또는 정부에 의한 투자자산의 수용, 몰수와 같은 여러 가지 위험이 발생한다. 따라서 비상위험으로부터 해외투자자를 보호하고 해외투자를 장려하기 위해 해외투자보험이 운영되고 있다.

(4) 해외공사보험

해외공사보험은 해외공사계약 체결 후 그 공사에 필요한 물품의 수출이 불가능하게 되거나 그 공사의 대가를 받을 수 없게 된 경우 또는 해외공사에 사용할 목적으로 공여된 장비에 대한 권리가 박탈됨으로써 입게 되는 손실을 보상하는 보험을 말한다. 중동지역을 비롯한 개발도상국가에서 활발히 일어나고 있는 도로, 항만, 제방,

상하수도의 건설과 같은 해외공사는 공사 발주국이 정치적으로 불안하고 건설공사 대금의 결제기간이 장기간이어서 대금회수에 여러 가지 위험이 따른다. 해외공사보험은 이러한 위험으로부터 해외건설업자들을 보호하고 해외건설을 촉진시키기 위한 일환으로 운영되고 있다.

(5) 서비스종합보험

서비스종합보험은 기성고 또는 연불방식의 서비스수출, 즉 시스템통합(정보시스템을 구축하고 유지·보수하는 종합서비스로 관련하드웨어, 소프트웨어, 통신망, 전산인력 등을 포함)수출, 온라인 및 모바일 게임, 영화, 캐릭터, 애니메이션, 방송 등의 콘텐츠 수출, 소프트웨어 수출, 해외 엔지니어링(과학기술의 지식을 응용하여 사업 및 시설물에 관한 연구·기획·타당성조사·설계·분석·조달·감리·시운전·평가·자문·지도 등의 활동) 수출, 산업재산권, 노하우, 기술서비스 등의 기술수출에서 발생하는 손실을 보상하는 보험을 말한다.

(6) 수출보증보험

수출보증보험은 금융기관이 해외공사계약 또는 수출계약등과 관련하여 수출보증을 한 경우에 보증 상대방(수입업자)으로부터 이행청구를 받아 이를 이행함으로써 입게 되는 금융기관의 손실을 보상하는 보험을 말한다. 따라서 수출보증보험의 보험계약자는 보증서를 발급한 금융기관이 된다.

일반적으로 플랜트 수출이나 해외건설공사의 경우에는 해외의 발주자로부터 당해 수출이나 공사를 마지막까지 정확하게 이행할 것을 보증하는 보증서의 제출을 요구받는 것이 통례이며, 수주자는 이 보증서를 거래은행 또는 보험회사로부터 발행 받는다. 만약 수주자가 계약에서 정한 채무를 이행하지 않으면 본드(bond)를 발행한 은행이 보증인으로서 발주자의 청구에 따라 보증금을 지급하게 되며, 은행은 본드에 의한 보증의무를 이행한 후 그 손해를 본드 발행 의뢰자인 수주자에게 청구하게 된다.

(7) 이자율변동보험

이자율변동보험은 금융기관이 고정금리(CIRR)로 대출 후 차주로부터 받은 이자금액과 변동금리(LIBOR) 대출로 받았을 이자금액을 비교하여 그 차액을 보상 또는 환수하는 보험을 말한다.

결제기간이 2년을 초과하는 수출계약에 대해 수출대금 금융계약을 체결하고, 보험공사의 중장기수출보험(구매자신용)에 부보한 금융기관이 이자율변동에 따라 입게 되는 손실을 보상하고 이익을 환수하는 제도이다. 금융기관은 보험공사와의 이자율변동보험 계약에 근거하여 차주에게 고정금리 대출을 제공할 수 있게 됨으로써 수출기업의 수주경쟁력을 강화시키는데 기여할 것이다.

(8) 수출기반보험

수출기반보험은 수출기반 조성거래(수출증진 또는 외화획득의 효과가 예상되는 선박 등 운송설비를 포함하는 사업의 설비를 도입하는 거래로 한국무역보험공사가 인정하는 거래)와 관련하여, 보험계약자(금융계약에 따라 대출자금을 공여하는 금융기관)가 금융계약에 따라 대출자금을 공여하였으나, 차주(금융계약에 따라 대출원리금을 상환해야 하는 자)의 파산 또는 차주의 상환기일부터 2개월 이상의 상환채무 불이행으로 해당 원리금을 회수할 수 없게 된 경우(원리금회수불능)에 입게 되는 손실을 한국무역보험공사가 보상하는 보험을 말한다.

(9) 해외자원개발펀드보험

해외자원개발펀드보험은 해외자원개발법상의 자원개발펀드가 해외자원개발사업에 투자하여 손실이 발생하는 경우 손실액의 일부를 보상하는 보험을 말한다. 해외자원개발펀드보험은 해외자원개발 투자거래의 안정성을 제고함으로써 펀드에 대한 민간자금의 유입을 촉진하고 활성화하여, 주요전략 자원의 장기, 안정적인 확보를 통해 국민경제발전에 이바지하고자 도입한 제도이다.

3) 환변동보험

환변동보험은 수출거래 시나 수출용 원자재 수입거래 시 공사가 보장해주는 환율과 실제 결제시점의 환율을 비교하여 그 차액을 보상 또는 환수하는 보험을 말한다. 수출기업은 수출계약을 체결하고 최종적으로 수출대금을 회수하는데 일정한 시간이 소요되기 때문에 환율변동으로 인한 환차손이 발생할 위험을 부담해야 한다. 환위험으로부터 수출기업을 보호하고 환위험 헷지 수단을 제공하여 보다 적극적으로 수출활동이 가능하도록 정부가 제공하는 환위험 회피제도로서 환변동보험이 운영되고 있다.

4) 수출신용보증

수출신용보증은 수출계약과 관련하여 중소기업이 금융기관으로부터 수출이행자금을 대출받거나(선적전) 환어음을 매입받을 경우(선적후), 동 자금을 상환하지 못하게 됨으로써 중소기업이 금융기관에 부담하는 금전 채무에 대한 연대보증책임을 부담하는 제도를 말한다.

5) 기타보험

(1) 탄소종합보험

탄소종합보험은 탄소배출권사업을 위한 해외투자를 행한 후 투자대상국에서의 수용위험, 약정불이행위험, 전쟁위험, 송금위험, 불가항력위험 등으로 인하여 ① 보험계약자가 피보험투자를 행한 후 주식 등의 원금, 배당금 또는 취득금 등을 회수할 수 없게 된 경우, ② 보험계약자가 피보험투자를 행한 후 주채무자가 채무를 이행하지 않아 보증채무를 이행한 경우 또는 예치금을 회수할 수 없게 된 경우, ③ 보험계약자가 피보험투자를 행한 후 원리금 또는 예치금을 회수할 수 없게 된 경우, ④ 보험계약자가 금융계약에 따라 대출자금을 공여하였으나 원리금(해당 대출원금 및 상환기일까지의 이자)을 회수할 수 없게 된 경우에 입게 되는 손실을 보상하는 보험을 말한다.

(2) 부품ㆍ소재신뢰성 보험

부품ㆍ소재신뢰성보험은 부품ㆍ소재 신뢰성을 획득한 부품ㆍ소재 또는 부품ㆍ소재 전문기업이 생산한 부품ㆍ소재가 타인에게 양도된 후 부품ㆍ소재의 결함으로 인하여 발생된 사고에 대하여 보험계약자가 부담하는 손해배상책임을 담보하는 손해보험을 말한다. 동 보험은 국산부품ㆍ소재의 시장진입을 지원하고, 수입대체를 통한 외화절감 및 수출촉진을 지원하기 위하여 부품ㆍ소재만을 보험대상으로 하는 정책보험으로 부품ㆍ소재의 결함으로 인한 손해배상책임을 종합적으로 담보하는 보험이다.

(3) 녹색산업종합보험

녹색산업종합보험은 한국무역보험공사와 녹색전문기업(「저탄소녹색성장기본법」에 의하여 인증된 녹색기술, 녹색사업 또는 녹색전문기업) 간에 특약이 체결된 후 수출물품이 「저탄소녹색성장기본법」에 의하여 인증된 녹색기술로 생산된 물품에 해당됨을 통지한 경우에 한하여 특약을 적용하는 개별통지방식에 적용되는 것으로서, 단기수출보험(선적후-일반수출거래), 농수산물수출보험, 수출신용보증(선적전), 수출보증보험, 해외투자보험, 해외사업금융보험, 서비스종합보험에 한하여 적용되는 보험이다.

6) 수입보험

수입보험은 주요자원, 시설재, 첨단제품, 외화획득용 원료 등의 수입거래와 관련하여 ① 국내의 수입업자가 해외의 수출업자에게 선급금을 지급하였으나 선급금이 회수되지 않은 경우 수입업자가 입게 되는 손실에 대하여, ② 금융기관이 국내의 수입업자에게 수입자금을 대출(지급보증을 포함)한 후 대출금이 상환되지 못하여 금융기관이 입게 되는 손실에 대하여 한국무역보험공사가 보상하는 보험을 말한다.

Exercise

1. 해상보험의 특성에 대해 설명하시오.

2. 보험가액과 보험금액에 대해 비교 설명하시오.

3. 신협회적하약관의 담보위험과 면책범위를 설명하시오.

4. 해상손해의 종류를 약술하시오.

5. 위부와 대위에 대해 설명하시오.

6. 무역보험의 기능에 관해 약술하시오.

7. 수출보험의 운영종목 중 단기수출보험에 관해 설명하시오.

이 장의 주요용어

무역클레임 · ADR · 알선 · 조정 · 중재 · 중재합의 · 직소금지의 효력 · 표준중재조항 ·
중재지 · 중재인 · 중재판정 · 뉴욕협약

무역클레임

1. 무역클레임의 의의

1) 무역클레임의 개념

클레임(claim)은 넓은 의미로 complain(불평), warning(경고), dispute(분쟁) 등을 총칭하며, 좁은 의미로 계약당사자의 일방이 계약위반으로 상대방에 손해를 끼쳤을 때 피해자가 가해자에게 자기의 권리회복을 요구하거나 손해배상을 요구하는 경우를 말한다. 즉, 당사자 간에 합의한 계약의 일부 또는 전부의 불이행으로 말미암아 발생된 손해의 일부 또는 전부를 상대방에게 정당하게 청구할 수 있는 권리행사를 의미한다. 무역클레임의 당사자는 매도인과 매수인에 국한되지 않고 선박회사, 보험회사, 외국환은행, 창고회사 등도 대상이 될 수 있다.

위 사항을 종합하여 국제매매거래에서 사용되는 클레임을 정리하면,

① 무역거래상의 클레임(business claim)은 계약당사자의 일방이 계약내용에 따른 불이행시 손해배상 청구를 말한다.

② 손해화물에 관한 클레임(claim on damaged or lost cargo)은 운송중의 사고에 의하여 화물에 손해가 발생했을 때 선박회사 또는 보험회사에 대하여 손해배상을 청구하는 것을 말한다.

2) 클레임의 내용

(1) 금전상의 청구를 내용으로 하는 클레임

① 대금지급의 거절

대금지급의 거절(refusal of payment)이라 함은 매수인이 매도인에 대하여 대금의 지급을 거절하는 상황을 말한다. 추심어음으로서 결제기간이 긴 경우에 결제기간의 도래 전

에 도착물품의 흠이 발견된 때에는 매수인은 어음의 지급을 거절할 수 있다. 이와 동시에 현품의 인수거절 또는 선적지에서 반품(return the cargo) 등의 조치를 강구할 수 있다.

② 손해배상의 청구

손해배상청구는 저질품 인도, 선적 불이행, 부당한 계약해제, 신용장개설 지연이나 미개설, 선박지정과 대금결제 지연, 화물의 부당한 인수거절 등과 같은 사유로 발생한 손해를 금전으로 계산하여 청구하는 것을 말한다.

③ 대금감액의 청구

대금감액(reduction of price)의 청구는 클레임 금액의 청구와 더불어 가장 많이 볼 수 있는 클레임이다. 여기에는 도착물품의 품질, 포장, 화인, 상표 등이 불량한 때 혹은 계약과 다른 물품인 경우, 매수인이 매도인에 대하여 계약가격보다 감액된 가격으로 그 물품을 인수하겠다고 요구할 수 있다.

(2) 금전상의 청구 이외의 청구를 내용으로 하는 클레임

① 화물의 인수 거절

화물의 인수거절(rejection of goods, rejection, refusal of goods)이라 함은 매수인이 화물이 도착된 후 그 품질상의 흠(defect), 손상(loss or damage) 등을 발견했기 때문에 화물의 인수(taking delivery)를 거절하는 것을 말한다. 여기에는 화물의 인수거절에는 전부의 인수거절(whole rejection)과 일부의 인수거절(partial rejection)이 있다.

② 대체품의 청구

대체품의 청구(requirement of substituted goods)라 함은 매수인이 도착물품을 거절하고, 선적지로 반송하는 등의 조치를 강구함과 동시에 매도인으로 하여금 다시 계약품을 적출시키도록 하는 것을 말한다. 이 경우에 당초의 화물이 반송되더라도 대금은 매도인에게 반환되지 않는다.

③ 계약이행의 청구

계약이행의 청구(requirement of performance of contract)도 넓은 의미의 클레임에 속한다. 매도인 또는 매수인이 상대방에 대하여 계약의 이행을 청구하는 것은 당연하다고 할 수 있으나, 여러 차례에 걸쳐 이행을 청구하더라도 상대방이 이행하지 않는 경우에는 중재나 소송에 의하여 이행을 강제하는 경우도 있다.

④ 잔여계약분의 해제

잔여계약분의 해제라 함은 1차 도착한 물품의 품질이 불량이든지 규격이 상이하여 판매가 곤란할 때 나머지 계약분의 계약해제를 요청할 수 있다. 예를 들어, 1,000상자 가운데 400상자가 제1차로 선적되어 수입지에 도착하였으나 매수인이 품질불량, 규격의 상위 등으로 잔량 600상자의 계약을 해제하는 것을 말한다.

2. 무역클레임의 발생원인

(1) 상대방의 신용불량

무역클레임은 거래상대방의 신용이 불량하여 자신의 의무를 이행하지 않거나 그 이행이 불성실한 경우에 발생할 수 있다.

(2) 계약의 부주의

무역클레임은 당사자 간에 합의된 계약내용이 불충분한 경우에 발생할 수 있다. 즉, 매매당사자가 계약을 체결할 때 품질조건, 수량조건, 선적조건, 가격조건, 결제조건, 포장조건, 보험조건, 분쟁해결조건 등을 명확히 합의하지 않으면 그 해석의 상이함으로 인하여 클레임이 제기될 수 있다.

(3) 계약이행의 불충분

무역클레임은 매매당사자가 자신의 의무를 완전하게 이행하지 못하였거나 이행하지 않은 경우에 발생할 수 있다. 즉, 매도인이 품질이 불량하거나 상이한 물품을 인도하지 않거나, 수량이 부족한 물품을 인도하거나, 예정보다 늦게 물품을 인도는 등 매도인의 인도의무를 불완전하게 이행하거나 이행하지 않았다면 클레임이 발생될 수 있다. 매수인의 경우도 대금지급과 관련된 의무이행을 제대로 이행하지 못한다면 클레임이 발생할 수 있다.

(4) 국제무역법규 등의 이해부족

무역클레임은 국제무역법규 및 상관습의 준거원칙을 잘 이해하지 못하거나 혹은 상대방 국가의 법규나, 무역운송 및 보험관련 법규 등을 잘 이해하지 못한 경우에 발생할 수 있다.

(5) 과당경쟁

무역거래에서 경쟁은 양질의 물품을 남보다 싸고 신속하게 공급하려는 데서 비롯된다. 일반적으로 제품의 가격인하는 대량생산을 통해서와 노동생산성의 향상을 통해 가격을 인하시킬 수 있지만, 가격경쟁력 강화를 위한 차원에서 품질저하를 통한 가격의 인하를 시도하면 클레임의 원인이 될 수 있다.

3. 클레임의 예방 및 해결

1) 클레임의 예방

클레임이 발생하면 해결과정에서 자신이 이기든 지든 정도의 차이가 있을 뿐 자신에게도 손해가 발생한다. 무역거래에서 아무리 계약서를 잘 작성하고 자신은 완벽하게 계약이행을 하였다 하더라도 상대방이 불합리한 트집을 잡거나 혹은 계약을 성실히 이행하지 않아 클레임이 발생할 수 있다. 무역클레임이 발생하는 경우에는 당사자는 자신의 신용이 실추될 뿐만 아니라 막대한 경제적 손실을 입게 되기 때문에 계약조건이 완전히 준수되고 클레임이 제기되지 않도록 그 예방에 최선의 주의와 노력을 기울여야 한다.

이를 위해 무역계약 체결 이전에 철저한 사전신용조사가 이루어져야 한다. 신용조사는 character(상도덕), capacity(영업능력, 거래능력), capital(재정상태) 등 3C's 중심으로 상대방의 신용을 철저히 조사함으로써 성실한 거래상대방을 선정하는 것이 중요하다.

그리고 계약서의 정확한 작성이 필요하다. 계약서의 명확한 작성은 당사자간의 분쟁을 사전에 예방하고 또한 분쟁이 발생하였을 때 합리적으로 해결할 수 있는 대책이 된다. 따라서 당사자 간에 합의한 내용은 정확하고 간결하게 서면으로 작성해야 한다.

2) 클레임의 해결

무역클레임의 해결방안은 매매당사자 간에 해결하는 방법과 제3자를 통해서 해결하는 방법으로 구분할 수 있다. 당사자 간의 해결방법으로는 일방의 당사자가 상대방에 대한 손해배상 청구권을 포기하는 방안과 당사자 간에 직접 교섭하여 우호적으로 해결하는 방법이 있다. 그리고 분쟁이 당사자 간에 화해로서 원만하게 해결되지 않을 경우에는 제3자가 개입하여 분쟁을 해결할 수 있는데 여기에는 알선, 조정, 중재, 소송이 있다.

(1) 당사자간의 해결방법

① 청구권의 포기

청구권의 포기(waiver of claim)는 무역거래에서 빈번히 행해지는 제도로서 분쟁발생시 상대방에게 다른 조건을 충족하거나 구상액이 경미한 경우 장래의 거래에 클레임이 발생하지 않도록 주의를 촉구하는 단순한 경고의 의미를 가지고 있다.

② 화해

화해(amicable settlement)는 당사자간의 자주적인 교섭을 하여 타협과 상호거래상의 양보로써 클레임을 해결하는 방법이다. 화해는 제소 전 화해와 재판상 화해로 나눌 수 있는데 전자는 분쟁 당사자들이 처분 가능한 분쟁을 소송으로 비화되기 전에 스스로 합의는 것을 말하며, 후자는 현재 소송 중에 있는 분쟁에 대하여 당사자가 화해를 한 경우 이 화해안을 조서로서 남기고 화해하는 방식을 말한다.

(2) 제3자를 통한 해결방법

국제무역 분쟁에 있어서 당사자들 스스로가 합의에 도달하지 못하는 경우 제3자가 개입하여 분쟁을 해결하게 된다. 분쟁의 해결 방법이나 절차에 있어서 당사자들의 자치적인 의사의 개입여부에 따라 소송과 ADR로 구분된다.

① 소송

소송(litigation)은 주권국가가 운영하는 사법기관(법원)이 주체가 되는 재판에 의존하는 처리 제도를 말한다. 즉, 법원의 판결에 의해 분쟁을 강제적으로 해결하는 방법이기 때문에 당사자들의 자발적인 합의에 의한 절차는 존재할 수 없다.

② ADR

ADR(Alternative Dispute Resolution)은 소송이외의 분쟁해결제도를 총칭하는 제도로서 분쟁 당사자들의 합의를 기초로 사인 또는 사적 기관이 주체가 되어 분쟁을 처리하는 것을 말한다. 여기에는 알선, 조정, 중재가 포함된다.

알선(mediation)은 공정한 제3자나 기관이 당사자의 일방 또는 쌍방의 의뢰에 의해 사건에 개입하여 해결을 위해 도와주는 방법이다. 분쟁해결을 위해 조언과 타협권유를 통한 합의를 유도하게 되는데 이 방법은 합의 해결이므로 법률적 구속력은 없다.

조정(conciliation)은 당사자가 공정한 제3자(조정인)를 선정하고 그 조정인에 그 사건을 맡겨 조정인이 해결을 위한 조정안을 제시하며 조정안을 당사자가 합의하면 클레임이 해결되는 방법이다.

중재(arbitration)는 당사자 간의 합의 선정한 중재인에 의해서 분쟁을 해결하는 방법으로서 중재인은 당사자를 심리하여 중재판정을 내리며 이 중재판정은 법률적 구속력과 법원의 확정판결과 동일한 효력이 있다.

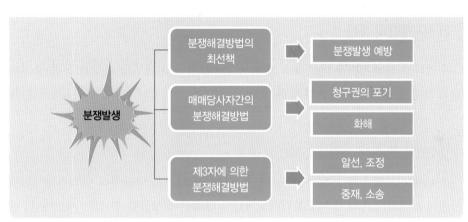

그림 16-1
클레임의
해결방법

상사중재제도

제2절

1. 상사중재의 의의

1) 상사중재의 개념

중재(arbitration)는 당사자 간의 합의에 의하여 사법상의 법률관계에 관한 현존 또는 장래에 발생할 분쟁의 전부 또는 일부를 법원의 판결에 의하지 아니하고 중재인의 판정에 의하여 해결하는 절차를 말한다. 즉, 제3자를 중재인으로 선정하여 그 중재인의 판정에 맡기는 동시에 그 판정에 복종함으로써 분쟁을 최종적으로 해결하는 자주법정제도이다.

중재는 분쟁을 최종적으로 심판한다는 점에서 법원의 재판과 맥을 같이 하지만 사적 자치원칙에 입각하여 분쟁의 해결을 제3자인 중재인에게 맡기고 그 결정에 복종한다는 당사자 간의 합의가 있어야 한다는 점에서 소송과 차이가 있다.

위 내용을 정리하면 중재의 본질은 다음과 같다. 첫째, 당사자의 합의에 의하며 둘째, 재판을 받을 권리를 포기하며 셋째, 제3자의 판정에 복종해야 한다.

2) 상사중재의 특징

우리나라 중재제도를 기준으로 하여 소송제도와 중재제도를 비교를 통한 중재제도의 특징을 설명하면 다음과 같다.

(1) 단심제 및 신속성

소송제도는 항소가 가능한 3심 제도로서 1심에 패소한 당사자라 하더라도 2심에 항소가능, 2심에서 다시 패소하더라도 3심인 대법원에 상고할 수 있는 제도이다. 반면 중재제도는 중재판정결과에 불복할 수 없는 단심제도라는 것이 큰 특징이다. 중재판정부는 당사자의 합의로 구성되는 1회성 임의법정으로서 중재판정이 끝나면 즉시 해체되므로 중재판정에 패한 당사자는 다시 항소할 수 있는 중재법정이 없다. 따라서 중재는 단심제로서 분쟁을 신속하게 해결할 수 있으며 이는 최대장점이라 할 수 있다.

(2) 저렴한 비용

중재는 재판비용보다 매우 저렴하다. 소송의 경우 1심, 2심, 3심 등 심급이 올라갈수록 인지료가 1.5배에서 2배로 증가하고 변론을 위한 변호사 수임료가 별도로 증가 및 변론준비에도 많은 비용이 소요되므로 자금사정이 좋지 못하다면 중도에 포기하게 되거나 불리한 입장에서 타협할 수밖에 없다.

(단위: 천 원)

표 16-1

중재비용

신청금액	관리요금 (부가세포함)	중재인수당 (당사자부담)	합계
5,000	55	0	55
10,000	55	0	55
20,000	99	100	199
50,000	247.5	100	347.5
100,000	495	300	795
500,000	3,630	2,620	6,250
1,000,000	6,380	9,960	16,340
3,000,000	17,380	13,950	31,330
10,000,000	42,130	23,100	65,230
50,000,000	130,130	36,900	167,030

자료: J. H. Dunning (1980). ス

주: 중재인수당 금액은 신청금액 2억 원 이하는 중재인 1인, 5억 원 초과는 중재인 3인의 수당 금액임.
자료: 대한상사중재원.

(3) 국제적인 보장

소송은 관할권을 가지고 있는 법원에 의해 주도되기 때문에 소송판결의 효력은 법원이 소속된 국가의 영역으로 제한된다. 즉, 소송에 의한 재판은 설사 소송국가에서 확정적이라 할지라도 소송집행 국가와 정부차원의 사법공조와 같은 특별한 협정이 없는 한 소송국가의 통치권이 미치지 못하므로 그 집행을 할 수 없다. 반면, 중재판정의 효력은 국내뿐만 아니라 뉴욕협약에 의하여 뉴욕협약 회원국에 한해서 승인 또는 강제 집행이 보장된다. 따라서 국적을 달리하는 기업인 간의 분쟁해결제도로서 각광을 받고 있다.

(4) 전문가에 의한 판단

중재는 법에 의한 판단이라기 보다는 분쟁내용에 전문지식을 가진 사인의 경험과 식견에 의한 판단이다. 중재판정은 실체적 진실을 정확하게 찾아내기 위하여 분쟁분야에 대한 해박한 지식과 경험을 있는 전문가로 하여금 사건을 검토하고 판정하도록 하고 있다. 변호사의 법률지식, 기업인의 사업경륜, 교수의 학문적 이론 등이 종합된

판정을 내리도록 하고 있다.

(5) 중재인 직접 선정 및 배척

공정성 보장을 위하여 당사자에게 스스로 중재인을 선정할 권리 부여하며 동시에 중재인 후보를 배척할 수 있다.

(6) 비공개 원칙

소송절차는 공개를 원칙으로 하나 중재절차는 비공개를 원칙으로 하고 있다. 즉, 중재는 그 절차를 공개하지 않음으로써 기업의 비밀을 유지·보장할 수 있으며 중재 판정 결과도 공개하지 않고 있다.

(7) 민주적인 절차

중재는 상호합의와 호양(미덕)의 정신에 의하여 우호적인 분위기 속에서 심리가 이루어진다. 중재절차는 당사자의 의사를 존중하며 특별한 격식 없이 진행되며, 중재인은 당사자와 평등한 위치에서 상하 격식 없이 심리를 진행한다. 그리고 증인선서를 요구하지 아니하며 민주적인 분위기 속에서 대화와 이해로 분쟁을 풀어가므로 중재가 끝난 뒤에도 우호적인 관계를 유지하는데 도움이 된다.

2. 중재합의

1) 중재합의의 정의

중재합의(arbitration agreement)는 일정한 법률관계에 관하여 당사자 간에 이미 발생하였거나 장래에 발생할 수 있는 분쟁의 전부 또는 일부를 중재에 의하여 해결하도록 하는 당사자 간의 합의를 말한다. 즉, 분쟁을 중재에 붙이기 위해서는 반드시 중재합의가 있어야 하며 이를 근거로 당사자 일방이 중재신청을 하게 되는 것이다. 반면, 중재합의가 없으면 절대로 중재에 붙여질 수 없다. 분쟁을 중재에 의하여 해결하기로 하는 합의를 중재합의 또는 중재계약이라 한다.

2) 중재계약의 효력

(1) 직소금지의 효력

우리나라 중재법 제9조에서는 "중재합의의 대상인 분쟁에 관하여 소가 제기된 경우에 피고가 중재합의 존재의 항변을 하는 때에는 법원은 그 소를 각하하여야 한다."라고 규정하고 있다. 이는 중재계약이 있는 경우에는 설사 일방 당사자가 소송을 제기한다고 하더라도 상대방이 이를 들어 방소항변을 제기하면 소를 각하해야 한다는 것을 의미한다.

(2) 최종해결의 효력

우리나라 중재법 제35조에서는 "중재판정은 당사자 간에 있어서 법원의 확정판결과 동일한 효력을 가진다."라고 규정하여 분쟁을 한번으로 해결함을 확실하게 천명하고 있다. 따라서 중재판정이 일단 내려지면 소송과 같이 불복절차인 항소나 상고제도가 허용되지 않는다는 것을 의미하며 이에 따라 대법원의 판결과 동일한 효력이 있다.

(3) 국제적 효력

중재판정은 국제적으로는 "외국중재판정의 승인 및 집행에 관한 UN협약"(The United Nations Convention on the Recognition and Enforcement of Foreign Arbitral Awards : 약칭으로 'New York Convention' 이라 한다. 1958년 채택, 1973년 한국 가입, 2016년 현재 156개국 가입)에 의하여 국제적 효력을 인정받고 있다. 이 협약에 따라 우리나라에서 내려진 중재판정이 외국에서도 승인 및 집행되며, 반대로 외국에서 내려진 중재판정 역시 우리나라에서도 승인되고 집행이 보장된다.

3) 중재합의 방식

우리나라 중재법 제8조 제3항에서 "중재합의는 당사자들이 서명한 문서에 중재합의가 포함되어 있는 경우, 서신·전보·전신 및 모사전송 기타 통신수단에 의하여 교환된 문서에 중재합의가 포함되어 있는 경우"로 규정하고 있어 중재합의의 서면주의를 명문화하고 있다. 동 계약은 중재의 대상이 되는 분쟁이 발생하기 전에 합의해 두는 사전 중재합의방식과 이미 발생되어 있는 분쟁을 중재로 해결하기 위하여 합의하는 사후 중재합의방식으로 나눌 수 있다. 그러나 대부분의 경우 분쟁이 발생한 후에는 중재합의가 이루어지기가 어려우므로 주된 계약체결 시에 계약서의 한 조항으로서 중재조항을 삽입하여 두는 것이 가장 바람직하다.

4) 표준중재조항

각국의 상설중재기관에서는 중재의 효율성을 높이고 신속한 중재절차의 진행을 위하여 당사자들이 중재계약을 체결할 때 쉽게 이용할 수 있도록 표준중재조항을 마련해 놓고 있다. 이러한 표준중재조항을 삽입하면 중재합의에 관한 다툼 없이 중재를 진행할 수 있다. 대한상사중재원에서 권고하는 '표준중재조항'은 다음과 같다.

(1) 국문중재조항

"이 계약과 관련하여 당사자 간에 발생하는 모든 분쟁은 대한민국 서울에서 대한상사중재원의 중재규칙과 대한민국 법에 따라 중재에 의하여 최종적으로 해결한다. 중재판정부는 3인으로 구성하되 각 당사자는 각자 1인의 중재인을 선정하고, 이에 따라 선정된 2인의 중재인들이 합의하여 의장중재인을 선정한다."

(2) 영문중재조항

"All disputes which may arise between the parties, in relation to this contract, shall be finally settled by arbitration in Seoul, Korea in accordance with the Arbitration Rules of the Korean Commercial Arbitration Board and under the Law of Korea. The arbitral tribunal consists of three arbitrators, each party shall appoint one arbitrator and the two arbitrators chosen by them shall appoint a third arbitrator, as a presiding arbitrator."

3. 중재지와 중재인

1) 중재지

중재지(place of arbitration)란 중재절차 또는 중재판정이 행하여지는 국가나 지역을 말하며, 중재장소(point of arbitration) 혹은 심리장소(place of hearing)와는 구별된다. 중재지와 심리장소는 특정공간을 의미한다는 점에서 같을 수 있으나, 중재지에 따라 준거법은 달라지지만 심리장소에 따라서는 준거법은 달라지지 않는다.

중재지는 모든 입법례가 당사자의 합의에 따라 중재지를 결정하도록 하고 있다. 만일 당사자의 합의가 없는 경우 중재지 결정은 기관중재의 경우에는 그 중재기관이 속해있는 국가의 영토가 되며, 임의중재의 경우에는 중재판정부가 결정하게 된다. 하지만 관례상 당사자 간의 중재지에 관한 합의가 없는 경우에는 피신청국에서 중재를 하는 것이 일반적으로 되어 있다.

2) 중재인

중재인(arbitrator)이란 중재절차에 있어서 당사자 간에 분쟁을 해결하기 위하여 선정된 사인인 제3자를 말한다. 즉, 당사자 간 합의에 의해 선정된 자로 중재절차에 따라 분쟁당사자를 심리하여 판정을 내리는 사람이다.

중재절차는 단심제로 인하여 종결되기 때문에 중재판정을 내리는 중재인은 법원의 법관처럼 법률적 판단을 할 수 있는 능력뿐만 아니라 실체적 거래관계를 파악할 수 있는 전문적 식견 역시 필요하다. 그리고 중재인은 사법적 지위에 비추어 볼 때 중재인이 공정하고 중립적이어야 하며 양 당사자로부터 독립되어야 한다.

4. 중재판정

1) 중재판정의 요건

중재판정부는 당사자 간 별도의 약정이 없는 한 중재심리가 종결된 날로부터 30일 이내에 중재인 과반수 찬성으로 판정하여야 한다. 또한 중재판정부는 중재계약의 범위 내에서 손해배상이나 기타의 구제를 명할 수 있으며, 판정 시에 중재비용의 부담자와 부담비율을 명하여야 한다.

중재판정의 형식은 서면으로 작성하여야 하며, 중재판정은 소송절차와는 달리 당사자의 면전에서 행할 필요는 없다. 중재판정은 내려진 후 법에 정한 규정에 위반되지 않은 한 취소되거나 정정될 수 없다.

2) 중재판정의 효력

중재판정은 당사자 간에 있어서 법원의 확정판결과 동일한 효력을 가진다. 당사자가 사전에 이를 존중하고 복종할 것을 합의한 것이므로 판정은 당사자에게 사적인 실체법상의 의무부담의 원인을 주게 된다.

당사자 간에 있어서 법원의 확정판결과 동일한 효력이라는 것은 형식적 확정력과 실질적 확정력을 의미한다. 형식적 확정력은 중재판정이 성립 발효한 경우에는 형식적으로 확정되며 중재인이라 하더라도 자기가 내린 중재판정을 철회할 수 없음을 의미한다. 이에 따라 우리나라 중재법의 경우 중재판정문의 원본은 법원에 이송·보관하도록 함으로써 후에 중재인 또는 중재기관에 의한 변조나 수정을 제도적으로 방지하고 있다. 실질적 확정력은 판결이 형식적으로 확정되면 동일한 당사자가 그 소송물에 관하여 다시 다툴 수 없는 효력인 기판력을 말한다.

3) 중재판정의 집행

중재판정의 국내효력이 외국에서도 똑같이 행사되기에는 법리론으로 불가능하다. 즉, 자국 밖에서 내려졌거나 자국의 절차법이 아닌 다른 절차에 따라 이루어진 중재판정에 대하여 자국의 판결과 같은 효력을 인정하여 주는 것은 국가재판권이라는 자국의 주권을 일부 양보하여 주는 것을 의미한다. 따라서 중재판정의 국제적 효력은 섭외법적 문제 발생하게 된다.

국내중재와 국제중재로 구별하게 되는 경위는 "외국중재판정의 승인 및 집행에 관한 협약(뉴욕협약)"을 적용하기 위해서 이다. 이에 따라 회원국 간에는 외국판정이 사법상의 과정을 준수한 것이고, 관할권이 있는 외국중재기관의 판정으로서 해당국내에서 판정취소의 소송이 계류되어 있지 않을 것을 요하며 공서양속을 해하지 않는 것일 경우 집행을 허용한다. 따라서 외국중재판정의 집행을 위한 국제협약은 체결국간에서 섭외법적 문제들을 해결하고 있어서 집행의 어려움을 해소하고 있다.

그림 16-2

중재절차
진행과정

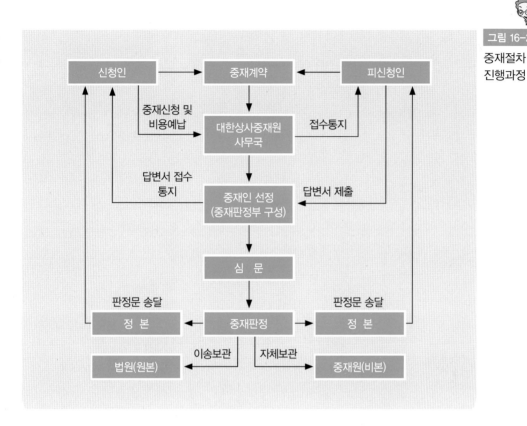

1. 무역클레임의 내용을 설명하시오.

2. 무역클레임의 발생 원인에 대해 약술하시오.

3. 무역클레임의 해결방안에 대해 약술하시오.

4. ADR은 무엇을 의미하는가?

5. 상사중재의 특징을 설명하시오.

6. 중재와 소송을 비교 설명하시오.

7. 상사중재의 절차를 서술하시오.

무역자동화와 전자무역

이 장의 주요용어

무역자동화 · EDI · 운송자료조정위원회 · EDI표준 · 사용자시스템 · 부가가치통신망 ·
전자무역

제1절 무역자동화

1. 무역자동화의 의의

1) 무역자동화의 개념

무역자동화(trade automation)란 무역실무를 취급함에 있어서 전통적인 방법에 의한 문서의 작성과 인편이나 우편, 전신, FAX등의 전달방법을 탈피하여 각종 자료나 정보, 행정 및 상거래 서식 등을 당사자 간의 합의에 의하여 컴퓨터가 읽을 수 있는 표준화된 전자문서화하여 통신망을 통해 컴퓨터로 주고받음으로써 이른바 서류 없는 무역(paperless trade)을 실현하는 것을 말한다.

즉, 무역자동화는 무역업체, 은행, 수출입관련단체, 세관, 선사, 물류업체 등 무역관련 당사자 사이에 발생하는 각종의 무역관련 정보를 표준화된 전자자료로서 교환함으로써 자료의 재입력과정 없이 직접 무역업무에 활용할 수 있도록 하는 새로운 정보전달 방식에 의한 무역업무 처리방식이라고 할 수 있다.

표 17-1
무역업무
처리방식의
비교

구 분	전통적 업무처리	자동화에 의한 업무처리
업무수단	종이서류	전자문서
서류작성	수작업에 의한 재입력	컴퓨터에 의한 자동입력
전달방법	인편, 우편, FAX 등	컴퓨터 통신망
매개기관	없음	무역자동화 사업자
법적효력	서명 또는 날인	전자서명
보안대책	위조 · 변조의 위험성	비밀번호 등 보안장치

2) 무역자동화의 효과

무역자동화시스템은 무역자동화사업자(KTNET)가 수출입절차 전반에 걸쳐 중앙에서 전자문서와 무역정보를 24시간 non stop으로 중계 · 전송하게 된다. 이와 같은 무역자동화시스템은 전자문서와 통신방법에 관한 국제표준을 따르고 있기 때문에 컴퓨터 기종에 상관없이 거래상대방과 정보교환이 가능할 뿐만 아니라 국가기간전산망, 기존의 민간 부가가치통신망은 물론 국제무역망과도 연결이 용이하다. 따라서 무역업체와 무역유관기관은 지역이나 시간에 제약을 받지 않고 국내는 물론 외국과의 무역업무를 컴퓨터에 의해 신속 정확한 처리가 가능하다.

이와 같이 무역자동화를 실시함으로써 얻어지는 효과는 다음과 같다. 첫째, 무역업무 처리시간이 단축된다. 즉, 승인, 외환, 보험, 운송, 통관업무가 컴퓨터로 처리되어 무역업무의 처리시간이 평균 4주일에서 1주일 이내로 단축된다.

둘째, 무역관련 부대비용이 절감된다. 제품원가의 7-15%를 차지하고 있는 사무비용의 감소와 16%가 넘는 물류비용을 절감하여 국가 전체적으로 매년 약 5억 원의 비용을 절감할 수 있다.

셋째, 항만 및 내륙운송의 체증을 감소시킬 수 있다. 화물도착에 앞서 무역정보 및 전자문서가 미리 전송되어 통관절차를 사전에 마침으로써 화물이 도착되는 즉시 반출할 수 있어 항만적체 현상을 크게 해소할 수 있다.

넷째, 수작업에 따른 자료입력 오류방지 및 재입력시간을 단축한다. 즉, 대부분의 기업들은 컴퓨터로 업무를 처리하지만 외부와의 자료교환은 종이서류에 의존하게 된다. 그러므로 자체 시스템에 입력된 데이터의 70% 이상이 다른 기업에 전달되기 위해 재입력 작업을 거치게 된다. 그러므로 무역자동화를 이용하게 되면 서류작업 시 반복 작성이 불필요하고 오류의 발생을 극소화할 수 있다.

다섯째, 무역업체의 지방분산을 통한 지역의 균형발전이 가능하다. 이는 무역자동화를 실시함으로써 무역관련 기업이 반드시 대도시에 몰려 있을 필요가 없기 때문이다. 이에 따라 지방중소기업을 육성할 수 있는 방안이 된다.

여섯째, 정보산업의 수요창출과 정보화 사회로의 진입이 촉진된다.

2. EDI

1) EDI의 개념

전자문서교환 또는 전자자료교환이라고 해석되는 EDI(Electronic Data Interchange)는 서로 다른 기업이나 조직 간에 표준화된 상거래 서식 또는 고용서식을 서로 합의한 통신표준에 따라 컴퓨터 간에 교환함으로써 상호간에 같은 내용을 재입력하지 않고 즉

시 업무에 활용할 수 있도록 하는 정보전달방식이다. 다시 말해 전통적인 종이서류 방식의 문제점은 ① 낮은 정확도, ② 업무처리시간의 지연, ③ 많은 인력의 소요, ④ 자료의 사장이나 망실위험의 존재, ⑤ 업무수행의 높은 불확실성을 들 수 있다.

그러나 EDI가 도입되면 전통적인 상거래시에 필요하던 견적요청서, 견적서, 주문서, 운송지시서, 송장 및 지급요청서 및 각종 행정서식 등 일상적인 종이서류의 물리적 교환이 사라진다.

2) EDI의 탄생과 발전과정

EDI의 개념이 탄생한 것은 1960년대 말 미국 운송업계에 처음 도입되면서 부터였다. 미국에서 탄생한 EDI의 발전배경을 살펴보면 다음과 같다. 1968년 미국의 운송업계에 속한 일단의 회사들이 결속하여 전자적인 통신방법의 가능성을 타진하기 위한 위원회로서 운송자료조정위원회(Transportation Date Coordination Committee ; TDCC)를 구성하였다. 이와 같은 TDCC의 활동으로 미국에서 제일 먼저 EDI의 설립기반을 갖추게 되었다. TDCC의 목적은 운송관련서류를 전송하는데 사용할 공통언어 또는 표준을 개발하는 것이었으며, 1975년에 최초의 표준을 발표하기에 이르렀다. 그 후 항공, 철도, 해운 등의 표준을 후속적으로 개발하였다. 한편 다른 업계에서도 자체적으로 EDI에 사용될 표준을 개발하였는데, 식품업계의 표준은 UCS, 창고업계의 표준은 WINS로 불리었으며, 이들 모두 UCC(Uniform Code Council)에서 관리하고 있다. 이 표준들도 모두 TDCC에서 정한 일반규정과 양식 및 규칙에 대한 요건 등을 따르고 있다. 금융계에서의 EDI는 1968년 캘리포니아주의 은행들이 합작하여 금융정보를 전자적으로 교환할 수 있는 타당성을 검토한 끝에 오늘날 보편적으로 사용하고 있는 전자자금이체(Electronic Fund Transfer ; EFT)의 기틀이 마련되었다.

한편 UN에서는 1960년부터 UN/ECE산하에 대외무역서류 간소화/표준화 작업팀을 구성하여 무역서류의 간소화와 표준화를 추진해왔다. 이 팀은 1963년 무역서류상 반복적으로 나타나는 기재항목들, 예를 들어 매도인, 매수인, 상품명세, 가격 등에 대한 표준서식 설계도를 제정하였다. 이와 같은 표준화작업의 결과 1987년 3월 EDI국제표준인 UN/EDIFACT(Electronic Data Interchange for Administration, Commerce and Transport)가 제정되었다. 그리고 1990년 5월에는 본격적인 EDI 통신표준으로 인식되고 있는 X435(PEDI : Protocol for EDI) 권고안이 제정되어 각국에서 EDI시스템 구축을 위한 연구가 활발히 진행되고 있다.

3) EDI의 효과

(1) 시간단축과 비용절감

EDI를 이용함으로써 얻게 되는 가장 큰 효과는 바로 업무처리에 투여하는 시간과 인력을 절약함으로써 비용을 절감할 수 있다는 것이다. 즉, 표준화된 전자문서의 사용과 문서를 전자적인 방법에 의해 통신함으로써 종이문서의 제거, 재입력작업 또는 오류검색, 운송작업 등에 따르는 불필요한 절차와 비용을 감소할 수 있다. 대부분의 기업에 대한 앙케이트에서 나타나는 요인도 EDI의 도입의 이유를 시간단축과 비용절감이라고 대답하고 있다.

(2) 업무처리절차의 합리화

EDI의 일차적인 목표가 시간단축과 비용절감효과이지만, EDI를 시행하는 과정에서 과거의 업무절차에 대한 분석과 검토가 불가피하다. 즉, EDI 도입을 위한 업무절차에 대한 재평가 작업을 통해 종래의 불필요하거나 중복된 업무를 제거하고 새로이 필요한 절차를 보완할 수도 있다. 한편 EDI는 경영시스템의 효율성을 높여 주기도 하는데, 가재수급계획, 적기공급체계, 판매관리 등은 바로 기업의 업무처리절차의 개선을 통하여 업무의 합리화를 가져다 주기도 한다.

(3) 업계에서 생존가능성 확대

최근 정보화의 진전으로 인하여 여러 산업분야에서 전자적인 데이터 교환능력이 기업생존의 필수 요건으로 변화되고 있다. 많은 기업들이 자신이 취급하는 품목과 관련된 협회나 그룹과 공조체제를 취하지 않을 수 없는 입장에서 사회 전반적인 정보화 물결을 역행할 수 없으며, 이럴 경우 산업계에서의 도태는 명확한 일이기 때문에 EDI를 도입하지 않을 수 없는 입장이다.

(4) 대고객 서비스의 개선

기업이 EDI를 도입하게 되면 경영진들은 정보를 보다 효과적으로 이용할 수 있게 된다. 즉 실시간으로 이용 가능한 정보의 정확도가 더욱 높기 때문에 경영진들은 고객이 원하는 사항을 보다 효과적으로 다룰 수 있다. 특히 바코드를 이용한 판매시점 관리시스템과 접목하였을 때 판매고가 증대되는 경향이 두드려졌다.

(5) 기업의 국제경쟁력 강화

최근 통신기술의 발달로 인하여 국제적으로 제품의 생명주기가 짧아지고 있는 상황 하에서 기업이 생존하기 위해서는 시장변화에 민감하게 대응하고 신제품을 신속하게 시장에 소개시켜야만 한다. 이를 위해서는 신제품의 설계와 동시에 제품의 생산이 이루어질 수 있도록 제조업체와 공급업체 간에 정보가 신속하고 효율적으로 교환될 수 있어야 한다. 이 때 EDI는 진가를 발휘하게 되는 것이다. 결국 EDI는 제조업체들이 긴밀하게 협조할 수 있도록 연결해 주고, 국제적인 문서의 흐름을 개선함으로써 기업의 국제경쟁력을 강화시켜 주기도 한다. 또한 EDI는 문서의 오류를 줄이고 문서처리 시간을 줄이는데 도움을 주고 있다.

EDI를 도입하면 서류상의 오류를 줄이고 선적 이후 서류상의 오류가 발생할 가능성은 희박해진다. 따라서 국제무역에 EDI는 큰 역할을 담당하게 된다. 그러나 EDI의 진정한 이점은 '신속한 통관'과 '정확한 통계'에 의하여 시장변화에 신속하게 대응할 수 있다는 데 있다. 결국 이러한 점이 국가의 경쟁력도 상승시키는 요인으로 작용하는 것이다.

4) EDI의 구성요소와 작동원리

일반적으로 EDI의 구성요소라 하면 전자문서와 통신방법의 표준화에 관한 EDI, 전자문서를 전송하거나 수신하기 위한 사용자 시스템과 사용자간에 통신망 서비스를 제공하는 제3자 네트워크 서비스 제공업자 내지 VAN업자를 말한다.

(1) EDI표준

EDI표준이란 EDI사용자간에 교환되는 전자문서의 내용과 구조, 통신방법 등에 대한 규칙과 지침을 제공하는 것으로서 당사자 간에 전자문서가 자유롭게 유통될 수 있도록 보장하는 일종의 통일된 공통언어를 말한다.

EDI표준은 용도에 따라 전자문서표준, 통신표준으로 구분되는데 전자문서표준이란 전자적으로 전달될 수 있는 문서, 전자문서에 포함되는 정보, 정보의 순서와 형태 등에 대한 지침이 포함되며, 통신표준은 컴퓨터를 통한 전자문서의 송수신규약으로 어떤 정보를 어떻게 보낼 것인가 하는 방법에 대한 합의를 말한다.

그리고 사용범위에 따라 특정기업의 전용표준과 여러 기업이나 산업 또는 여러 나라의 사용자들이 공동으로 사용할 수 있는 공통표준이 있으며, 다시 공통표준은 산업표준, 국가표준 및 국제표준으로 세분되어 있다.

(2) 사용자시스템

사용자시스템(user system)은 EDI 당사자 간에 정보나 자료의 교환을 위해 필수적으로 사용자가 갖추어야 할 시스템 일체를 말한다. 사용자시스템은 EDI 소프트웨어(응용 S/W, 변환 S/W, 통신 S/W)를 어떤 전산장비에 탑재하느냐에 따라 HOST형, FEP형, STAND-ALONE형, PC-LAN형, VAN-TO-VAN형 등으로 구분된다.

(3) 통신네트워크(VAN)

전자문서가 거래상대방의 컴퓨터로 전달되기 위해서는 통신망을 갖추고 있어야 한다. 물론 거래상대방과 직접통신망을 개설하기도 하지만 여러 가지 비용이나 통신의 보안문제가 발생하기도 한다. 따라서 대부분의 경우 제3자 네트워크를 통해 EDI를 활용하는 경우가 많다. 여기서 흔히 제3자 네트워크를 부가가치통신망(Value Added Network; VAN)이라고 한다. 사용자들은 VAN을 이용하여 국내외를 막론하고 시내전화 비용만으로 통신을 할 수 있으며, 한번의 접속으로 다수의 수신인에게 다양한 문서를 전송할 수도 있다.

(4) 당사자거래약정

EDI는 단순한 기업 내부의 업무처리 전산화가 아니라 전혀 다른 업무처리 시스템을 가진 거래 상대방과의 자료교환이기 때문에 EDI로 업무처리 하는데 따른 제반사항에 대해 당사자 간에 사전에 거래약정을 맺는 것이 매우 중요하다. 거래약정은 크게 네트워크약정(N/A)과 사용자간의 거래약정(I/A)으로 나누어지는데, 네트워크 약정(Network Agreement; N/A)은 EDI 서비스 이용 약정이란 사용자와 VAN간의 EDI 서비스 이용약정으로서 무역업체, 은행, 관세사, 선사, 보험사 등의 사용자가 무역업무를 EDI로 처리하기 위해 KTNET과 같은 VAN 서비스 제공업자와 맺은 이용약정을 말한다.

그리고 거래약정(Interchange Agreement; I/A)은 사용자와 사용자간의 EDI 거래약정으로서 한국EDIFACT위원회가 고시한 표준안과 각 은행에서 공동으로 사용중인 I/A가 있다. 즉 세부사항은 EDI로 업무를 처리할 전자문서 및 표준에 대한 합의라든지, 해당 업무별 사용자 명시 및 수발신인 확정과 EDI 서비스 제공업자 및 데이터통신망 합의,

전자문서 송수신시간 및 예상 응답시간 합의, 서비스 이용료 등 비용부담에 대한 합의, 업무처리상 에러 및 분쟁 발생시 해결절차 등을 포함하고 있다.

제2절 전자무역

1. 전자무역의 의의

1) 전자무역의 정의

전자무역의 정확한 개념이 정의되기 이전에는 대체로 무역업무의 자동화와 인터넷 상거래를 뜻하는 단어로 '무역자동화', '사이버 무역', '인터넷 무역' 등의 용어가 주로 사용되었으나 2000년 개정된 대외무역법에서 전자무역이라는 용어가 사용되면서 '전자무역' 또는 'e-Trade'라는 단어가 공식 용어로 자리 잡게 되었다.

전자무역(electronic trade)은 재화 또는 서비스의 국가 간 거래인 무역행위의 본질적 업무를 인터넷을 포함한 정보기술(IT) 수단을 활용하여 전자적으로 처리하는 방식을 말한다. 따라서 전자무역은 인터넷, VAN, EDI 등의 컴퓨터 네트워크와 컴퓨터 등의 정보처리기기를 통하여 무역거래와 관련된 활동을 수행하는 포괄적인 개념으로 무역자동화, 사이버무역, 인터넷무역 등을 모두 포괄하는 개념으로 이해될 필요가 있다.

전자무역은 한국경제의 중추 산업인 무역의 구조적 혁신을 통해 국가경쟁력을 획기적으로 증대시킬 수 있는 국가핵심전략이다. 전자무역은 단순히 거래방식의 변화가 아니라 전통무역산업을 포함한 국민경제 구조와 프로세스의 혁신을 포함하는 혁명적인 변화를 내포하고 있다. 전자무역은 단기적으로 무역프로세스 혁신을 통해 무역관련 제비용을 혁신적으로 절감함으로써 한국무역의 고비용 구조를 획기적으로 개선할 수 있는 기회를 제공할 것이다.

전자무역을 통해 한국기업이 새로운 시장 개척과 신제품 창출을 가능케 하여 수출경쟁력을 획기적으로 제고 할 수 있는 전기를 제공할 것으로 기대되며, 전자무역은 기업, 산업, 정부의 IT화와, e-비즈니스화의 노력으로 수출경쟁력이 향상되어 국가경쟁력 제고로 직결시킬 수 있는 가장 효과적인 방안이다.

2) 전자무역의 특징

전자무역은 기존의 무역과 비교하여 다음과 같은 특징이 있다. 첫째, 전 세계를 대상으로 하는 무역마케팅 가능하다. 즉, 전자무역은 국가 간 지역 간 최대의 걸림돌인 시간적, 공간적 한계를 극복하여 제품을 홍보하고 마케팅을 펼칠 수 있다.

둘째, 신규 거래선 발굴의 효율 극대화 및 정보의 획득이 용이하다. 인터넷에서는 각국의 정부와 무역유관기관 그리고 개별 기업들이 올려놓은 무역에 관련된 수많은 정보들을 정보 검색 엔진이나 웹사이트를 이용하여 손쉽게 찾아 볼 수가 있어서 기존 무역에 비해 신규 거래처 발굴과 정보 획득이 용이하다.

셋째, 거대한 단일시장으로의 변화를 가져왔다. 즉, 기존의 개별적이고 독립적으로 운영되던 시장이 인터넷이라는 거대한 인프라를 기반으로 단일시장으로 통합되고 있다.

넷째, 교역상품과 서비스가격의 하락이다. 인터넷에서는 전문정보 검색엔진을 이용하여 특정 상품을 어느 나라의 어떤 기업이 공급하고 있는 지를 쉽고 빠르게 찾아볼 수 있기 때문에 기업과 소비자 간에 철저한 시장 원리가 적용되어 가장 경제적이고 합리적인 기준에 의한 거래가 이루어지게 된다. 따라서 인터넷에서는 가격 구조는 평준화되고 제품에는 차별화가 이루어져 전반적으로 서비스나 제품의 가격 하락이 자연스럽게 진행된다.

다섯째, 자사 상품의 국제적인 홍보활동이 가능하다. 인터넷은 국가 간 장벽이나 지리적 제한이 존재하지 않는 글로벌 네트워크로 상품홍보의 범위도 그만큼 넓은 만큼 기업활동의 무대를 세계로 넓히는데 좋은 수단이 되고 있다.

여섯째, 시장반응에 대한 즉각적인 대응이 가능하다. 온라인 네트워크로 제품에 대한 시장반응을 수집, 분석하여 제품의 홍보나 마케팅에 반영할 수 있다. 이는 기존 무역거래로는 손쉽게 얻을 수 없는 인터넷 무역의 효용으로 쌍방향 커뮤니케이션이라는 인터넷의 특징이 무역거래에 적용되어 기업의 이익창출에 크게 기여할 수 있는 부분이다.

일곱째, 중소기업에게 성장기회를 제공 한다. 인터넷을 통한 거래는 기업의 규모나 인지도보다는 소비자의 욕구를 충족시킬 수 있는 제품이나 서비스 제공에 그 성공여부가 달려 있으므로 좋은 제품, 탁월한 서비스 능력, 창의적이고 진취적인 마인드를 가지고 있다면 어느 기업이라도 국제적인 수준의 기업이 될 수 있다. 현지 거점이 없어도 글로벌한 사업 전개가 가능하다는 점에서 대기업, 다국적 기업, 중소기업이 대등한 위치에서 경쟁할 수 있는 여건이 조성되어 중소기업에게는 얼마든지 성장의 기회로 작용될 수 있다.

2. 전자무역실무

(1) 해외시장조사

해외시장조사는 한국무역협회와 같은 웹사이트에서 무역통계를 분석할 수 있으며, 거래알선사이트를 활용하여 시장조사를 실시할 수 있다. 전통적인 시장조사방법을 이용하여 목표시장에 대한 자료를 확보하는 데는 많은 시간과 비용이 소요되었지만, 인터넷을 이용하여 시장조사를 함으로써 아무런 비용을 들이지 않고도 목표시장에 대한 정보를 손쉽게 확보할 수 있게 되었다.

(2) 거래선 발굴

해외시장조사가 끝나면 그 다음은 거래선을 발굴 및 선정하여야 하는데 이를 위해 자체 홈페이지를 구축하여 기업광고와 상품광고를 실시하는 방법과 사이버 공간에서 존재하는 거래알선사이트를 이용하여 거래선을 발굴하는 방법이 있다.

거래알선사이트는 인터넷 무역거래를 중개 및 알선해주는 인터넷 사이트로 국제무역을 촉진하기 위해 국내외 무역업체에게 토탈 솔루션을 제공하고 있다. 그리고 기업이 바이어를 검색하거나 자사제품을 홍보하고 제품 카탈로그를 등록할 수 있다. 국제무역거래알선사이트는 운영기관도 다양하지만 그에 못지않게 제공하는 부가서비스도 다양하다.

최근에는 무역유관기관뿐만 아니라 종합상사, 컨설팅업체 등도 인터넷을 통한 전자카탈로그의 소개 및 거래알선을 지원하는 사이트를 개설하여 서비스를 제공하기 있기 때문에 이들 기관을 효과적으로 활용하면 손쉽게 해외 바이어를 발굴할 수 있다.

(3) 거래제의 및 신용조사

해외시장조사가 끝나고 거래선을 발굴하였다면 수입업자에게 거래를 제의하는데,

거래제의 방법으로는 전자우편을 이용하는 방법이 있다. 전자우편으로 거래제의를 하는 경우 상대방을 알게 된 경위, 자사의 소개, 제품소개 등을 간략히 작성하여 송부하여 한다.

거래제의를 받은 수입업자가 수출업자에게 조회를 해 오면 수출업자는 계약을 체결하기 이전에 신용조사가 이루어 져야 한다. 수출기업은 잠재거래선에 대하여 각종 사이트를 이용하여 신용상태를 파악할 수 있다. 가장 대표적인 국내 주요사이트는 Dun & Bradstreet 한국지사 사이트로서 이 사이트는 해외기업/국가정보 서비스 외에 세계 각국 약 3,900만 기업체에 대한 데이터베이스가 구축되어 있다. 그리고 한국무역보험공사의 수출신용정보센터에서는 국내 수출업체가 필요로 하는 각종의 해외 신용정보자료를 제공하고 있다.

(4) 매매계약체결

수출입업자가 전자우편을 통해 가격 등과 같은 거래조건에 관한 매매계약을 체결한다. 이때 체결되는 매매계약에는 품질, 수량, 가격, 선적, 보험, 포장 등과 같은 주요 거래조건이 포함된다.

(5) 대금결제

전자무역의 이용이 활성화됨에 따라서 대금결제에도 많은 변화가 이루어질 것으로 예상되고 있다. 특히 대금결제 조건이 신용장거래인 경우 수입업자는 거래은행에 EDI를 통한 신용장 발행을 의뢰할 수 있다. 우리나라의 경우 한국무역정보통신(KTNET)이 신용장 발행업무를 EDI방식으로 서비스하고 있다. 수입업자가 신용장발행 신청 전자문서를 발행은행에 전송하게 되면, 동 은행은 수입업자에게 신용장 발행 응답 전자문서로 해외 통지은행에게 SWIFT 전문으로 변환하여 전송하게 된다. 신용장 발행업무와 마찬가지로 신용장 통지업무도 EDI방식으로 서비스하고 있으며 수출업자는 수신한 신용장을 직접 출력하여 사용하고 있다.

(6) 수출물품확보

무역업자의 경우 수출물품을 생산하는 제조업자를 찾아 수출물품을 확보해야 하는데 인터넷상에서 거래알선사이트를 방문하여 찾는 방법과 수출물품과 관련된 협회를 통해 제조업자를 찾는 방법이 있다.

(7) 통관

수출업자는 통관을 통해 수출물품을 보세창고에 반입하고 통관의뢰를 받은 관세사는 EDI를 이용하여 수출물품에 대하여 수출신고서, 포장명세서, 수출승인서 등을 세관에 제출하고 제품을 통관시킨다.

(8) 선적과 보험

수출업자는 신용장 상에 표기된 운송조건으로 선박회사와 운임계약을 체결하고 수출물품을 지정된 선박에 선적한 후 선화증권을 선박회사로부터 받는다. 이는 수출업자가 선사에 선적요청서를 송신하고 물품을 선적한 후 선화증권발급통지서를 발급받게 된다.

수출보험이 필요한 수출업자는 한국무역보험공사에 수출보험신청서를 송신하고 무역보험공사는 응답 문서를 전송함으로써 처리된다. 그리고 수출업자가 적하보험청약서를 보험사에 송신하면 보험사는 적하보험증권발급통지서를 송신함으로써 이루어진다.

(9) 수출대금 회수

수출업자는 수출물품을 선적한 후 신용카드와 같은 전자결제시스템을 이용하여 수출대금을 결제한다. 신용장을 이용한 수출은 선적완료 후 선사로부터 선화증권을 입수한 다음, 신용장에서 요구하고 있는 서류를 갖추어 화환어음을 발행하고, 그것을 외국환은행에 매입 요청을 하여 수출대금을 회수한다.

1. 무역자동화의 효과에 대해 약술하시오.

2. 전자무역의 특징을 설명하시오.

3. 전자무역 실무절차에 대해 논술하시오.

4. EDI의 구성요소와 작동원리에 대해 설명하시오.

5. EDI의 효과에 대해 설명하시오.

ㅅ

ㅇ

저자 소개

이서영

저자약력
- 단국대학교 무역학과(경영학 박사)
- 관세평가포럼 연구위원
- 관세청 보세판매장 특허심사위원회 심사위원
- 관세청 화물관리인 지정심사위원회 심사위원
- 한국무역학회 이사
- 한국관세학회 상임이사
- 무역연구 편집국장
- Journal of Korea Trade (SSCI), Associate Editor
- 목원대학교 국제무역물류학과 교수

연구실적
- Exports of SMEs against Risk? Theory and Evidence from Foreign Exchange Risk Insurance Schemes in Korea (SSCI) 외 다수
- 화물운송론(개정 2판), 도서출판 두남

무역학개론

초 판 발행	2011년 2월 28일
개정1판 발행	2016년 8월 25일
개정2판 발행	2017년 2월 25일
개정3판 발행	2021년 2월 10일

저 자	이 서 영
펴낸이	임 순 재
펴낸곳	주식회사 **한올출판사**
등 록	제11-403호
주 소	서울시 마포구 모래내로 83(성산동 한올빌딩 3층)
전 화	(02) 376-4298(대표)
팩 스	(02) 302-8073
홈페이지	www.hanol.co.kr
e-메일	hanol@hanol.co.kr

ISBN 979-11-5685-899-7

- 이 책의 내용은 저작권법의 보호를 받고 있습니다.
- 잘못 만들어진 책은 본사나 구입하신 서점에서 바꾸어 드립니다.
- 저자와의 협의 하에 인지가 생략되었습니다.
- 책 값은 뒤표지에 있습니다.